汕头侨批文物馆资料丛编之五

汕头市侨批业商号印记及简况

林维扬 林庆熙 编著

暨南大学出版社
JINAN UNIVERSITY PRESS

中国·广州

图书在版编目（CIP）数据

汕头市侨批业商号印记及简况/林维扬，林庆熙编著．—广州：暨南大学出版社，2020.8
（潮汕文库）
ISBN 978－7－5668－2905－4

Ⅰ.①汕…　Ⅱ.①林…②林…　Ⅲ.①侨务—外汇—史料—汕头　Ⅳ.①F832.6

中国版本图书馆 CIP 数据核字（2020）第 083615 号

汕头市侨批业商号印记及简况
SHANTOUSHI QIAOPIYE SHANGHAO YINJI JI JIANKUANG
编著者：林维扬　林庆熙

出 版 人： 张晋升
策　　划： 黄圣英
责任编辑： 冯　琳　詹建林
责任校对： 刘舜怡　黄晓佳
责任印制： 汤慧君　周一丹

出版发行： 暨南大学出版社（510630）
电　　话： 总编室（8620）85221601
营销部（8620）85225284　85228291　85228292　85226712
传　　真：（8620）85221583（办公室）　85223774（营销部）
网　　址： http：//www.jnupress.com
排　　版： 广州市天河星辰文化发展部照排中心
印　　刷： 深圳市新联美术印刷有限公司
开　　本： 787mm×1092mm　1/16
印　　张： 20.75
字　　数： 445 千
版　　次： 2020 年 8 月第 1 版
印　　次： 2020 年 8 月第 1 次
定　　价： 128.00 元

《潮汕文库》序

我常常回忆三十年前，同样是“四厢花影怒于潮”的初春季节，在周恩来总理的亲切关怀下，老舍、曹禺、阳翰笙先生等一行十几人，专程来访潮汕。潮汕的山山水水和那古老独特的文化艺术，深深打动了客人们的心。在这里，老舍先生写下了满怀深情的诗：

莫夸骑鹤下扬州，渴慕潮汕数十秋；
得句驰书傲子女，春宵听曲在汕头。

这时，我奉命来汕头迎候他们。老舍先生等在将回北京的时候，一再握别叮咛：要珍重潮汕的文化遗产，要好好发掘和整理呀！可是，时隔不久，一场“史无前例”的大灾难铺天盖地而来，一切都无从说起了。

党的十一届三中全会后，实行改革开放政策，使国家的经济从濒于崩溃的边缘走向兴旺发达的大道。弘扬中华文化，增强中华民族凝聚力，已成为举国上下共同重视的课题。随着汕头经济特区的建立，潮汕地区的经济建设取得了有史以来所未有的繁荣发达。和全国一样，如何继承和发扬潮汕的优秀文化遗产，使之为社会主义的两个文明建设服务，也引起海内外各方面的重视。1990 年 11 月，中国历史文献学会第十一届年会暨潮汕历史文献与文化国际学术讨论会在汕头大学召开。1991 年 9 月，在法国巴黎召开的第六届国际潮团联谊年会，又议定着手筹建“国际潮人文化基金会”。与此同时，汕头大学成立了“潮汕文化研究中心”，汕头市也成立了“潮汕历史文化研究中心”。这两个专门机构，密切配合，组织协调有关的研究工作。最近，它们商定了学术研究规划，决定出版《潮汕文库》，准备在今后若干年内陆续整理出版一批丛书，包括“潮汕历史文献丛编”“潮汕历史文化研究”等十个项目，每个项目又分出若干细目或专题。这是一项浩大的工程，是一件很有意义、很有远见的工作。

潮汕地区的文化，历史悠久，源远流长。古代文化特别是两宋以后的文化，内容十分丰富。它是浩瀚的中华文化中一支富有特色的细流。自唐宋开始，潮州的陶瓷就远销海外。随着岁月的迁移，潮州与海外交往也愈来愈密切。潮人对开拓海上丝绸之路做出了不可磨灭的贡献。明末清初之后，大量的潮人移居东南亚。近几十年来，又散布到世界各地。数逾千万的海外潮人，与当地人民和睦相处，把中华文化传播到五洲四海，又不断地把海外的先进文化引进桑梓故园。中外文化在潮汕融聚化合，经过历代潮汕人民的创造、探求和推陈出新，形成了具有鲜明特色的潮汕文化。海外潮人对传播和丰富中华文化是做出了贡献的。认真研究潮汕的历史和文化，对增强中华民族凝聚力，增加与世界各国人民的友谊和文化交流，对推动潮汕地区的两个文明建设，提高人民群众的思想和文化素质，都具有深远的意义。

在“潮汕历史文化研究中心”成立时，大家议定，研究潮汕历史文化，一定要坚持实事求是的科学态度。为了坚持实事求是，严谨治学，使研究工作取得踏实丰硕的成果，首先应该做好历史资料的搜集、整理、考证和出版工作。现在准备出版的《潮汕文库》，就是按这一要求迈出的第一步。

潮汕的历史文物、文献完整保存下来的不多，不免会给研究工作造成一定的困难。但是从总体上看，数量还是不少的，这些已经流传下来的文物、文献，有待我们去整理、研究；埋藏在地下的还可能陆续出土；地方上熟悉掌故的老人们的口碑也相当丰富；散布在民间和海外的文物、资料和古籍也有一定的数量。只要各方重视，抓紧发掘、采集，一定会有可观的收获。

有一个很能说明上述观点的事例：1956年初，梅兰芳先生和欧阳予倩先生率领艺术团到日本访问，日本友人赠送给他们两份明代戏曲刻本的摄影本，不知是哪一个剧种的。当梅先生等经香港回到广州时，刚好潮剧团正在这里演出《荔镜记》。梅先生等观看演出后，经查对才知道两份刻本都是潮剧的古本。这两份刻本，一是嘉靖四十五年（1566）的《重刊五色潮泉插科增入诗词北曲勾栏荔镜记戏文全集》（附刻《颜臣》），现藏于日本天理大学；后又发现，同一刊本的又一印本现藏于英国牛津大学。二是万历刻本《重补摘锦潮调金花女大全》（附刻《苏六娘》），此件无刊刻年份，可能是万历初年刊本，现藏于东京大学东洋文化研究所。在这之后又八年，即1964年，再发现有万历九年（1581）潮剧刻本，卷一首题“潮州东月李氏编集”的《新刻增补全像乡谈荔枝记》，现藏于奥地利维也纳国家图书馆。更引起国内外学术界瞩目的是：1958年在揭阳县明代墓葬中出土发现的嘉靖年间戏曲手抄本《蔡伯喈》（即《琵琶记》），戏文中夹杂潮州方言，现藏于广东省博物馆。1975 年 12 月又在潮安县的明初墓葬中出土了宣德年间手写本《刘希必金钗记》，文中先后写明书写时间是“宣德六年六月十九日”和“宣德七年六月”（即 1431、1432）。这是我国目前所见最早的戏文写本，现藏于潮州市博物馆。这些都是稀世之宝。上面这些事例，充分说明了潮汕文化有丰富的遗产，也说明了还有一定数量的宝贵文物、文献，或者埋藏在地下，或者散藏在海内外，有待我们去发现。这方面，有大量的工作正在等待我们和后人去做。

显然，《潮汕文库》的出版，对于唤起海内外人士重视发掘、搜集潮汕文物、文献的热情，对于系统地积累潮汕历史文化资料，顺利地开展有关的研究工作，都将起到积极的作用。我想，这也是编辑出版《潮汕文库》的目的。

主办这项工作的同志们要我为《潮汕文库》写篇序言。我在历史文化研究工作的面前，只是一个渴望学习的小学生，说不出什么。但往事历历如在眼前，老舍先生和历代众多的名贤学者们的期望，今天终于能够开始实现，我从心底感到高兴，因而乐于借这个机会，祝愿《潮汕文库》早日问世，祝愿研究潮汕历史文化的工作顺利进展，尽快取得丰硕的成果。

吴南生

1992 年 2 月 15 日于广州

前　言

在整理侨批文物的过程中，我们一直有编撰一册关于侨批业商号专书的想法。原来的构思是结合侨批文物馆多年来对潮汕侨批电子数据的整理，集海内外侨批业商号之大全，编撰“海内外潮帮侨批局戳记”。但在搜集、整理的过程中，我们发现海内外潮帮批局多如牛毛，如果仅仅取其印记，仅能从数字上体现其多，若想兼顾成书的可读性、史料性，还必须有各批局的简要情况介绍。若以海内外潮帮批局为对象，范围广、时间跨度大、可取信的档案资料奇缺，唯恐力所不逮，最终还是放弃原先“大杂空”的计划，甄选汕头市侨批业商号为研究对象，并将课题项目名称更改为“汕头市侨批业商号印记及简况”。

从历史档案资料整理的初衷出发，我们坚持编写务必以确实可考的原始文献作为资料的基础，遵守严谨的学术规范，言之有据，不推测臆想，尽力以平实而较为精练的文字表达客观的评价。

本书采用图例加说明的方式汇集曾经存活于汕头市的侨批业商号的有关资料，窥斑见豹。全书重在实物、重在档案，通过梳理，厘清商号的历史脉络。书中提供的图片和资料全部是各侨批业商号的实寄批和档案资料，可信度强，可供文史资证研赜。

以往的侨批文化研究大多以侨批为主要研究对象，由于文献资料局限，对侨批业商号的总体探讨相对比较少。因此，我们希望本书能在此领域做一点有益的补充。用实寄批的印记，与典籍档案文献互为印证、互相补充，可算是本书有别于其他侨批著作的特色。

在整理汕头市侨批业商号的过程中，我们通过梳理商号印记和官方档案，厘清了部分史实，也理顺了部分侨批业商号的名称、创设时间以及在经营过程中对汕头侨批业产生的影响。比如：“森春号”，1933 年、1946 年、1948 年、1969 年以“森春”登记于档案，而 1936 年、1946 年 12 月、1951 年又以“森春号”登记；“马合丰”与“合丰”、“陈悦记”与“悦记”是同一商号；我们找出了 1935—1936 年汕头市 54 家侨批业商号同时与潮阳“刘喜合”建立代理关系的依据；也发现了“有信”在汕头侨批业商号中建立起最广的代理网络，等等。这些资料的发掘和汇合进一步说明了汕头市侨批业在特定背景下所进行的特别运作，展现了其对潮汕经济社会的特殊贡献，也是留给后人的特色遗产。

从批封印记中提取的信息可以佐证档案资料中的记录，反过来，档案资料中的记录又可以帮助判断实寄批递转的年代。如“马合丰”有一印戳“汕头永和街马合丰庄回批”，“永和街”是1936年“马合丰”在汕头沦陷前的登记地址。而“马合丰”批封印记“汕头永兴街53号马合丰批局分发”“汕头合丰批局永兴街62号”的两个地址，均可在1946年（抗战胜利后）档案中找到依据。再如：收录的实寄批封面上的印戳显示，1952年3月27日“振成丰”的地址是“汕头旧公园左巷13号”，而1953年2月12日“振成丰”的地址变更为“汕头旧公园左巷12号”。同一街名不同门牌，是侨批业商号搬迁，还是地籍地号位置的编订引发的变异？这些问题值得侨批研究者进一步探索。因此，我们尽量展示一个侨批业商号不同地址、不同形式的印记，如“马合丰”共显示7个印记，虽有繁复之嫌，却也不无意义。

侨批业是华侨史的珍贵资料，记述东南亚诸国和国内粤、闽尤其是潮梅华侨史，都离不开侨批业。因此，运用历史文献学的方法，将侨批业商号的基础资料上升为系统的研究，把侨批从单纯的民间收藏、单一的个案评论上升为严谨的科学研究，着眼于一个商业形态的产生、发展过程，以文献学的眼光和态度来收集、整理和研究侨批业商号，也就成了侨批研究中的现实和客观需要。

侨批业商号的印记，是真实、极有说服力的原始资料。整理侨批业商号印记，是一项基础性的收集和研究工作，可为全面准确反映一个业态在历史上的痕迹提供依据。从某种意义上讲，这也是一项必须进行的侨批文化研究的准备工作，否则，侨批文化研究将会沦为空泛之谈。

从对各侨批业商号现存实寄批的系统收集、整理中，我们发现：一个商号在不同时期的印记，其形式和内容往往有所不同，探究这些“大同小异”，不仅有助于我们对某一商号历史概貌的揭示，而且对于其在侨批史上特定阶段的考察，更有意义。

本书展示侨批实寄封上的侨批业商号印记，并依据档案资料梳理商号简况。此外，不少权威资料也记载了有关侨批业商号的史实，尽管有的只是零星片段，但对它们进行收集整理与综合研读，也能发现有价值的线索。

我们现在很难判定一个地域的某一个历史时期、阶段的侨批业商号的准确数量，因为对某一个历史时期、阶段，每一个关注者都具局限性，其所能掌握的信息或多或少带有片面性。因此，尽可能多地汇集侨批业商号的史料，分门别类，厘清条目，通过系统而细致的研读，辑出那些以往不见著录的侨批业信息，对研究工作无疑是一种有益的补充。

收集、整理和研究工作是枯燥的，考证工作更是细致与烦琐的。只有科学运用条目清晰、可资可鉴的文献资源，才能进行有效和有益的释读，也只有这样，才能做好侨批资料基础建设。

由于档案资料较为缺乏，我们虽然竭尽所能，搜罗依然不丰，也使本书的研究存在一定的局限。不足之处，敬祈专家指正。

凡　例

一、　关于汕头市行政区域

本书所称的“汕头市”，实际指的是汕头开埠区，也称汕头埠。《汕头市志》载：民国十年（1921）汕头市政厅与澄海分治时，汕头市区实际范围仅有汕头埠、崎碌、礐石。

1860年（咸丰十年），汕头正式开埠，称为汕头埠，属澄海县鮀浦司管辖。1912年（民国元年）潮州安抚使在汕头成立，先后易名为潮梅镇守使、潮循道、潮梅善后处等，政府机关都设在汕头，汕头埠遂逐步成为粤东的政治经济中心。1919年筹建汕头市政局。1921年，成立汕头市政厅，与澄海县分治。

汕头开埠区以小公园为中心，以“四永一升平”“四安一镇邦”为骨干，呈扇形放射状路网格局展开，成为汕头这座近代城市的历史见证。纵横交错的大街，阡陌相通的深巷，构成一张藏龙卧虎、包罗百业的蜘蛛网。其中，组织健全、信誉卓著、经营有方、对汕头经济社会影响最大的，就是星罗棋布的侨批业商号。

二、　关于侨批业商号名称

（一）鉴于汕头市一部分侨批业商号在经营过程中沿用不同的机构称呼（如批局、侨批局、批信局等），为方便叙述，行文中全部取其商号特定名称外加引号区分。如“荣丰利侨批局”“荣丰利批局”“荣丰利汕头分局”，行文时仅取特定名称“荣丰利”三字加引号；“信大批局”“信大侨批局”“信大行”，行文时仅取特定名称“信大”二字加引号；“陈文记批局”“陈文记侨批局”“陈文记侨汇庄”，行文时仅取特定名称“陈文记”三字加引号。至于侨批业商号名称的变化情况，均有实寄批印记显示。

（二）同一侨批业商号在不同时期使用不同的特定名称参加侨批业的有关登记，本书首选其于1935年至1936年间由经营者亲笔填报并签章的《请领批信局执照声请书》中使用的名称，其他时期使用不同名称的，在该侨批业商号的“简况”中说明。如“马合丰”，1936 年登记用“马合丰”，1946 年、1948 年用“合丰”，1951 年又用“马合丰”，本书以“马合丰”为正名。“陈悦记”，1936 年登记用“陈悦记”，1946 年、1948 年用“悦记”，1951 年又以“陈悦记”登记，本书以“陈悦记”为正名。至于个别侨批业商号登记时偶尔加上“庄”“号”之类的后缀，则依（一）仅取其特定名称。如“昌盛庄”，行文时仅取“昌盛”二字加引号。

三、 关于录入的侨批业商号

（一）本书以侨批业商号的印记（包括同一商号不同时期的印记）为物证。印记从三个途径获取：①馆藏的实寄批原件；②收集到的实寄批电子数据；③侨批业商号相关文书上留存的侨批业商号印记。

（二）本书在介绍相关侨批业商号的简况时，所依据的档案资料绝大部分取自刘峰、王炜中主编，汕头市档案局、汕头市档案馆、侨批文物馆、潮汕侨批档案馆合编的《潮汕侨批业档案选编（1942—1949）》和汕头市档案馆馆藏的《中华民国廿五年各批信局声请书》。部分未能从官方档案中获取的情况，则依据潮汕历史文化研究中心、汕头市文化局、汕头市图书馆合编的《潮汕历史资料丛编·第 11 辑·潮汕地区侨批业资料》，选取其中辑录的史志资料。个别侨批业商号在档案、资料记录中前后有不一致的，稍加提醒，供研究者参考。

在上述两大原则的框架内，本书收集侨批业商号印记，证明某侨批业商号的存在。具体情况如下：

纳入本书的汕头市可查考侨批业商号合计 195 个。

（1）有印记有档案的侨批业商号 89 个。

（2）有实寄封无档案的侨批业商号 13 个。

（3）无实寄封有档案证明其存在的侨批业商号 93 个。

（详见附录“汕头市侨批业商号一览表”）

四、 关于全书引文

汕头市侨批业商号“简况”部分引述的资料，在本书中往往是同个出处，且连续出现于相同页码，因此，凡本书各商号涉及的引文出处统一列出于下：

1. 刘峰、王炜中主编，汕头市档案局、汕头市档案馆、侨批文物馆、潮汕侨批档案馆合编：《潮汕侨批业档案选编（1942—1949）》，天马出版有限公司，2010 年。其中：

（1）1942 年 6 月《汕头市侨批业同业公会会员名册》，第 24 页；

（2）1946 年 11 月《汕头市侨批业调查表》，第 236 页；

（3）1946 年 12 月《汕头市批信局一览表》，第 245 页；

（4）1948 年 8 月《汕头市侨批业同业公会会员商号名册》，第 168 页；

（5）1948 年 9 月《汕头市侨批业同业公会会员名册》，第 192 页；

（6）1946 年 10 月《本市未领执照侨批业商号一览表》，第 242 页；

（7）1947 年 2 月《转请核发正丰庄第十六家经营侨批证书俾得畅通侨汇》，第 273 页。

2. 《1951 年汕头市注册侨批局简表》，载广东省汕头市地方志编纂委员会编：《汕头市志》，新华出版社，1999 年，第 910 页。

3. 《汕头市侨批业同业公会会员名册》，载谢雪影编著：《汕头指南》，汕头市图书馆馆藏，中华民国二十二年（1933）。

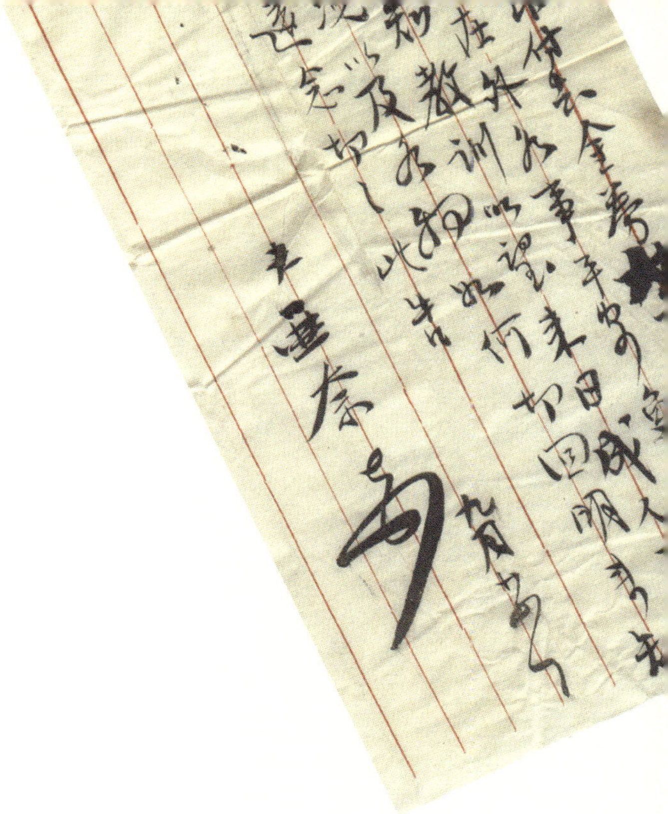

目　录
Contents

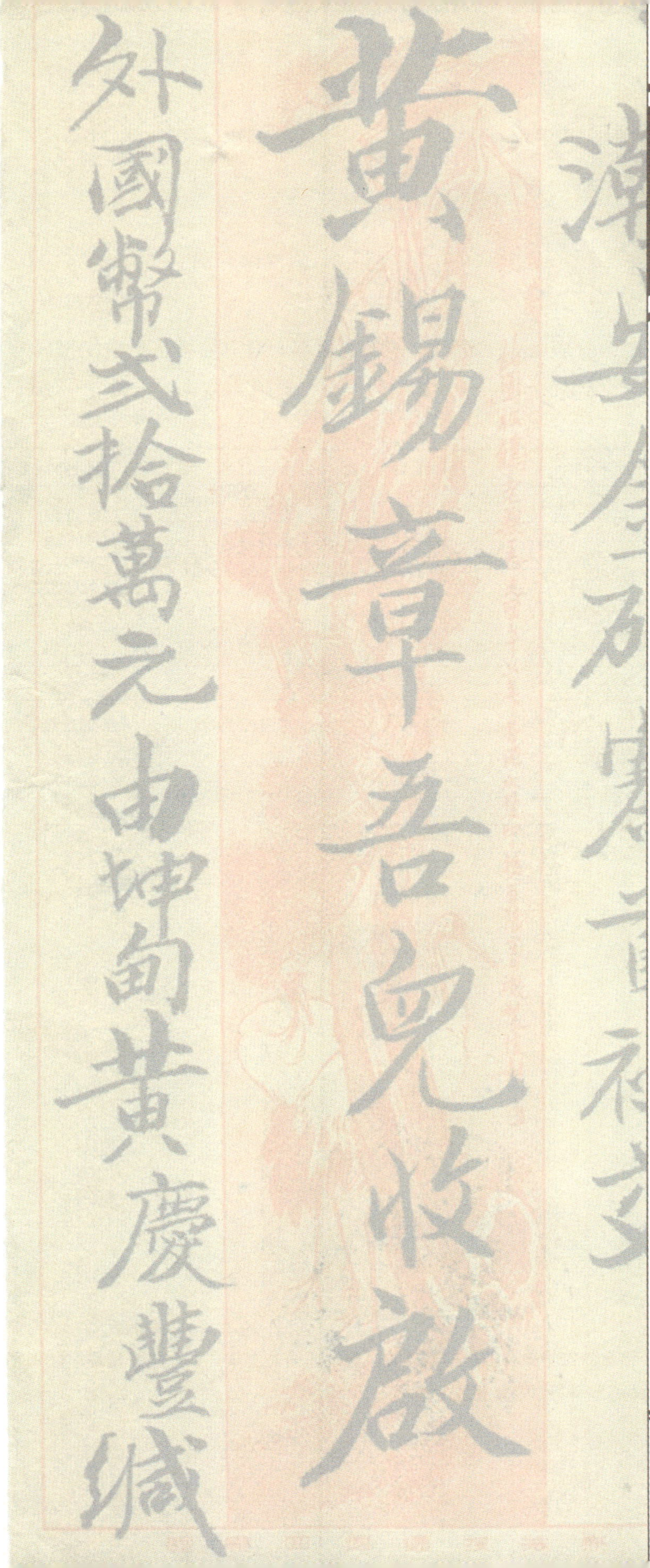

第一部分　有印记有档案的侨批业商号

昌　盛

依据 1936 年汕头邮政管理局（邮局）向国家交通部邮政总局呈报的核发批局营业凭证申请书整理，该批局的基本情况如下：（批局执照：批字第 281 号）

批局名称		开设时间	开设地点	营业人姓名、籍贯	与何处往来营业
昌盛庄		民国十三年（1924）	汕头	陈连合，潮阳	安南
分号	陈兴记	民国十三年（1924）	潮阳	陈石泉，潮阳	汕头
	连泰利	民国十三年（1924）	潮阳	连茂兴，潮阳	汕头
	刘喜合	民国十三年（1924）	潮阳	刘竹船，潮阳	汕头
	魏启峰	民国十三年（1924）	揭阳	魏启圃，揭阳	汕头
	丘发利	民国十三年（1924）	潮安	丘德见，潮安	汕头

编者按：书中此类表格均为原资料照录，为保留原貌，仅在“开设时间”一栏加注公元纪年，其余不作修改。

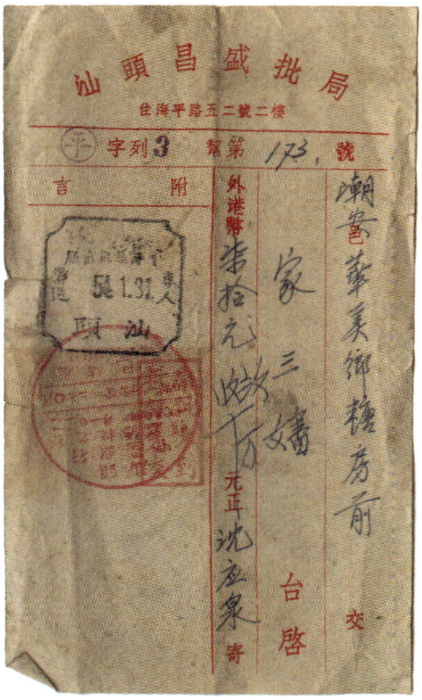

沈应泉寄港币柒拾元至潮安华美乡糖房前家三婶，侨批通知书上印“汕头昌盛批局　住海平路五二号二楼”，盖“汕头　54. 1. 31.”侨批专用邮戳

1936 年后，“昌盛”未参加 20 世纪 40 年代的数次侨批业同业公会登记，一直到 1948 年 9 月才重新出现在《汕头市侨批业同业公会会员名册》中，且登记资料不全，登记表上只显示有限的信息：经理人赖锡洲，潮阳人，行号地址为海平路 52 号。

据《汕头市志》所载之《1951 年汕头市注册侨批局简表》，“昌盛”的开设地址为海平路 52 号。

上图图示“汕头昌盛批局”侨批通知书上侨批专用邮戳的日期“汕头　54. 1. 31. ”字样清晰可见，可以判断，至 1954 年，“海平路五二号二楼”仍是“昌盛”的营业地址。

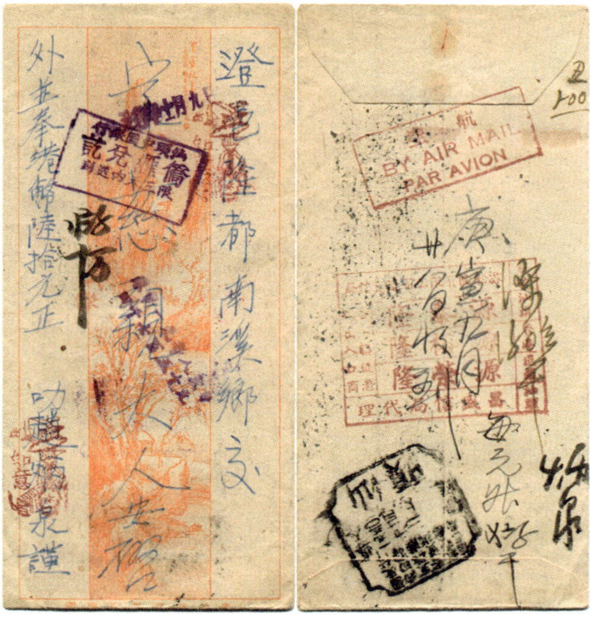

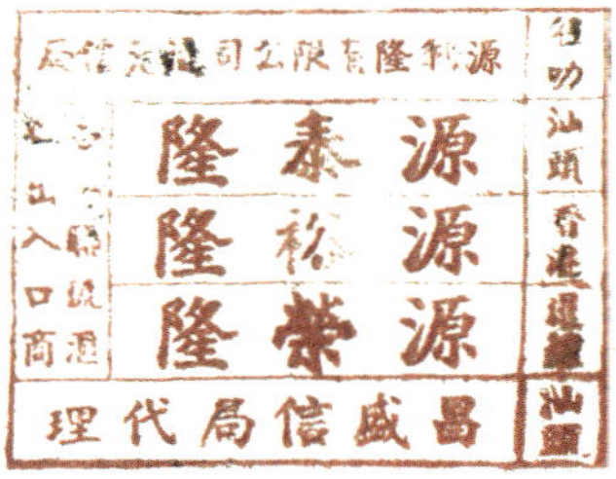

叻赵炳泉寄港币陆拾元至澄邑隆都南溪乡家慈亲，批封盖“汕头昌盛信局代理”印和“一九五〇年十一月九日”“汕头中国银行侨汇兑讫”章

陈炳春

1933 年，“陈炳春”在《汕头市侨批业同业公会会员名册》中的登记地址是潮安街 17 号。

依据 1936 年汕头邮政管理局（邮局）向国家交通部邮政总局呈报的核发批局营业凭证申请书整理，该批局的基本情况如下：（批局执照：批字第 253 号）

批局名称		开设时间	开设地点	营业人姓名、籍贯	与何处往来营业
陈炳春		民国前五年（1907）	汕头潮安街 17 号	陈尹衡，澄海	暹罗
分号	洽成	民国前二年（1910）	潮安	李伟臣，潮安	汕头
	启峰	民国前六年（1906）	揭阳	魏启圃，揭阳	汕头
	恒益	民国五年（1916）	留隍	詹正礼，丰顺	汕头
	喜合	民国前一年（1911）	潮阳	刘竹船，潮阳	汕头
	光德成	民国八年（1919）	揭阳	李逢祥，揭阳	汕头
	黄茂兄	民国三年（1914）	黄岗	黄子厚，饶平	汕头
	思成兴	民国廿四年（1935）	惠来	陈景隆，惠来	汕头

在以上申请书中，“陈炳春”的开设时间为“民国前五年”（1907），但据广东省档案馆馆藏民国档案（全宗号 4）所载，该批局开设时间为清光绪十九年（1893），开设地点也是潮安街，只是未注明具体门牌号。

但据 1959 年中国人民银行汕头支行《关于汕头市侨批业的历史调查》披露，“陈炳春”又属于第一次世界大战后（1919）才出现的海外批局分号（此类批局多系海外各港批局为扩展业务自行返国创立之分支机构）。

因而，关于“陈炳春”的创设时间，尚有可探讨的空间。

1942 年 6 月，“陈炳春”在《汕头市侨批业同业公会会员名册》中的登记地址为潮安街 17 号，营业代表为 44 岁潮阳人林书楷。

1946 年 6 月，“陈炳春”的汤庆鸿（交际）当选汕头市侨批业同业公会第一届理事会理事。

1946 年 11 月，“陈炳春”出现在汕头市侨批业同业公会填报的《汕头市侨批业调查表》中，主事人为陈克翕，店址为潮安街 17 号，核发交通部邮政总局 1946 年营业执照，汕头邮局 2 月 21 日填发换照收条第 46 号（新照未颁发至汕）。“经营何港侨汇”一栏变更为“新加坡、香港、暹罗”，经营范围扩大。

据 1946 年 12 月汕头一等邮局函送市政府《汕头市批信局一览表》，“陈炳春”获核发 1946 年度营业执照，号码第 84 号，营业人不变。

1948 年 8 月，“陈炳春”在《汕头市侨批业同业公会会员商号名册》中的登记地址为潮安街 15 号，经理人陈克翕。1948 年 6 月由广州市邮政管理局核发的营业执照字轨号数第 101 号，为独资企业。

历年汕头市侨批业档案资料显示，“陈炳春”在 1933 年、1936 年、1942 年、1946 年、1948 年的登记地址一直是汕头潮安街 17 号（其中，1948 年因门牌号码改动而为 15 号）。中华人民共和国成立后，“陈炳春”未参加汕头人民邮政局的侨批业注册登记，未出现在《汕头市志》所载之《1951 年汕头市注册侨批局简表》中。

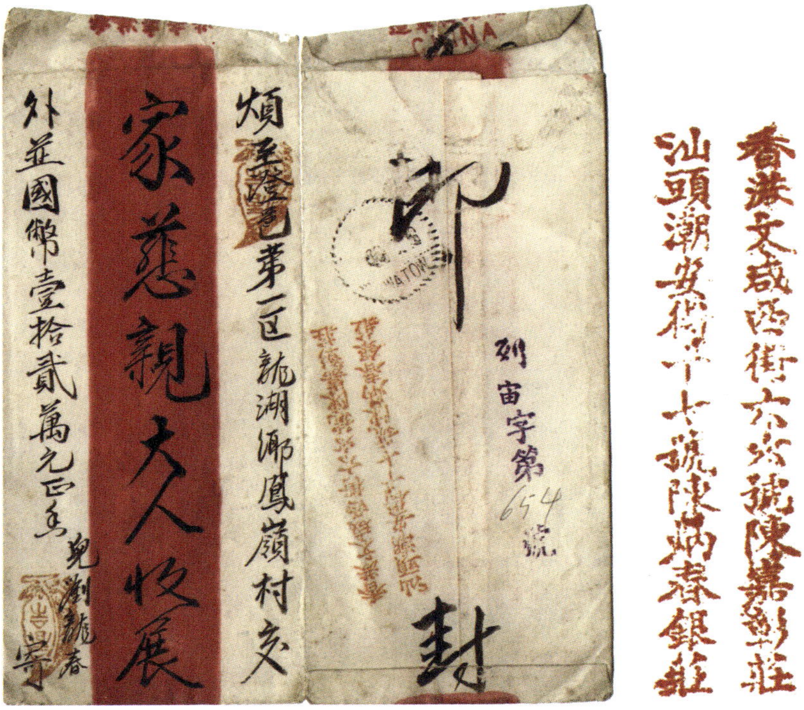

香港刘龙春寄国币壹拾贰万元至澄邑第一区龙湖乡凤岭村家慈亲，批封盖“香港文咸西街六六号陈嘉彰庄　汕头潮安街十七号陈炳春银庄”印

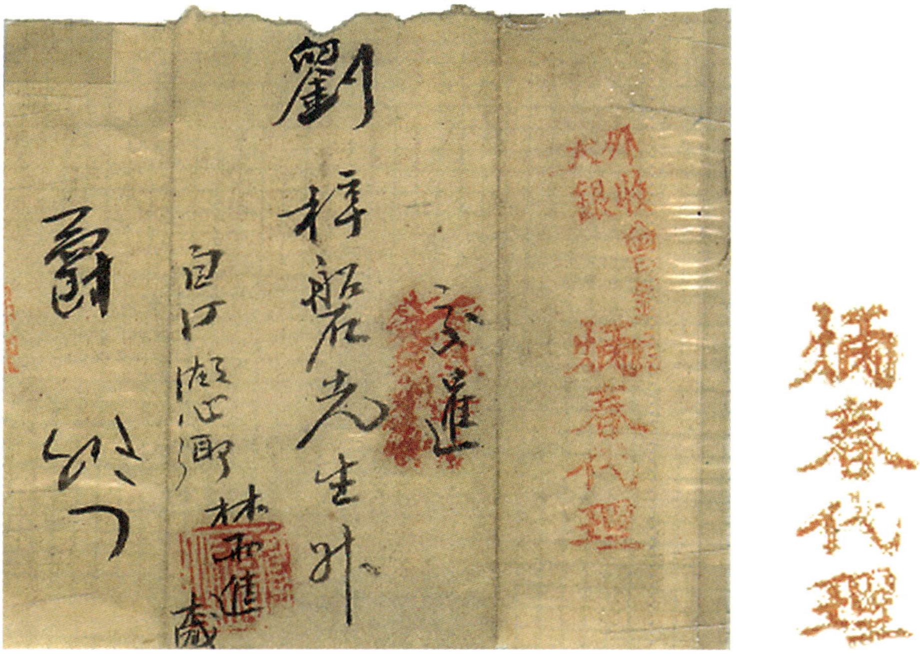

澄海湖心乡林雨进寄暹罗刘梓磐回批，批封盖“炳春代理”印

黄镇川寄国币叁元至潮安岗湖乡家双亲，批封盖“汕头潮安街　陈炳春信局　暹京三聘街”印和曼谷第八邮政局 1938 年 2 月 3 日的邮戳

陈四兴

1933 年，“陈四兴”在《汕头市侨批业同业公会会员名册》中的登记地址是镇邦路 51 号。

依据 1936 年汕头邮政管理局（邮局）向国家交通部邮政总局呈报的核发批局营业凭证申请书整理，该批局的基本情况如下：（批局执照：批字第 314 号）

批局名称		开设时间	开设地点	营业人姓名、籍贯	与何处往来营业
陈四兴		民国廿三年（1934）	汕头仁和街 87 号	陈四合，潮阳	日里、槟榔屿、新加坡
分号	裕兴	民国十五年（1926）	槟榔屿客哱	陈荣光，潮阳	汕头
	和裕	民国十二年（1923）	新加坡柔佛	陈赵顺，潮阳	汕头
	锦昌	民国八年（1919）	日里仙达	陈四银，潮阳	汕头
	四合	民国元年（1912）	潮阳	陈云腾，潮阳	汕头
	茂记	民国十一年（1922）	惠来	陈云启，潮阳	汕头
	铭发	民国十四年（1925）	陆丰东海	叶芳辉，潮阳	汕头

1936 年，“陈四兴”的登记地址为仁和街 87 号，营业人为 63 岁潮阳人陈四合。而“陈四兴”在潮阳的分号“四合”，营业人为陈云腾。

1942 年，“陈四兴”在《汕头市侨批业同业公会会员名册》中的登记地址为永安街 86 号，营业代表为 70 岁潮阳人陈云腾。

1946 年 11 月，“陈四兴”以“四兴”之名出现在汕头市侨批业同业公会填报的《汕头市侨批业调查表》中，主事人陈云腾，店址为镇邦街 51 号，核发交通部邮政总局 1946 年营业执照，汕头邮局 1 月 14 日填发换照收条第 20 号（新照未颁发至汕）。“经营何港侨汇”一栏变更为“实叻、槟城、安南、日里”。

据 1946 年 12 月汕头一等邮局函送市政府《汕头市批信局一览表》，“四兴”获核发 1946 年度营业执照，号码第 93 号，营业人填报陈四合。

1947 年 2 月、6 月、8 月的《汕头市侨批业同业公会会员名册》中，“四兴”的经理人为 75 岁陈云腾，登记地址为镇邦街 51 号。

1948 年 8 月，陈四兴批局以“四兴”之名参加汕头市侨批业同业公会登记，登记地址变更为镇邦街 49 号。在《汕头市侨批业同业公会会员商号名册》中，该批局 1948 年 6 月由广州邮政管理局核发营业执照，字轨号数第 110 号，负责人陈四合，为合资企业。

1948 年起一直到中华人民共和国成立后，以陈云腾为经理人的“四兴”在《汕关市侨批业同业公会会员名册》中的登记地址一直是镇邦街 49 号。从上述各年份的登记资料中可知，“陈四兴”“四兴”“陈四合”“四合”，均是同一个人开设的侨批业商号。

据 1990 年汕头市人民政府侨务办公室、汕头市归国华侨联合会编印的《汕头市华侨志（初稿）》所载，自 1970 年以后，侨批局和侨批站被撤销，有关侨汇业务由汕头市和各县中国银行及乡、村信用社负责。至 1969 年底，汕头市仍存侨批局 36 家，“陈四兴”便是其中之一。

泰国吴美兰寄港币十元至澄邑隆都福洋乡潘玩溪，批封印“永顺成银信局”“代理处汕头镇邦路 49 号　陈四兴批局”，盖“汕头市陈四兴侨批局　58. 8. 21.　侨批业已结汇专用章”和“汕头 58. 8. 21.”侨批专用邮戳

廖再惜寄银壹佰贰拾元至揭邑钱坑中学校廖年强，侨批通知书印“陈四兴批局　镇邦路 49 号”，盖“汕头　58. 5. 7.”侨批专用邮戳

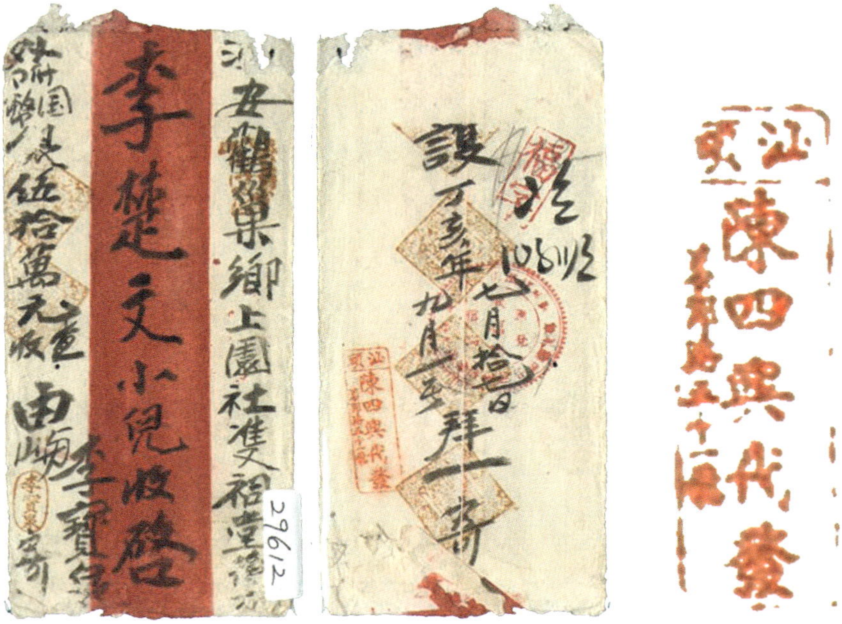

屿李宝泉丁亥年七月拾七日（1947 年 9 月 1 日）寄国币伍拾万元至潮安鹳巢乡上园社双祠堂后李楚文，批封盖“汕头　陈四兴代发　镇邦路五十一号”印

陈万合

1933 年，“陈万合”在《汕头市侨批业同业公会会员名册》中的登记地址是海平路 75 号。

“1913 年，陈元恭在大长陇和汕头开设陈万合批局，在香港创明泰批局，每月经营侨汇约 2 万银元。”如果《潮阳文史》记载属实，那么，同下面的档案资料比照，在开设时间上竟相距 13 年。

依据 1936 年汕头邮政管理局（邮局）向国家交通部邮政总局呈报的核发批局营业凭证申请书整理，该批局的基本情况如下：（批局执照：批字第 312 号）

批局名称		开设时间	开设地点	营业人姓名、籍贯	与何处往来营业
陈万合		民国十五年（1926）	汕头商平路 81 号	陈开宗，潮阳	香港、暹罗、日里、安南
分号	陈万合	民国十五年（1926）	潮阳	陈家捷，潮阳	汕头
	魏启峰	民国十二年（1923）	揭阳	魏启圃，潮阳	汕头
	蔡嘉泰	民国十三年（1924）	达濠	蔡逌能，潮阳	汕头
	刘喜合	民国十年（1921）	潮阳	刘竹船，潮阳	汕头
	合顺兴	民国十六年（1927）	惠来	许金兴，潮阳	汕头
	陈明发	民国十五年（1926）	香港德辅道西	陈家华，潮阳	汕头
	回春园	民国十八年（1929）	香港德辅道西	方庭初，普宁	汕头
	陈春盛	民国十六年（1927）	安南金塔必架街	陈炯光，潮阳	汕头
	陈成春	民国十七年（1928）	暹罗公司廊街	陈家钟，潮阳	汕头
	陈源兴	民国十七年（1928）	日里绵兰纽马力街	陈亍珠，潮阳	汕头

1942 年，在《汕头市侨批业同业公会会员名册》中，“陈万合”登记地址变更为益安街 2 号 2 楼，营业代表为 28 岁潮阳人陈开宗。

1946 年 6 月的《汕头市侨批业同业公会会员名册》中的登记资料显示，“陈万合”的经理人为 34 岁陈开宗（年龄登记似乎有误），资本额 500 万元，会费单位 1001 位，登记地址为海平路 75 号。

1946 年 11 月，“陈万合”出现在汕头市侨批业同业公会填报的《汕头市侨批业调查表》，主事人陈开宗，店址为海平路 75 号，核发交通部邮政总局 1946 年营业执照，与大多数批局不同的是，“陈万合”要求换发的执照是“三十三年执照第一四六号”。“经营何港侨汇”一栏缩小到仅“香港”一地。

据 1946 年 12 月汕头一等邮局函送市政府《汕头市批信局一览表》，“陈万合”获核发 1946 年度营业执照，号码第 69 号，营业人填报陈开宗。

1948 年 8 月，在《汕头市侨批业同业公会会员商号名册》中，独资形式的“陈万合”登记地址变更为海平路 69 号，并获领广州邮政管理局核发的当期侨批业营业执照（号码第 87 号），其负责人未变更。

1948 年 9 月，在《汕头市侨批业同业公会会员名册》中，“陈万合”的资本额仍为 500 万元，会费单位 1001 位，经理人仍为陈开宗。

“陈万合”的经营地址在档案中多有变化，从 1936 年的商平路 81 号到 1942 年的益安街 2 号，到 1946 年的海平路 75 号，再到 1948 年的海平路 69 号。

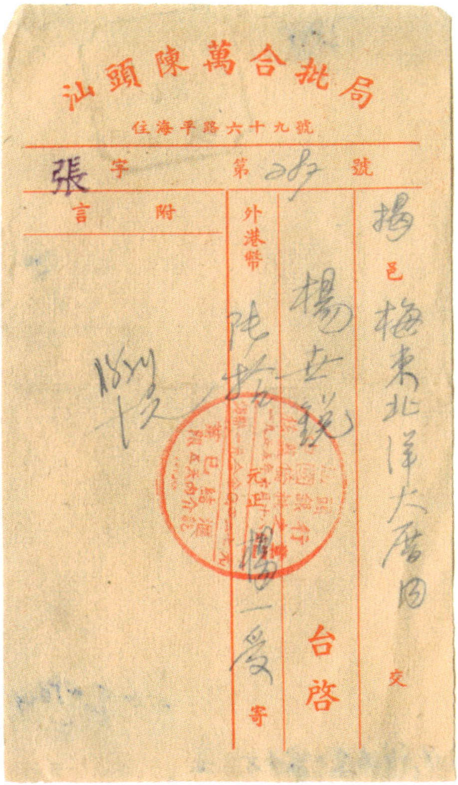

杨一受寄港币陆拾元至揭邑梅东北洋大厝内杨世锐，侨批通知书印“汕头陈万合批局　住海平路六十九号”，盖“一九五五年六月十八日汕头中国银行核盖侨批之章”

尼都鲁吴汉佳寄港币贰拾元至潮安彩塘市院前村东面吴细嗳，批封盖“汕头市陈万合侨批局 58. 12. 24. 侨批业已结汇专用章”印和“汕头 58. 12. 23.”侨批专用邮戳

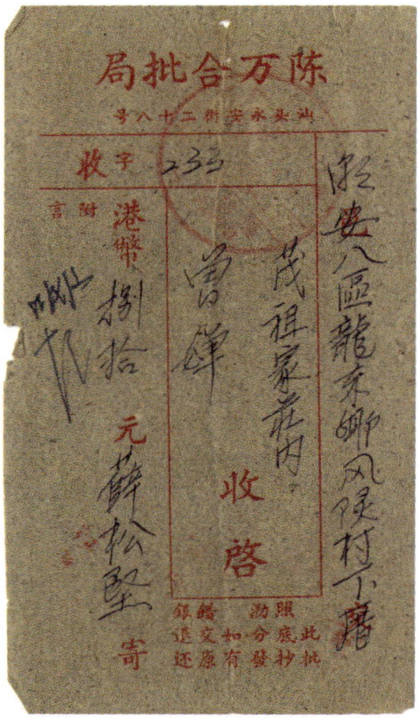

薛松坚寄港币捌拾元至潮安八区龙东乡风［凤］溪村下厝茂祖家庄曾婵，侨批通知书印“陈万合批局 汕头永安街二十八号”，盖“汕头中国银行核盖侨批之章”

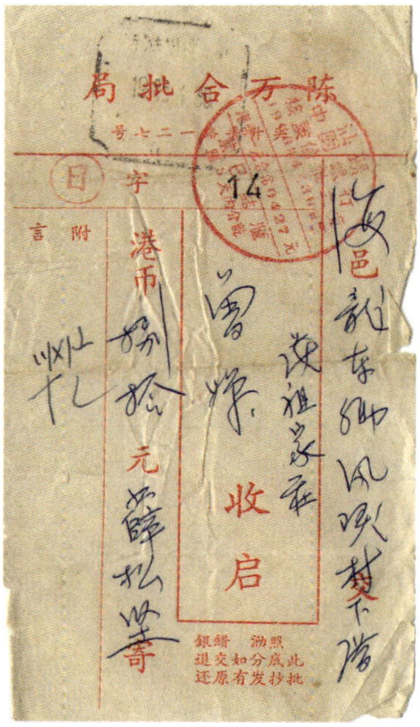

薛松坚寄港币捌拾元至海邑龙东乡凤溪村下厝茂祖家庄曾婵，侨批通知书印“陈万合批局 汕头升平路一二七号”，盖“1966 年 4 月 30 日 汕头中国银行核盖侨批之章”

薛松坚寄港币捌拾元至海邑八区龙东乡风［凤］溪村下厝茂祖家庄曾婵，侨批通知书印“陈万合批局　汕头永泰街三十四号”，盖“丁”字戳号的侨批专用邮戳和“汕头中国银行核盖侨批之章”

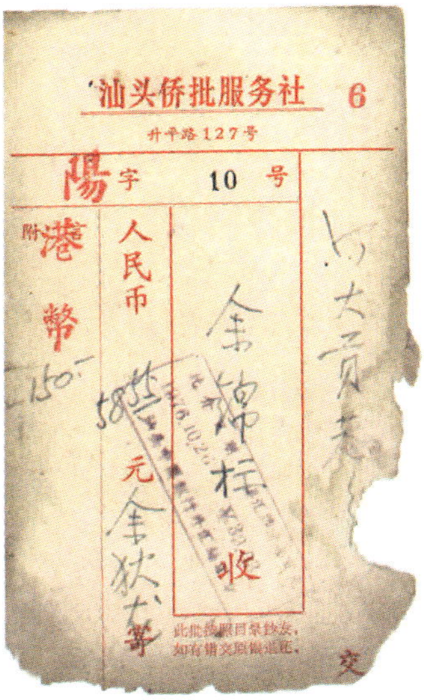

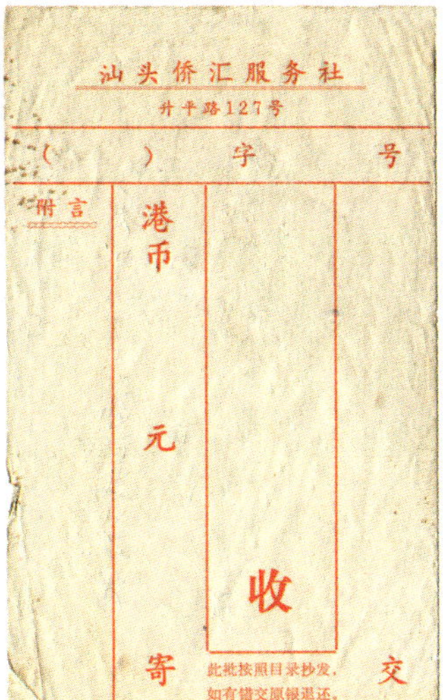

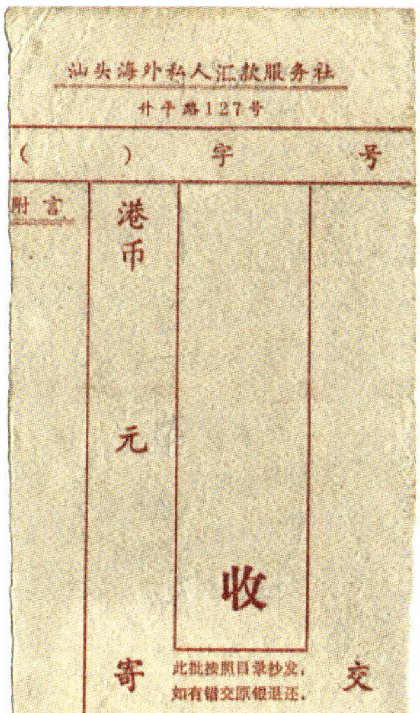

同一地址不同办公单位的侨批

《汕头市志》所载之《1951年汕头市注册侨批局简表》显示，1951年“陈万合”的开设地址仍是海平路69号，实寄批中出现的“永安街二十八号”“升平路一二七号”，并非侨批局商号的登记地址。据汕头泰华批局老侨批派送员黄木海在《侨批文化》撰文回忆：“一解放，批信局的业务就由人民银行管辖，但仍各管各的业务。1956年公私合营，汕头市几十家侨批局约300名职工合址办公，地址就是永安街28号。”

同样，“汕头升平路一二七号”这一地址也是类似情况。1968年，汕头市侨批业实行联合经营，成立“汕头侨批服务社”，办公地址为升平路127号，同一地址还是“汕头侨汇服务社”和“汕头海外私人汇款服务社”，各侨批局以这个地址按照目录抄发通知书。陈万合批局抄发的侨批通知单既是批局迁徙的见证，也是国家侨批业政策的缩影。

据1990年汕头市人民政府侨务办公室、汕头市归国华侨联合会编印的《汕头市华侨志（初稿）》所载，自1970年以后，侨批局和侨站被撤销，有关侨汇业务由汕头市和各县中国银行及乡、村信用社负责。至1969年底，汕头市仍存侨批局36家，“陈万合”便是其中之一。

陈文记

“陈文记”系中华人民共和国成立后开设的侨批业商号。

1950 年 12 月 6 日，“陈文记”获中国人民银行核准发给《经营侨汇业务临时准许证》。其时，商号地址为汕头市永和七横街 3 号，合伙资本额为 300 万元，经理人为 39 岁潮阳人陈质彬。

1951 年在汕头人民邮政局的侨批业注册登记中，“陈文记”的登记地址为永泰路 95 号，称“陈文记批局”。从侨批通知书上印戳的日期可知，1958 年名称为“汕头市陈文记侨批局”，1968 年名称为“陈文记侨汇庄”。

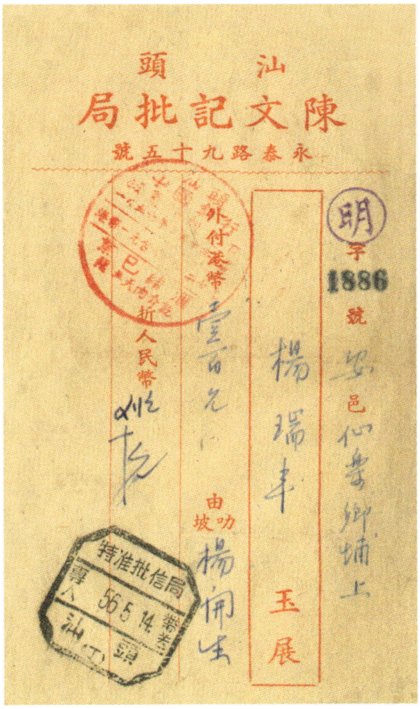

叻坡杨开生寄港币壹百元至安邑仙乐乡埔上杨瑞丰，侨批通知书印“汕头　陈文记批局　永泰路九十五号”，盖“汕头　56. 5. 14.”侨批专用邮戳

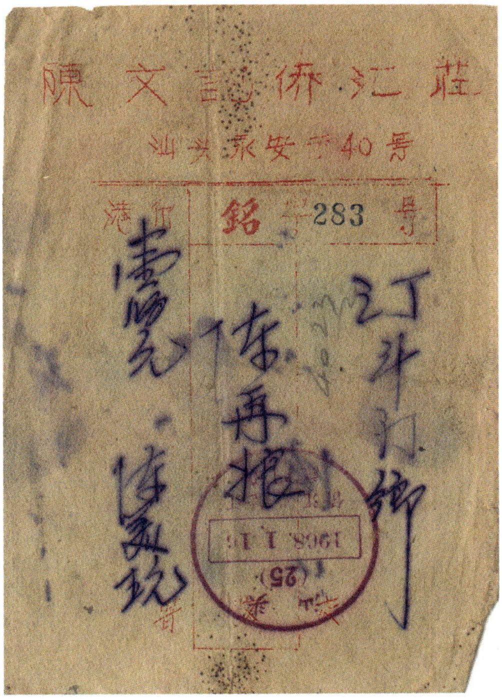

陈美玩寄港币壹百元至澄斗门乡陈再根，侨批通知书印“陈文记侨汇庄　汕头永安街 40 号”，盖“1968. 1. 16.　汕头（25）　侨汇业结汇证明章”

据1990年汕头市人民政府侨务办公室、汕头市归国华侨联合会编印的《汕头市华侨志（初稿）》所载，自1970年以后，侨批局和侨批站被撤销，有关侨汇业务由汕头市和各县中国银行及乡、村信用社负责。至1969年底，汕头市仍存侨批局36家，“陈文记”便是其中之一。

叻陈国四寄烟纸肆拾块至潮安鳌头乡内畔东门家慈亲，批封盖“汕头市陈文记侨批局　58.7.28.　侨批业已结汇专用章”

许堂寄港币贰佰伍拾元至澄海隆都前沟村前沟小学陈碹珠，批封盖“汕头陈文记批局”印，盖“汕头中国银行核盖侨批之章　1965年12月31日”

汕头“陈文记”批局印鉴

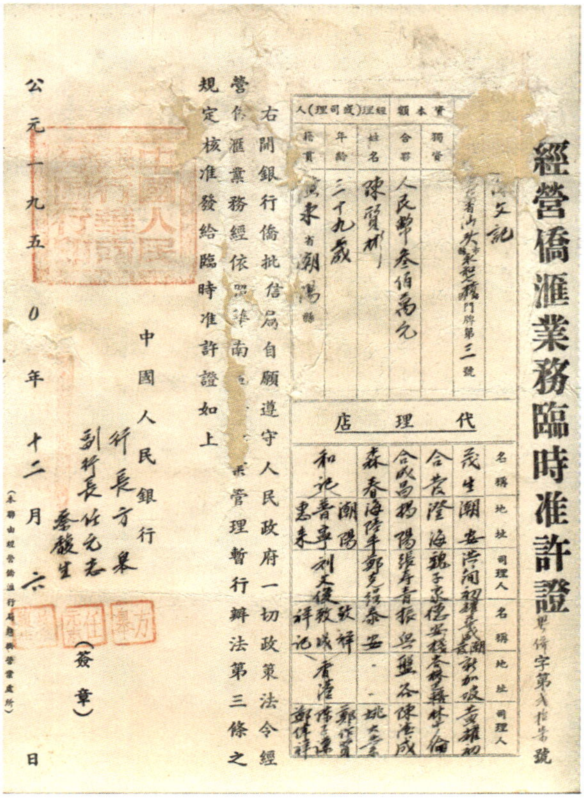

經營僑滙業務臨時准許證

粵僑字第 號

商號名稱	陳文記
地址	汕頭市
資本額（獨資／合夥）	人民幣叁佰萬元
經理（或司理）人 姓名	陳賢彬
年齡	三十九歲
籍貫	廣東省潮陽縣

代理店

名稱	地址	司理人	名稱	地址	司理人
[illegible]	[illegible]	[illegible]	[illegible]	[illegible]	[illegible]

右開銀行僑批信局自願遵守人民政府一切政策法令經營僑滙業務經依照華南區僑滙管理暫行辦法第三條之規定核准發給臨時准許證如上

中國人民銀行

行長 方泉

副行長 任允志 蔡馥生

（簽章）

公元一九五0年十二月六日

（本證由經營僑滙行局懸掛營業處所）

收藏于汕头侨批文物馆的“陈文记”《经营侨汇业务临时准许证》

陈协盛

1993 年，“陈协盛”在《汕头市侨批业同业公会会员名册》中的登记地址是商平路 12 号。

“陈协盛”未参加 1936 年、1942 年的汕头市侨批业同业公会会员登记。但据刊于《侨批文化》第三期之《历尽千辛万苦打通邮路——记汕头市陈协盛批局司理陈传治先生》一文所称，2004 年已 93 岁高龄旅居美国的陈传治在 1936 年时为汕头市“陈协盛”的司理人。抗日战争时期，陈传治还打通了越南—香港—饶平—潮州的邮路。

据 1946 年 6 月，《汕头市侨批业同业公会会员名册》中的登记资料显示，“陈协盛”的经理人为 33 岁饶平人陈传治，资本额 300 万元，会费单位 601 位，登记地址为商平路 111 号。

1946 年 11 月，“陈协盛”出现在汕头市侨批业同业公会填报的《汕头市侨批业调查表》中，主事人陈传治，店址为永泰路 81 号，核发交通部邮政总局 1946 年营业执照，号码列第 21 号，是在表的 57 家侨批业商号中唯一一家已领执照的。“经营何港侨汇”一栏填报“暹罗、安南”。

1946 年 12 月汕头一等邮局函送市政府《汕头市批信局一览表》，“陈协盛”获核发 1946 年度营业执照，号码第 21 号，营业人为陈传治。

1948 年 1 月，在《汕头市侨批业同业公会会员批伙领取证明书名册》（见王炜中主编：《潮汕侨批业档案选编》，天马出版有限公司，2010 年，第 197 页）中，“陈协盛”报了批伙 2 名，商号地址仍填永泰路 81 号，并注明是“总号”。

1948 年 8 月，在《汕头市侨批业同业公会会员商号名册》中，独资形式的“陈协盛”登记地址由商平路 111 号变更为永泰路 47 号。

1948 年 9 月，在《汕头市侨批业同业公会会员名册》中，“陈协盛”的资本额仍为 300 万元，会费单位 601 位，店址为永泰路 47 号，经理人仍为陈传治。

中华人民共和国成立后，“陈协盛”未出现在汕头人民邮政局的侨批业注册登记中。

泰京文白丁民国卅二年（1943）六月一日寄储备券壹佰元至饶邑凤凰乡下埔社家双亲，批封印“协盛批局代送”

陈悦记

1933 年，“陈悦记”在《汕头市侨批业同业公会会员名册》中登记地址是永和街 110 号。

依据 1936 年汕头邮政管理局（邮局）向国家交通部邮政总局呈报的核发批局营业凭证申请书整理，该批局的基本情况如下：（批局执照：批字第 238 号）

批局名称		开设时间	开设地点	营业人姓名、籍贯	与何处往来营业
陈悦记		民国六年（1917）	汕头升平路 71 号	陈拔奇，潮安	暹罗、安南、新加坡
分号	陈合盛悦记	民国六年（1917）	潮安	王璧如，澄海	汕头
	陈悦记	民国六年（1917）	凤凰	文亚宽，饶平	汕头
	洪万兴	民国六年（1917）	棉湖	洪贤炎，揭阳	汕头
	源利	民国六年（1917）	汤坑	黄秉街，揭阳	汕头
	刘喜合	民国六年（1917）	潮阳	刘竹船，潮阳	汕头
	林协和	民国六年（1917）	韶安	林意诚，饶平	汕头
	万兴昌	民国六年（1917）	店仔头	许文雅，饶平	汕头
	普通	民国六年（1917）	澄海	徐昌期，澄海	汕头
	陈悦记	民国六年（1917）	暹罗三聘街	陈景云，饶平	汕头
	陈美盛	民国六年（1917）	安南美荻街	陈国威，饶平	汕头
	许裕发	民国六年（1917）	新加坡奉教街	许谦元，饶平	汕头
	信昌	民国六年（1917）	饶平	王昭平，饶平	汕头
	光德盛	民国六年（1917）	揭阳	李廷祥，揭阳	汕头
	詹恒益	民国六年（1917）	留隍	詹集东，丰顺	汕头

“陈悦记”未参加 1942 年的汕头市侨批业同业公会会员登记。

1946 年 6 月的《汕头市侨批业同业公会会员名册》中的登记资料显示，“陈悦记”的登记字号是“悦记”，经理人为 38 岁潮安人张炳荣，资本额 300 万元，会费单位 601 位，登记地址为永和街 110 号。

1946 年 11 月，“陈悦记”以“悦记”之名出现在汕头市侨批业同业公会填报的《汕头市侨批业调查表》，主事人张炳荣，店址为永和街 110 号，核发交通部邮政总局 1946 年营业执照，汕头邮局 1 月 18 日填发换照收条第 37 号（新照未颁发至汕）。而“经营何港侨汇”

一栏为“暹罗、新加坡、安南、马来亚、香港”，比1936年增加了“马来亚、香港”。

据1946年12月汕头一等邮局函送市政府《汕头市批信局一览表》，“陈悦记”获核发1946年度营业执照，号码第42号。营业人改回陈拔奇。

1948年8月，在《汕头市侨批业同业公会会员商号名册》中，合资形式的“悦记”登记地址已由“永和街110号”变更为“永安街32号”，并获领广州邮政管理局核发的当期侨批业营业执照（号码第60号），其负责人变更为张祯祥。

1948年9月，在《汕头市侨批业同业公会会员名册》中，“悦记”的资本额保持300万元，会费单位601位，经理人和营业代表均为39岁潮安人张祯祥。

中华人民共和国成立后，“悦记”参加汕头人民邮政局的侨批业登记。录自《汕头市志》的《1951年汕头市注册侨批局简表》中的“侨批局名称”一栏，“悦记”又恢复填写为“陈悦记”，开设地址仍为永安街32号。

本书收集到“悦记”20世纪60年代中期的侨批通知书上显示其经营地址已变更为永安街40号。

据1990年汕头市人民政府侨务办公室、汕头市归国华侨联合会编印的《汕头市华侨志（初稿）》所载，自1970年以后，侨批局和侨站被撤销，有关侨汇业务由汕头市和各县中国银行及乡、村信用社负责。至1969年底，汕头市仍存侨批局36家，“悦记”便是其中之一。

收集到的“陈悦记”经手分发的实寄批显示，“陈悦记”是马六甲同益兴批局、实叻祥泰隆批局、香港声兴批局、实叻永德盛批局、实叻鼎盛祥记批局、实叻利华兴批局等多家海外侨批局在汕头的代理机构。

礼阳村美园家慈亲寄麻坡郑城源回批，批封盖“马六甲同益兴批局　汕头悦记庄分发”

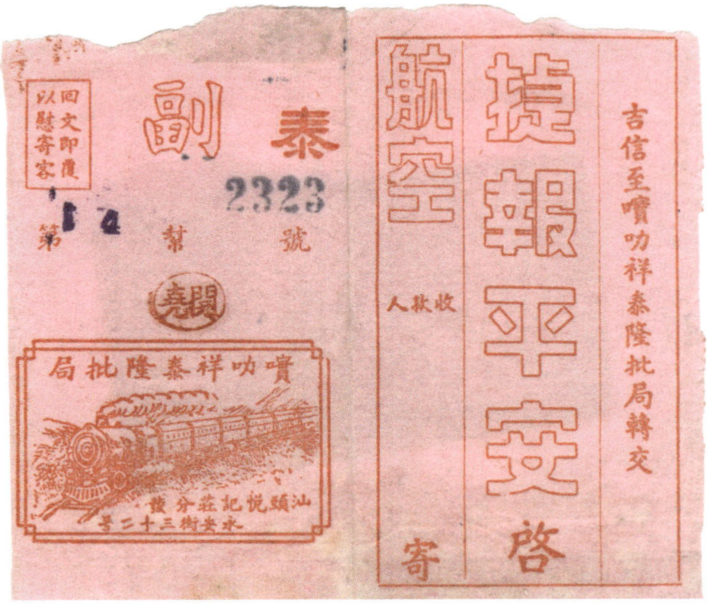

批封印“实叻祥泰隆批局　汕头悦记庄分发　永安街三十二号”

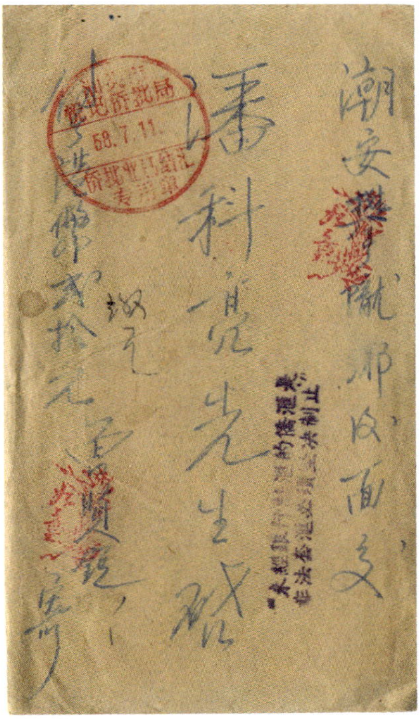

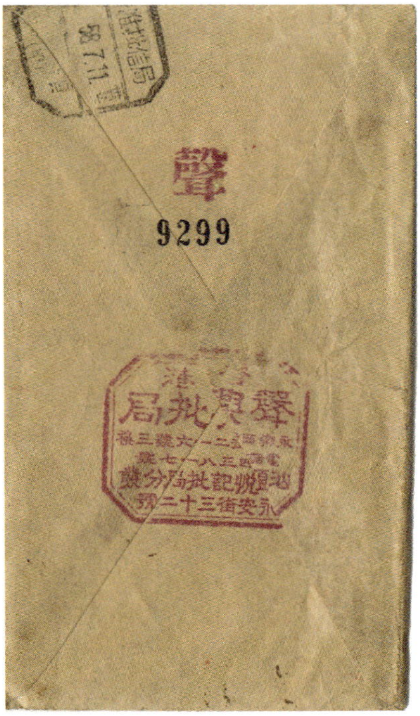

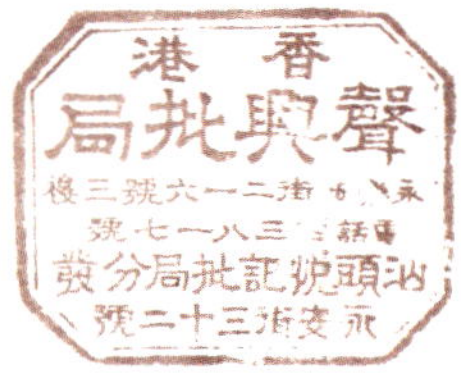

曾贤锐寄港币贰拾元至潮安攀陇乡后面潘科亮，批封盖“香港声兴批局　汕头悦记批局分发　永安街三十二号”印、“汕头市悦记侨批局　58.7.11.　侨批业已结汇专用章”和“汕头　58.7.11.”侨批专用邮戳

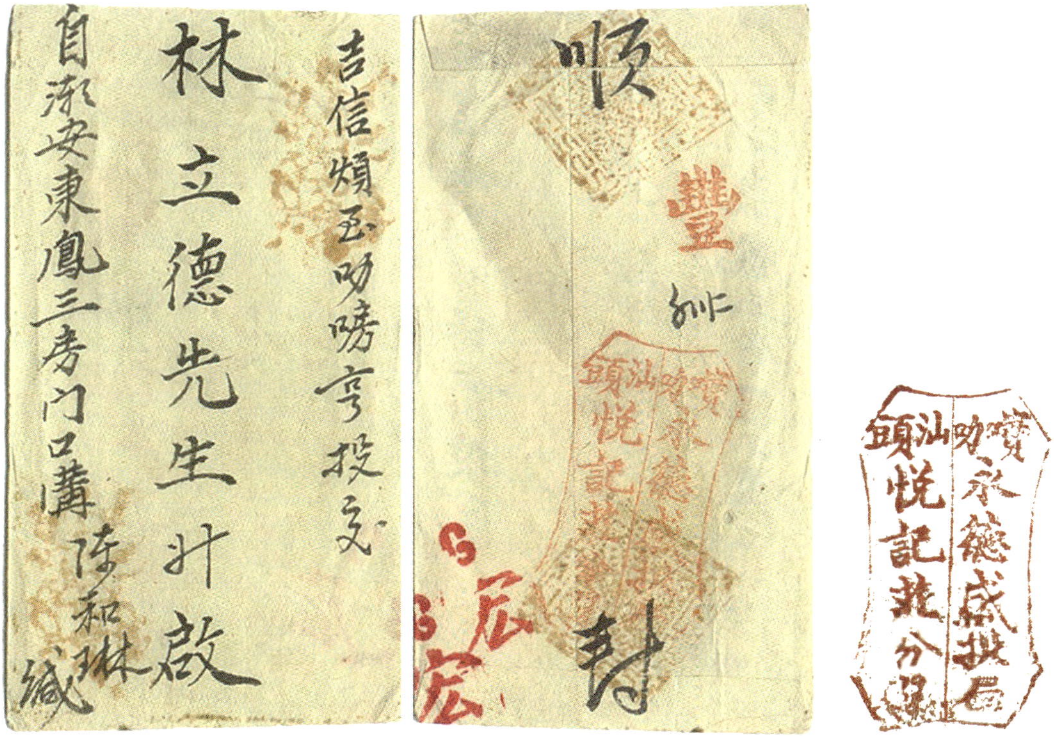

潮安东凤三房门口沟陈和琳寄叻房亨林立德回批，批封盖“实叻永德盛批局　汕头悦记庄分发”印

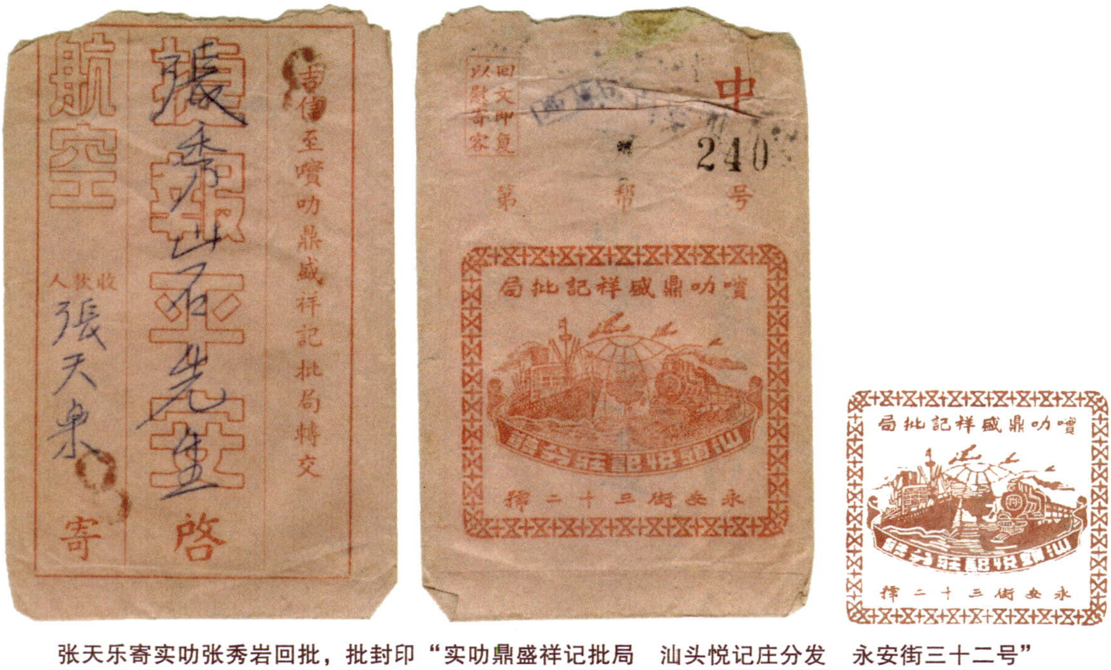

张天乐寄实叻张秀岩回批，批封印“实叻鼎盛祥记批局　汕头悦记庄分发　永安街三十二号”

陈惠珠寄实叻陈清木回批，批封印“实叻利华兴批局　汕头悦记庄分发　永安街三十二号”

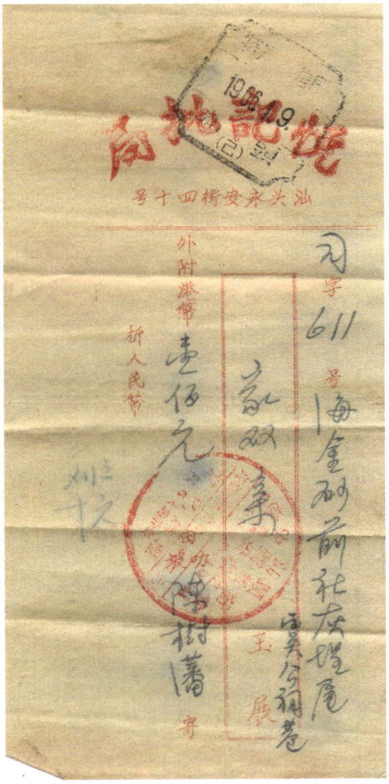

陈树藩寄港币壹佰元至海金砂前社灰埕尾家双亲，侨批通知书印“悦记批局　汕头永安街四十号”，盖“汕头　1966. 1. 9.”侨批专用邮戳

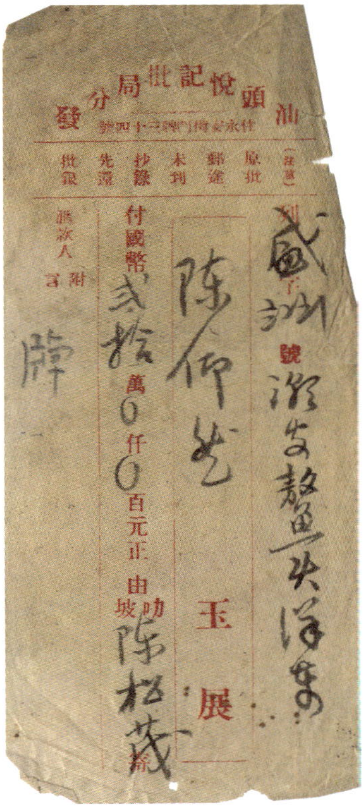

叻坡陈松茂寄国币贰拾万元至潮安鳌头洋东陈仰然，侨批通知书印“汕头悦记批局分发　住永安街门牌三十四号”

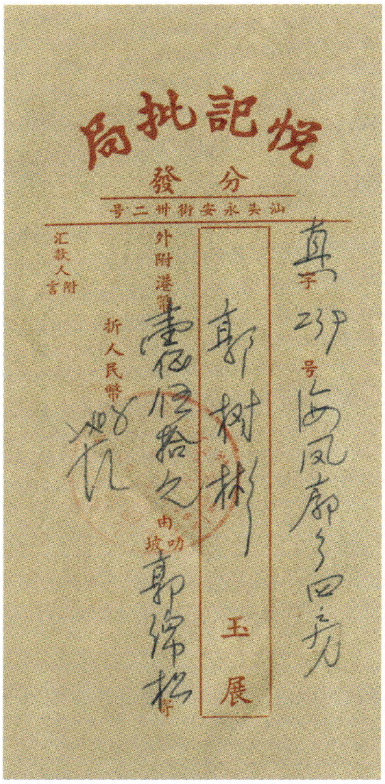
悅記批局
分發
汕頭永安街卅二號
匯款人言附
外附港幣
折人民幣
玉展

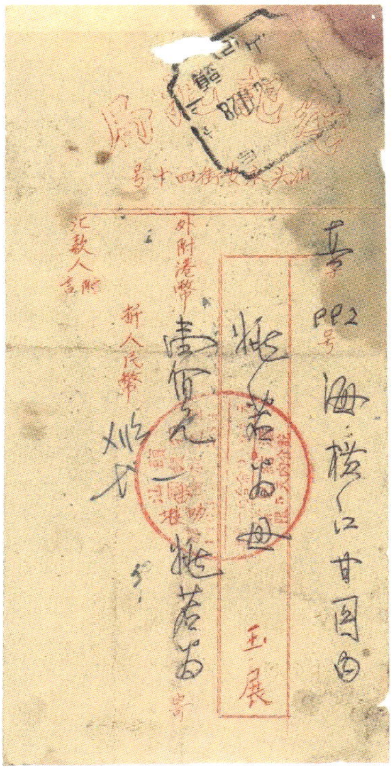
悅記批局
汕頭永安街四十號
匯款人言附
外附港幣
折人民幣
玉展

叻坡郭绵松寄港币壹佰伍拾元至海凤廓乡四房郭树彬，侨批通知书印“悦记批局　分发　汕头永安街卅二号”，盖“汕头中国银行核盖侨批之章”

叻坡姚若存寄港币壹佰元至海横江甘园内，侨批通知书印“悦记批局　汕头永安街四十号”，盖“汕头中国银行核盖侨批之章”和“己”字戳号汕头侨批专用邮戳

承福兴

“承福兴”一直到1948年9月才出现在《汕头市侨批业同业公会会员名册》中，且登记资料不全。经理人为潮阳人林为卿，行号地址为新潮兴街。

中华人民共和国成立后，“承福兴”参加汕头人民邮政局的侨批业注册登记。据《汕头市志》中《1951年汕头市注册侨批局简表》所载，“承福兴”的开设地址为新潮兴街94号。

据《潮阳文史》（第八辑）披露的资料，1924年陈林城受槟城“承福兴批局”委托，在西胪开设“陈勤利批局”。

下图所示实寄批上的印戳“承福兴信局　槟城打铁街二百八十一号　汕头益安街三十五号”，因实寄批寄批款“付国币贰万元”，未折转“金圆券”，且“国币”数额不大，与同期侨批比较，估计应是1947年前的来批，因而“益安街三十五号”应是该时期“承福兴”的经营地点。

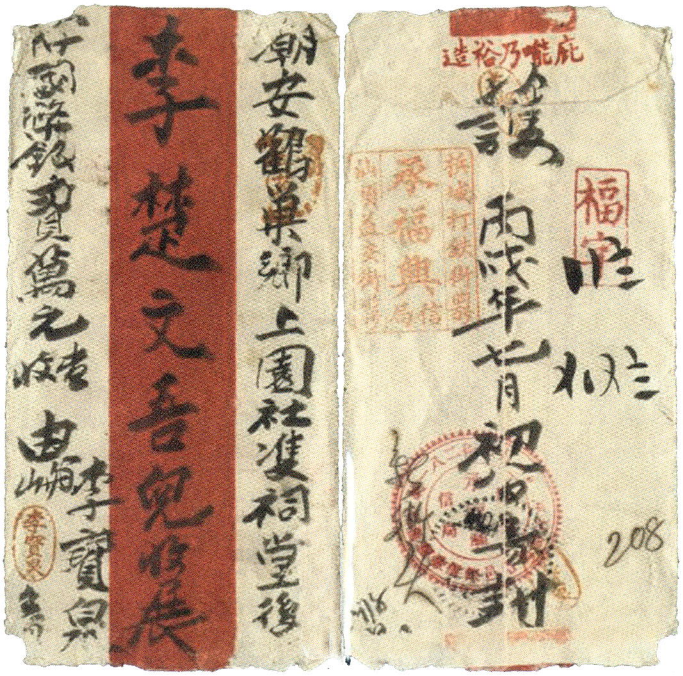

屿李宝泉丙戌年七月初八（1946年8月4日）寄国币贰万元至潮安鹤巢乡上园社双祠堂后李楚文，批封盖“承福兴信局　槟城打铁街二百八十一号　汕头益安街三十五号”印

按1959年汕头中国银行《关于汕头市侨批业的历史调查》所载，“承福兴”在中华人民共和国成立前已作为星马批局的分号在汕头开展经营业务，但一直到1948年9月4日才出现在《汕头市侨批业同业公会会员名册》中，甚至1948年8月30日、1948年3月10日的《汕头市侨批业同业公会会员名册》均未出现其名，更遑论之前的其他登记资料，可见汕头“承福兴”系中华人民共和国成立前夕才创立的。

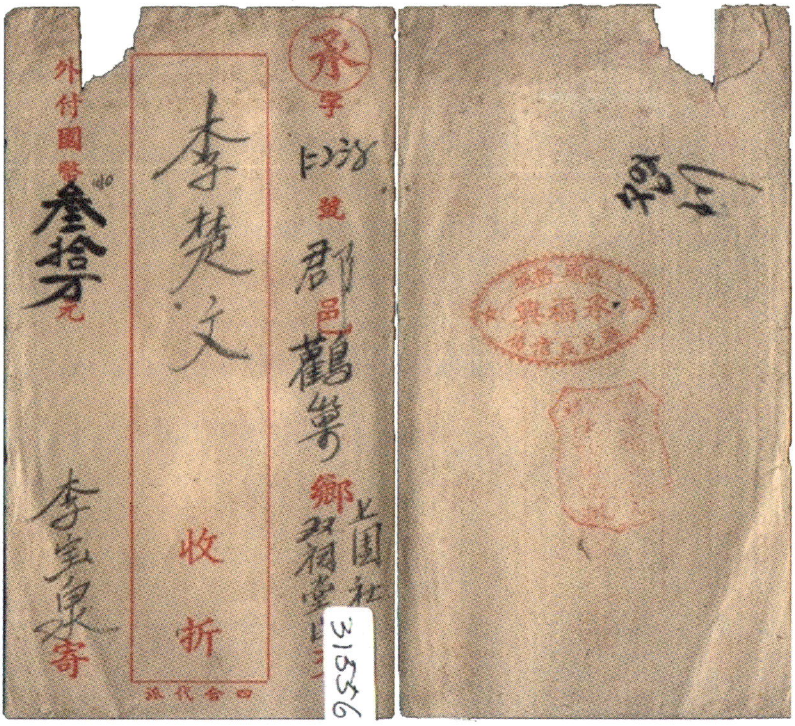

李宝泉寄国币叁拾万元至郡邑鹳巢乡上园社双祠堂后李楚文，批封盖“汕头　槟城　承福兴　汇兑民信局”印

福　利

1933 年，“福利”在《汕头市侨批业同业公会会员名册》中的登记地址是永泰路 134 号。

新加坡“李福利”在汕头一直以“福利”为名参加历年的侨批业登记。

依据 1936 年汕头邮政管理局（邮局）向国家交通部邮政总局呈报的核发批局营业凭证申请书整理，该批局的基本情况如下：（批局执照：批字第 297 号）

批局名称		开设时间	开设地点	营业人姓名、籍贯	与何处往来营业
福利		民国十一年（1922）	汕头至平路 14 号	黄文标，潮阳	香港、新加坡、暹罗
分号	福利	民国十一年（1922）	香港大道西	谢兰香，潮阳	汕头
	福成	民国十一年（1922）	新加坡敏申路	薛木本，晋江	汕头
	茂利	民国十一年（1922）	暹罗三聘街	熊孝则，梅县	汕头

1942 年 6 月的《汕头市侨批业同业公会会员名册》中，“福利”的代表是 35 岁潮阳人黄伟初，登记地址依然是至平路 14 号。

1946 年 6 月的《汕头市侨批业同业公会会员名册》显示，“福利”的经理人为 52 岁澄海人唐文彬，资本额 300 万元，会费单位 601 位，登记地址为永泰路 130 号。

1946 年 11 月，“福利”出现在汕头市侨批业同业公会填报的《汕头市侨批业调查表》中，主事人黄伟初，店址为永泰路 130 号，核发交通部邮政总局 1946 年营业执照，汕头邮局 1 月 11 日填发换照收条第 5 号（新照未颁发至汕）。“经营何港侨汇”一栏减少了“暹罗”。

据 1946 年 12 月汕头一等邮局函送市政府《汕头市批信局一览表》，“福利”获核发 1946 年度营业执照，号码第 57 号，营业人变更为黄文秋。

1948 年 8 月，在《汕头市侨批业同业公会会员商号名册》中，独资形式的“福利”登记地址又由永泰路 130 号变更为至平路 14 号，并获领广州邮政管理局核发的当期侨批业营业执照（号码第 74 号），其负责人变更为黄鸿清。

1948 年 9 月，在《汕头市侨批业同业公会会员名册》中，“福利”的资本额保持 300 万元，会费单位 601 位不变。

中华人民共和国成立后，“福利”未出现在侨批业登记注册的名册中。

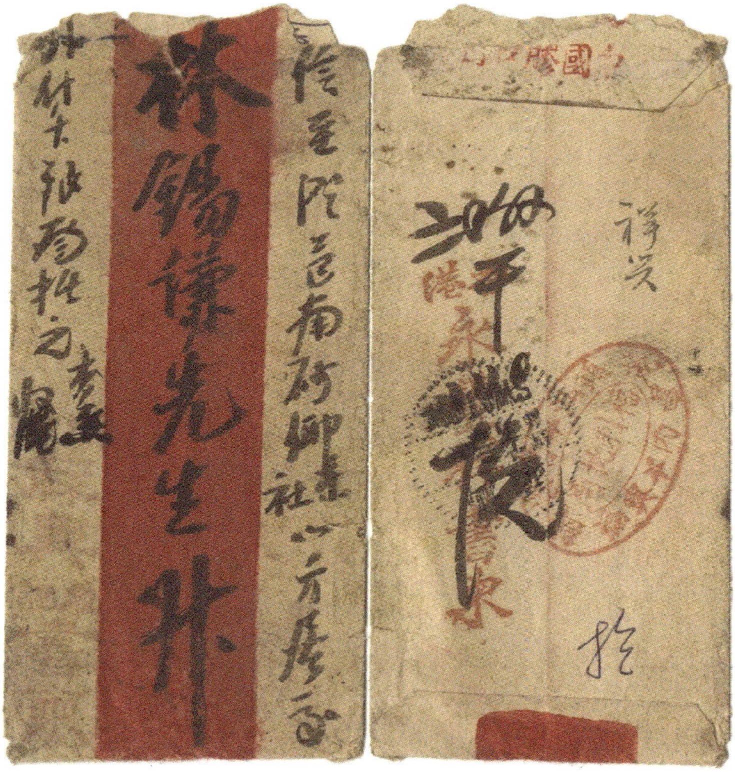

付（附）大银叁拾元寄澄邑南砂乡东社山方居林锡谦，批封盖“汕头茂昌内　福利批局”印

福　茂

1933 年，“福茂”在《汕头市侨批业同业公会会员名册》中的登记地址是潮安街 74 号之三。

依据 1936 年汕头邮政管理局（邮局）向国家交通部邮政总局呈报的核发批局营业凭证申请书整理，该批局的基本情况如下：（批局执照：批字第 298 号）

批局名称		开设时间	开设地点	营业人姓名、籍贯	与何处往来营业
福茂		民国十四年（1925）	汕头至平路 14 号	黄南和，潮阳	香港、安南、新加坡、巴达维亚（雅加达）
分号	福记	民国十四年（1925）	香港大道西	李裕记，潮阳	汕头
	集兴	民国十四年（1925）	安南排草	林庭集，惠来	汕头
	德泰	民国十四年（1925）	新加坡厦门街	林华民，梅县	汕头
	德泰	民国十四年（1925）	巴达维亚小南门	林顺来，梅县	汕头

“福茂”未参加 1942 年的汕头市侨批业同业公会会员登记。

1946 年 11 月，“福茂”出现在汕头市侨批业同业公会填报的《汕头市侨批业调查表》中，主事人邱庆琮，店址为潮安街 47 号之三，核发交通部邮政总局 1946 年营业执照，汕头邮局 1 月 12 日填发换照收条第 4 号（新照未颁发至汕）。“经营何港侨汇”一栏变更为“暹罗、安南”，已非 1936 年的“香港、安南、新加坡、巴达维亚（雅加达）”。

据 1946 年 12 月汕头一等邮局函送市政府《汕头市批信局一览表》，“福茂”获核发 1946 年度营业执照，号码第 91 号，营业人变更为黄南和。

1948 年 8 月，在《汕头市侨批业同业公会会员商号名册》中，合资形式的“福茂”的登记地址已由至平路 14 号变更为潮安街 50 号，并获领广州邮政管理局核发的当期侨批业营业执照（号码第 108 号），其经营人变更为邱庆琮。

“福茂”作为泰国批局的分号一直经营到 1969 年汕头市侨批业退出历史舞台。

据 1990 年汕头市人民政府侨务办公室、汕头市归国华侨联合会编印的《汕头市华侨志（初稿）》所载，自 1970 年以后，侨批局和侨批站被撤销，有关侨汇业务由汕头市和各县中国银行及乡、村信用社负责。至 1969 年底，汕头市仍存侨批局 36 家，“福茂”便是其中之一。

实寄批上出现的“振华丰银信局分局”，因汕头“福茂”批局是潮州“振华丰”批局的联号，而潮州“振华丰”批局是泰国“振华丰”银信局在潮州的分局，故有“振华丰

批业汇兑有限公司　汕头分局：潮安街新编门牌五十号”“振华丰批业汇兑有限公司　汕头福茂批局　住潮安街门牌五十号”之说。

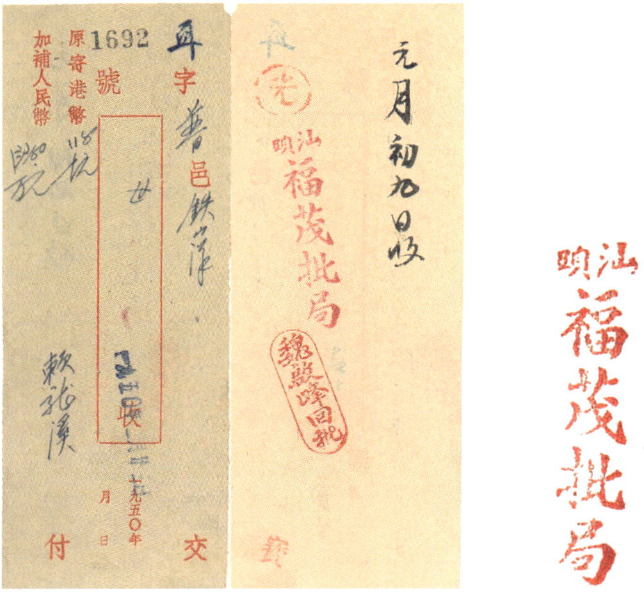

赖龙溪寄港币二十五元至普邑铁山洋母，批封盖“汕头福茂批局”印和“一九五〇年二月廿三日”戳

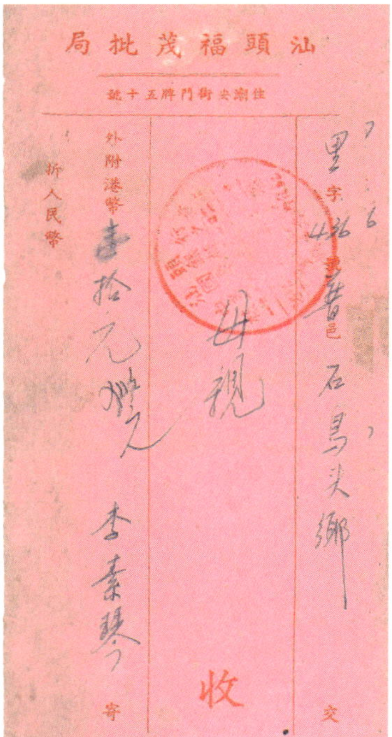

李素琴寄港币壹拾元至普邑石乌头乡母亲，侨批通知书印“汕头福茂批局　住潮安街门牌五十号”，盖“汕头中国银行核盖侨批之章”

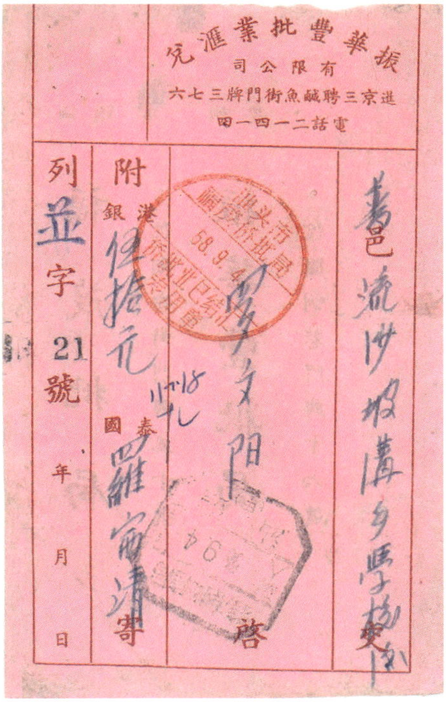

罗赛清寄港币伍拾元至普邑流沙坡沟乡学校罗文阳，批封盖“汕头市福茂侨批局　58.9.4.　侨批业已结汇专用章”和“汕头　58.9.4.”侨批专用邮戳

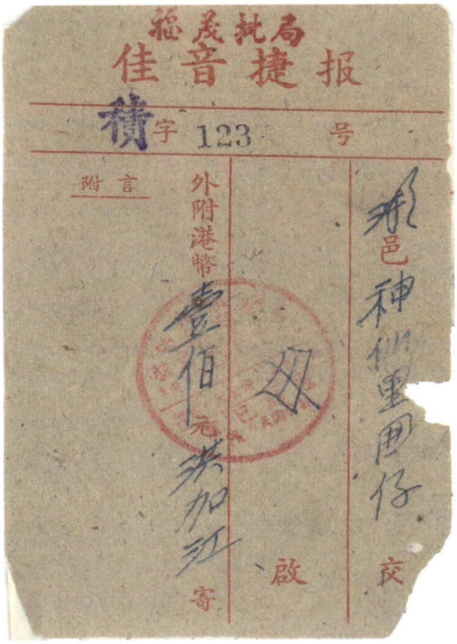

洪加江寄港币壹佰元至潮邑神仙里围仔母，批封盖“福茂批局”印和“汕头中国银行核盖侨批之章”

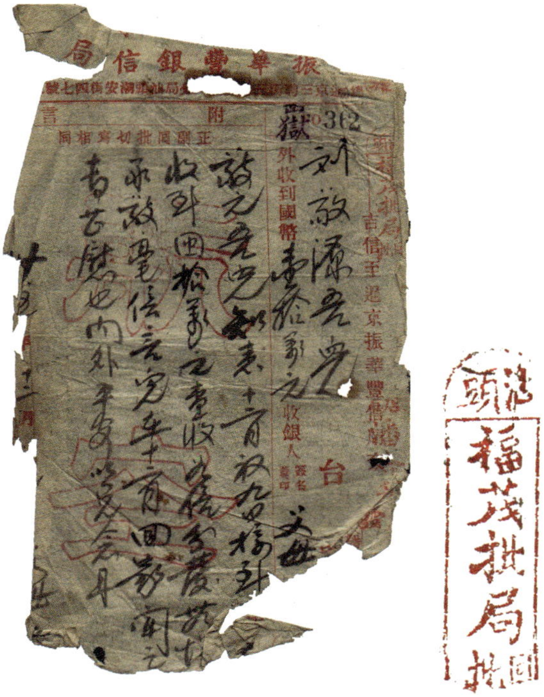

父母寄暹京刘敬源回批，注明收到国币壹拾万元，盖“汕头福茂批局回批”印

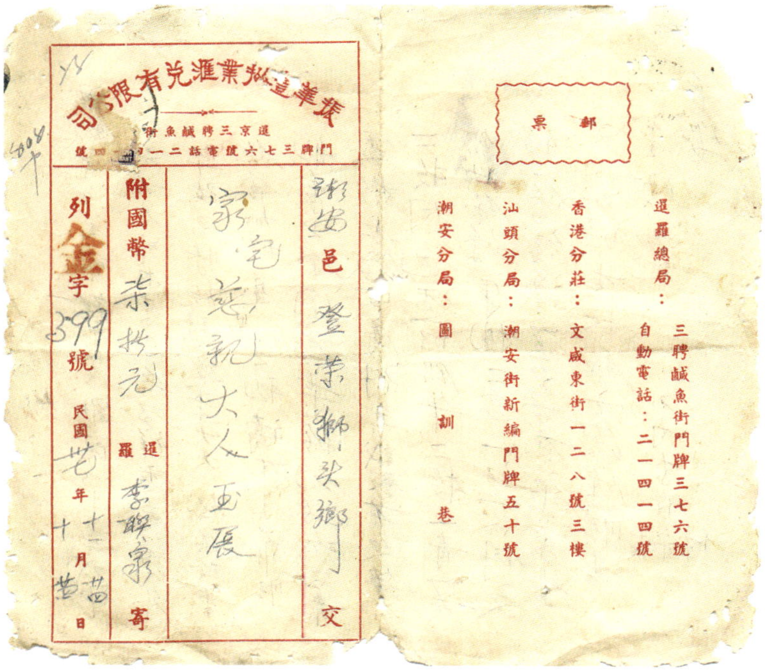

暹罗李联泉民国卅七年（1948）十一月二十四日寄国币柒拾元至潮安邑登荣狮头乡家宅慈亲，批封印“振华丰批业汇兑有限公司”“汕头分局：潮安街新编门牌五十号”

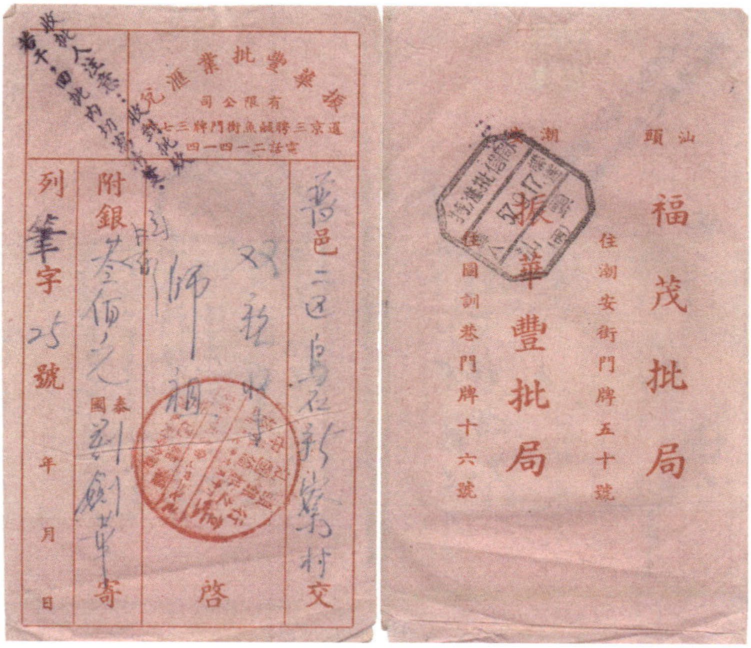

泰国刘剑华寄叁佰元至普邑二区乌石新寮村双亲，批封印“振华丰批业汇兑有限公司”“汕头福茂批局 住潮安街门牌五十号”，盖“汕头 57.9.17.”侨批专用邮戳

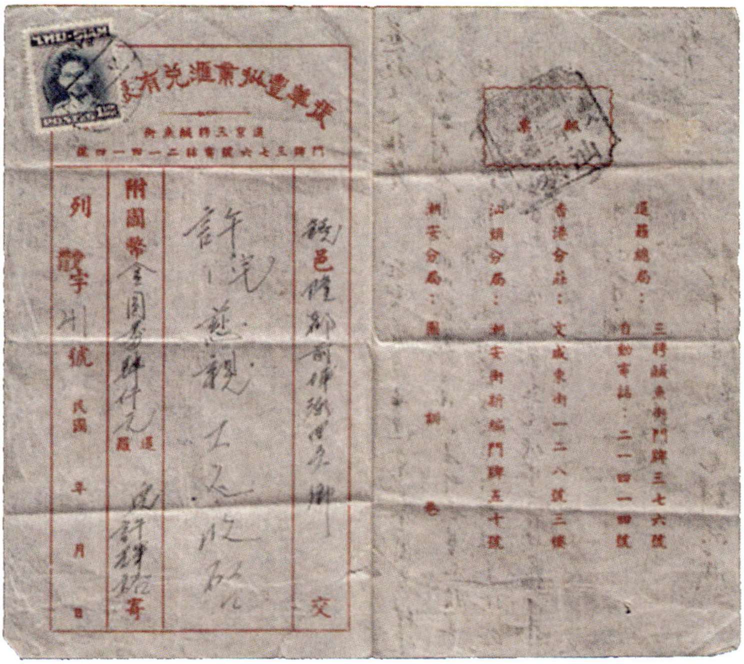

暹罗许辉裕寄金圆券肆仟元至饶邑隆都前埔潮回头乡许宅慈亲，批封印“振华丰批业汇兑有限公司”“汕头分局：潮安街新编门牌五十号”，盖“汕头卅八年二月十日”侨批专用邮戳

复　安

1933 年，“复安”在《汕头市侨批业同业公会会员名册》中的登记地址是海平路 55 号。

依据 1936 年汕头邮政管理局（邮局）向国家交通部邮政总局呈报的核发批局营业凭证申请书整理，该批局的基本情况如下：（批局执照：批字第 310 号）

批局名称		开设时间	开设地点	营业人姓名、籍贯	与何处往来营业
复安		民国十六年（1927）	汕头至平路 14 号二楼	黄逸民，潮阳	香港、新加坡、暹罗
分号	益和	民国十六年（1927）	潮阳大街	郑仰云，潮阳	汕头
	益兴	民国十六年（1927）	揭阳北门内	许实名，揭阳	汕头
	复安	民国十六年（1927）	香港大马路	谢梅萱，潮阳	汕头
	复茂	民国十六年（1927）	新加坡巴虱	王佑民，潮安	汕头
	复成	民国十六年（1927）	暹罗曼谷	林直臣，揭阳	汕头

虽然 1936 年的登记资料显示，“复安”开设于“民国十六年”（1927），但是，“复安”却未参加 1933 年的汕头市侨批业同业公会会员登记。

1942 年 6 月，“复安”的经营代表是 26 岁揭阳人洪光。

1946 年 6 月，《汕头市侨批业同业公会会员名册》中的登记资料显示，“复安”的经理人为洪即光，营业代表是 27 岁揭阳人洪永权，资本额 300 万元，会费单位 601 位，登记地址为海平路 55 号。

1946 年 11 月，在汕头市侨批业同业公会填报的《汕头市侨批业调查表》中，“复安”主事人为陈植芳，店址为荣隆街 6 号，核发交通部邮政总局 1946 年营业执照，汕头邮局 1 月 11 日填发换照收条第 7 号（新照未颁发至汕）。“经营何港侨汇”一栏变更为“暹罗”，比 1936 年填报的减少“香港、新加坡”。

据 1946 年 12 月汕头一等邮局函送市政府《汕头市批信局一览表》，“复安”获核发 1946 年度营业执照，号码第 96 号，营业人填报黄逸民。

1948 年 8 月，在《汕头市侨批业同业公会会员商号名册》中，独资形式的“复安”登记地址仍然填报荣隆街 6 号，其负责人仍为陈植芳。

1948 年 9 月，在《汕头市侨批业同业公会会员名册》中，“复安”的资本额保持 300 万元，会费单位 601 位，登记地址仍为荣隆街 6 号。

中华人民共和国成立后，“复安”参加1951年汕头人民邮政局的侨批业注册登记，登记地址仍填报荣隆街6号。

据1990年汕头市人民政府侨务办公室、汕头市归国华侨联合会编印的《汕头市华侨志（初稿）》所载，自1970年以后，侨批局和侨站被撤销，有关侨汇业务由汕头市和各县中国银行及乡、村信用社负责。至1969年底，汕头市仍存侨批局36家，“复安”便是其中之一。

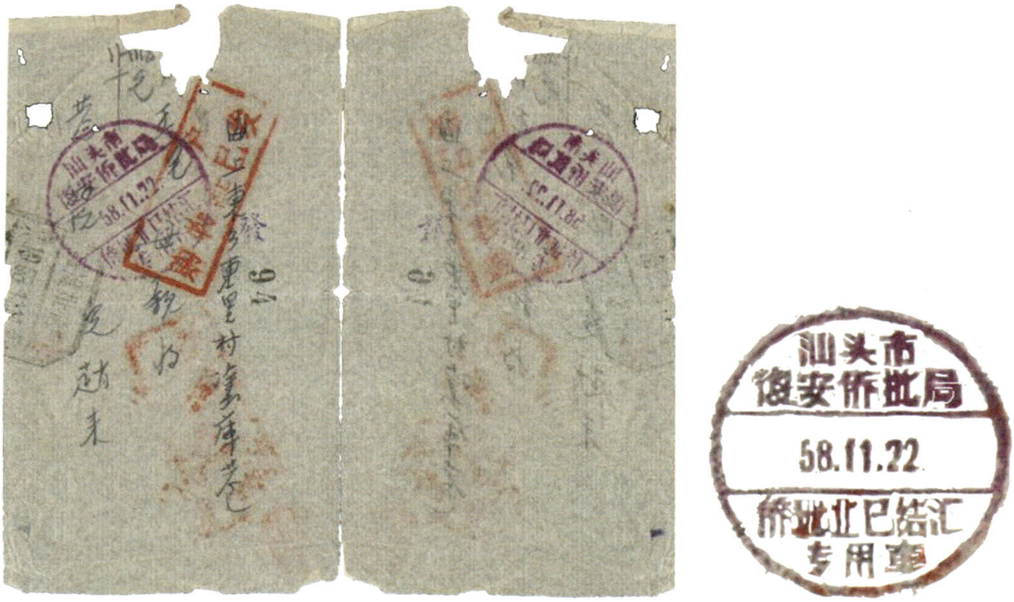

赵来寄港币五十元至海上东乡东里村涂库巷王宅母亲，批封盖“汕头市复安侨批局 58. 11. 22. 侨批业已结汇专用章”和“汕头 1958. 11.”侨批专用邮戳

光　大

据 1959 年中国人民银行汕头支行《关于汕头市侨批业的历史调查》披露的资料，“光大”是第一次世界大战结束后（1919）在汕头出现的“星马合资批局”，由彼此认识之股东合伙经营，可说是有相当历史的老批局。

从回批印鉴的布图设计看，明显有别于后期批局，而印文所示之“实叻光荣昌批局”与“汕头光大庄”显然是海内外合伙合作的关系。

可惜的是，在整理潮汕侨批实寄封时，一直未见有比本书所示的实寄批更新近的来批或回批可以佐证“光大”在汕头的存活时间，于各年代的侨批业档案登记册中也未见只言片语的记录。

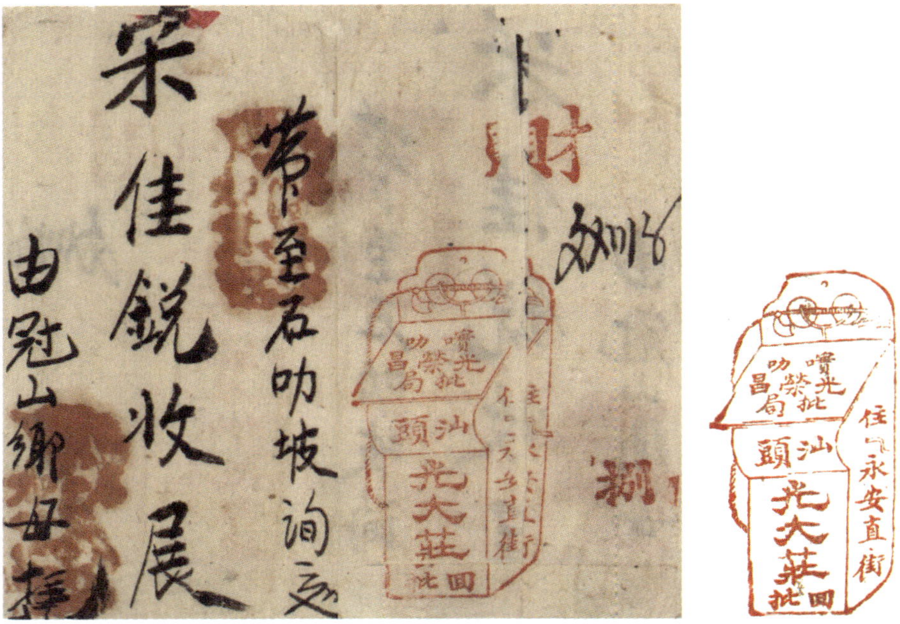

冠山乡母寄实叻坡宋佳锐回批，批封盖“实叻光荣昌批局　汕头光大庄回批　住永安直街”印

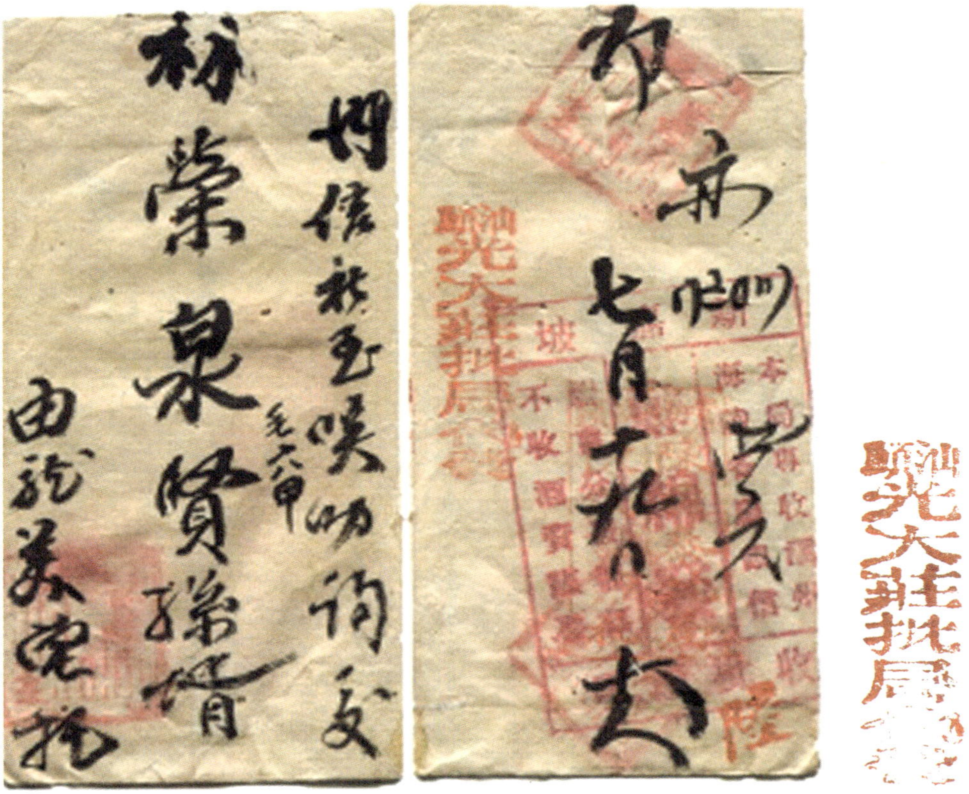

龙美□寄实叻毛六甲林荣泉回批，盖“汕头光大庄批局代发”印

光　益

1933 年，“光益”在《汕头市侨批业同业公会会员名册》中的登记地址是永和街 85 号。

依据 1936 年汕头邮政管理局（邮局）向国家交通部邮政总局呈报的核发批局营业凭证申请书整理，该批局的基本情况如下：（批局执照：批字第 268 号）

<table>
<tr><th colspan="2">批局名称</th><th>开设时间</th><th>开设地点</th><th>营业人姓名、籍贯</th><th>与何处往来营业</th></tr>
<tr><td colspan="2">光益</td><td>民国元年（1912）</td><td>汕头永和街 85 号</td><td>钟少岩，潮安</td><td>新加坡、安南</td></tr>
<tr><td rowspan="13">分号</td><td>如陶</td><td>民国元年（1912）</td><td>潮安</td><td>蔡若水，潮安</td><td>汕头</td></tr>
<tr><td>喜合</td><td>民国元年（1912）</td><td>潮阳</td><td>刘竹船，潮阳</td><td>汕头</td></tr>
<tr><td>光德成</td><td>民国二年（1913）</td><td>揭阳</td><td>李运祥，揭阳</td><td>汕头</td></tr>
<tr><td>源合</td><td>民国五年（1916）</td><td>潮阳</td><td>李渭臣，潮阳</td><td>汕头</td></tr>
<tr><td>黄德良</td><td>民国元年（1912）</td><td>潮阳</td><td>黄经通，潮阳</td><td>汕头</td></tr>
<tr><td>万兴</td><td>民国十五年（1926）</td><td>揭阳</td><td>洪炎，揭阳</td><td>汕头</td></tr>
<tr><td>汇通盛</td><td>民国六年（1917）</td><td>饶平</td><td>张少高，饶平</td><td>汕头</td></tr>
<tr><td>增顺荣昌</td><td>民国元年（1912）</td><td>澄海</td><td>陈友显，澄海</td><td>汕头</td></tr>
<tr><td>邱发利</td><td>民国六年（1917）</td><td>潮安</td><td>邱步云，潮安</td><td>汕头</td></tr>
<tr><td>郑瑞记</td><td>民国元年（1912）</td><td>丰顺</td><td>郑亿桑，丰顺</td><td>汕头</td></tr>
<tr><td>同泰</td><td>民国三年（1914）</td><td>澄海</td><td>黄传经，澄海</td><td>汕头</td></tr>
<tr><td>端孚</td><td>民国十五年（1926）</td><td>饶平</td><td>余桂生，饶平</td><td>汕头</td></tr>
<tr><td>广顺</td><td>民国十三年（1924）</td><td>饶平</td><td>金振忠，饶平</td><td>汕头</td></tr>
</table>

据广东省档案馆馆藏民国档案（全宗号 4）载，光益批局开设时间为清宣统三年（1911），而上表所登记的开设时间为民国元年（1912），虽仅 1 年之差，却是两个时代之别。

1942 年 6 月，“光益”在《汕头市侨批业同业公会会员名册》中的登记地址为永和街 85 号，营业代表为 72 岁澄海人许松清。

1946 年 6 月的《汕头市侨批业同业公会会员名册》中的登记资料显示，“光益”的经理人为钟少岩，营业代表为 34 岁潮安人陈涌（交际），资本额 1 000 万元，会费单位 2001 位，登记地址为永和街 85 号。

1946 年 6 月，“光益”的陈涌（交际）当选汕头市侨批业同业公会第一届理事会常务理事。

1946 年 11 月，“光益”出现在汕头市侨批业同业公会填报的《汕头市侨批业调查表》，主事人钟少岩，店址为永和街 85 号，核发交通部邮政总局 1946 年营业执照，汕头邮局 3 月 8 日填发换照收条第 57 号（新照未颁发至汕）。“经营何港侨汇”一栏变更为“新加坡、暹罗、安南”。

据 1946 年 12 月汕头一等邮局函送市政府《汕头市批信局一览表》，“光益”获核发 1946 年度营业执照，号码第 51 号，营业人填报钟少岩。

1948 年 8 月，在《汕头市侨批业同业公会会员商号名册》中，合资形式的光益批局登记地址已由永和街 85 号变更为永和街 81 号，并获领广州邮政管理局核发的当期侨批业营业执照（号码第 69 号），其负责人仍为钟少岩。

1948 年 9 月，在《汕头市侨批业同业公会会员名册》中，“光益”的资本额保持 1 000万元，会费单位 2001 位，经理人和营业代表不变。

“光益”自设立之日起，就一直在永和街 85 号经营（其中，因永和街门牌号码变更，1948 年登记地址为永和街 81 号，但 1951 年的登记地址又恢复为永和街 85 号），在汕头老市区，自始至终以同一名号、同一营业地址登记注册的侨批局并不多见。

据 1990 年汕头市人民政府侨务办公室、汕头市归国华侨联合会编印的《汕头市华侨志（初稿）》所载：自 1970 年以后，侨批局和侨批站被撤销，有关侨汇业务由汕头市和各县中国银行及乡、村信用社负责。至 1969 年底，汕头市仍存侨批局 36 家，“光益”便是其中之一。

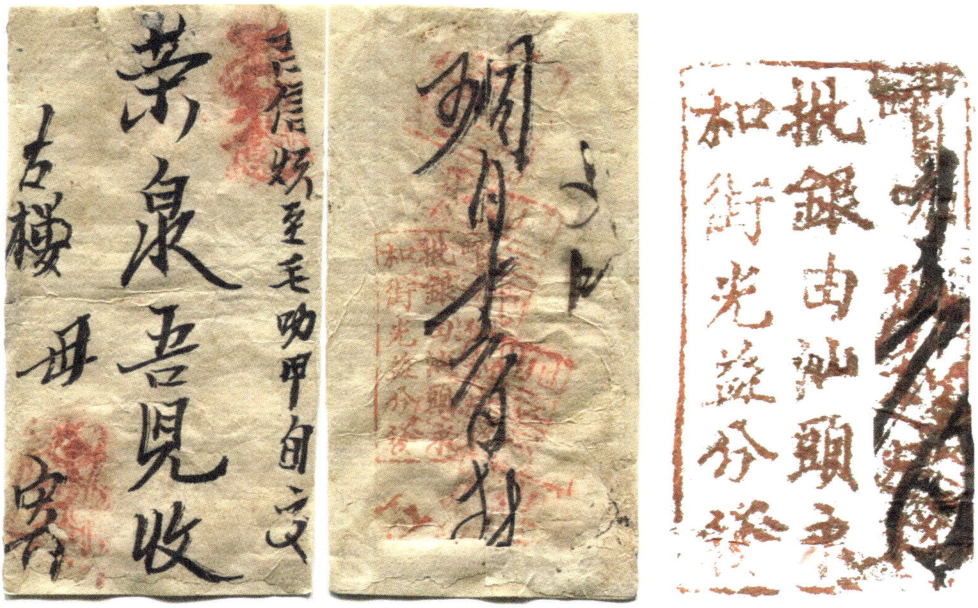

古楼母寄毛叻甲荣泉回批，盖“批银由汕头永和街光益分发”印

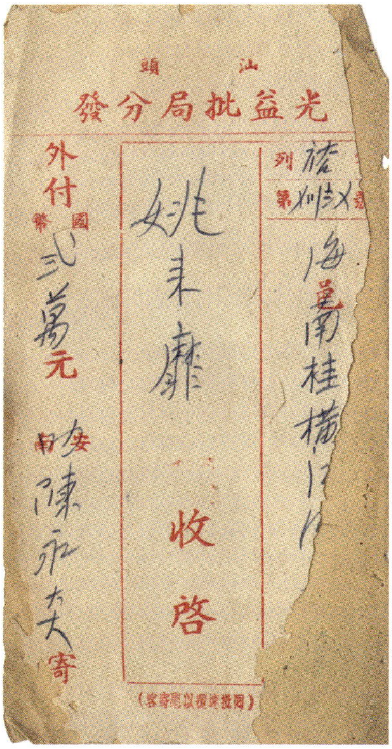

叻陈永炎寄国币贰万元至海邑南桂横江姚来靡，侨批通知书印“汕头光益批局分发”

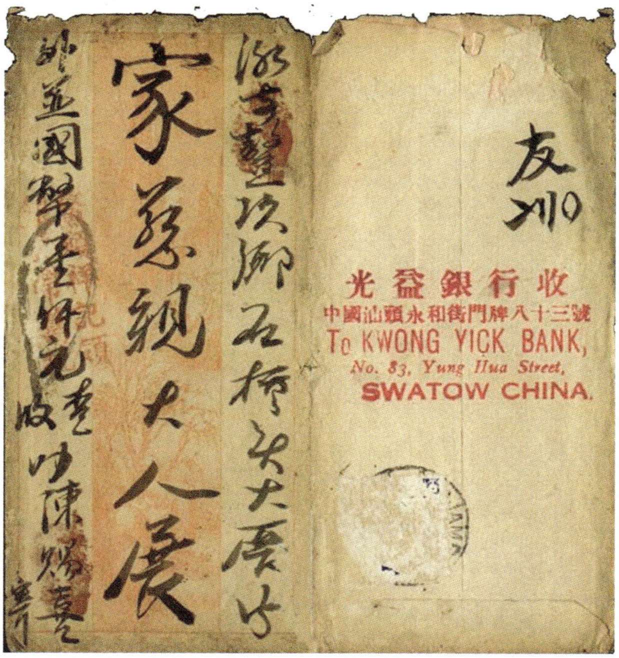

叻陈赐喜寄国币壹仟元至潮安鳌头乡石桥头大厝内家慈亲，批封盖“中国汕头永和街门牌八十三号 光益银行收”印

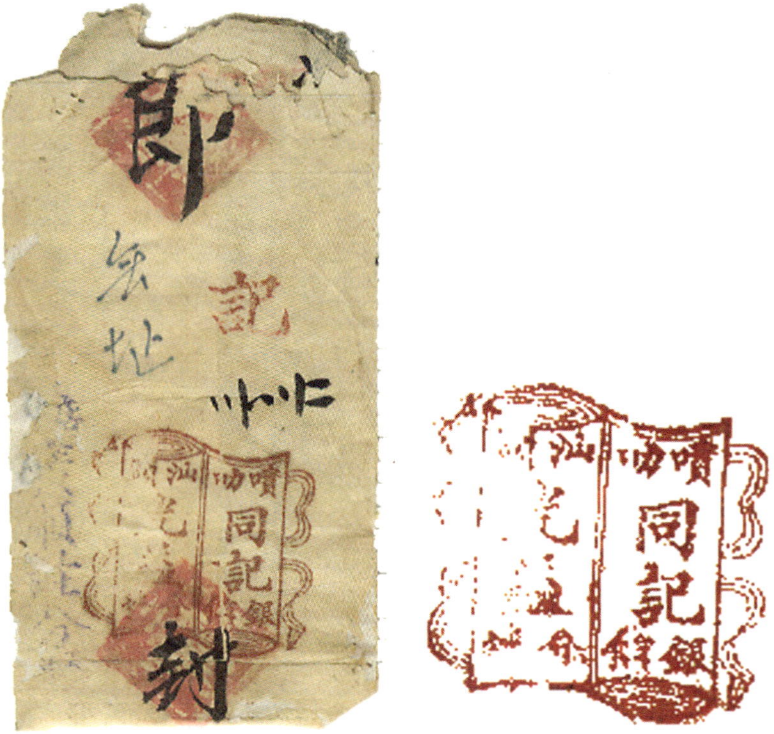

批封背盖“实叻同记银信　汕头光益分发”印

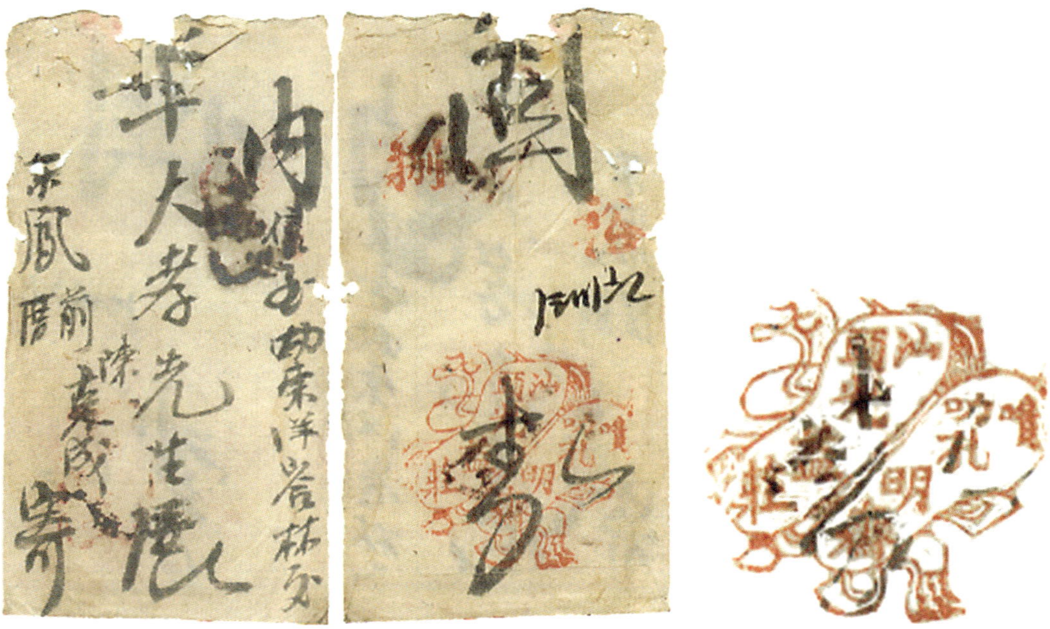

东凤前厝陈克成寄叻东洋峇林华大孝回批，盖“实叻孔明斋　汕头光益庄”印

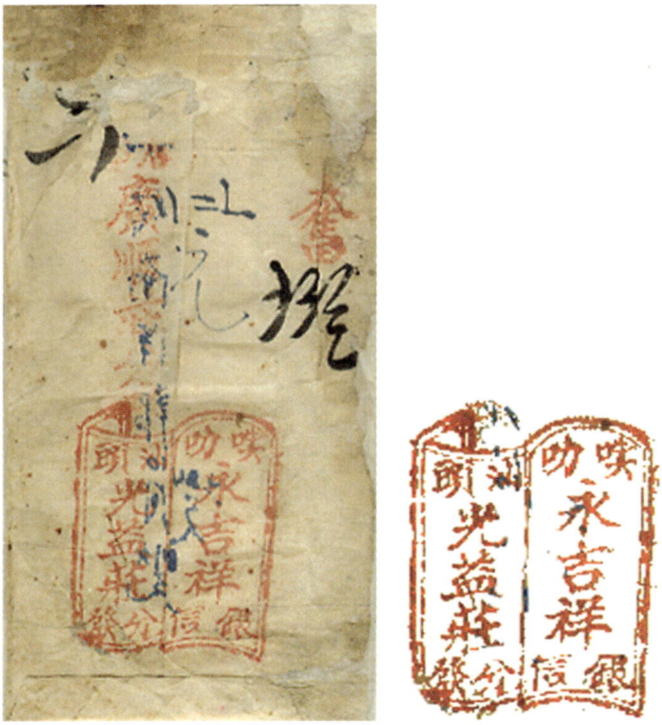

批封背盖“实叻永吉祥银信　汕头光益庄分发”印

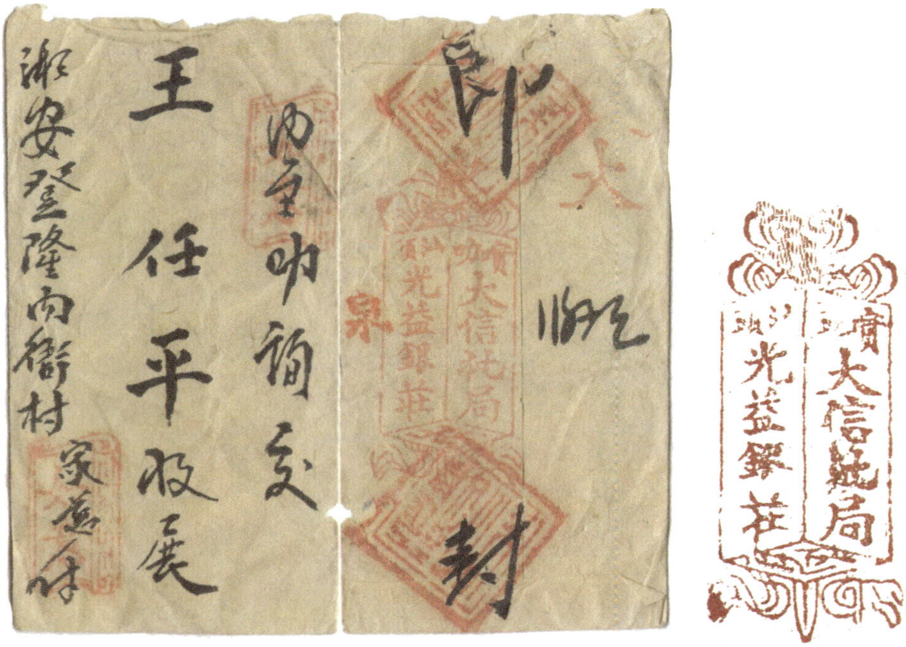

潮安登隆内衙村家慈寄叻王任平回批，盖“实叻大信批局　汕头光益银庄”印

光益裕

1933 年，“光益裕”在《汕头市侨批业同业公会会员名册》中的登记地址是永泰街 34 号。

依据 1936 年汕头邮政管理局（邮局）向国家交通部邮政总局呈报的核发批局营业凭证申请书整理，该批局的基本情况如下：（批局执照：批字第 267 号）

批局名称		开设时间	开设地点	营业人姓名、籍贯	与何处往来营业
光益裕		民国元年（1912）	汕头永泰街	陈湘筠，澄海	新加坡、南洋群岛、槟榔屿、暹罗、安南、山打根、荷属、香港
分号	刘喜合	民国元年（1912）	潮阳	刘竹船，潮阳	汕头
	光德成	民国二年（1913）	揭阳	李运祥，揭阳	汕头
	黄茂利	光绪元年（1875）	黄岗	黄子厚，潮阳	汕头
	王广合	民国元年（1912）	内浮山	王步荣，饶平	汕头
	溶发源	民国元年（1912）	北湾	陈再存，澄海	汕头
	同泰	民国前五年（1907）	东里	黄传经，澄海	汕头
	有记	民国廿四年（1935）	潮安	黄筠生，潮安	汕头
	黄德良	民国元年（1912）	炮台	黄经通，潮阳	汕头
	洪万丰	民国十五年（1926）	棉湖	洪贤炎，棉湖	汕头
	源顺盛	民国十五年（1926）	诏安	周豪仁，澄海	汕头
	李源合	民国十年（1921）	达濠	李渭臣，达濠	汕头
	信成	民国五年（1916）	莲阳	余昌期，澄海	汕头
	潘和利	民国前十五年（1897）	店仔头	潘立裕，饶平	汕头

与“光益”一样，“光益裕”的名字也出现在晚清潮汕批局的列表中（广东省档案馆馆藏民国档案），其开设时间为清宣统三年（1911），1936 年申报执照时登记开设时间是民国元年（1912），在“晚清”与“民国”两个时代交替之际，值得关注。

1942 年 6 月，“光益裕”在《汕头市侨批业同业公会会员名册》中的登记地址为永泰街 34 号，营业代表为 52 岁澄海人周礼胜。

1946 年 6 月，“光益裕”的经理周炯昌当选汕头市侨批业同业公会第一届理事会理事。

1946年6月的《汕头市侨批业同业公会会员名册》中的登记资料显示，“光益裕”的经理人为49岁澄海人周焖昌，资本额1 000万元，会费单位2001位，登记地址为永泰街34号。

1946年11月，“光益裕”出现在汕头市侨批业同业公会填报的《汕头市侨批业调查表》中，主事人周照秋，店址为永泰街34号，核发交通部邮政总局1946年营业执照，汕头邮局1月16日填发换照收条第33号（新照未颁发至汕）。“经营何港侨汇”一栏变更为“新加坡、坤甸”，已非1936年的营业范围。

据1946年12月汕头一等邮局函送市政府《汕头市批信局一览表》，“光益裕”获核发1946年度营业执照，号码第53号，营业人填报林左三。

1948年8月，在《汕头市侨批业同业公会会员商号名册》中，合资形式的“光益裕”登记地址为永泰路34号，并获领广州邮政管理局核发的当期侨批业营业执照（号码第71号），其负责人变更为周照秋。

1948年9月，在《汕头市侨批业同业公会会员名册》中，“光益裕”的资本额保持1 000万元，会费单位2001位，经理人周照秋，营业代表为55岁澄海人周礼胜（交际）。

“光益裕”是汕头市侨批业中在经营范围、业绩等各方面较有代表性的批局。它受理新加坡光昌、再和成、万益成，安南泰兴和泰国光益裕以及槟榔屿、山打根、香港等地区的批信。本号汕头设于永泰街，潮汕各属设分号13家。1958年汕头各批局合署办公，1979年因批信业务统一由中国银行经营而结业。

澄邑华窖乡母寄叻蔡锦为，批封印“光益裕批信局　汕头永泰街三十四号”

中华人民共和国成立后，“光益裕”参加侨批业登记，在汕头人民邮政局的注册地址是永泰街34号。

据1990年汕头市人民政府侨务办公室、汕头市归国华侨联合会编印的《汕头市华侨志（初稿）》所载，自1970年以后，侨批局和侨批站被撤销，有关侨汇业务由汕头市和各县中国银行及乡、村信用社负责。至1969年底，汕头市仍存侨批局36家，“光益裕”便是其中之一。

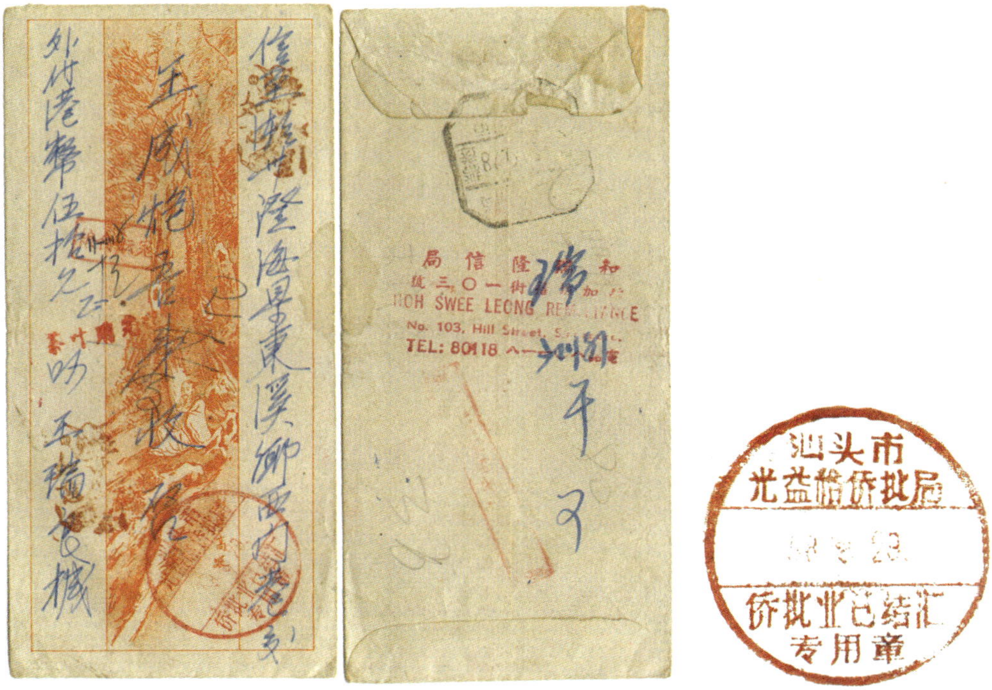

叻王瑞良寄港币伍拾元至潮州澄海县东溪乡西门巷王成炮，批封盖“汕头市光益裕侨批局　侨批业已结汇专用章”印

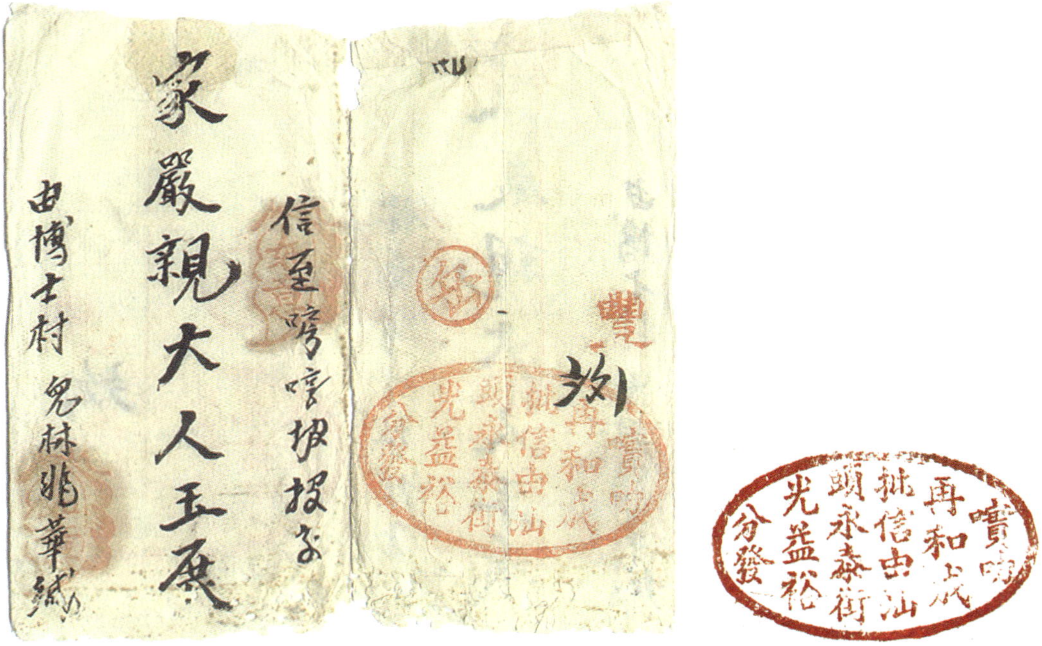

博士村林兆华寄房亨坡家严亲回批，批封盖“实叻再和成批信由汕头永泰街光益裕分发”印

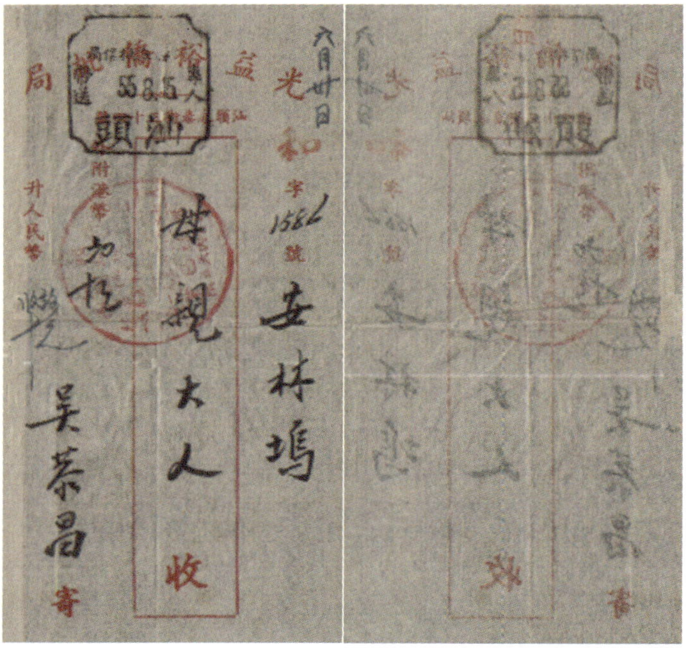

吴恭昌寄港币七十元至安林坞母亲，批封印“光益裕侨批局　汕头永泰街三十四号”，盖“汕头 55. 8. 15.”侨批专用邮戳

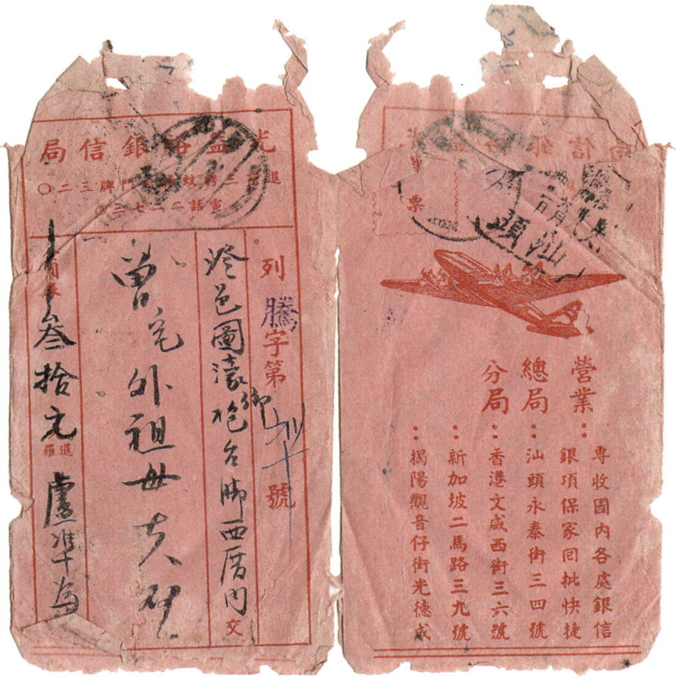

暹罗卢准为寄金圆券叁拾元至澄邑图濠乡炮台脚西厝内曾宅外祖母，批封印“光益裕银信局”“总局：汕头永泰街三四号”，盖“汕头　民国三十八年六月二日”侨批专用邮戳

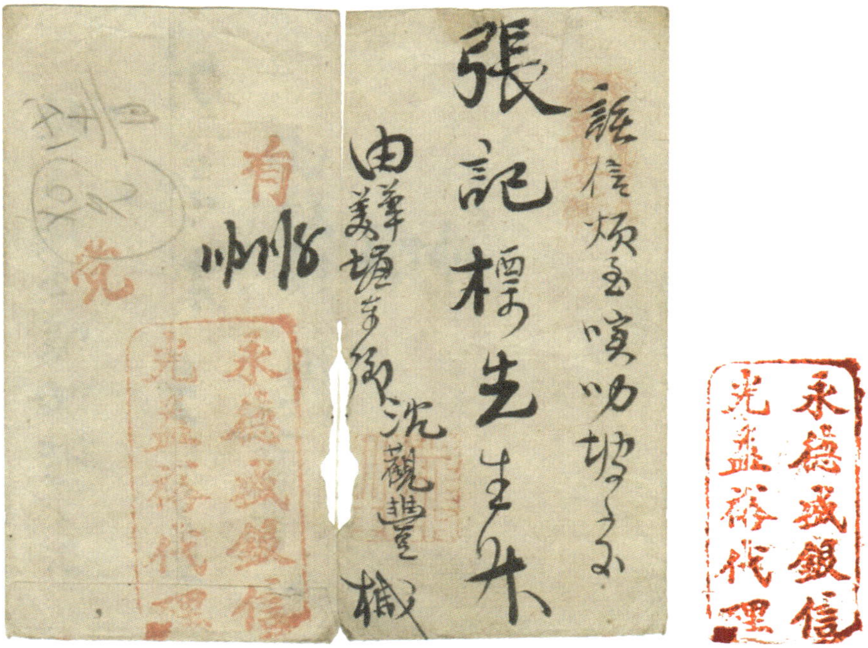

华美塘东乡沈观丰寄实叻坡张记标回批，批封盖“永德盛银信　光益裕代理”印

宏安许寄叻坡许锐杓回批，盖“实叻万益成批信由汕头永泰街光益裕分发”印

宏安茗坚寄叻许锐标回批，盖“实叻同记号银信由汕永泰街光益裕分发”印

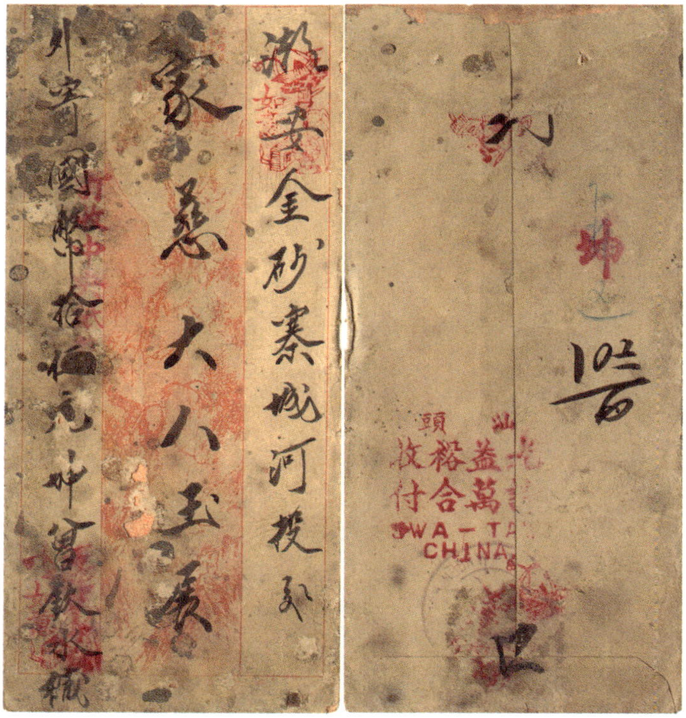

坤曾钦水寄国币拾伍元至潮安金砂寨城河家慈，批封盖“汕头光益裕收许万合付”印

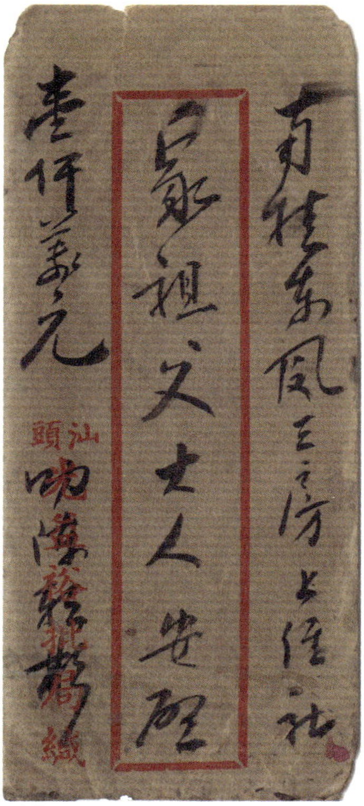

叻陈朝彬寄壹仟万元至南桂东凤三房上径社家祖父，批封印“汕头光益裕批局”

汕头光益裕银行领款专用章

广顺利

"广顺利"在 1933 年《汕头市侨批业同业公会会员名册》中的登记地址是荣隆街 22 号。

依据 1936 年汕头邮政管理局（邮局）向国家交通部邮政总局呈报的核发批局营业凭证申请书整理，该批局的基本情况如下：（批局执照：批字第 265 号）

批局名称		开设时间	开设地点	营业人姓名、籍贯	与何处往来营业
广顺利		宣统元年（1909）	汕头荣隆街 22 号	谢子和，澄海	暹罗
分号	广顺利	宣统元年（1909）	澄海	谢宝鉴，澄海	汕头
	增顺荣昌	民国元年（1912）	澄海	陈友显，澄海	汕头
	刘喜合	民国元年（1912）	潮阳	刘竹船，潮阳	汕头
	魏启峰	民国元年（1912）	揭阳	魏启圃，揭阳	汕头

在汕头邮政管理局（邮局）向国家交通部邮政总局呈报的核发批局营业凭证申请书中，"广顺利"填报的开设时间为宣统元年（1909）；但据广东省档案馆馆藏民国档案（全宗号 4）所载，该批局开设时间为光绪三十四年（1908），开设地点仅标明"汕头"。尽管时间上仅 1 年之差，却是两代皇帝之别。

历年汕头市侨批业档案资料显示，"广顺利"在 1933 年、1936 年、1942 年、1948 年的登记地址一直是汕头荣隆街 22 号。

1942 年，"广顺利"以同一地址参加汕头市侨批业同业公会会员登记，填报的营业代表为 38 岁澄海人谢经邦。

1946 年 6 月《汕头市侨批业同业公会会员名册》中的登记资料显示，"广顺利"的经理人为 43 岁汕头人谢子和，资本额 700 万元，会费单位 1401 位，登记地址为荣隆街 22 号。

1946 年 6 月，"广顺利"经理谢子和当选汕头市侨批业同业公会第一届理事会理事。

1946 年 11 月，"广顺利"出现在汕头市侨批业同业公会填报的《汕头市侨批业调查表》中，主事人谢子和，店址为荣隆街 22 号，核发交通部邮政总局 1946 年营业执照，汕头邮局 3 月 1 日填发换照收条第 49 号（新照未颁发至汕）。"经营何港侨汇"一栏未变更。

据 1946 年 12 月汕头一等邮局函送市政府《汕头市批信局一览表》，"广顺利"并未在列，换言之，"广顺利"未获核发 1946 年度营业执照。

1948 年 8 月，在《汕头市侨批业同业公会会员商号名册》中，合资形式的“广顺利”登记地址为荣隆街 22 号，并获领广州邮政管理局核发的当期侨批业营业执照（号码第 87 号），其负责人仍为谢子和。

1948 年 9 月，在《汕头市侨批业同业公会会员名册》中，“广顺利”的资本额保持 700 万元，会费单位 1401 位，登记地址为荣隆街 22 号，经营人不变。

中华人民共和国成立后，“广顺利”未参加汕头市人民邮政局的侨批登记。

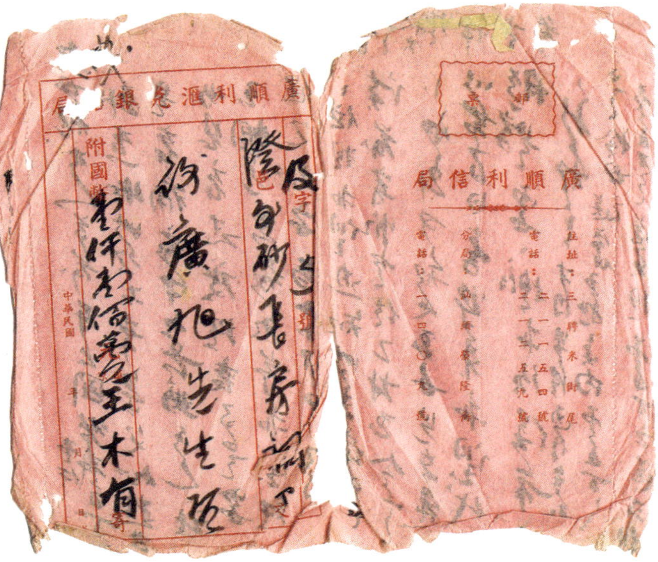

暹京王木有寄国币壹仟壹佰万元至澄邑外砂长房祠谢广旭，批封印“广顺利信局　分局：汕头荣隆街　电话：一四〇九号”

暹京谢亚贡寄金圆券肆元至澄海外砂乡安定埠严亲，批封印“广顺利信局　分局：汕头荣隆街　电话：一四〇九号”

广源和记

1933年的《汕头市侨批业同业公会会员名册》中，有登记地址为商平路12号的“广源和记”。

依据1936年汕头邮政管理局（邮局）向国家交通部邮政总局呈报的核发批局营业凭证申请书整理，该批局的基本情况如下：（批局执照：批字第284号）

批局名称		开设时间	开设地点	营业人姓名、籍贯	与何处往来营业
广源和记		民国三年（1914）	汕头	陈传仁，饶平	安南、暹罗
分号	述记	民国三年（1914）	潮安	林冠涛，饶平	汕头
	喜合	民国五年（1916）	潮阳	刘竹船，潮阳	汕头
	祥盛	民国三年（1914）	黄岗（饶平）	巫子勋，饶平	汕头
	有信	民国十二年（1923）	澄海	芮弼卿，澄海	汕头
	启峰	民国元年（1912）	揭阳	魏启圃，揭阳	汕头
	万兴昌	民国十三年（1924）	店仔头（澄海）	许文谦，饶平	汕头
	广和盛	民国三年（1914）	凤凰（潮安）	陈书德，饶平	汕头
	洪万丰	民国十五年（1926）	普宁	洪万兴，普宁	汕头
	义昌	民国三年（1914）	饶平	钱凯臣，饶平	汕头

但是，1936年之后，1942年、1946年、1948年、1951年的汕头市侨批业同业公会会员档案中均未出现“广源和记”。不过，在1946年12月汕头一等邮局函送市政府《汕头市批信局一览表》中，“广源和记”又赫然在列，且注明已“奉准发给卅五年度营业执照”。但更令人费解的是，侨批业同业公会比对报市政府“漏列十一家”，又缺“广源和记”不计。

在这里，我们简单介绍潮汕侨批业中的“喜合”。潮阳“喜合”，是“广源和记”在潮阳的分号，但整理汕头各批局同期资料发现，“喜合”同时还是“昌盛”“陈炳春”“陈万合”“光益”“光益裕”“广顺利”和“合祥”等54家汕头埠侨批局（仅1936年登记在册的）的分店，侨批局互相代理、互相交织，因为各批局收寄的侨批“抵国内后，又有熟习可靠的批脚逐户按址送交，即收取回批寄返外洋”（《潮州志》），只有当侨批局的雇员与客户具有同乡甚至同族的关系时才能做到这一点。乡族关系不仅使侨批局在收解信款时准确无误，由此衍生的信任更使侨批局与收批人形成水乳交融、相互依赖的关系。

据《潮阳文史》（第八辑）载，“刘喜合”1915 年创设于棉城（创设时间似乎有失偏颇），经营渔网出口，兼营侨批业，并在汕头创“老亿丰批局”（见本书“老亿丰”条）作为口岸转驳联号，接转泰国各地及香港批款派解。在潮汕地区众多汕头埠批局的分店中，像“喜合”这样同时代理 54 家同一时期的汕头市面批局可谓绝无仅有。

“喜合”的实例无疑是海内外侨批业经营网络的鲜活证明。由于海内外各种政策的限制，以及侨批业根据自身经营特点而采取的应变，一个国内侨批局跟国外、国内的多家侨批局建立了代理关系。侨批局的代理形式又促进了侨批网络的扩大，使侨批局的联系功能更为强大，也有利于侨批网络的制度化。

□□寄暹罗刘吗桐回批，盖“汕头　广源和记批局分发”印

和 昌

中华人民共和国成立前的侨批业档案资料中未发现有该批局的情况。“和昌”参加1950年12月进行的中华人民共和国成立之后的第一次侨批业登记，在汕头人民邮政局注册，注册地址是德里街92号。

槟城林广铨寄港币捌拾元至潮安□□寨上官路乡广合内林广淮，盖“汕头市和昌侨批局 58.9.22. 侨批业已结汇专用章”和“汕头 58.9.21.”侨批专用邮戳

和合祥

关于“和合祥”的创设，文史档案提供的资料并不多。《普宁文史》（第六辑）载：“和合祥批馆创办于清光绪十年（1884），由泥沟村著名华侨张鸣知（俗称‘番客益’）资助创办。张鸣知于1862年往泰国，发迹后不忘家乡人民，鉴于当时旅泰华侨汇款赡家有困难，遂萌发创办批馆之心。1884年，在他支持资助下，由同村人张珂人、张珂麟、张珂松三人在泰京曼谷创办了和合祥批馆，后又分别在香港、汕头设中转站及泥沟村的和合祥。清宣统三年（1911）普宁县令曾送‘惠及乡井’匾额，表彰和合祥批馆对侨乡的贡献。”

“和合祥”参加1933年的汕头市侨批业同业公会会员登记，登记地址为安平路223号。

依据1936年汕头邮政管理局（邮局）向国家交通部邮政总局呈报的核发批局营业凭证申请书整理，该批局的基本情况如下：（批局执照：批字第266号）

批局名称		开设时间	开设地点	营业人姓名、籍贯	与何处往来营业
和合祥		民国前三年（1909）	汕头安平路223号	张泽民，普宁	暹罗
分号	和合祥	民国前三年（1909）	普宁	张泽民，普宁	汕头
	荣昌	民国七年（1918）	澄海	陈立欣，澄海	汕头
	启峰	民国元年（1912）	揭阳	魏启圃，揭阳	汕头
	喜合	民国元年（1912）	潮阳	刘竹船，潮阳	汕头
	聚丰	民国十二年（1923）	潮安	朱湘兰，潮安	汕头
	陶合	民国廿三年（1934）	饶平	许一然，饶平	汕头

1942年6月，“和合祥”在《汕头市侨批业同业公会会员名册》中的登记地址为安平路223号，营业代表为30岁澄海人张伯文。

1946年6月的《汕头市侨批业同业公会会员名册》中的登记资料显示，“和合祥”的经理人为张声名，营业代表为33岁普宁人张伯宽，资本额900万元，会费单位1801位，登记地址为安平路223号。

1946年11月，“和合祥”出现在汕头市侨批业同业公会填报的《汕头市侨批业调查表》中，主事人为张伯宽，店址为安平路223号，核发交通部邮政总局1946年营业执照，汕头邮局1月16日填发换照收条第30号（新照未颁发至汕）。“经营何港侨汇”一栏未变更。

不过，在1946年12月汕头一等邮局函送市政府《汕头市批信局一览表》中，未见“和合祥”获核发1946年度营业执照，但侨批业同业公会经对比又未将其列入漏报名单，其原因不得而知。

1948年8月，在《汕头市侨批业同业公会会员商号名册》中，合资形式的“和合祥”登记地址为安平路223号，并获领广州邮政管理局核发的当期侨批业营业执照（号码第87号），其负责人变更为张伯文。

1948年9月，在《汕头市侨批业同业公会会员名册》中，“和合祥”的资本额保持900万元，会费单位1801位，经理人为张伯文，营业代表为34岁普宁人张伯宽（交际）。

中华人民共和国成立后，“和合祥”未参加1951年汕头人民邮政局的侨批业注册登记。

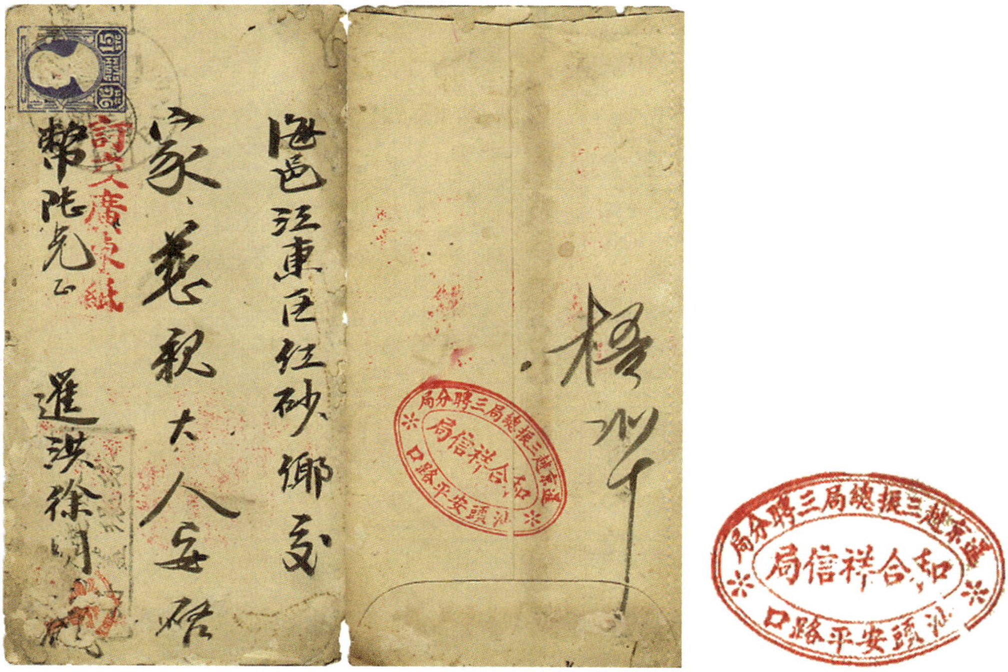

暹洪徐明寄□币陆元至海邑江东区红砂乡家慈亲，批封盖“和合祥信局　暹京越三振总局三聘分局　汕头安平路口”印

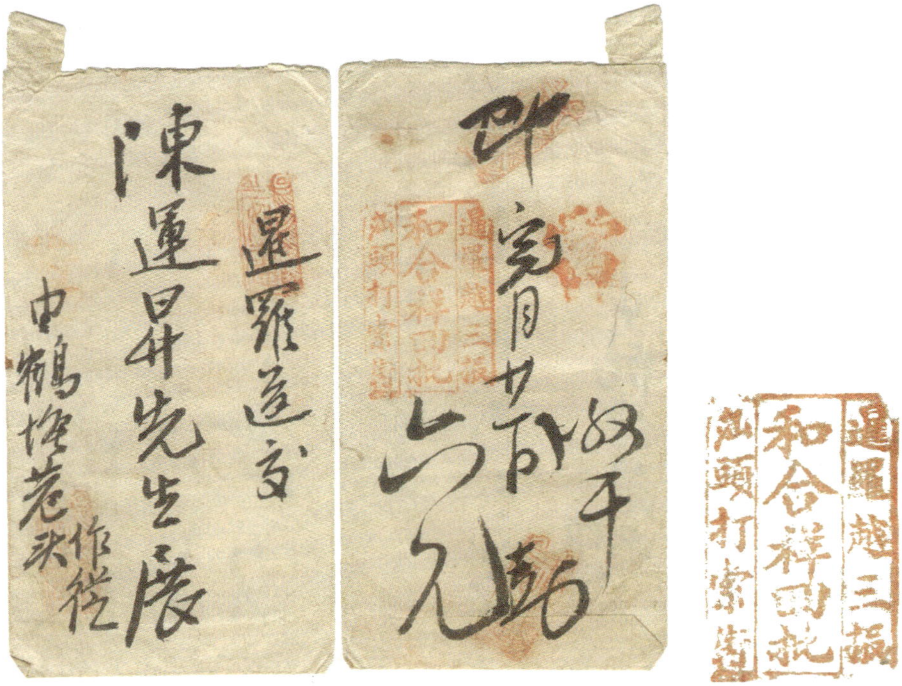

鹤塘巷头作从寄暹罗陈运昇回批，盖“和合祥回批　暹罗越三振　汕头打索街”印

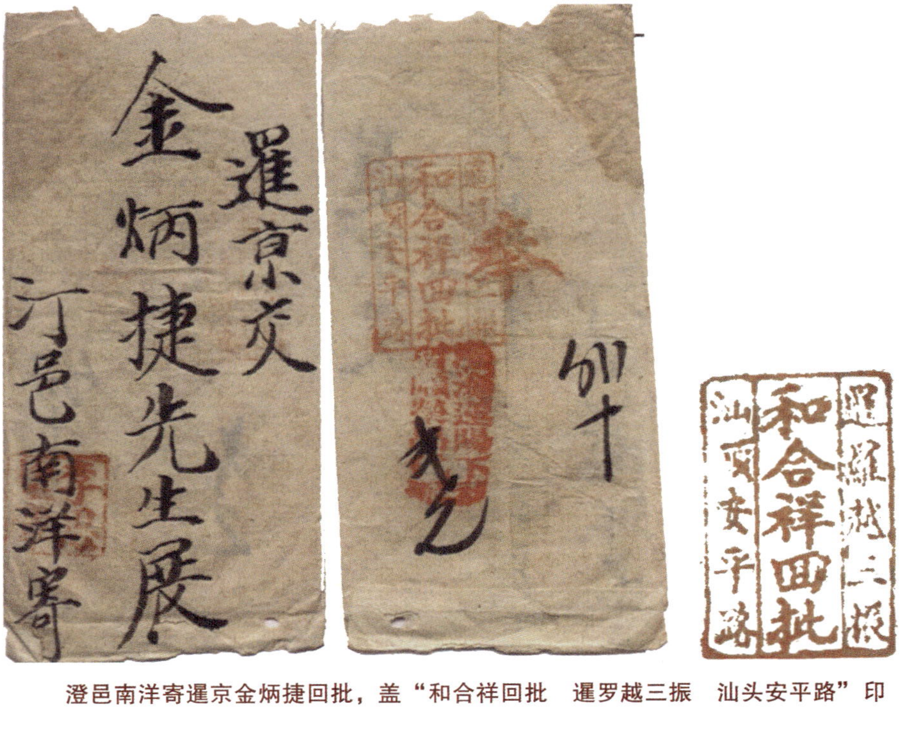

澄邑南洋寄暹京金炳捷回批，盖“和合祥回批　暹罗越三振　汕头安平路”印

和　和

遏罗林景松寄国币伍佰万元至潮安官塘乡巷头社三房陈运昇，批封印“和和银信局　汕头永泰路三十七号”

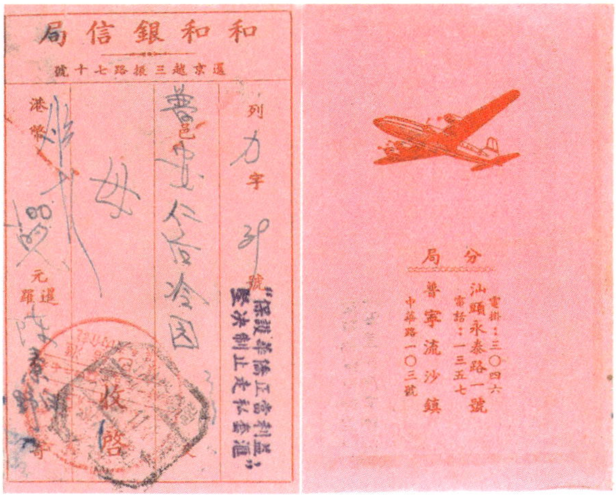

遏罗陈素野寄港币一百元至普邑安仁后冷园母，批封印“和和银信局”“分局　汕头永泰路一号　电挂：三〇四六　电话：一三五七”，盖侨批专用邮戳和“汕头中国银行核盖侨批之章”

“和和”是泰国暹京银信局在汕头的分号。

1946年10月23日，汕头市侨批业同业公会呈函市政府，称有“查非属会会员之批业商号，概无邮局执照”的23家批业商号，“和和”在列，其店址系永泰街37号。

1950年1月7日，泰国《全民报》报道曼谷银信局公会决议：“设检查委员会委员五名，并推选南昌隆、永顺利、义发兴、永兴盛、和和为委员。”（见洪林、黎道纲编著：《泰国侨批业资料汇萃》，第381页）这亦是汕头“和和”在泰国的总号首次见诸报端。此后数年，“和和”泰国总号活跃于泰国侨批业界。

但汕头“和和”未参加汕头市侨批业同业公会的历年登记。

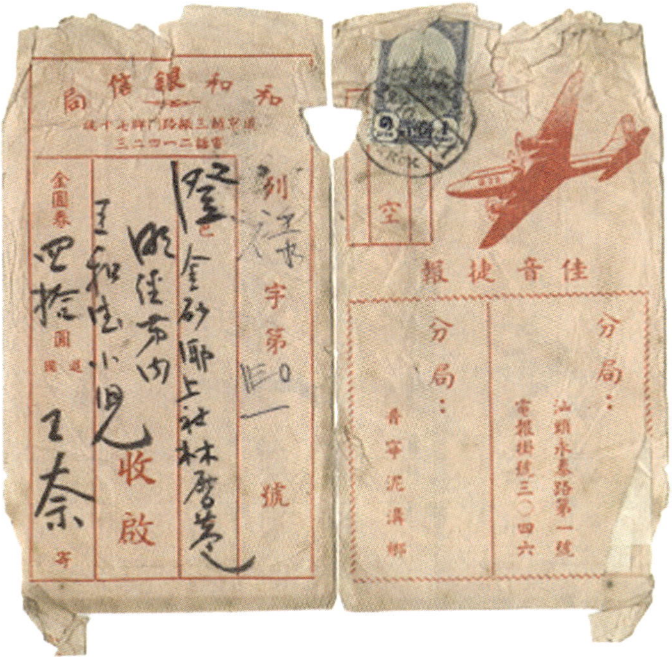

暹罗王奈寄金圆券四拾元至澄邑金砂乡上社林厝巷明经第内王和德，批封上印“和和银信局”“分局：汕头永泰路第一号 电报挂号三〇四六”

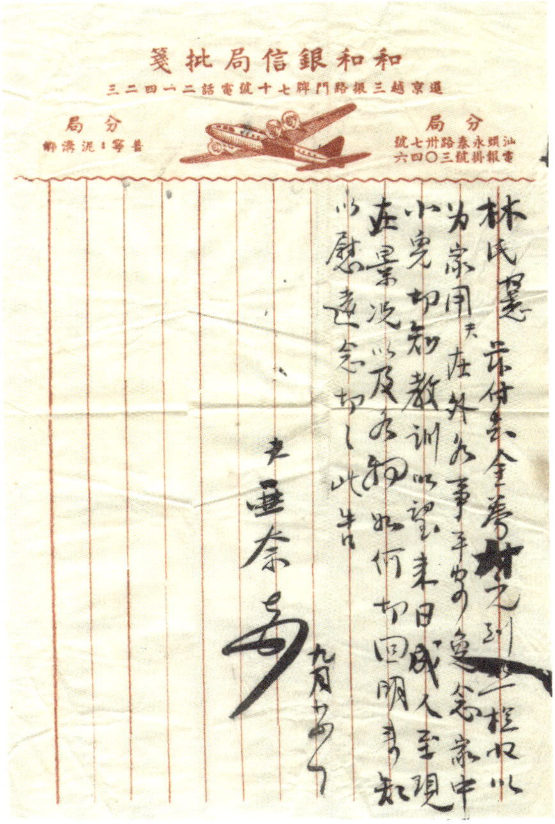

和和银信局批笺上印“分局 汕头永泰路卅七号 电报挂号三〇四六”

恒　记

“恒记”在1933年的《汕头市侨批业同业公会会员名册》中的登记地址是仁和街104号。

依据1936年汕头邮政管理局（邮局）向国家交通部邮政总局呈报的核发批局营业凭证申请书整理，该批局的基本情况如下：（批局执照：批字第260号）

批局名称		开设时间	开设地点	营业人姓名、籍贯	与何处往来营业
恒记		民国六年（1917）	汕头仁和街104号	林成禧，潮阳	槟榔屿、日里
分号	四合	民国六年（1917）	潮阳	陈云腾，潮阳	汕头
	光德成	民国二年（1913）	揭阳	李运祥，揭阳	汕头
	恒泰	民国六年（1917）	潮阳	林德高，潮阳	汕头
	鸿茂盛	民国六年（1917）	诏安	许凤声，诏安	汕头
	科成	光绪二十一年（1895）	陆丰	陈进，普宁	汕头
	广泰祥	光绪二十年（1894）	大埔	黄苍人，大埔	汕头
	桂兴	民国元年（1912）	留隍	魏传材，丰顺	汕头

1942年6月，“恒记”在《汕头市侨批业同业公会会员名册》中的登记地址为仁和街104号，营业代表为58岁潮阳人林德贞。

1946年6月，《汕头市侨批业同业公会会员名册》中的登记资料显示，“恒记”的经理人为64岁潮阳人林德贞，资本额100万元，会费单位201位，登记地址为仁和街104号。

1946年11月，在汕头市侨批业同业公会填报的《汕头市侨批业调查表》中，“恒记”主事人为林成禧，店址为怡安街7号，核发交通部邮政总局1946年营业执照，汕头邮局1月12日填发换照收条第18号（新照未颁发至汕）。“经营何港侨汇”一栏变更为“槟城、荷属”。

1946年12月汕头一等邮局函送市政府《汕头市批信局一览表》，“恒记”获核发1946年度营业执照，号码第48号，营业人仍为林成禧。

1948年8月，在《汕头市侨批业公会会员商号名册》中，独资形式的“恒记”登记地址已由仁和街104号变更为怡安街7号，并获领广州邮政管理局核发的当期侨批业营业执照（号码第66号），其负责人变更为34岁潮阳人林硕夫。

1948 年 9 月，在《汕头市侨批业公会会员名册》中，“恒记”的资本额变更为 300 万元，会费单位增至 601 位。资料同时显示，经理人（经营代表）林硕夫教育程度为大学，这样的文化程度在同期参加登记的 81 家侨批业商号经理人中是十分罕见的。

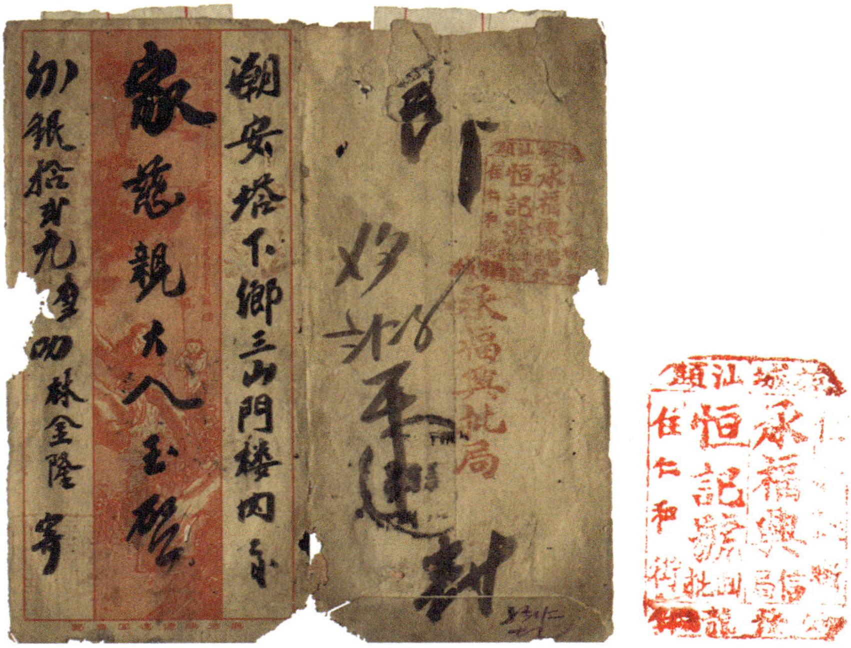

叻林金隆寄银拾贰元至潮安塔下乡三山门楼内家慈亲，批封盖“汕头　恒记号回批　住仁和街”印

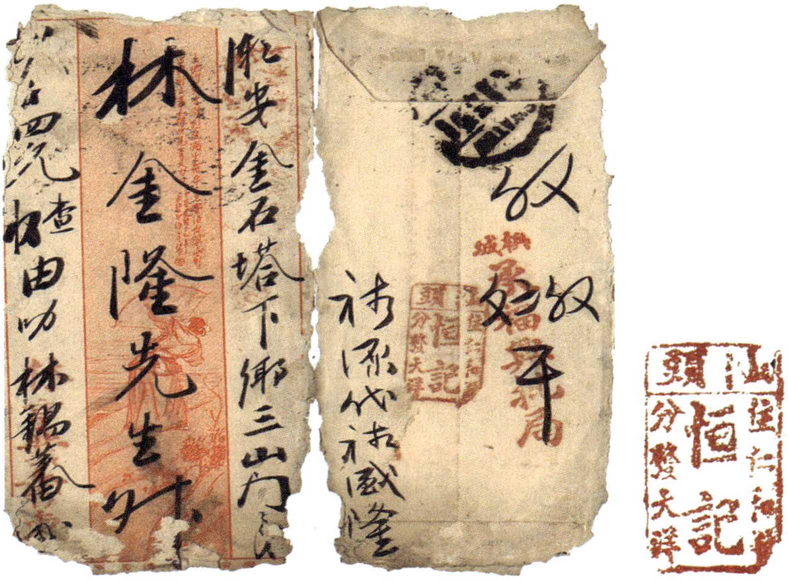

叻林锡蕃寄四元至潮安金石塔下乡三山门林金隆，批封盖“汕头恒记　住仁和街分发大洋”印

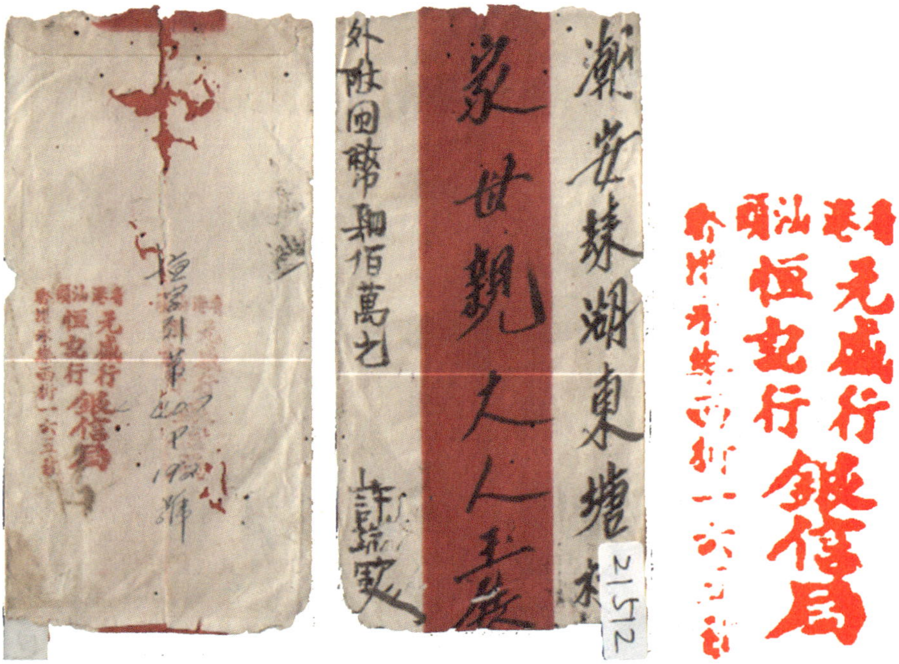

许瑞钦寄国币肆佰万元至潮安归湖东塘村家母亲，批封盖“香港元盛行　汕头恒记行　银信局”印

沈时江寄大洋陆拾元至潮安华美乡糖房前万丰内家二婶母，批封印“汕头仁和街门牌九号交恒记宝号收转”

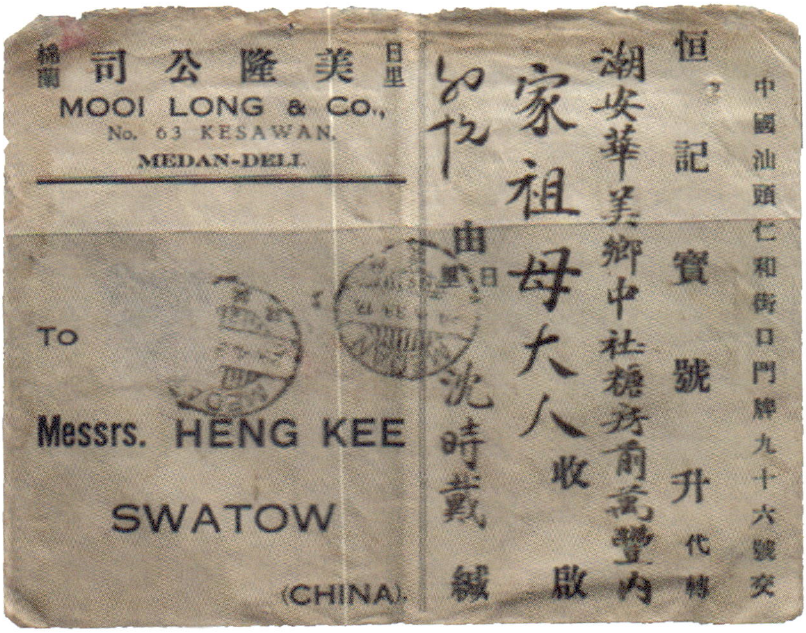

日里沈时戴寄五十元至潮安华美乡中社糖房前万丰内家祖母，批封印“中国汕头仁和街口门牌九十六号交恒记宝号升代转”

宏 通

1933 年，“宏通”在《汕头市侨批业同业公会会员名册》中的登记地址是万安街 1 号。

依据 1936 年汕头邮政管理局（邮局）向国家交通部邮政总局呈报的核发批局营业凭证申请书整理，该批局的基本情况如下：（批局执照：批字第 311 号）

批局名称		开设时间	开设地点	营业人姓名、籍贯	与何处往来营业
宏通庄		民国廿四年（1935）	汕头万安街	张公垣，梅县	暹罗、日里
分号	永和兴	民国十三年（1924）	暹罗曼谷公司廊	张达九，梅县	汕头
	南通	民国十五年（1926）	日里棉兰大街	张公曦，梅县	汕头
	合兴	民国十二年（1923）	大霹雳老场街	陈階，梅县	汕头
	裕隆昌	民国十年（1921）	梅县大康路	张启文，梅县	汕头
	源隆	民国十年（1921）	兴宁河唇街	张汇川，梅县	汕头
	同源	民国元年（1912）	松口大街	张伯我，梅县	汕头

“宏通”未参加 1942 年的汕头市侨批业同业公会。

1946 年 6 月的《汕头市侨批业同业公会会员名册》中的登记资料显示，“宏通”的经理人为 53 岁梅县人张公垣，资本额 100 万元，会费单位 201 位，登记地址为万安街 14 号。

1946 年 11 月，“宏通庄”以“宏通”之名出现在汕头市侨批业同业公会填报的《汕头市侨批业调查表》，主事人张公垣，店址为万安街 14 号，其他情况不详。

据 1946 年 12 月汕头一等邮局函送市政府《汕头市批信局一览表》，“宏通”获核发 1946 年度营业执照，号码第 13 号，营业人填报出现历年所有档案均未有的“双蛋黄”，即营业人填报张公垣、梁俊逋，未知是否内有隐情。

1948 年 8 月，在《汕头市侨批业公会会员商号名册》中，合资形式的“宏通”登记地址已由万安街 14 号变更为永和街 41 号，并获领广州邮政管理局核发的当期侨批业营业执照（号码第 53 号），其负责人张公垣不变。

1948 年 9 月，在《汕头市侨批业公会会员名册》中，“宏通”的资本额变更为 300 万元，会费单位增至 601 位，经理人为 42 岁澄海人陈作定。

中华人民共和国成立后，“宏通”参加 1950 年 12 月汕头市第一次侨批业登记，在汕头人民邮政局注册，注册地址为永和街 41 号。

据 1990 年汕头市人民政府侨务办公室、汕头市归国华侨联合会编印的《汕头市华侨志

(初稿)》所载，自1970年以后，侨批局和侨站被撤销，有关侨汇业务由汕头市和各县中国银行及乡、村信用社负责。至1969年底，汕头市仍存侨批局36家，“宏通”便是其中之一。

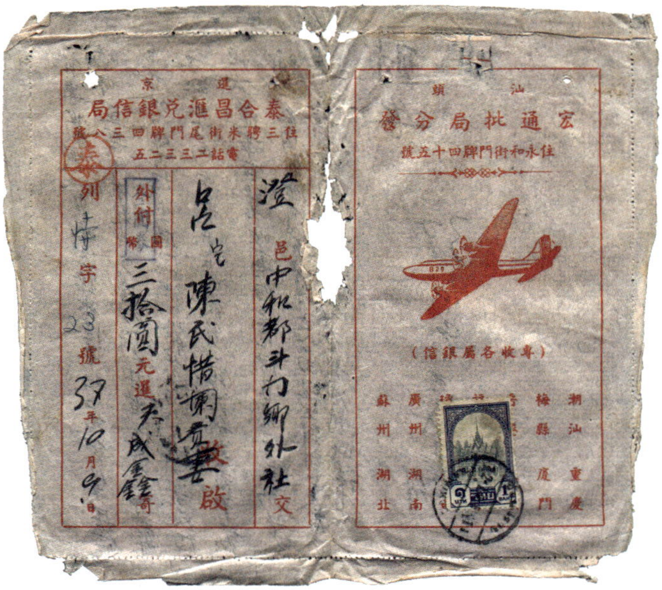

暹成鑫民国三十七年(1948)10月9日寄金圆券三拾圆至澄邑中和斗门乡外社吕宅陈惜阑，批封印“汕头　宏通批局分发　住永和街门牌四十五号”

暹潘贤娇寄伍拾元至海东莆西林潘五房潘国安，批封盖“汕头宏通批局”印和“1951年11月9日”“汕头中国银行侨汇兑讫”章

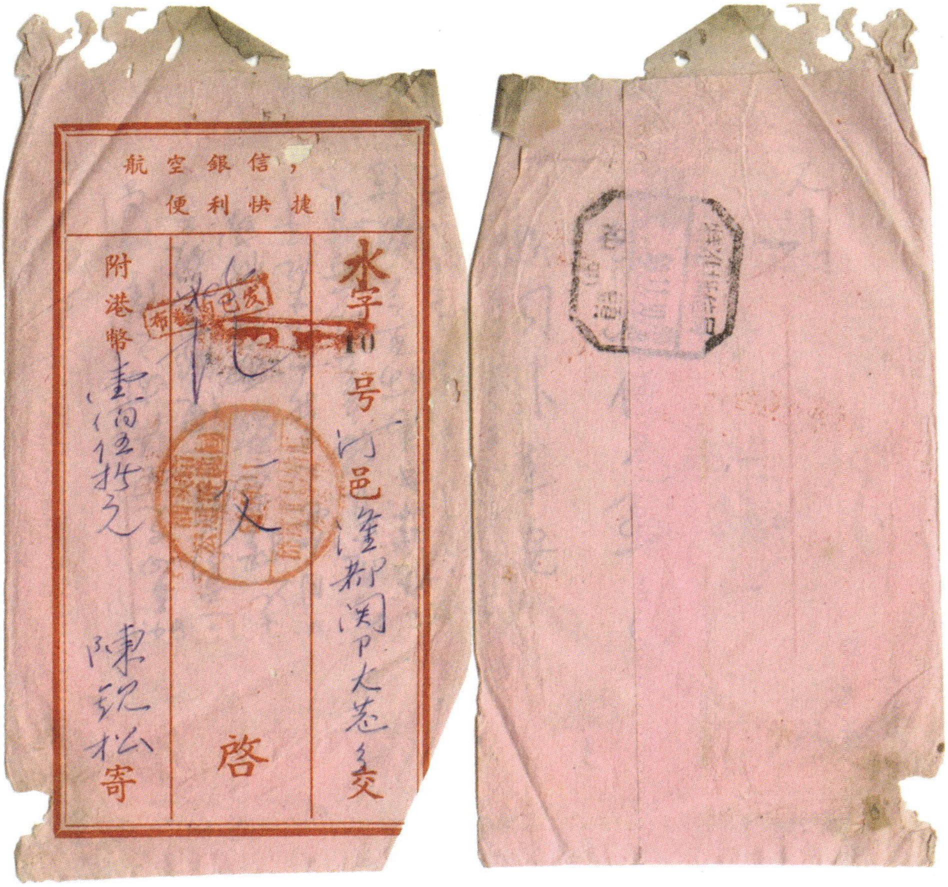

陈钦松寄港币壹佰伍拾元至澄邑隆都关脚大巷父，批封盖“汕头市宏通侨批局　58.□□.11.　侨批业已结汇专用章”和汕头“甲”字戳号的侨批专用邮戳

洪万丰

“洪万丰”在1933年的《汕头市侨批业同业公会会员名册》中的登记地址是海平路89号。

依据1936年汕头邮政管理局（邮局）向国家交通部邮政总局呈报的核发批局营业凭证申请书整理，该批局的基本情况如下：（批局执照：批字第240号）

批局名称		开设时间	开设地点	营业人姓名、籍贯	与何处往来营业
洪万丰		民国十九年（1930）	汕头海平路89号	洪贤良，棉湖	暹罗、槟榔屿、新加坡、安南
分号	洪万丰	民国十五年（1926）	棉湖	洪贤明，棉湖	汕头
	光德成	民国二年（1914）	揭阳	李运祥，揭阳	汕头
	刘喜合	民国元年（1912）	潮阳	刘竹船，潮阳	汕头
	如陶	民国元年（1912）	潮安	蔡若水，潮安	汕头
	普通	民国元年（1912）	潮安	吴彩堂，潮安	汕头
	恒兴	民国元年（1912）	留隍	詹集秉，饶平	汕头
	鸿茂盛	民国四年（1915）	黄冈	卢湘如，潮安	汕头
	万兴昌	民国十三年（1924）	店仔头	许文谦，饶平	汕头
	中兴发	民国十九年（1920）	暹罗越三振	洪监登，揭阳	汕头
	洪万成	民国廿三年（1934）	新加坡奉教街	洪贤炎，揭阳	汕头
	洪万祥	民国廿三年（1934）	槟榔屿中街	洪哲生，揭阳	汕头
	万成兴	民国廿三年（1934）	安南美犹街	洪梦予，揭阳	汕头
	光益庄	民国元年（1912）	潮安	钟少岩，潮安	汕头
	洪协成	民国十年（1921）	河婆	洪士力，揭阳	汕头

1942年6月，“洪万丰”的经营代表是41岁揭阳人洪贤，经营地址变更为海平路91号。

1946年6月，《汕头市侨批业同业公会会员名册》中的登记资料显示，“洪万丰”的经理人为39岁揭阳人洪贤明，资本额1 000万元，会费单位2001位，登记地址为海平路89号。

1946年11月，“洪万丰”在汕头市侨批业同业公会填报的《汕头市侨批业调查表》

中，主事人洪贤良，店址为永安街 53 号，核发交通部邮政总局 1946 年营业执照，汕头邮局 1 月 16 日填发换照收条第 34 号（新照未颁发至汕）。“经营何港侨汇”一栏变更为“新加坡、槟榔屿”，减少 1936 年填报的“安南、暹罗”。

据 1946 年 12 月汕头一等邮局函送市政府《汕头市批信局一览表》，“洪万丰”获核发 1946 年度营业执照，号码第 46 号，营业人仍然填报洪贤良。

1948 年 8 月，在《汕头市侨批业同业公会会员商号名册》中，独资形式的“洪万丰”登记地址已由海平路 89 号变更为永安街 51 号，并获领广州邮政管理局核发的当期侨批业营业执照（号码第 64 号），其负责人仍为洪贤良。

1948 年 9 月，在《汕头市侨批业同业公会会员名册》中，“洪万丰”的资本额变更为 1 000 万元，会费单位增至 2001 位，登记地址变更为永和街 50 号。

中华人民共和国成立后，“洪万丰”参加汕头人民邮政局的侨批业登记。在《汕头市志》所载之《1951 年汕头市注册侨批局简表》中，“洪万丰”的开设地址是永安街 51 号。

据 1990 年汕头市人民政府侨务办公室、汕头市归国华侨联合会编印的《汕头市华侨志（初稿）》所载，自 1970 年以后，侨批局和侨站被撤销，有关侨汇业务由汕头市和各县中国银行及乡、村信用社负责。至 1969 年底，汕头市仍存侨批局 36 家，“洪万丰”便是其中之一。

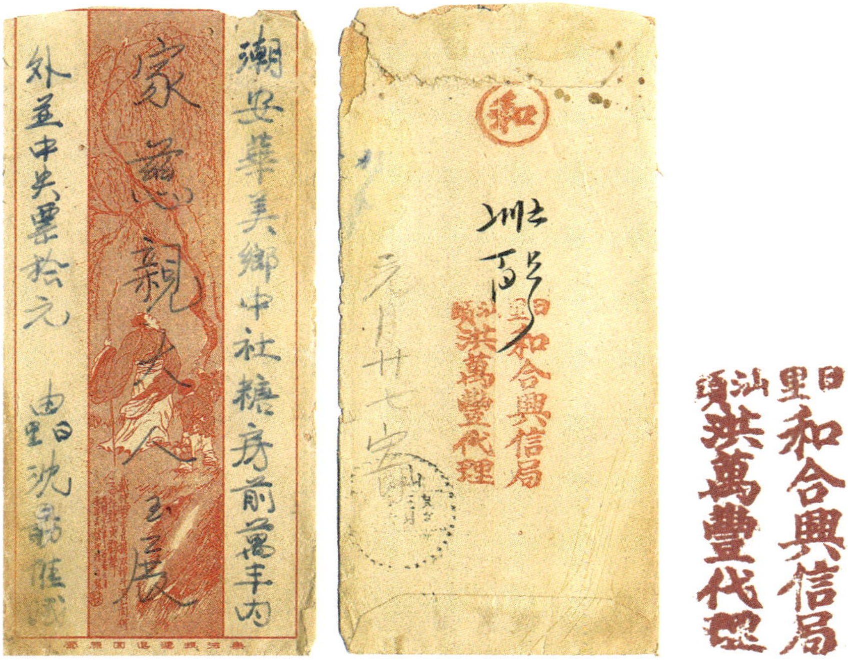

日里沈晟惟寄中央票拾元至潮安华美乡中社糖房前万丰内家慈亲，批封盖“日里和合兴信局　汕头洪万丰代理”印

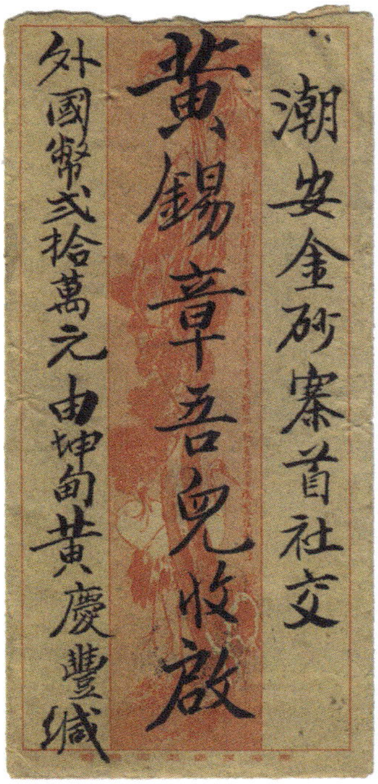

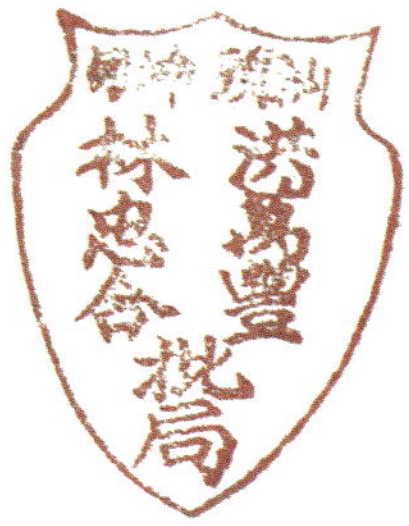

坤甸黄庆丰寄国币贰拾万元至潮安金砂寨首社黄锡章，批封盖“汕头洪万丰　坤甸林忠合　批局”印

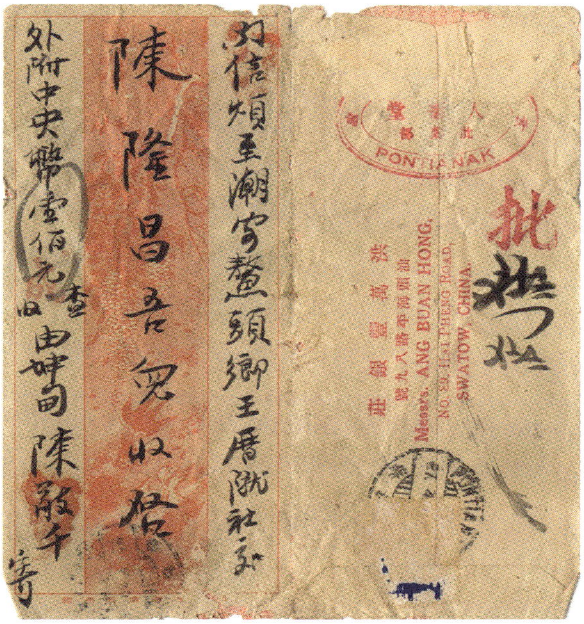

坤甸陈敬千寄中央币壹佰元至潮安鳌头乡王厝陇社陈隆昌，批封盖“洪万丰银庄　汕头海平路八九号”印

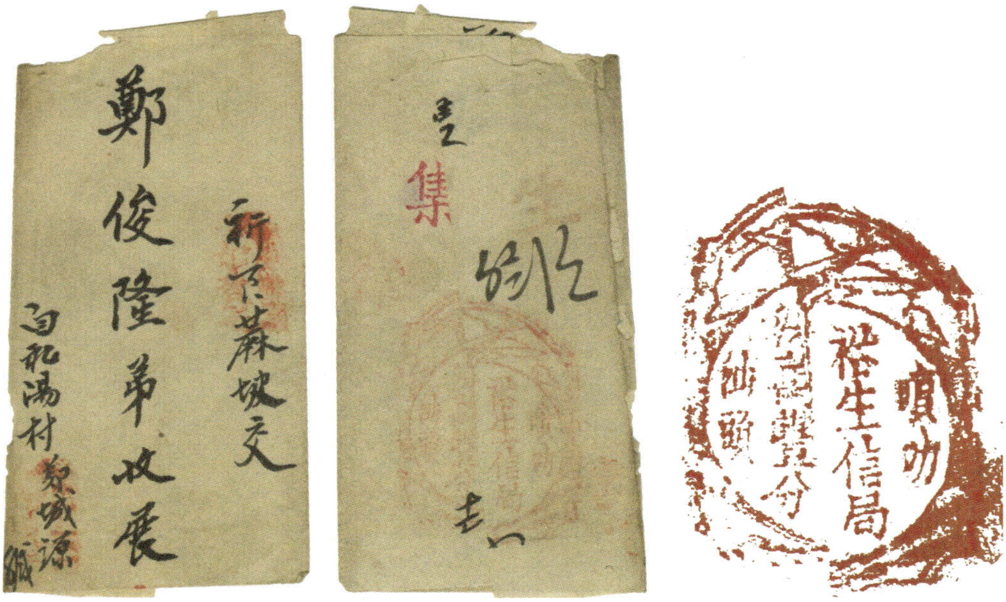

礼阳村郑城源寄麻坡郑俊隆回批，批封盖“实叻裕生信局　汕头洪万丰分”印

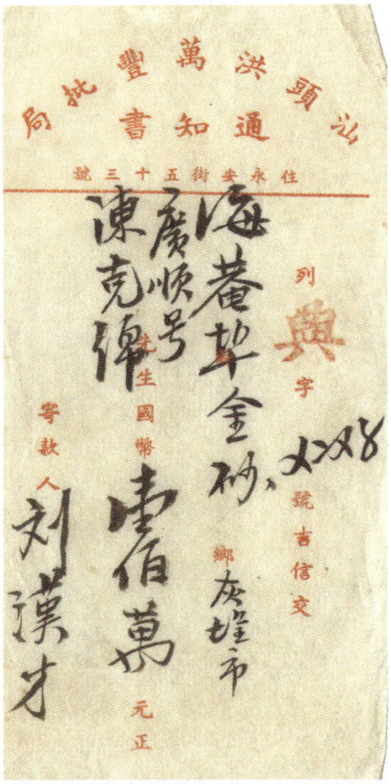

刘汉才寄国币壹佰万元至海庵埠金砂乡灰埕市广顺号陈克绵，通知书印“汕头洪万丰批局　住永安街五十三号”

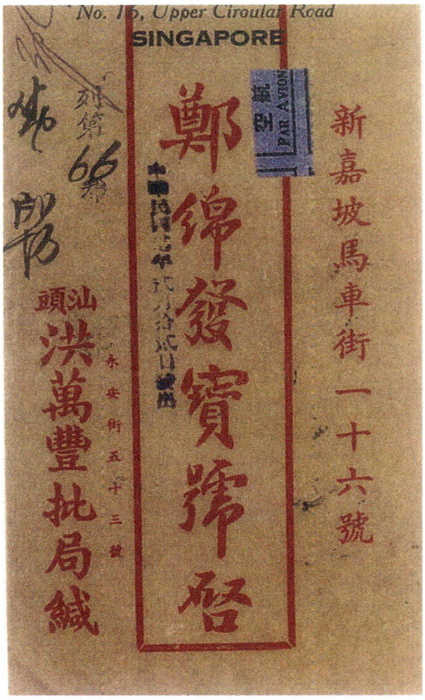

汕头洪万丰批局寄新嘉坡郑绵发宝号，批封印“永安街五十三号”，盖“中华民国卅七年贰月拾贰日发出”印

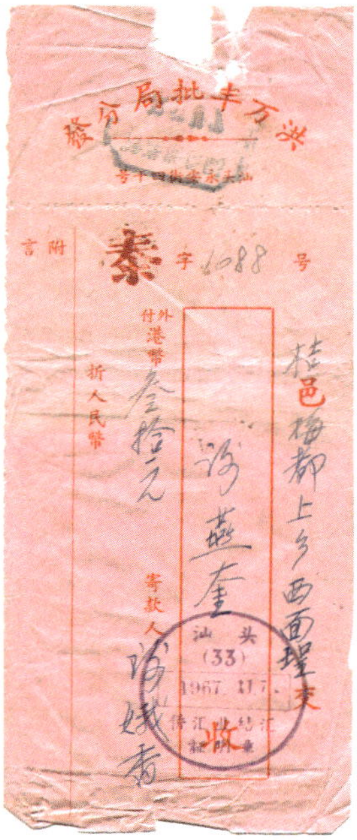
洪万丰批局分发
汕头永安街四十号
附言　字　号
付外港币
折人民币
寄款人
收

谢娥香寄港币叁拾元至桔［揭］邑梅都上乡西面埕谢燕奎，侨批通知书印“洪万丰批局分发　汕头永安街四十号”，盖“1967. 11. 7.　汕头（33）　侨汇业结汇证明章”

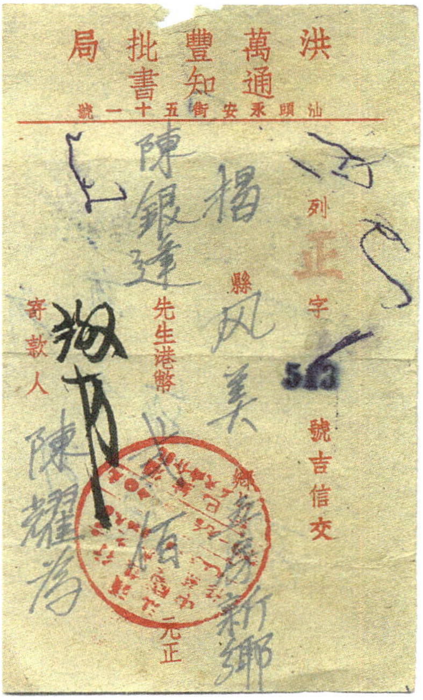
洪萬豐批局
通知書
汕頭永安街五十一號
列　正　字　號
縣
先生港幣
寄款人
吉信交
元正

陈耀为寄港币贰佰元至揭县风［凤］美乡五房新乡陈银逢，通知书印“洪万丰批局　汕头永安街五十一号”，盖“汕头中国银行核盖侨批之章”

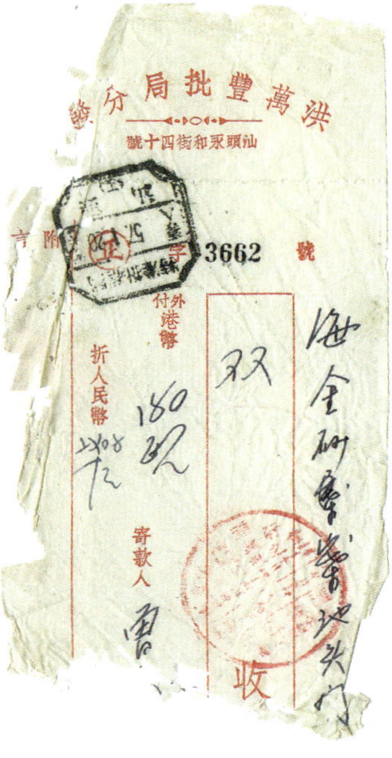
洪萬豐批局分發
汕頭永和街四十號
附言　正　字　3662　號
付外港幣
折人民幣
寄款人
收

曾□□寄港币一百五十元至海金砂寨池头门双，侨批通知书印“洪万丰批局分发　汕头永和街四十号”，盖“汕头　57. 1. 20.”侨批专用邮戳和“汕头中国银行核盖侨批之章”

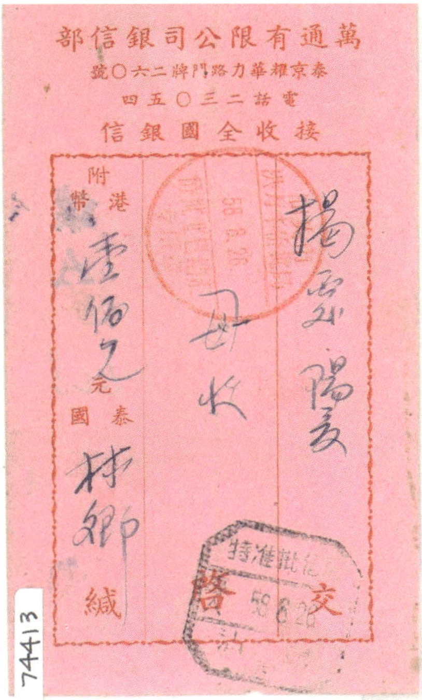

泰国林卿寄港币壹佰元至揭西外阳母，批封盖“汕头市洪万丰侨批局　58. 8. 26.　侨批业已结汇专用章”和“汕头　58. 8. 26.”侨批专用邮戳

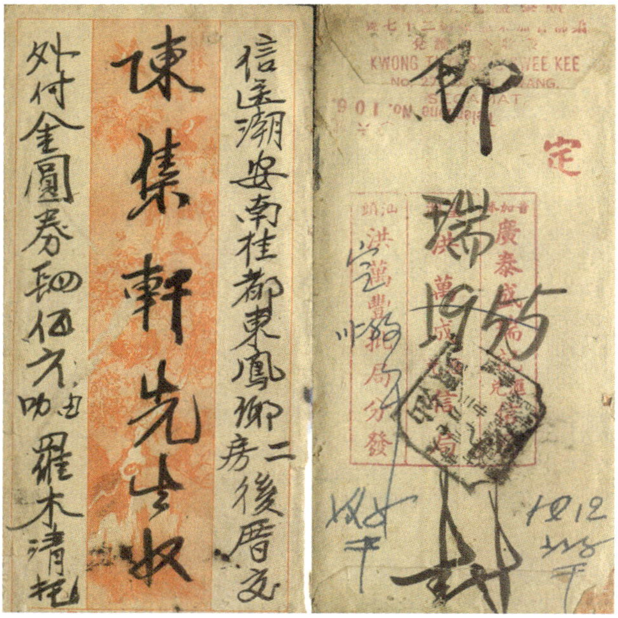

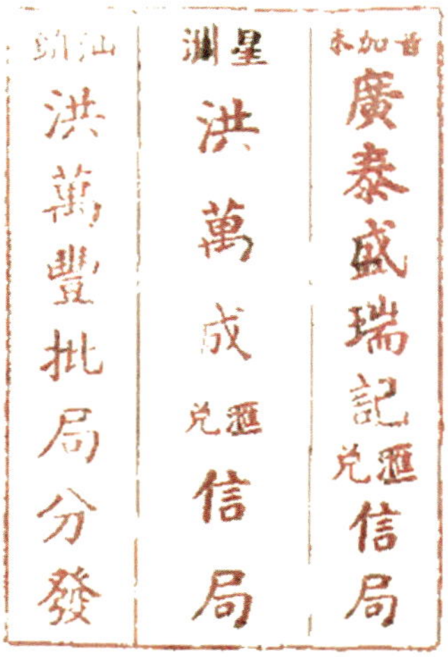

叻罗木清寄金圆券肆佰元至潮安南桂都东凤乡二房后厝陈集轩，批封盖“昔加末广泰盛瑞记汇兑信局　星洲洪万成汇兑信局　汕头洪万丰批局分发”印和“卅七十月廿三”侨批专用邮戳

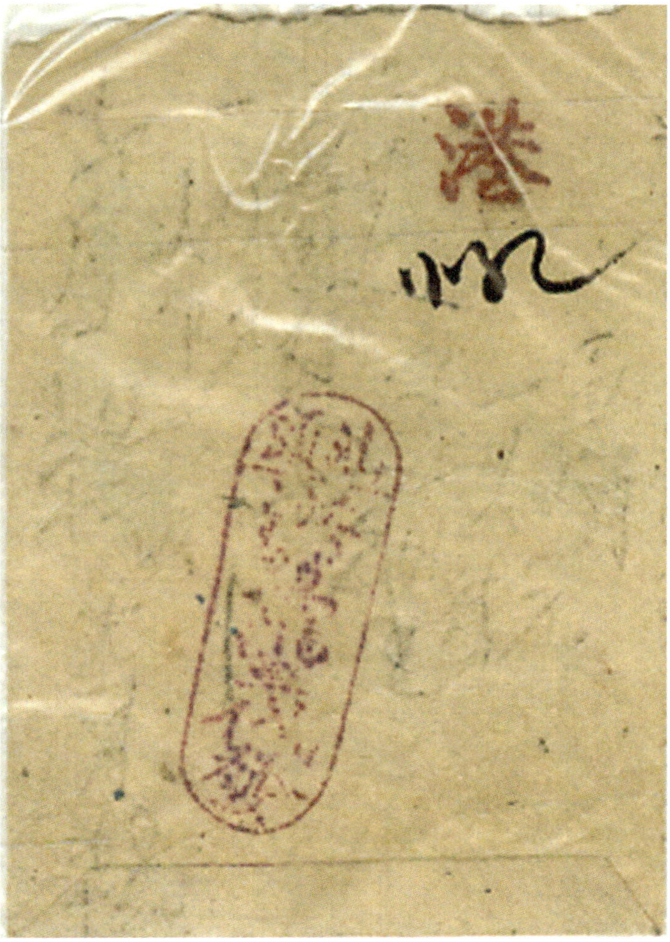

批封背盖“汕头洪万丰代发”印

黄潮兴

“黄潮兴”未参加 1933 年的汕头市侨批业同业公会会员登记。

依据 1936 年汕头邮政管理局（邮局）向国家交通部邮政总局呈报的核发批局营业凭证申请书整理，该批局的基本情况如下：（批局执照：批字第 320 号）

批局名称		开设时间	开设地点	营业人姓名、籍贯	与何处往来营业
黄潮兴		民国廿年（1931）	汕头永和街 97 号	黄善璧	暹罗
分号	广顺庄	民国十年（1921）	店仔头	余振忠，饶平	汕头
	刘喜合	民国元年（1912）	潮阳	刘竹船，潮阳	汕头
	魏启峰	民国元年（1912）	揭阳	魏启圃，揭阳	汕头
	信成庄	民国廿年（1931）	莲阳	余昌期，澄海	汕头
	有记庄	民国廿一年（1932）	潮安	黄篘生，潮安	汕头
	许广源	民国廿年（1931）	诏安	许凤声，诏安	汕头
	发利号	民国元年（1912）	潮安松下	陈云初，潮安	汕头
	黄潮兴	民国廿年（1931）	暹罗三聘街	黄顺泰，饶平	汕头

1942 年 6 月，“黄潮兴”在《汕头市侨批业同业公会会员名册》中的登记情况是：营业代表为 38 岁澄海人郑明，地址为永和街 97 号。

1946 年 11 月，在汕头市侨批业同业公会填报的《汕头市侨批业调查表》中，“黄潮兴”没有在列，但在同年 12 月汕头一等邮局函送市政府的《汕头市批信局一览表》中，“黄潮兴”已获核发 1946 年度营业执照，营业人黄善璧。

据“黄潮兴”的老会计林荫南先生回忆，1946 年，“黄潮兴”开办时名称为“泰华庄”，原设在仁和街 40 号楼下，后由魏启峰批局牵针引线，顶上有登记牌照的“黄潮兴批局”名号，营业地点也迁至永安街 28 号。

这便解释了 1936 年、1942 年参加登记的“黄潮兴”在 1946 年、1947 年至 1948 年 3 月前却多次缺席登记的原因。1948 年 3 月 10 日的《汕头市侨批业同业公会会员名册》中再次出现“黄潮兴”。值得注意的是，此时 49 岁的杨亦欣仅仅作为经营代表，经理人为金振豪，而到了 1948 年 9 月 4 日的《汕头市侨批业同业公会会员名册》，经理人和营业代表全部为杨亦欣，杨亦欣全面接管了“黄潮兴”。

1948 年 8 月，在《汕头市侨批业同业公会会员商号名册》中，独资形式的“黄潮兴”

登记地址已由永和街 97 号变更为仁和街 40 号，并获领广州邮政管理局核发的当期侨批业营业执照（号码第 83 号），其经理人变更为 49 岁潮安人杨亦欣。

1948 年 9 月，在《汕头市侨批业同业公会会员名册》中，“黄潮兴”的资本额为 500 万元，会费单位 1001 位。

中华人民共和国成立后，“黄潮兴”参加汕头人民邮政局的侨批业登记。在《汕头市志》所载之《1951 年汕头市注册侨批局简表》中，“黄潮兴”的开设地址是仁和街 40 号。

据 1990 年汕头市人民政府侨务办公室、汕头市归国华侨联合会编印的《汕头市华侨志（初稿）》所载，自 1970 年以后，侨批局和侨批站被撤销，有关侨汇业务由汕头市和各县中国银行及乡、村信用社负责。至 1969 年底，汕头市仍存侨批局 36 家，“黄潮兴”便是其中之一。

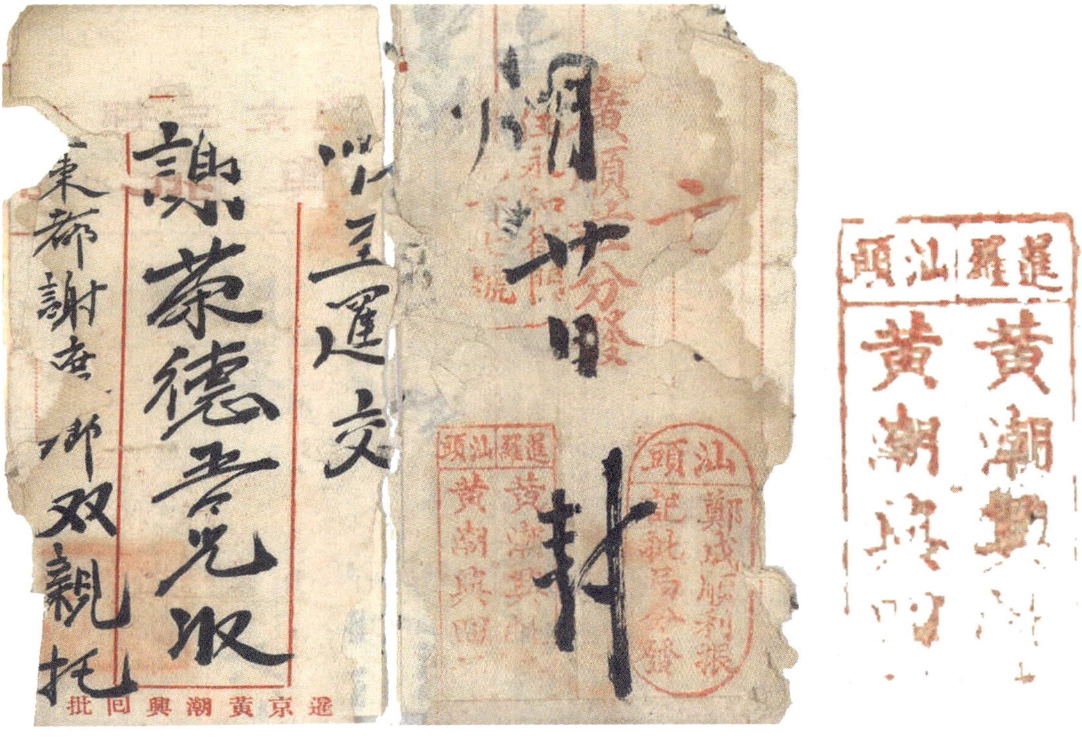

江东都谢□乡双亲寄暹谢荣德回批，批封盖“暹罗黄潮兴批局　汕头黄潮兴回批”印

汕头黄潮兴批局印鉴

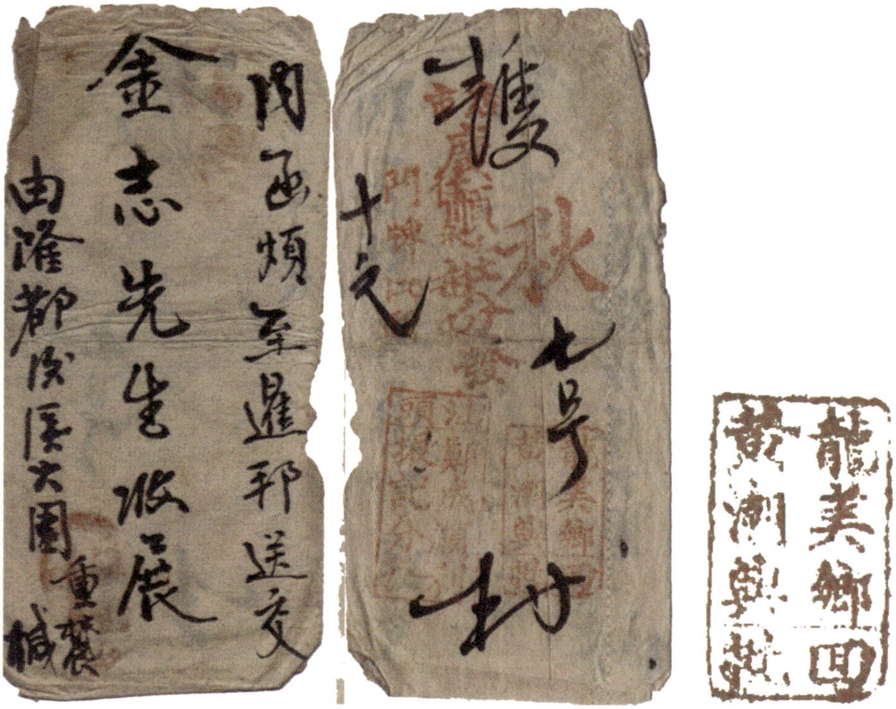

隆都后溪大园重蕤寄暹邦金志回批，批封盖“龙美乡黄潮兴回批”印

暹京林炳矩寄港币叁拾元至潮安上莆大寨上官路乡益元藩记内家慈亲，批封盖“汕头市黄潮兴侨批局 58.9.24. 侨批业已结汇专用章”和“汕头 58.9.23.”侨批专用邮戳

佳　兴

"佳兴"未参加 1933 年的汕头市侨批业同业公会会员登记。

依据 1936 年汕头邮政管理局（邮局）向国家交通部邮政总局呈报的核发批局营业凭证申请书整理，该批局的基本情况如下：（批局执照：批字第 322 号）

批局名称		开设时间	开设地点	营业人姓名、籍贯	与何处往来营业
佳兴		民国廿二年（1933）	汕头新潮兴街	吴翮秋，澄海	安南
分号	刘喜合	民国十五年（1926）	潮阳	刘竹船，潮阳	汕头
	陈四合	民国十五年（1926）	潮阳	陈云腾，潮阳	汕头
	詹恒亨	民国廿年（1931）	留隍	詹正初，丰顺	汕头
	有信	民国十八年（1929）	澄海	芮弼卿，澄海	汕头
	魏启峰	民国十五年（1926）	揭阳	魏启圃，揭阳	汕头
	合利	民国十九年（1930）	饶平	张景光，饶平	汕头
	源合	民国十九年（1930）	达濠	李伟臣，潮阳	汕头
	德隆	民国廿二年（1933）	安南金塔晏良街	郭饶愚，潮阳	汕头
	源来	民国十五年（1926）	安南摆草大街	陈连伟，潮阳	汕头

"佳兴"未参加 1942 年的汕头市侨批业同业公会的登记。

1946 年 11 月，汕头市侨批业同业公会填报的《汕头市侨批业调查表》漏报了"佳兴"。

据 1946 年 12 月汕头一等邮局函送市政府《汕头市批信局一览表》，其时"佳兴"已获核发 1946 年度营业执照，号码第 63 号，营业人填报吴翮秋。

1948 年 8 月，在《汕头市侨批业同业公会会员商号名册》中，独资形式的"佳兴"登记地址已由新潮兴街变更为德里街 12 号，并获领广州邮政管理局核发的当期侨批业营业执照（号码第 81 号），其负责人变更为 28 岁普宁人林光茂。

1948 年 9 月，在《汕头市侨批业同业公会会员名册》中，"佳兴"的资本额为 300 万元，会费单位 601 位。

中华人民共和国成立后，"佳兴"未参加汕头人民邮政局的侨批业登记。

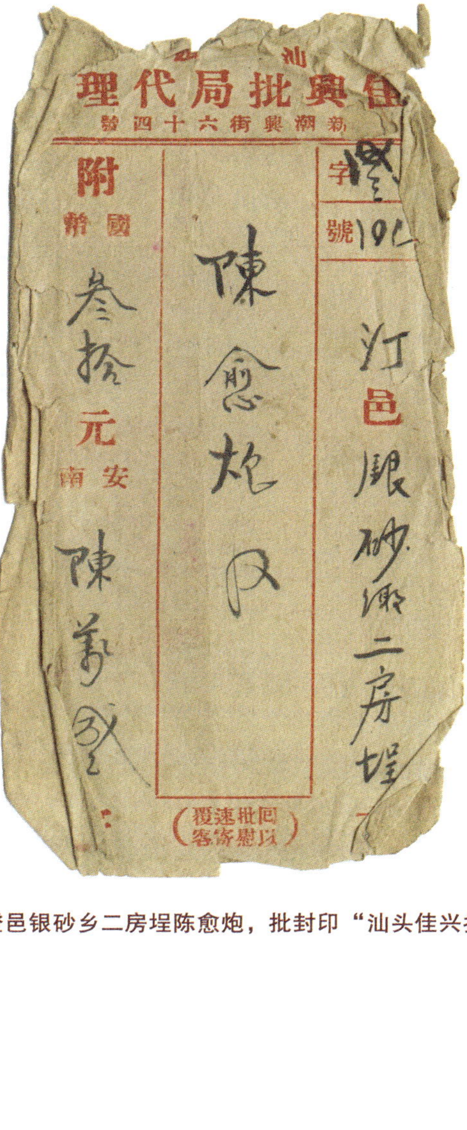

安南陈万成寄国币叁拾元至澄邑银砂乡二房埕陈愈炮，批封印“汕头佳兴批局代理　新潮兴街六十四号”

嘉　德

1959年中国人民银行汕头支行《关于汕头市侨批业的历史调查》显示，“嘉德”是第一次世界大战后在汕头以合资形式经营的越南批局。

然而，“嘉德”却一直没有出现在汕头市侨批业的有关档案资料中。

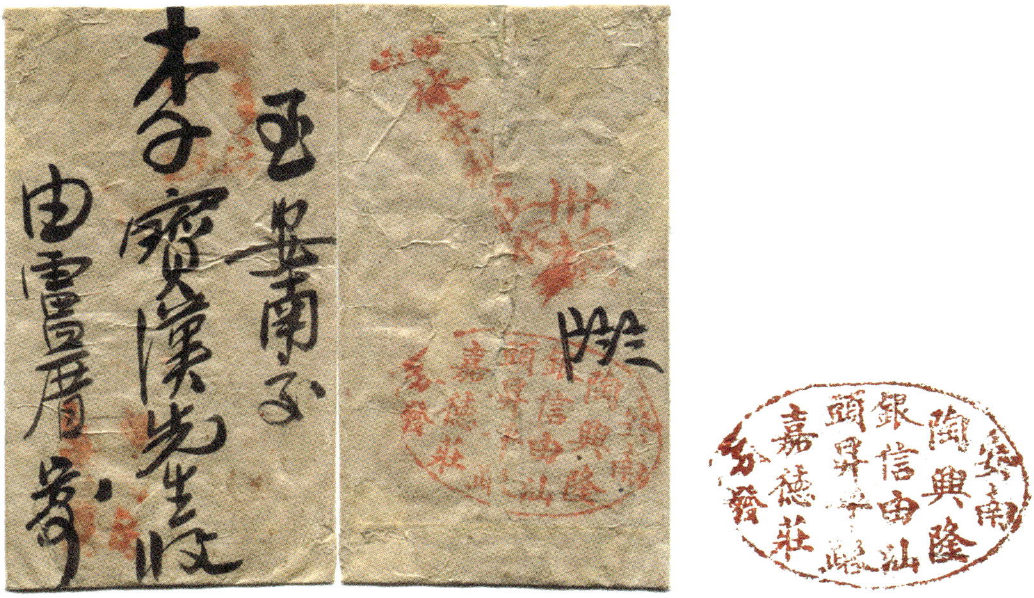

庐厝寄安南李宝汉回批，批封盖“安南陶兴隆银信由汕头升平路嘉德庄分发”印

嘉　隆

“嘉隆”未参加1933年的汕头市侨批业同业公会会员登记。

依据1936年汕头邮政管理局（邮局）向国家交通部邮政总局呈报的核发批局营业凭证申请书整理，该批局的基本情况如下：（批局执照：批字第306号）

批局名称	开设时间	开设地点	营业人姓名、籍贯	与何处往来营业
嘉隆	民国十六年（1927）	汕头德安街24号	郑良嘉，潮阳	香港
分号　嘉隆	民国十六年（1927）	香港大道西21号	谢兰春，潮阳	汕头

1959年中国人民银行汕头支行《关于汕头市侨批业的历史调查》显示，“嘉隆”是泰国银信局在汕头的分号。

该批局未参加1942年及以后数次的汕头市侨批业同业公会的登记。

一直到1948年3月10日的《汕头市侨批业同业公会会员名册》中才再次出现“嘉隆”，其经理人、营业代表均为35岁普宁人许佩炽。

1948年8月，在《汕头市侨批业同业公会会员商号名册》中，合资形式的“嘉隆”登记地址已由德安街24号变更为永泰路1号，并获领广州邮政管理局核发的当期侨批业营业执照（号码第50号），其负责人仍为许佩炽。

1948年9月，在《汕头市侨批业同业公会会员名册》中，“嘉隆”的资本额为300万元，会费单位601位。

中华人民共和国成立后，“嘉隆”参加了1951年的汕头人民邮政局侨批业注册登记。

据1990年汕头市人民政府侨务办公室、汕头市归国华侨联合会编印的《汕头市华侨志（初稿）》所载，自1970年以后，侨批局和侨批站被撤销，有关侨汇业务由汕头市和各县中国银行及乡、村信用社负责。至1969年底，汕头市仍存侨批局36家，“嘉隆”便是其中之一。

“嘉隆批局”印鉴

蔡碧和寄港币叁拾元至普邑半径乡东门田洋黄宅祖母，批封盖“汕头市嘉隆侨批局　58. 10. 15.　侨批业已结汇专用章”和“汕头　58. 10. 14.”侨批专用邮戳

建 益

“建益”是抗战胜利后才创设的侨批局，甚至可以将其参加汕头市侨批业同业公会的时间精确到 1948 年 9 月，因为 1948 年 9 月前的所有《汕头市侨批业同业公会会员名册》均未见“建益”。

1948 年 9 月的《汕头市侨批业同业公会会员名册》中，“建益”的资本额为 300 万元，会费单位 601 位。主权人和营业代表均为陈裕乐，登记地址为旧公园左巷 17 号。

中华人民共和国成立后，“建益”参加 1951 年的汕头人民邮政局侨批业注册登记，登记地址变更为旧公园前路 17 号。

陈裕聪寄贰拾叁万元至澄邑莲阳乡下社颂祖祠巷陈璧璋，批封印“暹京建益有限公司民信部”“汕局：住旧公园前路十七号”，盖“汕头　一九五一六月廿二”侨批专用邮戳

捷　成

“捷成”在1933年的汕头市侨批业同业公会会员登记中的地址是育善后街20号。

依据1936年汕头邮政管理局（邮局）向国家交通部邮政总局呈报的核发批局营业凭证申请书整理，该批局的基本情况如下：（批局执照：批字第248号）

批局名称		开设时间	开设地点	营业人姓名、籍贯	与何处往来营业
捷成		民国十八年（1929）	汕头德安后街36号	刘迪予，大埔	暹罗
分号	协丰利	民国十八年（1929）	峰市	刘韶九，大埔	汕头
	泉利	民国十八年（1929）	虎市	梁星九，梅县	汕头
	兴利	民国十八年（1929）	松口	范宜洪，大埔	汕头
	益隆	民国十八年（1929）	大埔	刘东三，大埔	汕头
	隆昌仁记	民国十八年（1929）	大麻	刘耀庭，大埔	汕头
	公和发记	民国十八年（1929）	恭洲	刘玉阶，大埔	汕头
	耀记	民国十八年（1929）	高陂	刘燮臣，大埔	汕头

“捷成”自1936年申请核发营业执照后，未参加1942年及以后数次的汕头市侨批业同业公会登记。

1946年6月《汕头市侨批业同业公会会员名册》中的登记资料显示，“捷成”的经理人仍为43岁大埔人刘迪予，资本额100万元，会费单位201位，登记地址已从德安后街36号变更为育善后街30号。

1948年8月，在《汕头市侨批业同业公会会员商号名册》中，独资形式的“捷成”登记地址又由育善后街30号变更为升平路131号，并获领广州邮政管理局核发的当期侨批业营业执照（号码第111号），其负责人变更为杨绿川。

1948年9月的《汕头市侨批业同业公会会员名册》中，“捷成”的资本额变更为1 000万元，会费单位增至2001位。经理人和营业代表均变更为35岁澄海人李毓鎏。

中华人民共和国成立后，“捷成”参加1951年汕头人民邮政局的侨批业务登记，且一直延续经营至1969年。

据1990年汕头市人民政府侨务办公室、汕头市归国华侨联合会编印的《汕头市华侨志（初稿）》所载，自1970年以后，侨批局和侨批站被撤销，有关侨汇业务由汕头市和各县中国银行及乡、村信用社负责。至1969年底，汕头市仍存侨批局36家，“捷成”便是其中之一。

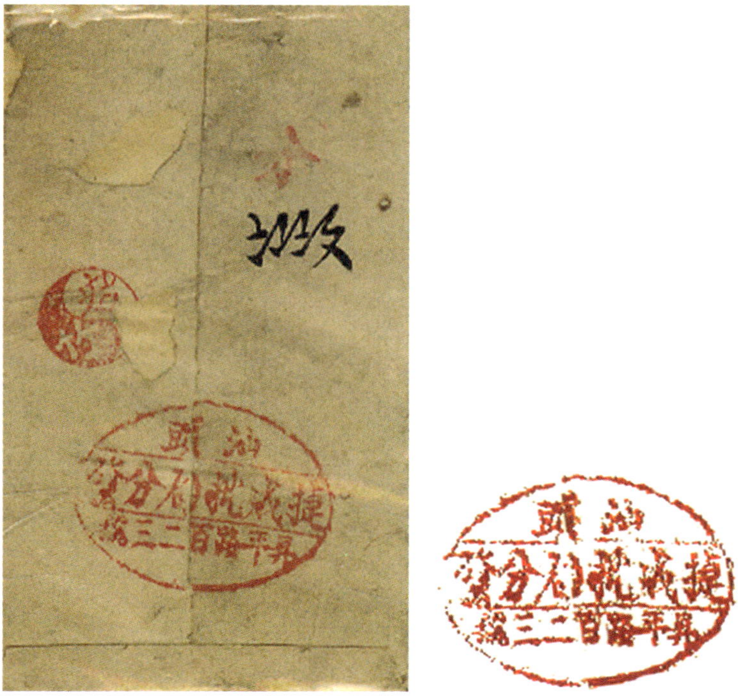

批封背盖“汕头　捷成批局分发　升平路百二三号”印

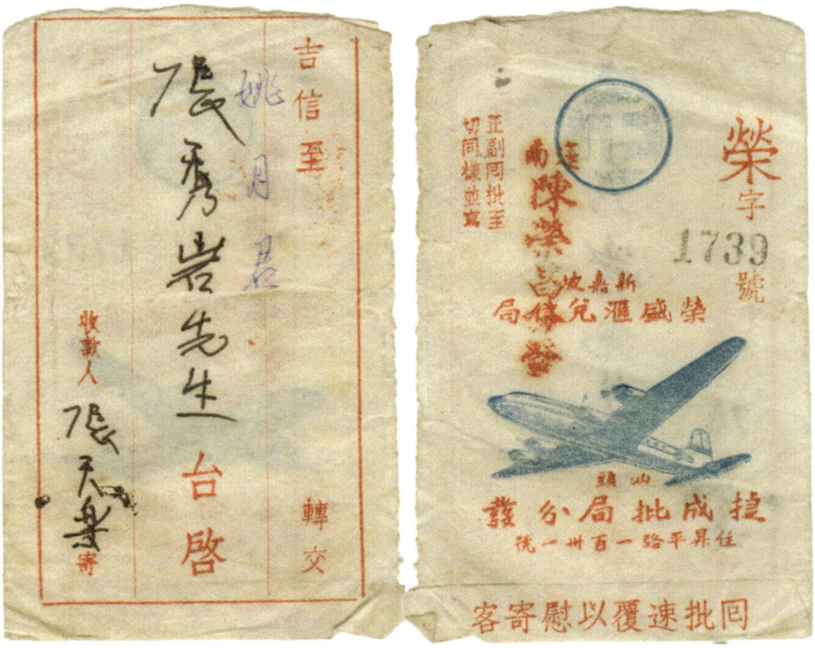

张天乐寄张秀岩回批，批封印“新嘉坡荣盛汇兑信局　汕头捷成批局分发　住升平路一百卅一号”

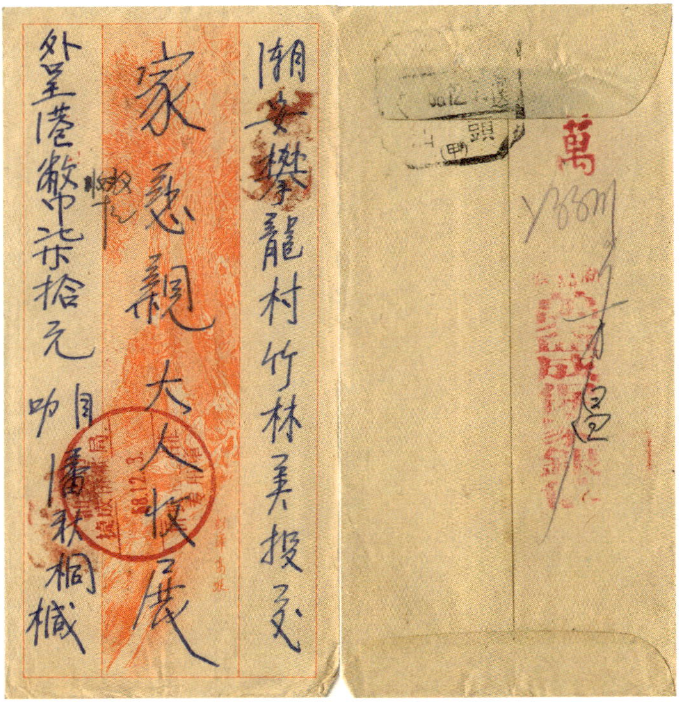

叻潘秋桐寄港币柒拾元至潮安攀龙村竹林美家慈亲，批封盖“汕头市捷成侨批局 58.12.8. 侨批业已结汇专用章”和“汕头 58.12.7.”侨批专用邮戳

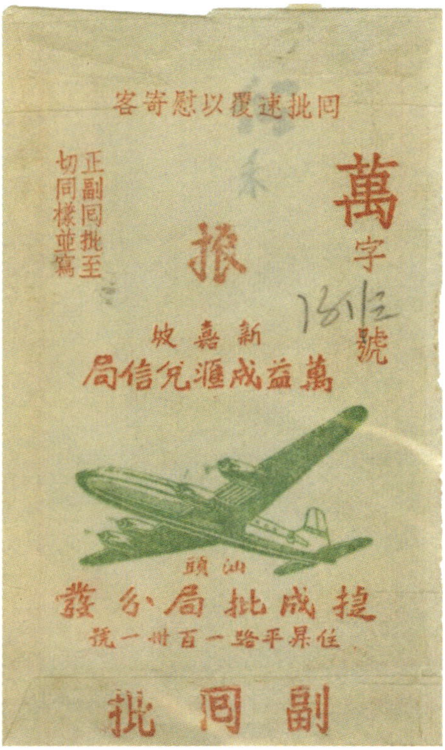

副回批背印“新嘉坡万益成汇兑信局　汕头捷成批局分发　住升平路一百卅一号”

周应才寄港币柒拾伍元至澄冠山乡桥头巷周锐潮，侨批通知书印“捷成侨汇批信局　汕头升平路一三一号”，盖“汕头中国银行　一九五六年九月二十七日　核盖侨批之章”

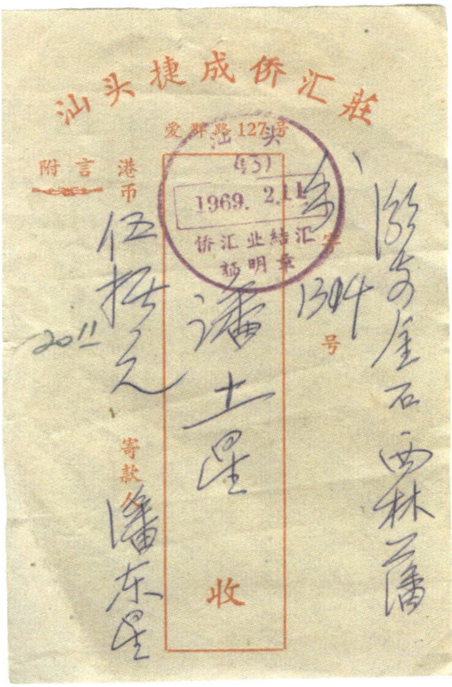

潘东星寄港币伍拾元至潮安金石西林藩潘土星，侨批通知书印“汕头捷成侨汇庄　爱群路 127 号”，盖“汕头（43）　1969. 2. 11. 侨汇业结汇证明章”

汕头捷成批局印鉴

进兴昌

根据 1959 年中国人民银行汕头支行《关于汕头市侨批业的历史调查》提供的资料，“进兴昌”是泰国银信局在汕头的分号。

“进兴昌”1948 年才创建，而且是该年 9 月后赶上“最后一班车”才完成汕头市侨批业同业公会会员登记手续。在 1948 年 9 月的《汕头市侨批业同业公会会员名册》中，登记资料不全，可看到的仅有“主权人或经理人姓名：魏先全”“代表：魏先全，籍贯澄海”“行号地址永兴街 64 号”几项。

中华人民共和国成立后，“进兴昌”参加 1951 年汕头人民邮政局的侨批业务登记，登记地址依然是永兴街 64 号。

据 1990 年汕头市人民政府侨务办公室、汕头市归国华侨联合会编印的《汕头市华侨志（初稿）》所载，自 1970 年以后，侨批局和侨批站被撤销，有关侨汇业务由汕头市和各县中国银行及乡、村信用社负责。至 1969 年底，汕头市仍存侨批局 36 家，“进兴昌”便是其中之一。

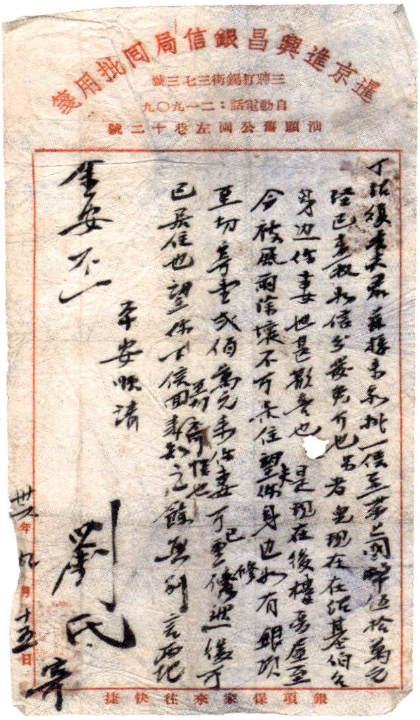
暹京進興昌銀信局回批用箋
三聘打錫街三七三號
自動電話：二一九〇九
汕頭舊公園左巷十二號
銀項保家來往快捷

刘氏民国三十六年（1947）九月十五日用进兴昌银信局回批笺寄丁绍复回批，信笺印“暹京进兴昌银信局”“汕头旧公园左巷十二号”，该地址应该是该批局在汕头接收回批的地方

泰国潘英昌寄港币壹佰元至澄邑樟林仙里社尾厂潘宅二嫂，批封印“进兴昌银信局”“分局：汕头永兴街门牌六十四号”，盖“一九五二年壹月九日　汕头中国银行侨汇兑讫”印章

暹陈卓谦寄港币叁拾元至澄邑隆都前溪乡下底园社家母亲，批封盖“汕头市　进兴昌侨批局　58.7.29.　侨批业已结汇专用章”和“汕头　58.7.29.”侨批专用邮戳

陈卓谦寄港币叁拾元至澄邑隆都前溪乡下底园社家母，批封盖“汕头市　进兴昌批局　永兴街六十四号”印和“汕头中国银行核盖侨批之章”

蓝裕锦

据 1959 年中国人民银行汕头支行《关于汕头市侨批业的历史调查》中对汕头市侨批局的行号分期开列归类，“蓝裕锦”与“致成”均属于独资的“星马批局”，出现于五口通商后的 1843—1919 年（即第一次世界大战结束前）。

新加坡“致成号”创设于 1835 年，据目前学界较为一致的看法，其为潮籍华侨创建的第一家批局，也是第一家在澄海开设分号的独资“星马批局”。收集到的实寄批显示，“实叻致成号”与“汕头蓝裕锦”两家独资“星马批局”在汕头的联号互相代理相关批件。

关于新加坡“致成”，因创建年代久远，相关文书档案及实寄批已难寻觅。据新加坡“致成”创始人嫡系后代黄少雄先生笔述：

自有“致成染房”开创起，即有新加坡与潮州家乡间的批银业务来往，东湖祖居老宅当然也成为家乡批银分发领取的落脚点。由于信用日著，托寄日多，商运亨盛，来往货物频繁，先祖乃在 1835 年（道光十五年）于“致成栈”原址加挂上“致成信局”招牌，正式对外开放，开展侨批银信业务。由于布匹进出口和侨批业的迅猛发展，1840 年后先祖再在新加坡十八间后开创“森峰栈”“致合丰”等商号，各自分工担负总行银信汇兑和各埠头布匹的进出口工作。

汕头开埠后，先祖即在汕头埠开创“森峰栈”，专司大陆布匹进出口及潮籍各县侨批银信派送业务，并委托外埔族人黄松亭公担任第一任经理。

随着业务的扩展，先祖又于十九世纪七十年代在汕头埠开创“有余银庄”，为“森峰栈”分担潮属各县侨批派送业务。汕头埠“有余银庄”的创办，说明当时“致成栈”侨批行业及布匹进出口业务蒸蒸日上，是“致成栈”的鼎盛时期。

“致成栈”业务的扩展，吸引着大批的家乡人来此学工学艺，他们出师后先后在南洋及汕头埠等地办起有关的商号：如外埔黄松亭的“孔明斋”“四海通银行”；澄城黄芹生的“廷发布行”“有信批局”；西门蔡雪舟的“致和丰批局”；揭阳魏森峰批局的前辈也曾经在“致成商号”办过事，取过经，新加坡报业闻侨、长期担任书报社经理的吴慎修，也曾经在“致成栈”服务过。凡在新加坡“致成栈”服务过工作过的很多人，出师后经营布匹、侨批、银庄各方面大都业有所成。说明了当时“致成栈”确实在侨界曾经尽责尽力，为侨界做出应有的贡献。

在二十世纪二十年代末世界第一次经济危机的风暴中，历经三代人的艰苦经营，经过

99 年的奋斗拼搏，“致成栈”的一系列商号终于在 1928 年退出了历史的舞台。（见潮汕历史文化研究中心编：《侨批文化》第六期，第 94 页）

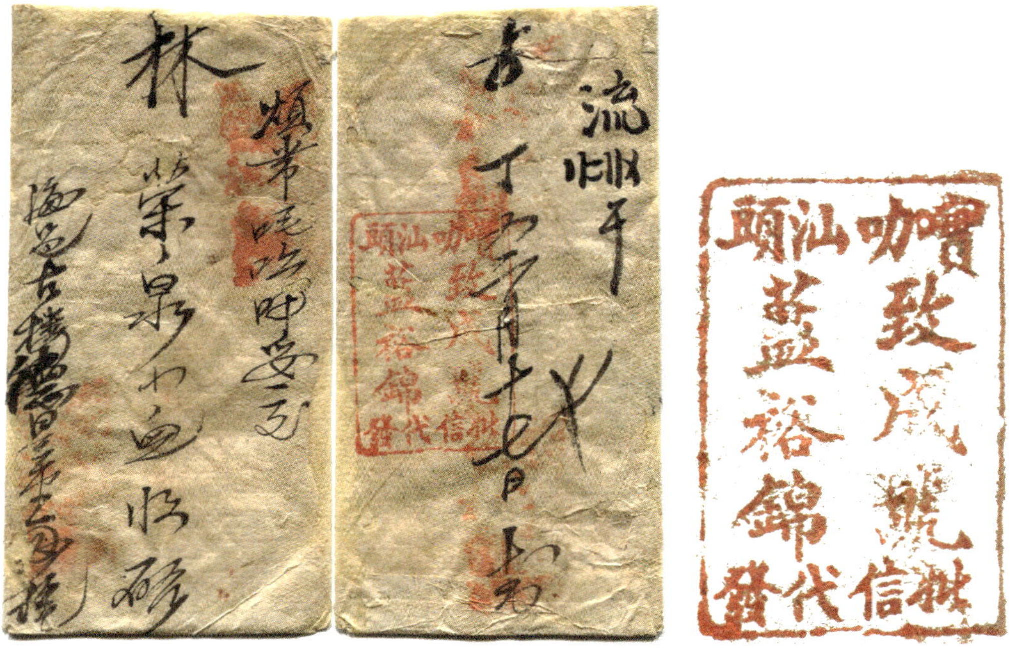

海邑古楼德昌第□□寄毛六甲林荣泉回批，批封盖“实叻致成号批信　汕头蓝裕锦代发”印，记“丁又二月十七日”，即 1947 年 4 月 17 日

老亿丰

“老亿丰”在1933年的汕头市侨批业同业公会会员登记中的地址是安平路136号。

依据1936年汕头邮政管理局（邮局）向国家交通部邮政总局呈报的核发批局营业凭证申请书整理，该批局的基本情况如下：（批局执照：批字第309号）

批局名称		开设时间	开设地点	营业人姓名、籍贯	与何处往来营业
老亿丰		民国十六年（1927）	汕头至平路14号	黄伟初，潮阳	香港、新加坡、安南
分号	顺裕发	民国十六年（1927）	潮阳南门	郑和璋，潮阳	汕头
	顺裕祥	民国十六年（1927）	澄海衙前	李合赐，澄海	汕头
	福裕兴	民国十六年（1927）	潮安上东堤	林楚明，潮安	汕头
	老亿丰	民国十六年（1927）	香港三角埠	谢少岩，潮阳	汕头
	顺合隆	民国十六年（1927）	新加坡大马路	李宗饶，潮阳	汕头
	顺合祥	民国十六年（1927）	安南金塔	黄明兴，潮阳	汕头

据《潮阳文史》（第八辑）载：“1915年，棉城经营渔网出口的刘喜合兼营侨批业，并在汕头创办老亿丰批局，作为口岸转驳联号，转接泰国—香港批款派解。”因此，上表所标“开设时间”为“民国十六年”（1927）不知从何说起。

1942年，“老亿丰”继续在汕头市经营，并参加侨批业同业公会。其时，“老亿丰”的代表为45岁饶平人黄照煌（时任汕头市侨批业同业公会理事长），登记地址为安平路159号二楼。

1946年6月的《汕头市侨批业同业公会会员名册》中的登记资料显示，“老亿丰”的经理人为31岁潮阳人刘宗道，资本额500万元，会费单位1001位，登记地址为安平路136号。

1946年11月，“老亿丰”出现在汕头市侨批业同业公会填报的《汕头市侨批业调查表》中，主事人刘宗道，店址为安平路136号，核发交通部邮政总局1946年营业执照，汕头邮局1月14日填发换照收条第26号（新照未颁发至汕）。“经营何港侨汇”一栏增加了“暹罗”一地。

据1946年12月汕头一等邮局函送市政府《汕头市批信局一览表》，“老亿丰”获核发1946年度营业执照，号码第70号，营业人仍旧填报刘宗道。

1948年8月，在《汕头市侨批业同业公会会员商号名册》中，独资形式的“老亿丰”

登记地址已由安平路136号变更为安平路198号，并获领广州邮政管理局核发的当期侨批业营业执照（号码第88号），其负责人依然为刘宗道。

1948年9月，在《汕头市侨批业同业公会会员名册》中，“老亿丰”的资本额变更为300万元，会费单位减至601位。

中华人民共和国成立后，“老亿丰”1951年参加汕头人民邮政局的侨批业登记，登记地址不变，还是安平路198号。

据1990年汕头市人民政府侨务办公室、汕头市归国华侨联合会编印的《汕头市华侨志（初稿）》所载，自1970年以后，侨批局和侨批站被撤销，有关侨汇业务由汕头市和各县中国银行及乡、村信用社负责。至1969年底，汕头市仍存侨批局36家，“老亿丰”便是其中之一。

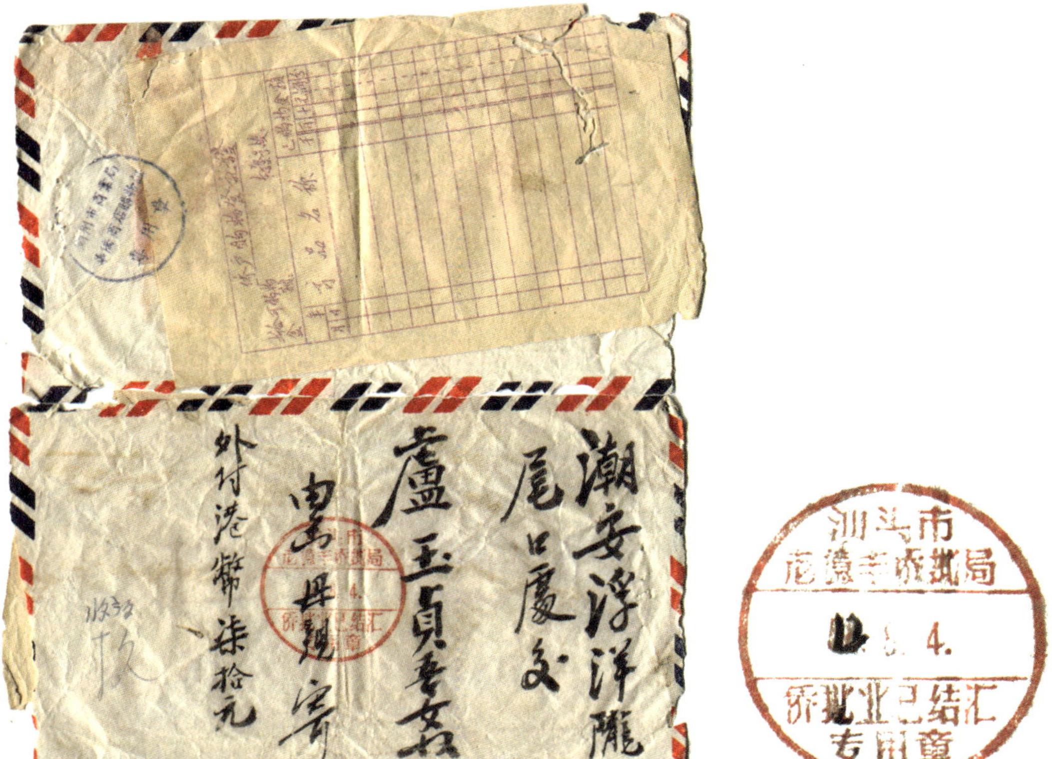

香母亲寄港币柒拾元至潮安浮洋陇尾口卢玉贞，批封盖“汕头市老亿丰侨批局　58. 8. 4.　侨批业已结汇专用章”

李华利

“李华利”在1933年的汕头市侨批业同业公会会员登记中的地址是潮兴街94号。

依据1936年汕头邮政管理局（邮局）向国家交通部邮政总局呈报的核发批局营业凭证申请书整理，“李华利”的基本情况如下：（批局执照：批字第302号）

批局名称		开设时间	开设地点	营业人姓名、籍贯	与何处往来营业
李华利		民国十三年（1924）	汕头潮兴街	李润初，潮阳	新加坡、砂捞越、日里、邦戛
分号	马玉堂	民国廿四年（1935）	潮阳成田	马玉堂，潮阳	汕头
	丰源	民国十年（1921）	达濠	郑猷廷，潮阳	汕头
	陈益隆	民国十年（1921）	惠来	陈云石，潮阳	汕头
	魏启丰	民国元年（1912）	揭阳	魏启圃，揭阳	汕头
	黄德良	民国元年（1912）	揭阳	黄兴贞，揭阳	汕头
	政记	民国十一年（1922）	棉湖	杨璧荣，棉湖	汕头
	广丰	民国十三年（1924）	汤坑	洪敬堂，汤坑	汕头
	荣合昌	民国十五年（1926）	河婆	李合荣，大溪	汕头
	永南兴	民国廿年（1931）	日里大街	陈正兴，潮安	汕头
	陈和昌	民国十八年（1929）	砂捞越直街	陈森荣，潮阳	汕头
	昌和	民国十九年（1930）	邦戛大街	李应元，潮阳	汕头
	李福利	民国廿年（1931）	新加坡敬昭街	李明初，潮阳	汕头

1942年6月的《汕头市侨批业同业公会会员名册》中，“李华利”的代表是37岁潮阳人李润初，登记地址为新潮兴街94号。

1946年6月的《汕头市侨批业同业公会会员名册》中的登记资料显示，“李华利”的经理人为42岁潮阳人李润初，资本额700万元，会费单位1401位，登记地址为新潮兴街94号。

1946年11月，“李华利”出现在汕头市侨批业同业公会填报的《汕头市侨批业调查表》，主事人李润初，店址为新潮兴街94号，核发交通部邮政总局1946年营业执照，汕头邮局1月11日填发换照收条第13号（新照未颁发至汕）。“经营何港侨汇”一栏变更为“实叻”，已非1936年的经营范围。

1946 年 12 月，汕头一等邮局函送市政府《汕头市批信局一览表》显示，“李华利”获核发 1946 年度营业执照，号码第 50 号，营业人填报李润初。

1948 年 8 月，在《汕头市侨批业同业公会会员商号名册》中，独资形式的“李华利”登记地址已由新潮兴街 94 号变更为 98 号，并获领广州邮政管理局核发的当期侨批业营业执照（号码第 68 号），其负责人变更为李喜铭。

1948 年 9 月，在《汕头市侨批业同业公会会员名册》中，“李华利”的资本额仍为 700 万元，会费单位 1401 位不变。

中华人民共和国成立后，“福利”“李福利”“李华利”均停止经营。

批封背面印“汕头李华利烟丝行　实叻李福利汇兑银信局分行新潮兴街门牌九十四号分发”

该批封上的“李福利汇兑银信局分行”所示地址为新潮兴街门牌 94 号，其实是与“福利”同时存在的另一家汕头批局“李华利”的经营地址，只不过封上标示的“李华利”只是“烟丝行”而已。

联　丰

“联丰”一名首次出现在侨批业档案资料中是在 1947 年 2 月，在汕头侨务局呈函中央侨务委员会《转请核发正丰庄等十六家经营侨批证书俾得畅通侨汇》中，“联丰”属于抗战胜利后迁回汕头市经营而未加入汕头市侨批业同业公会的侨批业商号。档案显示，“联丰”的经理为叶公彦，营业地址不详。但是，1947 年、1948 年 8 月前的《汕头市侨批业同业公会会员名册》仍未见有“联丰”的登记情况。

1948 年 9 月 4 日，“联丰”进入《汕头市侨批业同业公会会员名册》中，但因为是匆忙赶趟“挤”进《汕头市侨批业同业公会会员名册》，各项资料并不齐全，该名册中只能见到：“联丰，经理人梁昌贤，代表梁昌贤，澄海人，行号地址棉安街 14 号。”

中华人民共和国成立后，“联丰”参加 1951 年的汕头人民邮政局的侨批业登记，地址依然是棉安街 14 号。

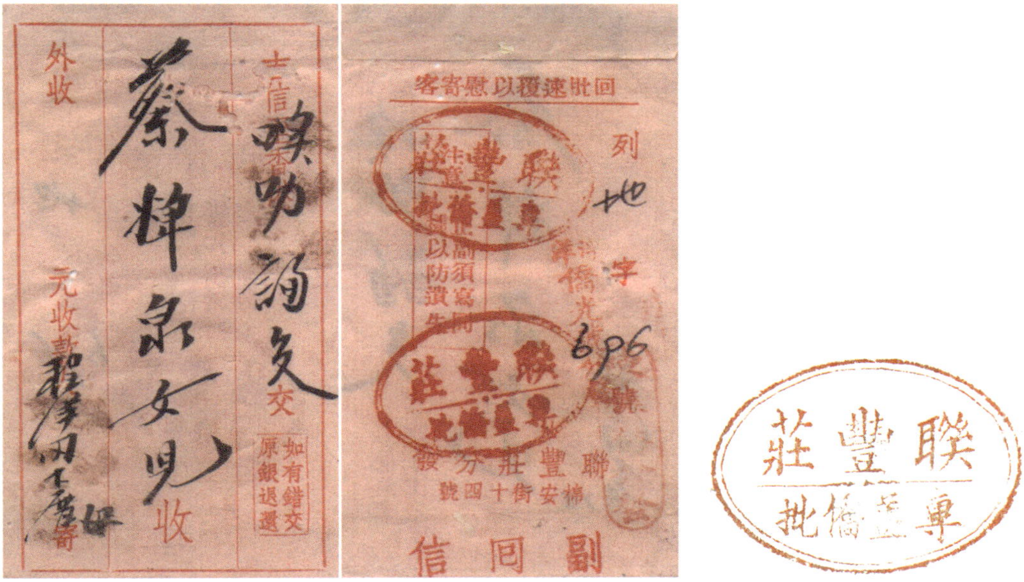

程洋冈下厝母寄实叻蔡婵泉回批，批封盖“联丰庄专盖侨批”印

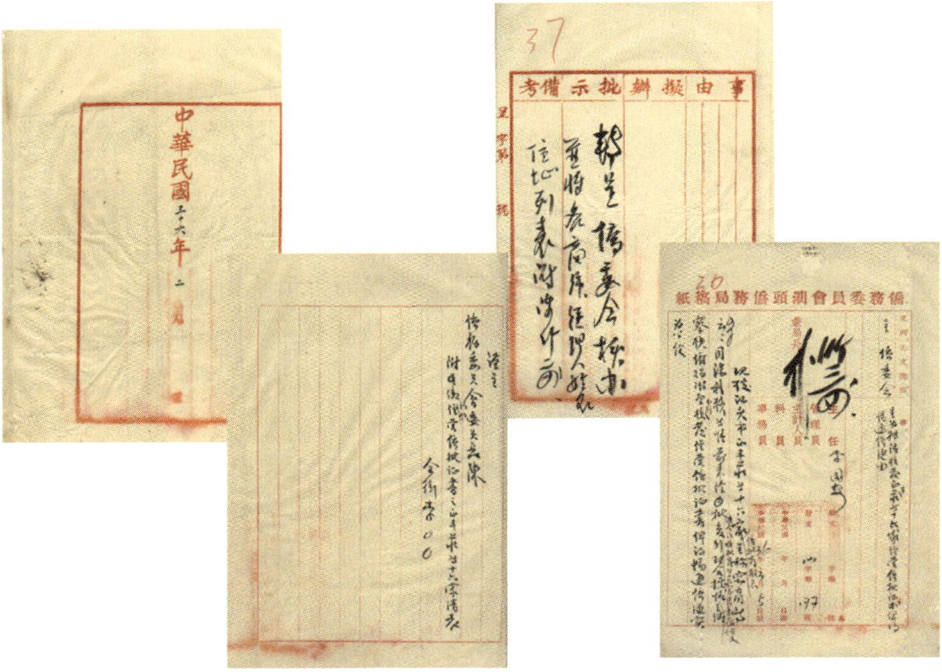

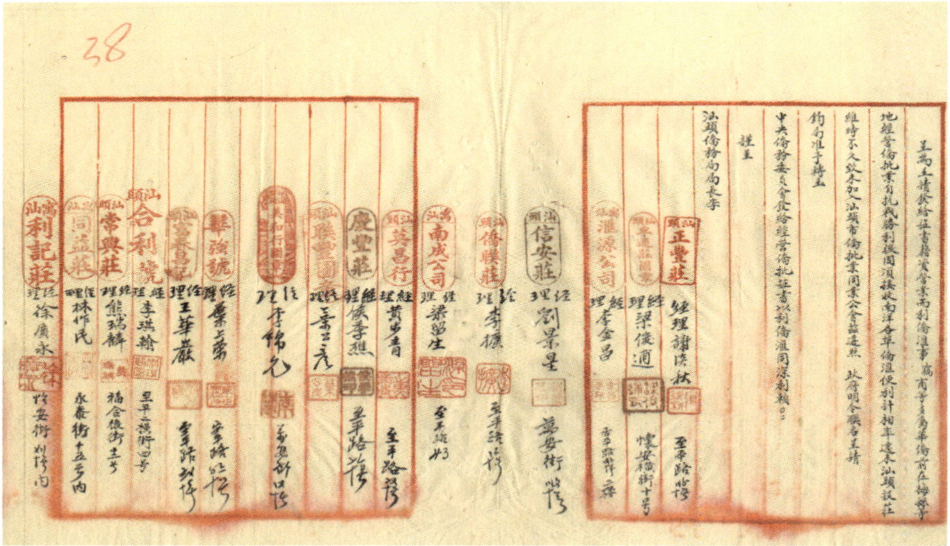

十六家侨批业商号联名致函请汕头侨务局转呈中央侨务委员会发给经营侨批证书，函件盖有“汕头联丰图章”印

马德泰

“马德泰”直到1948年9月4日才出现在《汕头市侨批业同业公会会员名册》中，甚至1948年8月30日的《汕头市侨批业同业公会会员名册》都找不到“马德泰”的名字，更不要说在此之前的各项档案资料了。

因为是匆忙赶趟“挤”进《汕头市侨批业同业公会会员名册》，各项资料并不齐全，该名册中只能见到：“马德泰，经理人马灿基，代表马灿基，潮阳人，行号地址大通街10号。”

中华人民共和国成立后，“马德泰”参加1951年汕头人民邮政局的侨批业登记，地址是大通街14号。

据1990年汕头市人民政府侨务办公室、汕头市归国华侨联合会编印的《汕头市华侨志（初稿）》所载，自1970年以后，侨批局和侨站被撤销，有关侨汇业务由汕头市和各县中国银行及乡、村信用社负责。至1969年底，汕头市仍存侨批局36家，“马德泰”便是其中之一。

暹京母李美女寄港币五十元至揭邑西门外凤林乡姚国洪，批封盖“汕头市马德泰侨批局 58.10.14. 侨批业已结汇专用章”印

沈绍卿寄港币捌拾元至澄邑富砂乡西社家祖母，批封盖“汕头马德泰批局代理”印和“汕头中国银行核盖侨批之章”

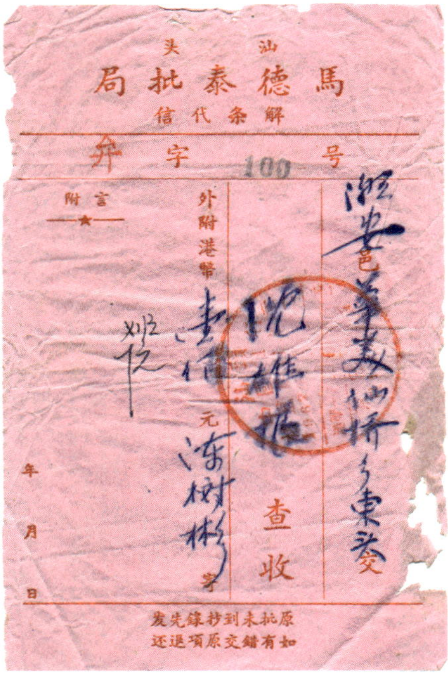

陈树彬寄港币壹佰元至潮安邑华美仙桥乡东头沈雄振，侨批通知书印“汕头　马德泰批局”和“汕头中国银行核盖侨批之章”

马合丰

1933 年，“马合丰”在《汕头市侨批业同业公会会员名册》中的登记地址是永兴街 62 号。

依据 1936 年汕头邮政管理局（邮局）向国家交通部邮政总局呈报的核发批局营业凭证申请书整理，该批局的基本情况如下：（批局执照：批字第 277 号）

批局名称		开设时间	开设地点	营业人姓名、籍贯	与何处往来营业
马合丰		民国十一年（1922）	汕头永和街 74 号	马晏轩，潮阳	暹罗
分号	协成丰	民国十一年（1922）	潮阳	马灿锐，潮阳	汕头
	永顺利	民国十一年（1922）	潮阳	马松轩，潮阳	汕头
	喜合	民国十一年（1922）	潮阳	刘竹船，潮阳	汕头
	茂元	民国十一年（1922）	饶平	黄子厚，潮阳	汕头
	聚丰	民国十一年（1922）	潮安	朱湘兰，潮安	汕头
	启峰	民国十一年（1922）	揭阳	魏启圃，揭阳	汕头

1942 年 6 月，“马合丰”的经营代表是 38 岁潮阳人周学渠，登记地址由永和街 74 号变更为永泰路 37 号。

1946 年 6 月的《汕头市侨批业同业公会会员名册》中的登记资料显示，“马合丰”以“合丰”为名参加登记，其经理人为 42 岁潮阳人周觉愚，资本额 900 万元，会费单位 1801 位，登记地址为永兴街 62 号。同年，周觉愚当选汕头市侨批业同业公会第一届理事会候补理事。

1946 年 11 月，“马合丰”以“合丰”之名出现在汕头市侨批业同业公会填报的《汕头市侨批业调查表》中，主事人马文龙，店址为永兴街 62 号，核发交通部邮政总局 1946 年营业执照，汕头邮局 1 月 18 日填发换照收条第 38 号（新照未颁发至汕）。“经营何港侨汇”一栏未变更。

据 1946 年 12 月汕头一等邮局函送市政府《汕头市批信局一览表》显示，“马合丰”获核发 1946 年度营业执照，号码第 55 号，营业人填报马文龙。

1948 年 8 月，在《汕头市侨批业同业公会会员商号名册》中，独资形式的“合丰”登记地址已由永兴街 62 号变更为永兴街 53 号，并获领广州邮政管理局核发的当期侨批业营业执照（号码第 73 号），其负责人变更为周觉愚。

1948 年 9 月，在《汕头市侨批业同业公会会员名册》中，“合丰”的资本额 900 万元，会费单位 1801 位不变。

1951 年，该侨批业商号又改名“马合丰”参加汕头人民邮政局的侨批业登记，登记地址永兴街 53 号未变更。

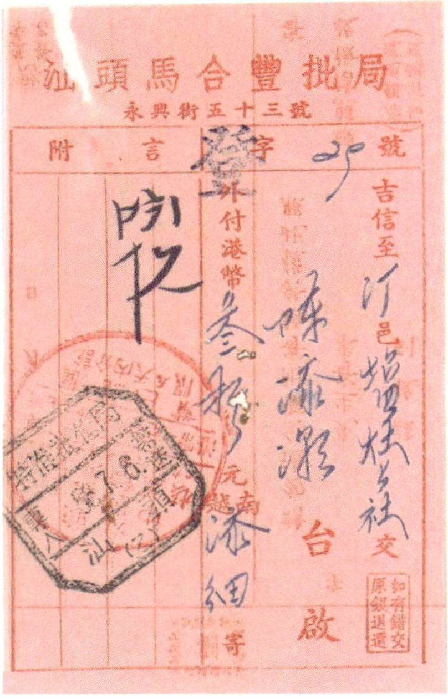

越南添细寄港币叁拾元至澄邑盐灶上社陈添潮，侨批通知书印“汕头马合丰批局 永兴街五十三号”，盖“汕头 58.7.6.”侨批专用邮戳

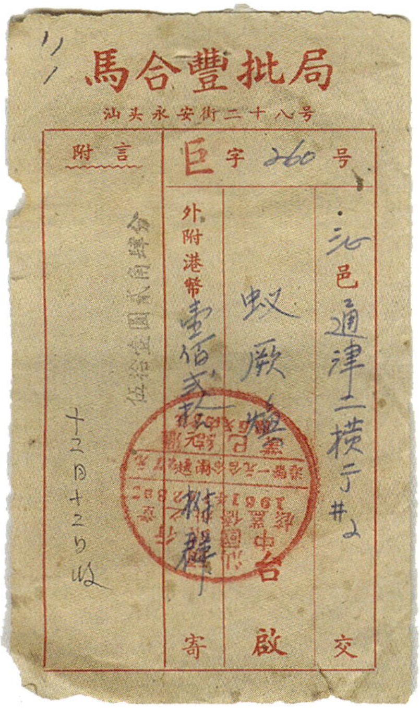

树群寄港币壹佰贰拾元至汕邑通津二横街 2 号蚁厥焕，侨批通知书印“马合丰批局 汕头永安街二十八号”，盖“汕头中国银行 1961 年 1 月 28 日 核盖侨批之章”

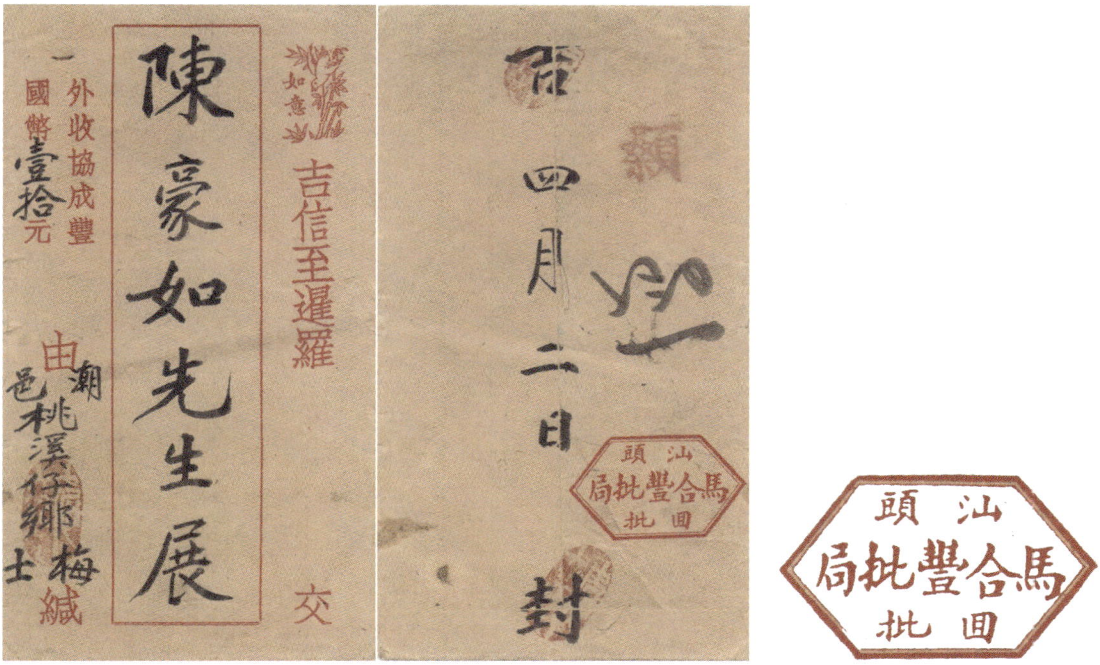

潮邑桃溪仔乡梅士寄暹罗陈豪如回批，批封上写明“外收协成丰国币壹拾元”，批封印“汕头马合丰批局回批”

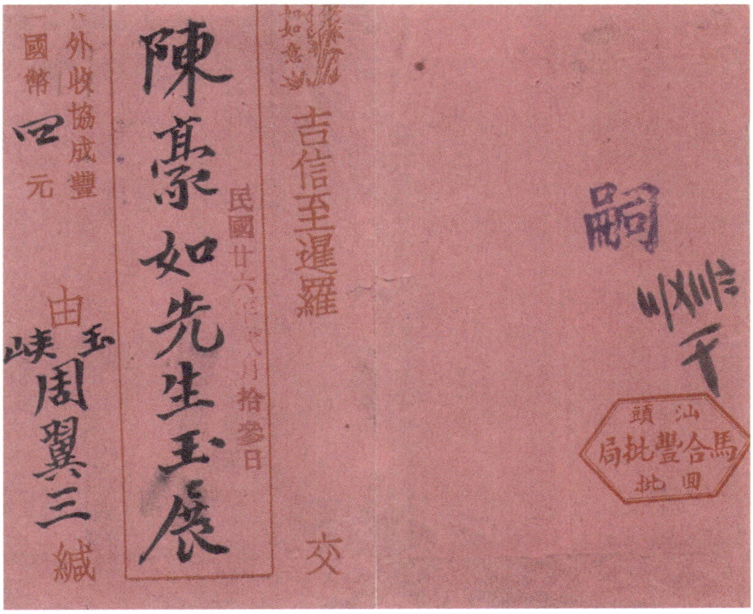

玉峡周翼三寄暹罗陈豪如回批，批封上写明“外收协成丰国币四元”，批封印“汕头马合丰批局回批”

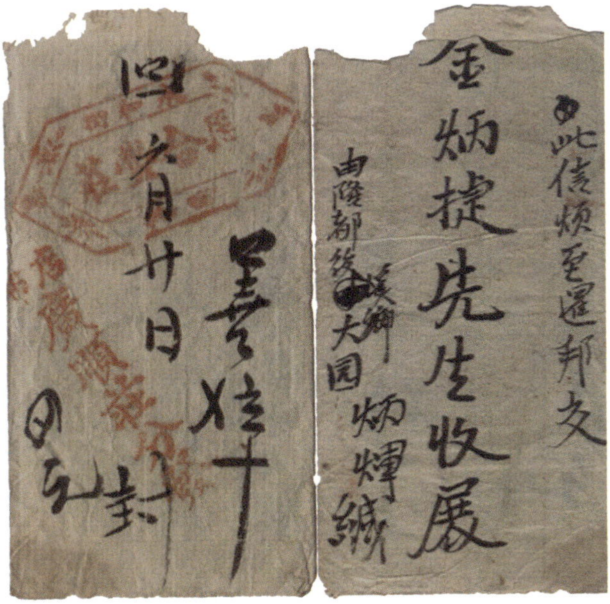

隆都后溪乡大园炳辉寄暹邦金炳捷回批，批封盖“汕头　永和街　马合丰庄　回批”印

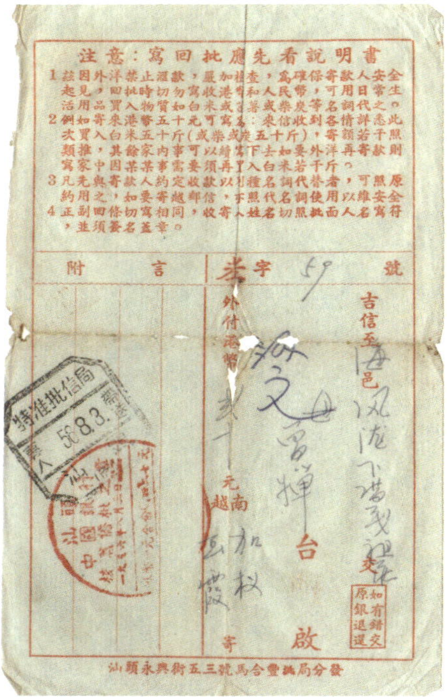
注意：寫回批應先看說明書
1 茲因外洋禁止滙款，嚴加檢查，爲確保寄款人安全起見，回批時切勿寫收港幣和人民幣，可用日常生活用品買入物質如白米或番薯或柴炭等名詞代之。
2 例如寄來港幣五十元可寫為：來信收到各情詳悉此次買入白米五十斤(或柴或炭五十斤)，寄額若干照類推，其餘家內事可以續寫下去如要外洋再寄款則寫家中因某某事需要須再買入白米若干斤。
3 凡先與寄款人約定收款以別種名詞代替者，可照原約用之，如要寄越郵信，亦照代名詞使用以維安全
4 正副回條切寫相同，收寄人姓名切照批面人名寫符，並須簽名蓋章。
附言　　字　　號
吉信至　外付港幣　元　越南　台　寄　啟
如有錯交原銀退還
汕頭永興街五三號馬合豐批局分發

越南加权玉霞寄港币二十元至海邑风陇下厝义祖庄母曾婵，侨批通知书印“汕头永兴街五三号马合丰批局分发”，盖“汕头　56. 8. 3.”侨批专用邮戳

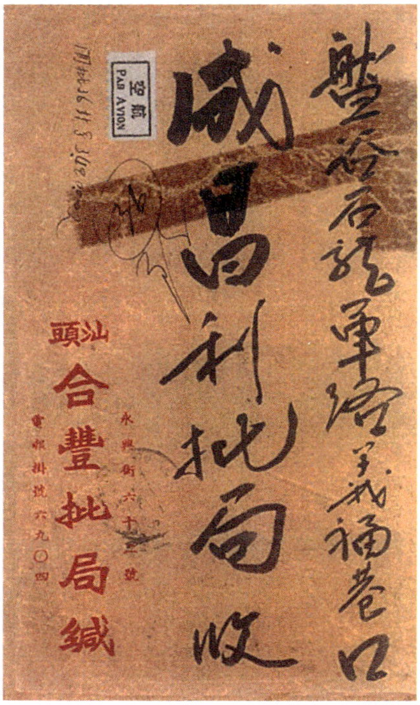

汕头合丰批局寄曼谷成昌利批局函，封面印“永兴街六十二号”

马金峰

在1959年中国人民银行汕头支行《关于汕头市侨批业的历史调查》中，“马金峰”是第一次世界大战后至中华人民共和国成立前在汕头经营的“暹罗批局分号”。但是，“马金峰”一直没有出现在有关的汕头市侨批业档案资料中。

据《潮阳文史》（第八辑）载：“1943年泰国华侨马伯达开创马金峰批局。”故有批封上“内局成田市”一说。

1959年、1961年，“马金峰”的经营人马灿德分别被推举为暹罗华侨银信局公会第十二届、第十四届理监事会的监事长。（见洪林、黎道纲编著：《泰国侨批业资料汇萃》，第511页）

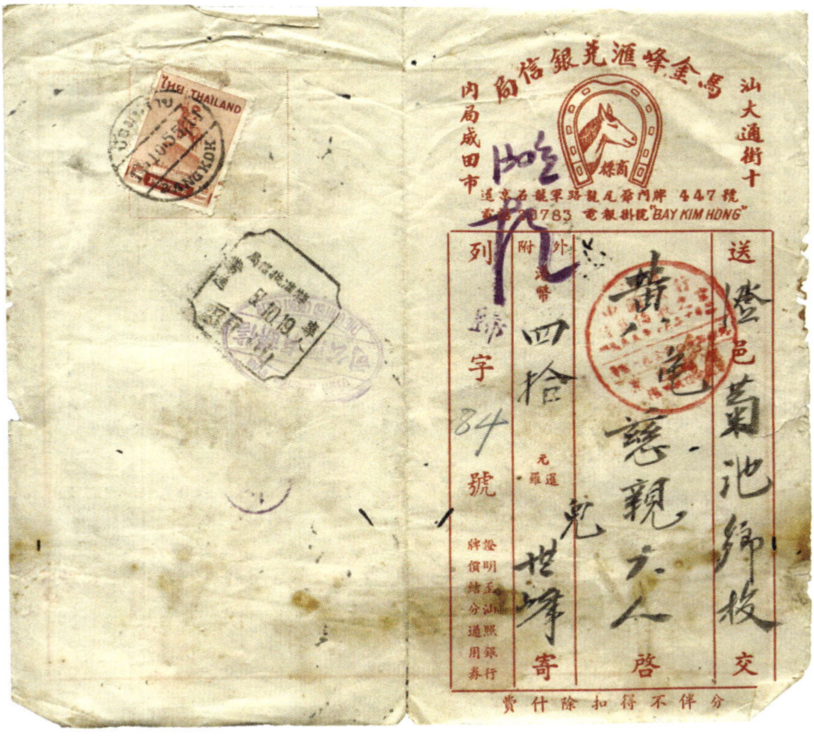

暹罗世峰寄港币四拾元至澄邑菊池乡黄宅慈亲，批封印“马金峰汇兑银信局　汕大通街十　内局成田市”，盖“汕头　55.10.19.”侨批专用邮戳和“汕头中国银行　一九五五年十月二十日　核盖侨批之章”

马源丰

“马源丰”在1933年的汕头市侨批业同业公会会员登记中的地址是永和街112号。

据《潮阳文史》（第八辑）载：“1919年，泰国马松轩开办永顺利银信局，在汕头联号马源丰批局，每次批约汇5 000～6 000银元。”与下表填报之“马源丰”开设时间不一致。

依据1936年汕头邮政管理局（邮局）向国家交通部邮政总局呈报的核发批局营业凭证申请书整理，该批局的基本情况如下：（批局执照：批字第316号）

批局名称		开设时间	开设地点	营业人姓名、籍贯	与何处往来营业
马源丰		民国廿一年（1932）	汕头永和街112号	马君声，潮阳	暹罗
分号	政记	民国元年（1912）	棉湖	杨璧东，揭阳	汕头
	启峰	民国元年（1912）	揭阳	魏启峰，揭阳	汕头
	普通	民国元年（1912）	潮安	吴彩堂，潮安	汕头
	茂利	光绪五年（1879）	黄岗	黄子厚，黄岗	汕头
	喜合	民国元年（1912）	潮阳	刘竹船，潮阳	汕头
	协成丰	民国十五年（1926）	成田	马灿锐，潮阳	汕头
	永顺利	民国十一年（1922）	成田	马松轩，潮阳	汕头
	成昌利	民国十九年（1930）	成田	马灿京，潮阳	汕头
	协成丰	民国十五年（1926）	暹罗曼谷石龙军路	马灿锐，潮阳	汕头
	永顺利	民国十一年（1922）	暹罗曼谷石龙军路	马松轩，潮阳	汕头
	成昌利	民国十九年（1930）	暹罗曼谷豆芽廊	萧卓珊，潮阳	汕头

1942年6月的《汕头市侨批业同业公会会员名册》中，“马源丰”的代表是29岁潮阳人萧松文，登记店址为永兴街88号。

1946年6月的《汕头市侨批业同业公会会员名册》中的登记资料显示，“马源丰”的经理人仍为萧松文，资本额1 000万元，会费单位2001位，登记地址为永和街112号。

1946年6月，“马源丰”的经理萧松文当选汕头市侨批业同业公会第一届理事会候补理事。

1946年11月，“马源丰”出现在汕头市侨批业同业公会填报的《汕头市侨批业调查表》，主事人萧松文，店址为永和街112号，核发交通部邮政总局1946年营业执照，汕头邮局1月11日填发换照收条第11号（新照未颁发至汕）。“经营何港侨汇”一栏未变更。

据1946年12月汕头一等邮局函送市政府《汕头市批信局一览表》，“马源丰”获核发1946年度营业执照，号码第68号。营业人填报马君声。

1948年8月，在《汕头市侨批业同业公会会员商号名册》中，合资形式的“马源丰”登记地址已由永和街112号变更为110号，并获领广州邮政管理局核发的当期侨批业营业执照（号码第86号），其负责人仍为马君声。

1948年9月，在《汕头市侨批业同业公会会员名册》中，“马源丰”的资本额保持1 000万元，会费单位2001位不变，经理人仍是马君声，营业代表为36岁潮阳人周澄滨。

中华人民共和国成立后，“马源丰”继续经营侨批业务。1950年，“马源丰”参加汕头人民邮政局的侨批业登记，店址仍是永和街110号。

暹罗郭娘林寄港币捌拾元至潮安登云都后村乡郭义木，批封盖“汕头市　马源丰批局　永和街壹佰壹拾号”和“汕头　56. 12. 19.”侨批专用邮戳

汕头马源丰批局寄暹京正基银信局回批，盖“汕头　49. 5. 5.”侨批专用邮戳

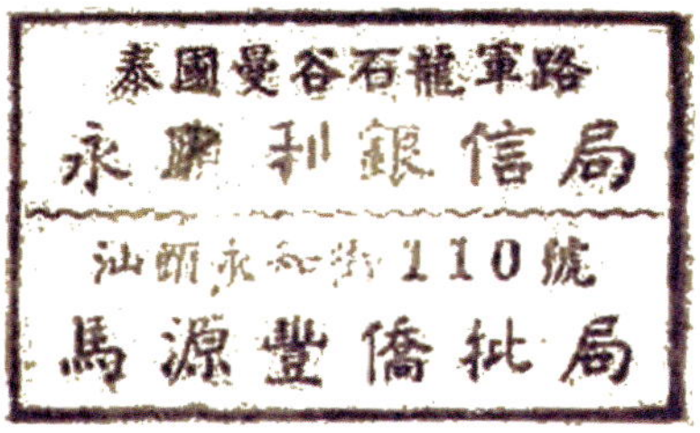

暹陈成明寄港币肆拾元至潮安县第四区秋塘乡旸山村后厝家慈亲，批封盖“汕头永和街 110 号马源丰侨批局”印、“汕头中国银行核盖侨批之章”和汕头“丙”字戳号侨批专用邮戳

绵 发

“绵发”未参加1933年的汕头市侨批业同业公会会员登记。

依据1936年汕头邮政管理局（邮局）向国家交通部邮政总局呈报的核发批局营业凭证申请书整理，该批局的基本情况如下：（批局执照：批字第124号）

批局名称		开设时间	开设地点	营业人姓名、籍贯	与何处往来营业
绵发号		民国八年（1919）	汕头永安街55号	郑则士，潮阳	新加坡、吉隆坡、马六甲
分号	绵发号	民国八年（1919）	新加坡马车街16号	郑则光，潮阳	汕头
	东亚号	民国十一年（1922）	吉隆坡罗爷街45号	郑则民，潮阳	汕头
	绵元号	民国十三年（1924）	马六甲班底街	郑汉灿，潮阳	汕头

“绵发”未参加1942年的侨批业同业公会会员登记。

在1946年8月的《汕头市侨批业同业公会会员名册》中，可见的“绵发”相关资料是：绵发，经理人陈义芝，店址外马路294号。

1946年11月，“绵发”出现在汕头市侨批业同业公会填报的《汕头市侨批业调查表》中，主事人陈义之，店址为外马路294号，其他资料登记不全。

据1946年12月汕头一等邮局函送市政府《汕头市批信局一览表》，“绵发”以“陈绵发”登记并获核发1946年度营业执照，号码第99号。营业人填报陈在三。

但到了1948年3月的《汕头市侨批业同业公会会员名册》中，“绵发”的经理人和营业代表均变更为27岁潮阳人郑汉亮，店址变更为怡安街1号。

1948年8月，在《汕头市侨批业同业公会会员商号名册》中，合资形式的“绵发”登记地址为怡安街1号，并获领广州邮政管理局核发的当期侨批业营业执照（号码第115号），其负责人变更为郑汉光（“光”疑为“亮”之笔误，因无其他情况可比照，只能原文抄录）。

1948年9月，在《汕头市侨批业同业公会会员名册》中，“绵发”的资本额为500万元，会费单位1001位，经理人和营业代表依然是27岁潮阳人郑汉亮。

中华人民共和国成立后，“绵发”未参加汕头人民邮政局1950年12月的汕头市侨批业注册登记。

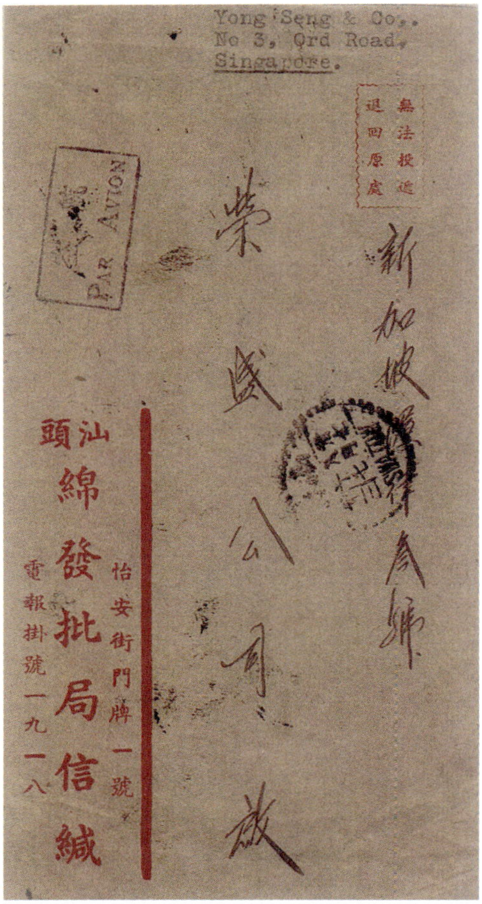

汕头绵发批局寄新加坡荣盛公司函，封上印该局地址怡安街门牌一号，盖“卅七八月十七”点线三格式中英文日戳

明兴发

据所见1933年、1936年、1942年、1948年、1951年的《汕头市侨批业同业公会会员名册》《汕头市侨批业同业公会会员商号名册》等资料，均未见“明兴发”的相关情况。

但据1990年汕头市人民政府侨务办公室、汕头市归国华侨联合会编印的《汕头市华侨志（初稿）》所载，自1970年以后，侨批局和侨批站被撤销，有关侨汇业务由汕头市和各县中国银行及乡、村信用社负责。至1969年底，汕头市仍存侨批局36家，“明兴发”便是其中之一。

因此，汕头“明兴发”极有可能是创办于1951年后的汕头侨批业商号，与泰国“明兴发”汇兑银信局联号在汕头市开展业务。

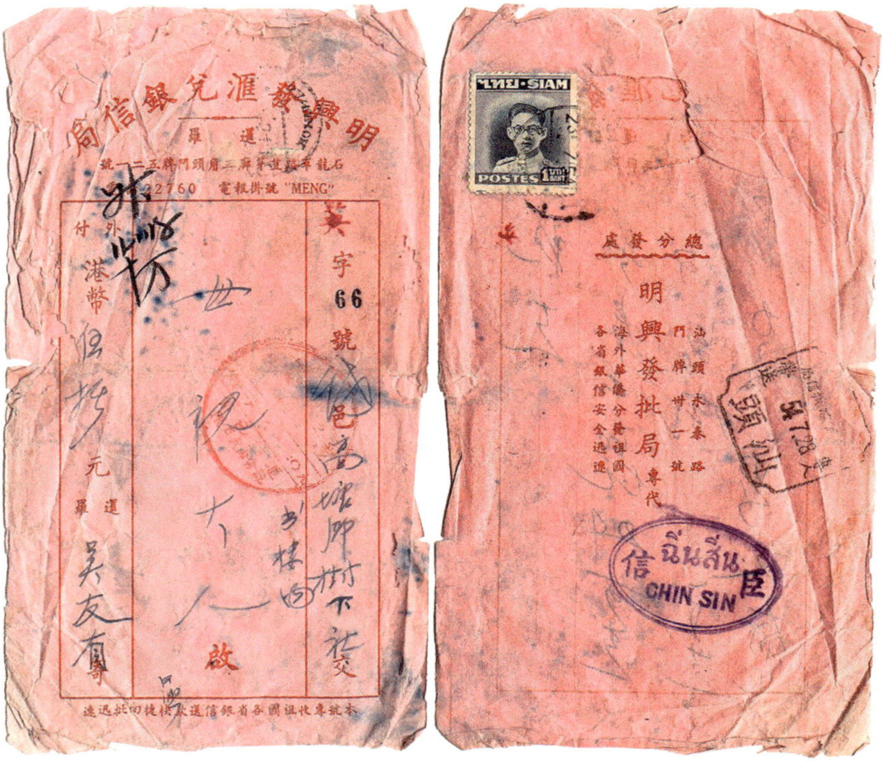

暹罗吴友有寄港币伍拾元至饶邑高塘乡树下社母，批封印“总分发处 明兴发批局 汕头永泰路门牌卅一号”，盖“汕头 54.7.28.”侨批专用邮戳

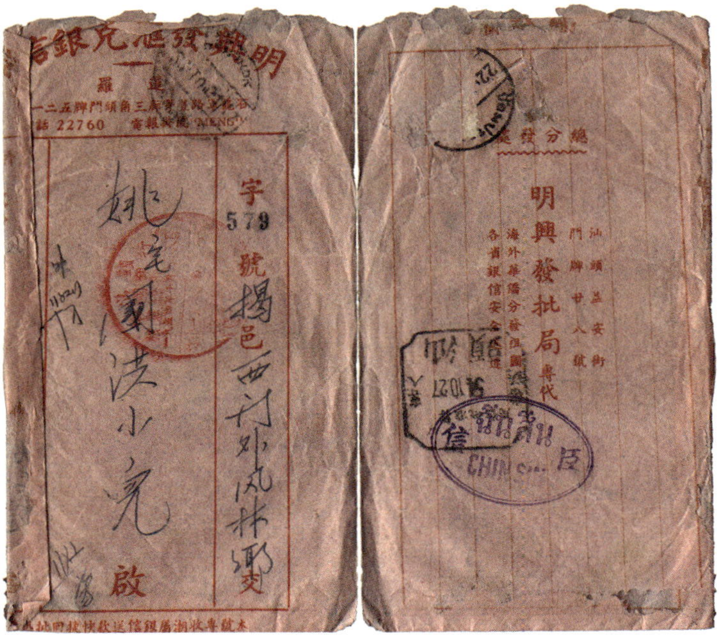

□□□寄揭邑西门外风林乡姚国洪侨批，批封印“暹罗　明兴发汇兑银信局”“总分发处　明兴发批局　汕头益安街门牌廿八号”

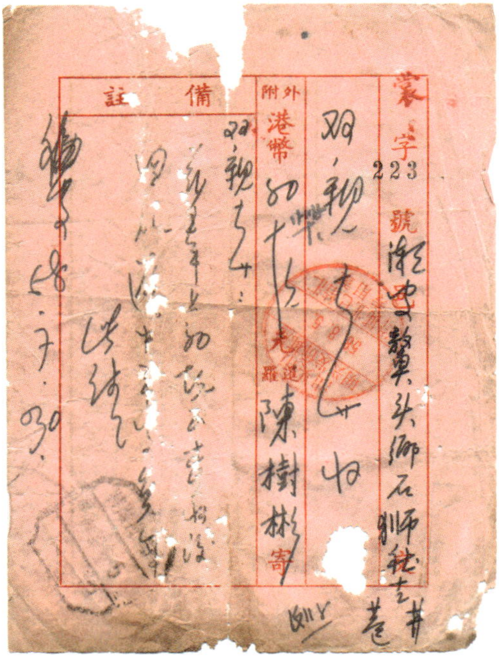

暹罗陈树彬寄港币五十元至潮安鳌头乡石狮社左巷双亲，批封盖“汕头市明兴发侨批局　58. 8. 5. 侨批业已结汇专用章”

江木辉寄港币伍拾元至澄邑梅州乡东社江氏宗祠江宅慈亲，批封盖“明兴发银信局　汕头永泰路门牌31”印和“汕头　56. 10. 18.”侨批专用邮戳

南　成

“南成”一名首次出现在侨批业档案资料中是在1947年2月，在汕头侨务局呈函中央侨务委员会《转请核发正丰庄等十六家经营侨批证书俾得畅通侨汇》中，“南成”属于抗战胜利后从内陆迁回汕头市经营而未加入汕头市侨批业同业公会的侨批业商号。档案显示，“南成”的营业地址是至平路43号。但是，1947年、1948年8月前的《汕头市侨批业同业公会会员名册》仍未见有“南成”的登记情况。

1948年9月，“南成”进入《汕头市侨批业同业公会会员名册》中，基本情况是：经理陈锡逵，资本额300万元，会费单位601位，营业代表陈梦尘（交际），行号地址为永和街115号。

1951年，“南成”以同一地址参加该年汕头人民邮政局的侨批业登记。

据1990年汕头市人民政府侨务办公室、汕头市归国华侨联合会编印的《汕头市华侨志（初稿）》所载，自1970年以后，侨批局和侨批站被撤销，有关侨汇业务由汕头市和各县中国银行及乡、村信用社负责。至1969年底，汕头市仍存侨批局36家，“南成”便是其中之一。

暹陈兰卿寄港币叁拾元至隆都前溪乡寨内社仁寿里陈惠婵，批封盖“南成批局”印

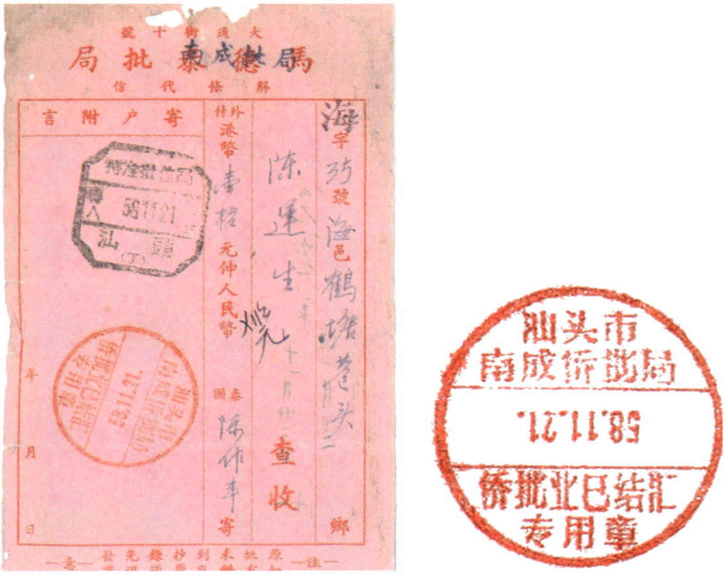

泰国陈作丰寄港币壹拾元至海邑鹤塘巷头陈运生，批封盖“汕头市南成侨批局　58. 11. 21.　侨批业已结汇专用章”和“汕头　58. 11. 21.”侨批专用邮戳

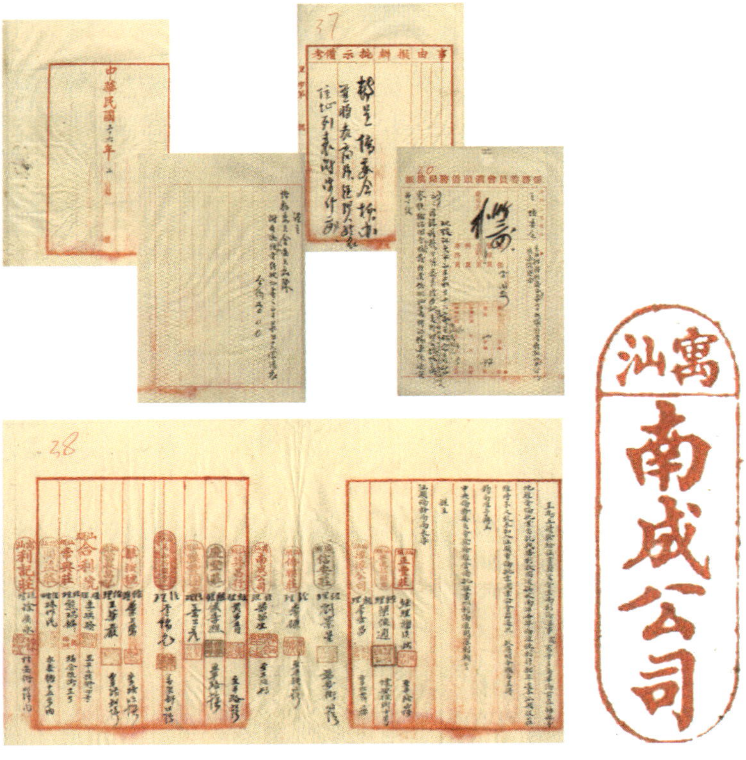

十六家侨批业商号联名致函请汕头侨务局转呈中央侨务委员会发给经营侨批证书，函件盖有“寓汕南成公司”印

倪两兴

按1946年10月23日汕头市侨批业同业公会呈函市政府所附之《本市未领执照侨批业商号一览表》中，“倪两兴”属于函中所称“查非属会会员之批业商号，概无邮局执照”的情况。抗战胜利后，“倪两兴”因各种原因未参加汕头市侨批业同业公会会员登记，也未领取汕头一等邮局1946年度的营业执照。

其实，“倪两兴”一直未参加汕头市侨批业同业公会会员登记，无论抗战前、抗战后，还是中华人民共和国成立前及后，“倪两兴”都是游离于“体制外”的侨批业商号。

在上述提及的《本市未领执照侨批业商号一览表》中，“倪两兴”的地址是永泰路104号，但本书展示的“倪两兴”经手之实寄批标明的地址为总行汕头永泰路66号。

而在1959年中国人民银行汕头支行《关于汕头市侨批业的历史调查》中，将“倪两兴”划归1919年后“星马批局”在汕头的分号。

1947年2月13日，“倪两兴”却一口否认“经营侨批业务”。民国档案收藏有《倪两兴号经理倪宏香呈翁市长函》，函曰：“商向在本市永泰路门牌第一〇四号，专制杂咸各种货品及兼营出入货件，加入本市酱园业同业公会，现在任常务理事，举世咸知，并无经营侨批业务。惟商有联号在南洋英属槟城，倪两兴号则承英属殖民地政府核准经理祖国侨批事务，所收批件统由邮局寄交本市海平路二十二号福兴批局办理，有汕头邮局执照可查可核，其中揭阳一部分批件则由福兴批局拨出交与商之揭阳城新街桥下联号分发。故商汕号确无经营侨批业务。”

“倪两兴”的确存在，据《揭阳县金融志》载，民国三十五年（1946），揭阳县城还有7家侨批商号。1948年侨批业同业公会的成员有：“光德成”“魏启峰”“同发利”“增发”“倪两兴”“义发祥”“荣丰利”7家。

值得研究者推敲的是，一方面，“倪两兴”的经理人倪宏香言之凿凿：“商汕号确无经营侨批业务”；另一方面，倪宏香却又在“泉利”任经理职，甚至一度将其“杂咸”商号地址“永泰路门牌104号”作为“泉利”的登记地址，而展示的实寄批示明，“总行汕头永泰路66号”又是“泉利”1948—1969年的登记地址。

“泉利”的情况是：在1948年3月的《汕头市侨批业同业公会会员名册》中，“泉利”的经理人是倪宏香，营业代表是33岁揭阳人倪宏生，店址为永泰路104号。

1948年8月，在《汕头市侨批业同业公会会员商号名册》中，独资形式的“泉利”登记地址已由永泰路104号变更为永泰路66号，并获领广州邮政管理局核发的当期侨批业营业执照（号码第116号），其负责人仍为倪宏香。

1948 年 9 月，在《汕头市侨批业同业公会会员名册》中，“泉利”的资本额为 300 万元，会费单位 601 位，经理人、营业代表均为 33 岁揭阳人倪宏香。

“泉利”参加 1951 年的汕头人民邮政局的侨批业登记，地址不变。

据 1990 年汕头市人民政府侨务办公室、汕头市归国华侨联合会编印的《汕头市华侨志（初稿）》所载，自 1970 年以后，侨批局和侨批站被撤销，有关侨汇业务由汕头市和各县中国银行及乡、村信用社负责。至 1969 年底，汕头市仍存侨批局 36 家，“泉利”便是其中之一。

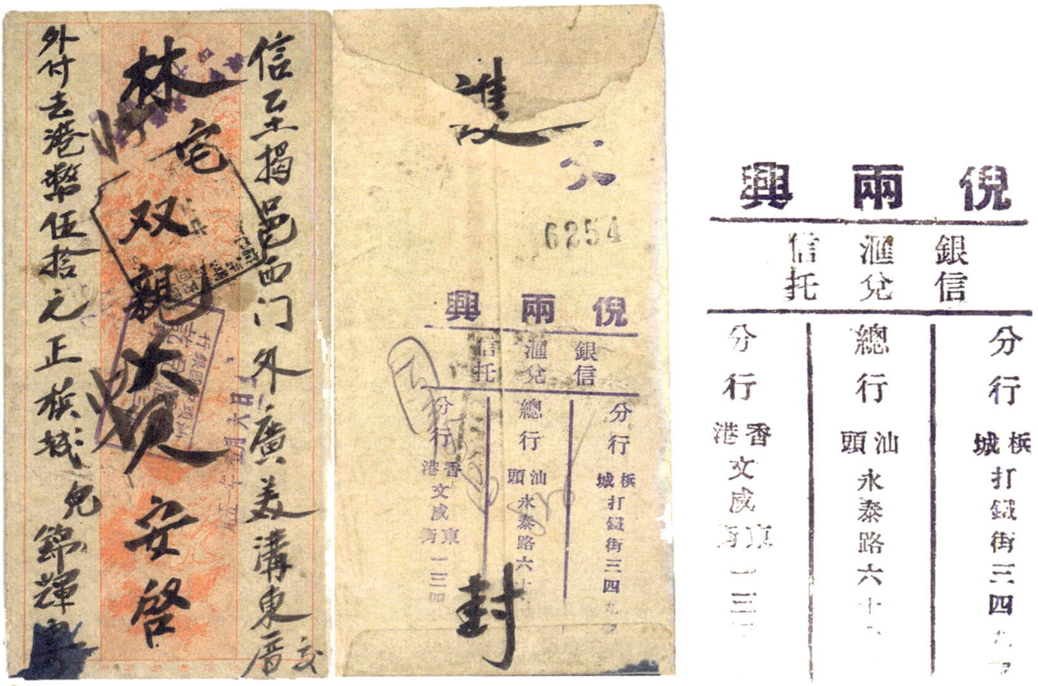

槟城锦辉寄港币伍拾元至揭邑西门外广美沟东厝林宅双亲，批封盖“倪两兴　总行汕头永泰路六十六号”印和“一九五一年壹月六日”“汕头中国银行侨汇兑讫”章

潘合利

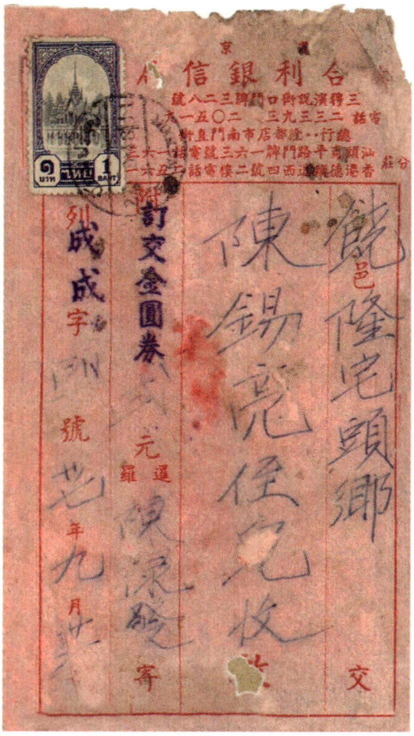

暹罗陈录发民国卅七年（1948）九月廿六日寄金圆券二元至饶邑隆宅头乡陈锡亮，批封印“潘合利银信局　分庄　汕头商平路门牌一六三号电话一六三　总行：隆都店市南门直街”，盖“BANGKOK　48. 9. □.”邮戳

虽然在1959年中国人民银行汕头支行《关于汕头市侨批业的历史调查》中，“潘合利”是中华人民共和国成立前便在汕头市开展经营活动的“暹罗合资批局”，但从所能看到的1933—1948年的汕头市侨批业档案中未发现“潘合利”的相关情况。

实寄封上的信息显示，“潘合利”的总行位于澄海隆都店市南门直街，“汕头商平路门牌一六三号”仅仅是“潘合利”在汕头埠的“分庄”。

按1946年10月23日侨批公会呈函市政府之《本市未领执照侨批业商号一览表》，“潘合利”属于函中所称“查非属会会员之批业商号，概无邮局执照”的情况。抗战胜利后，“潘合利”因各种原因未参加汕头市侨批业同业公会会员登记，也未领取汕头一等邮局1946年度的营业执照。

其实，“潘合利”一直未参加汕头市侨批业同业公会会员登记，无论抗战前、抗战后，还是中华人民共和国成立前及后，“潘合利”都是游离于“体制外”的侨批业商号。

在上述提及的《本市未领执照侨批业商号一览表》中，“潘合利”的地址是商平路163号，但本书展示的“潘合利”经手之实寄批标明的地址为“分庄汕头商平路门牌一六三号”。

1951年，“潘合利”参加了汕头人民邮政局的侨批业登记，在1951年《汕头市注册侨批局简表》中，“潘合利”的登记地址是天主堂一巷13号。

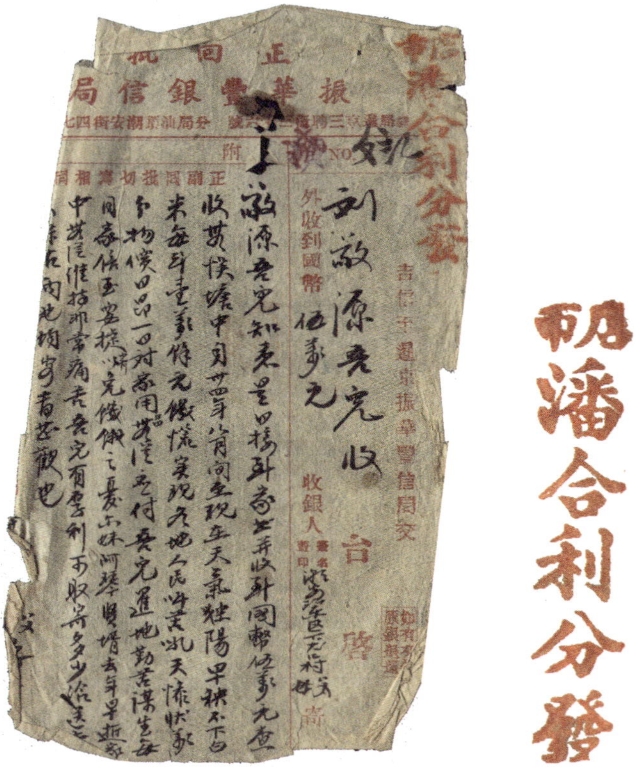

潮安江东区下龙口村父母寄暹京刘敬源回批，注明收到国币伍万元，批封盖“店市潘合利分发”印

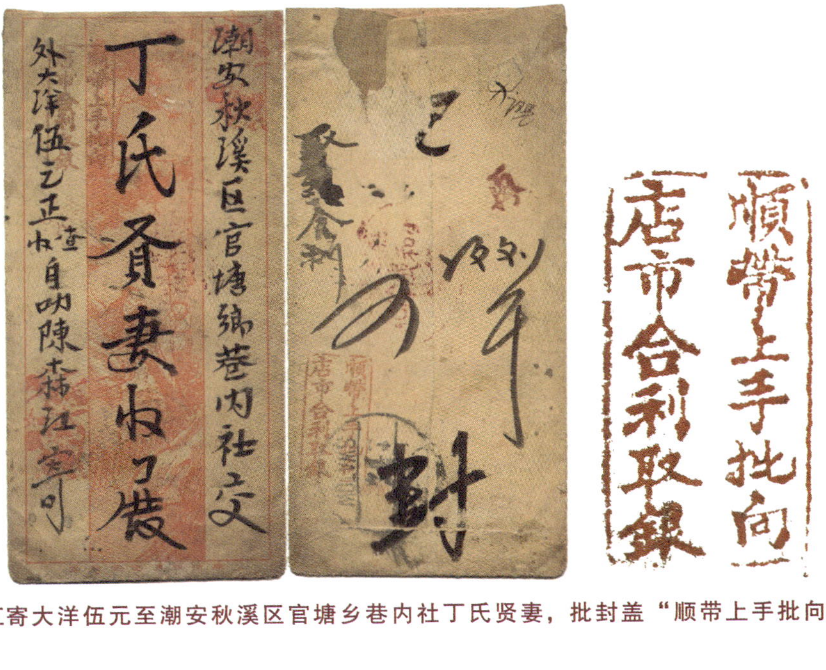

叻陈森江寄大洋伍元至潮安秋溪区官塘乡巷内社丁氏贤妻，批封盖“顺带上手批向店市合利取银”印

普　通

“普通”在1933年《汕头市侨批业同业公会会员名册》中的登记地址是永和街102号。

依据1936年汕头邮政管理局（邮局）向国家交通部邮政总局呈报的核发批局营业凭证申请书整理，该批局的基本情况如下：（批局执照：批字第264号）

批局名称		开设时间	开设地点	营业人姓名、籍贯	与何处往来营业
普通		民国元年（1912）	汕头永和街109号	吴彩堂，潮安	暹罗、槟榔屿、香港、新加坡
分号	如陶	民国元年（1912）	潮安	蔡若水，潮安	汕头
	魏启峰	民国元年（1912）	揭阳	魏启圃，揭阳	汕头
	刘喜合	民国元年（1912）	潮阳	刘竹船，潮阳	汕头
	黄德良	民国元年（1912）	炮台	黄兴贞，揭阳	汕头
	增顺荣昌	民国元年（1912）	莲阳	陈猪，澄海	汕头
	郑瑞记	民国元年（1912）	留隍	郑燊南，丰顺	汕头
	瑞孚	民国十五年（1926）	黄岗	余桂生，饶平	汕头
	南生	民国十五年（1926）	蓬洲	唐文佩，澄海	汕头
	杨政记	民国元年（1912）	棉湖	杨璧荣，普宁	汕头
	洪万兴	民国十五年（1926）	棉湖	洪贤明，普宁	汕头
	益兴	民国廿年（1931）	浮洋	洪景文，潮安	汕头

1939—1942年初的《汕头市侨批业同业公会全体会员名册》中，“普通”的营业代表是46岁澄海人陈仰之。

1942年6月，“普通”的营业代表变更为43岁潮安人魏兴让，登记地址为永和街109号。

1946年6月22日，汕头市侨批业同业公会举行第一届理事会选举，“普通”的经理魏子家当选为理事长。

1946年6月《汕头市侨批业同业公会会员名册》中的登记资料显示，“普通”的经理人为魏子家，资本额1 000万元，会费单位2001位，登记地址为永和街109号。

1946年11月，“普通”出现在汕头市侨批业同业公会填报的《汕头市侨批业调查表》

中，主事人魏子家，店址为永和街 107 号，核发交通部邮政总局 1946 年营业执照，汕头邮局 2 月 21 日填发换照收条第 46 号（新照未颁发至汕）。“经营何港侨汇”一栏变更为“新加坡、暹罗”。

据 1946 年 12 月汕头一等邮局函送市政府《汕头市批信局一览表》，“普通”获核发 1946 年度营业执照，号码第 89 号。营业人填报吴彩堂。

1948 年 8 月，在《汕头市侨批业同业公会会员商号名册》中，合资形式的“普通”登记地址已由永和街 109 号变更为永和街 107 号，并获领广州邮政管理局核发的当期侨批业营业执照（号码第 106 号），其负责人变更为魏子家。

1948 年 9 月，在《汕头市侨批业同业公会会员名册》中，“普通”的资本额保持 1 000万元，会费单位 2001 位，经理人仍为 46 岁潮安人魏子家，行号地址仍为永和街 109 号。

中华人民共和国成立后，“普通”停止侨批业经营活动。

批封背面盖“实叻祥泰隆批局　汕头普通庄分发”印

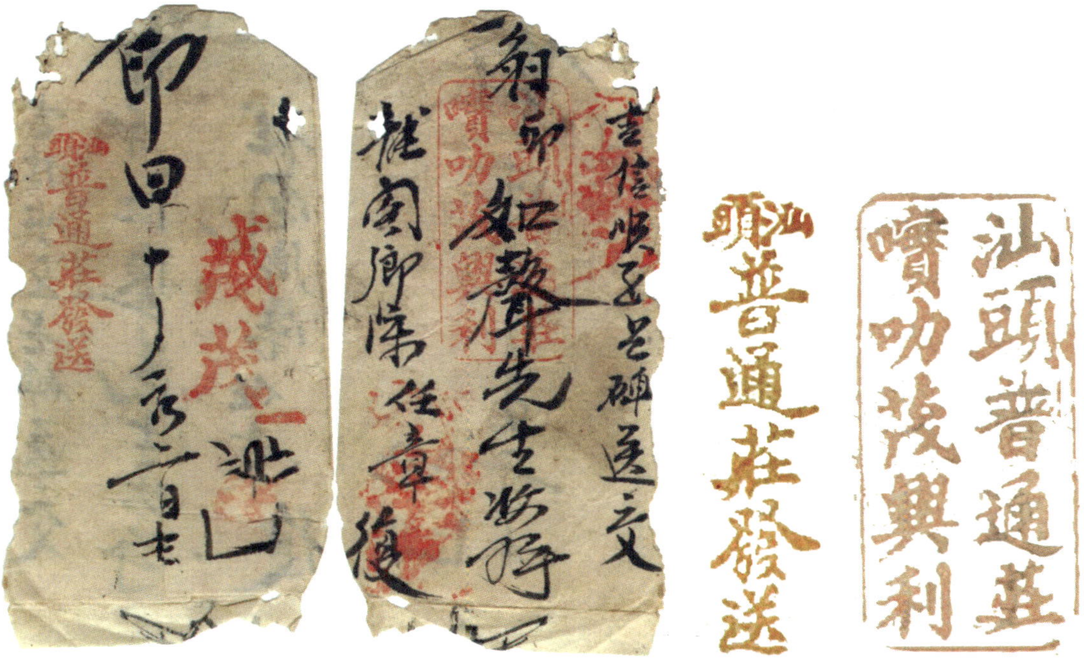

龙阁乡陈任章寄占碑翁如声回批，批封盖“汕头普通庄发送”“汕头普通庄　实叻茂兴利”印

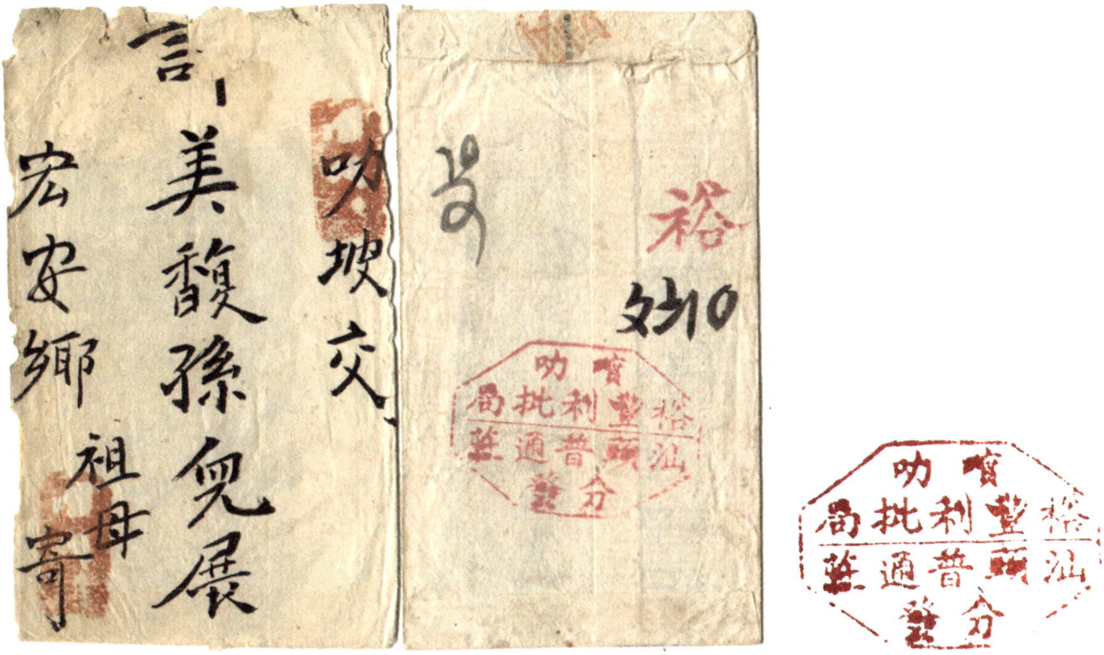

宏安乡祖母寄叻坡许美馥回批，批封盖“实叻裕丰利批局　汕头普通庄分发”印

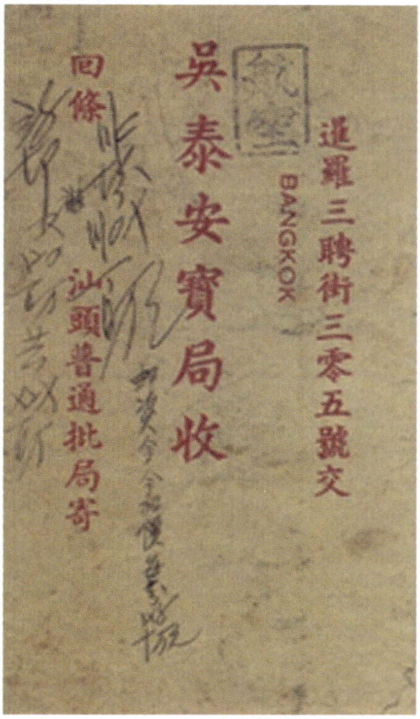

汕头普通批局寄暹罗吴泰安宝局回条

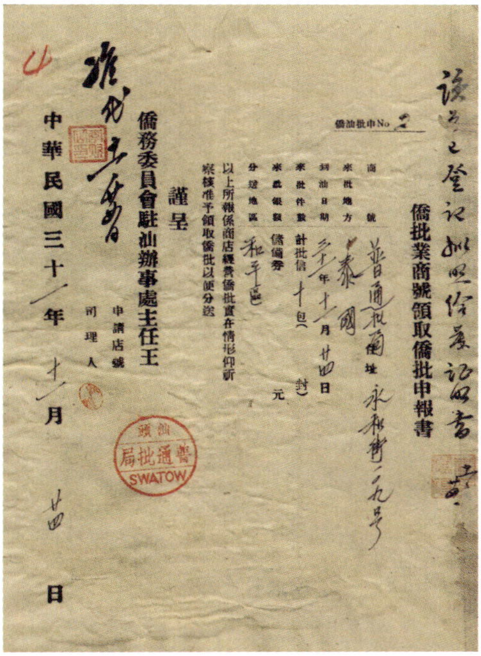
僑汕批申No 2

僑批業商號領取僑批申報書

商號 普通批局 址 永和街一〇九号

來批地方

到汕日期 年 月 日

來批件數 計批信 包(封)

來款銀額 僑備券 元

分發地區 和平區

以上所報係商店經營僑批實在情形仰祈察核准予領取僑批以便分送

謹呈

僑務委員會駐汕辦事處主任王

申請店號

司理人

中華民國三十一年 月 日

民国三十一年（1942）十一月廿四日《侨批业商号领取侨批申报书》上盖“汕头普通批局”印，住址为“永和街一〇九号”

启峰栈

“启峰栈”未参加 1933 年的汕头市侨批业同业公会会员登记。

依据 1936 年汕头邮政管理局（邮局）向国家交通部邮政总局呈报的核发批局营业凭证申请书整理，该批局的基本情况如下：（批局执照：批字第 319 号）

批局名称		开设时间	开设地点	营业人姓名、籍贯	与何处往来营业
启峰栈		民国元年（1912）	汕头永兴街 123 号	魏启和，揭阳	安南、暹罗、新加坡、坤甸
分号	启峰	民国元年（1912）	揭阳	魏启圃，揭阳	汕头
	政记	民国元年（1912）	揭阳棉湖	杨璧森，揭阳	汕头
	聚丰	民国十二年（1923）	潮安	朱湘兰，潮安	汕头
	喜合	民国元年（1912）	潮阳	刘竹船，潮阳	汕头
	茂利	民国十三年（1924）	饶平黄岗	黄子厚，饶平	汕头
	信成	民国十一年（1922）	澄海莲阳	余斯耀，澄海	汕头
	有信	民国十年（1921）	澄海	芮弼卿，澄海	汕头
	永丰发	民国十八年（1929）	安南金塔	林君正，揭阳	汕头
	陈德华	民国元年（1912）	暹罗攀德素旺	陈成煌，揭阳	汕头
	新峰栈	民国二十年（1931）	新加坡新巴刹	魏茂中，揭阳	汕头
	李同春	民国十二年（1923）	坤甸远和街	李春树，揭阳	汕头
	源合兴	民国十年（1921）	坤甸绵兴街	许双顺，揭阳	汕头

根据 1959 年中国人民银行汕头支行《关于汕头市侨批业的历史调查》，“森峰启记”是“第一时期”（五口通商后，1843—1919 年）“星马批局”在汕头的合资商号。

《揭阳工商经济史料专辑》（上）对“魏启峰”有较详细的记载：“魏启峰的早期商号叫魏森峰，创于清光绪五年（1879），店址设在榕城店街，经营夏布兼代理侨批业务。创始人是启峰家族的祖先魏福罗（1835—1904）。”而从披露的事实，我们也不难发现，魏福罗是接受汕头批局的委托才创办揭阳榕城的“魏启峰”。《石叻澄邑先哲传略》“黄松亭”条称：“1875 年，黄松亭创立了在潮汕侨批业发展中占据重要地位、闻名于世的侨批局‘森峰号’。1879 年，黄松亭又与魏福罗合资成立揭阳森峰启记，全权代理森峰批局在揭阳地区的业务，由魏福罗出任掌柜，这也是另一批局魏启峰批局的前身。”因为该批局的历史渊源和演变，汕头“启峰栈”及其揭阳分号“启峰”在1936年汕头邮政管理局国家交通邮政总局呈报的核发批局营凭证申请书上都把开设时间填报为“民国元年”（1912）。

广东省档案馆藏的民国档案（全宗号4）中的《晚清潮汕侨批局创生表》写明“启峰栈”开设于“宣统三年”（1911），开设地点为“汕头”。

1946年12月，在汕头一等邮局公函6928号附件《汕头市批信局一览表》中，营业人魏启和是以“启峰栈”之名“获准发给卅五年度营业执照第六十六号”，但汕头市侨批业同业公会因“启峰栈及利昌庄，现均在揭阳县新马路五十九号”而将“启峰栈”等11家商号排除在汕头市侨批业同业公会会员之外。因此，所能见之1933年、1942年、1946年、1947年、1948年的《汕头市侨批业同业公会会员名册》均未见“启峰栈”的资料。

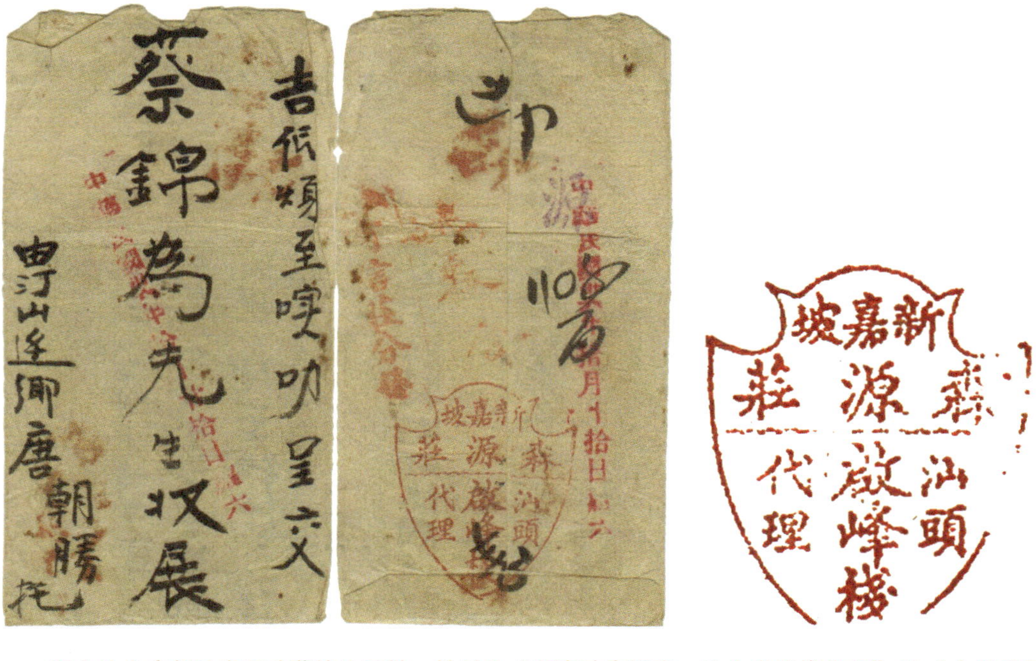

澄山边乡唐朝胜寄实叻蔡锦为回批，批封盖“新嘉坡森源庄　汕头启峰栈代理”和“中华民国卅六年拾月廿拾日”日戳

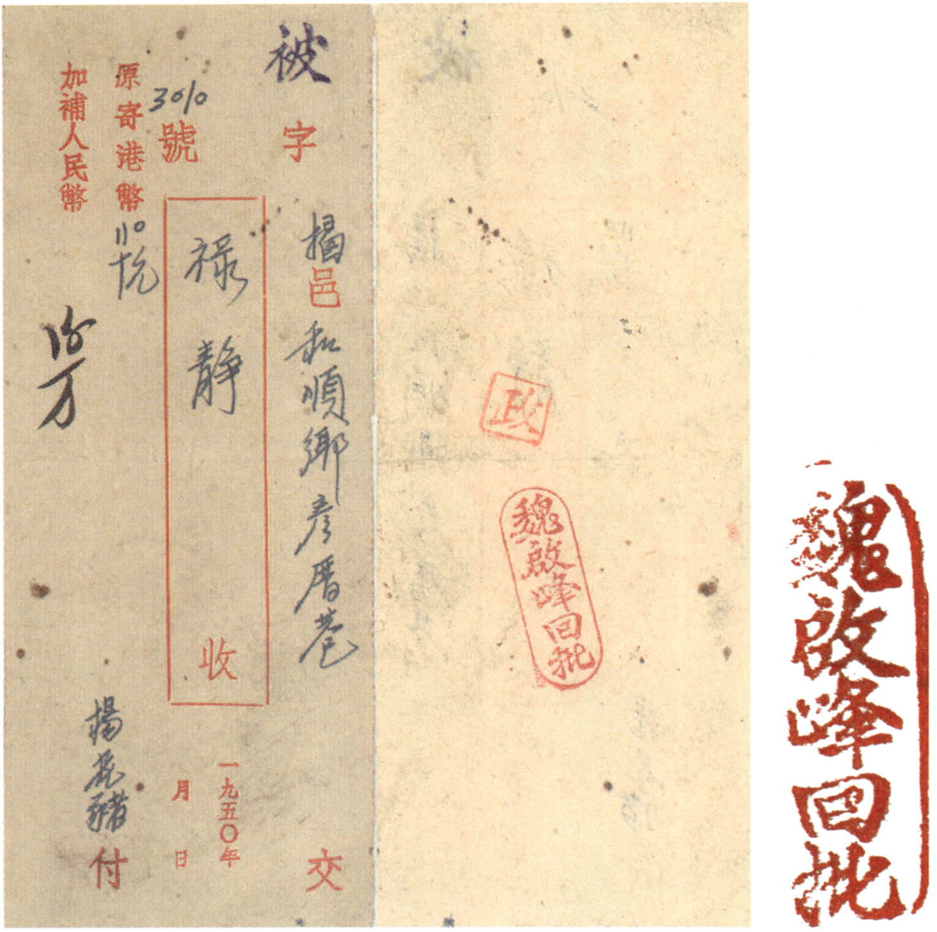

杨花猪寄港币二十元至揭邑和顺乡彦［廖］厝巷禄静，批封盖“魏启峰回批”印

邱发利

根据 1959 年中国人民银行汕头支行《关于汕头市侨批业的历史调查》提供的资料，“邱发利”是独资的“暹罗批局”。

“邱发利”于 1948 年创建，而且是该年 9 月后赶上“最后一班车”才完成汕头市侨批业同业公会会员登记手续的。但在 1948 年 9 月的《汕头市侨批业同业公会会员名册》中，其登记资料也不全，可看到的仅有“主权人或经理人姓名：邱国培”“代表：邱国培，籍贯潮安”“行号地址永安街 40 号”几项。

1948 年 12 月 8 日，泰国《光华报》刊登了泰国“邱发利”汇兑银信局的新张启事：“现为便利暹中侨胞汇款起见特就本京创设汇兑银信局于三聘米街尾门牌 444 号兹定于国历十二月一日开张营业……汕头：邱发利住永安街四十号……”（见洪林、黎道纲编著：《泰国侨批业资料汇萃》，天马出版有限公司，2011 年，第 307 页）

中华人民共和国成立后，“邱发利”参加 1951 年汕头人民邮政局的侨批业登记，登记地址依然是永安街 40 号。

十分明显，汕头“邱发利”是在泰国本号正式开张（1948 年 12 月 1 日）之前预先报送简要情况在汕头市侨批业同业公会“挂号”的。

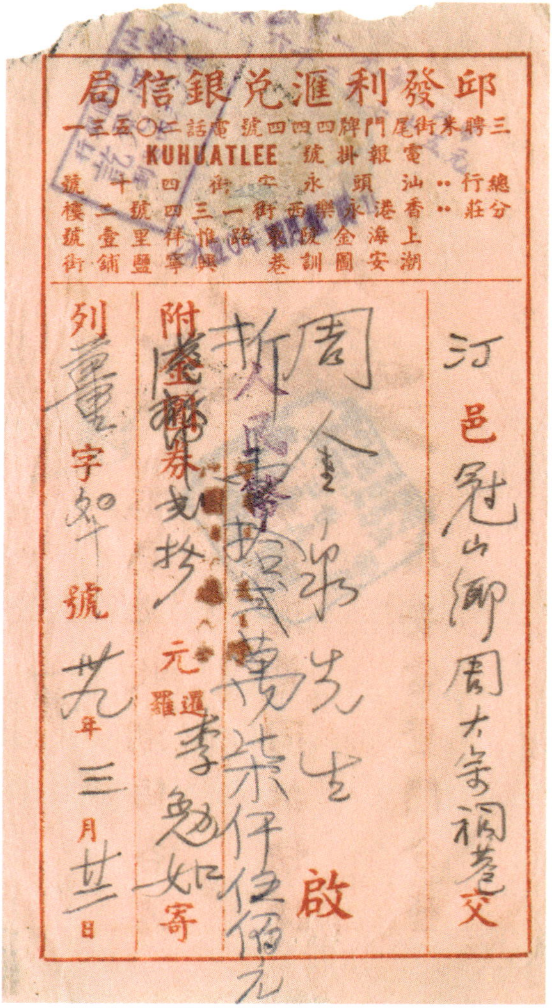

暹罗李勉如寄港币贰拾元至澄邑冠山乡周大宗祠巷周金泉，批封印“邱发利汇兑银信局　总行：汕头永安街四十号”，盖“一九五〇年四月五日”“汕头中国银行侨汇兑讫”章

泉　利

“泉利”未参加1933年的汕头市侨批业同业公会会员登记。

依据1936年汕头邮政管理局（邮局）向国家交通部邮政总局呈报的核发批局营业凭证申请书整理，该批局的基本情况如下：（批局执照：批字第249号）

批局名称		开设时间	开设地点	营业人姓名、籍贯	与何处往来营业
泉利		民国十年（1921）	汕头德安后街36号	刘绍苍，大埔	新加坡
分号	协丰利	民国十年（1921）	峰市	刘韶九，大埔	汕头
	泉利	民国十年（1921）	虎市	梁星九，梅县	汕头
	兴利	民国十年（1921）	松口	范宜洪，大埔	汕头
	益隆	民国十八年（1929）	大埔	刘东三，大埔	汕头
	隆昌仁记	民国十年（1921）	大麻	刘耀庭，大埔	汕头
	公和发记	民国十一年（1922）	恭洲	刘玉阶，大埔	汕头
	耀记	民国十年（1921）	高陂	刘燮臣，大埔	汕头

“泉利”未参加1942年汕头市侨批业同业公会登记。一直到1948年，才在汕头市侨批业同业公会档案资料中看到“泉利”的情况。

在1948年3月《汕头市侨批业同业公会会员名册》中，“泉利”的经理人是倪宏香，营业代表是33岁揭阳人倪宏生，店址为永泰路104号。

1948年8月，在《汕头市侨批业同业公会会员商号名册》中，独资形式的“泉利”登记地址已由永泰路104号变更为永泰路66号，并获领广州邮政管理局核发的当期侨批业营业执照（号码第116号），其负责人仍为倪宏香。

1948年9月，在《汕头市侨批业同业公会会员名册》中，“泉利”的资本额为300万元，会费单位601位，经理人、营业代表均为33岁揭阳人倪宏香。

中华人民共和国成立后，“泉利”参加1951年的汕头人民邮政局的侨批业登记，地址不变。

据1990年汕头市人民政府侨务办公室、汕头市归国华侨联合会编印的《汕头市华侨志（初稿）》所载，自1970年以后，侨批局和侨批站被撤销，有关侨汇业务由汕头市和各县中国银行及乡、村信用社负责。至1969年底，汕头市仍存侨批局36家，“泉利”便是其中之一。

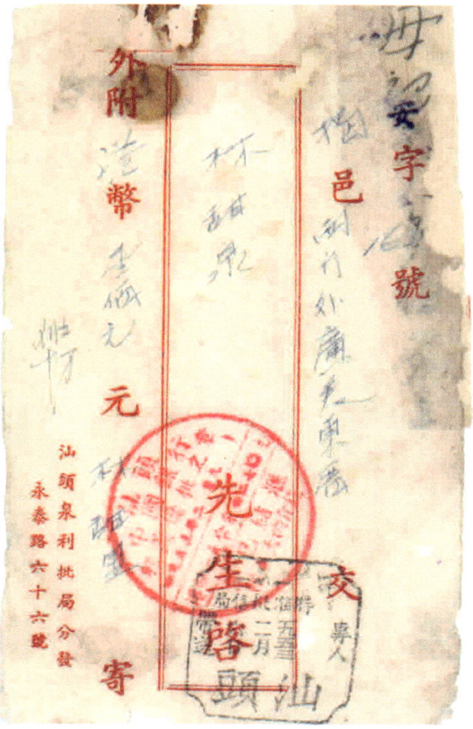

林甜里寄港币壹佰元至揭邑西门外广美东厝林甜泉，侨批通知书印“汕头泉利批局分发　永泰路六十六号”，盖“汕头　一九五三二月六日”侨批专用邮戳

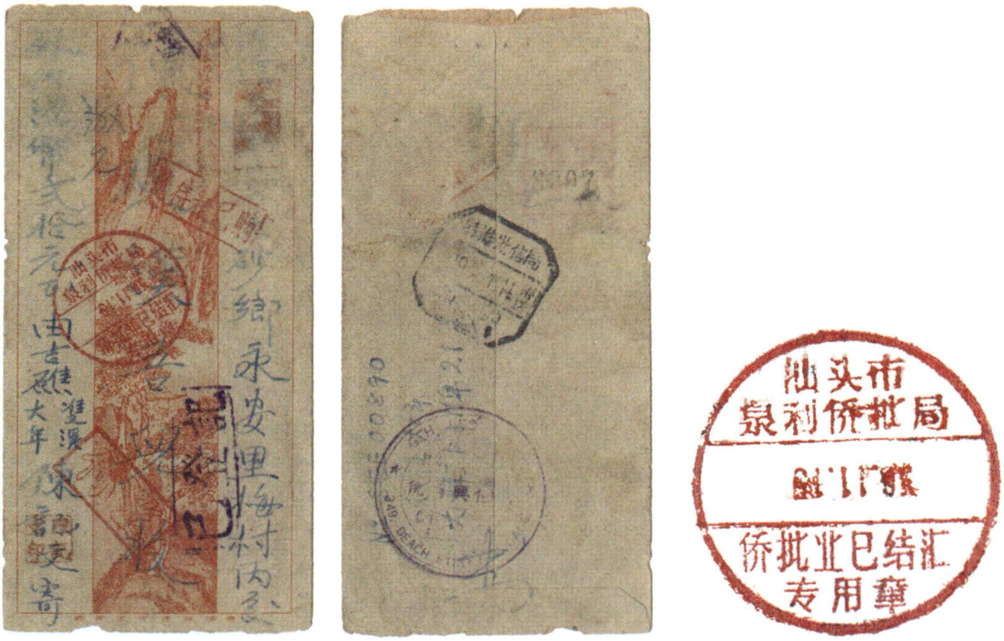

吉礁双溪大年陈记文寄港币贰拾元至金砂乡永安里梅村内陈□汉，批封盖“汕头市泉利侨批局 58. 11. 15.　侨批业已结汇专用章”印和“汕头　1958. 11. 15.”侨批专用邮戳

刘源兴寄港币壹佰元至普邑二区乌石新宁乡双亲，批封印“泉利批局　汕头永泰路九十八号”，盖“1966 年 3 月 29 日　汕头中国银行核盖侨批之章”

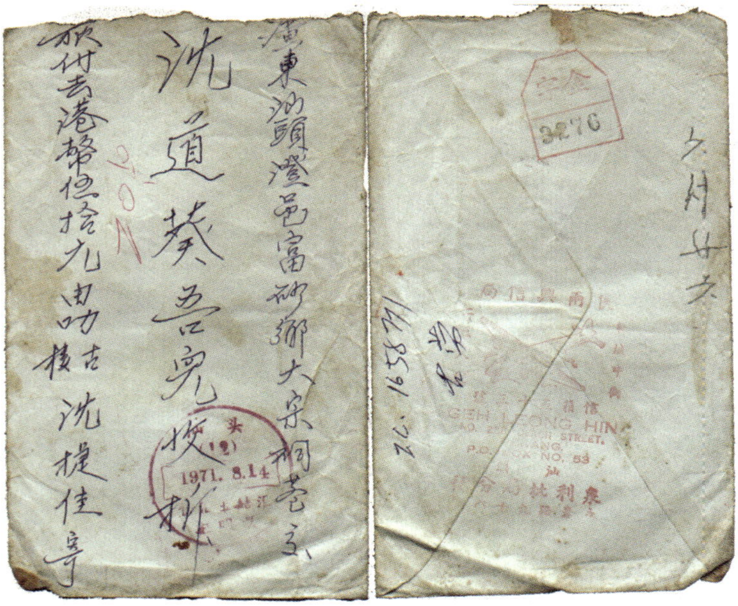

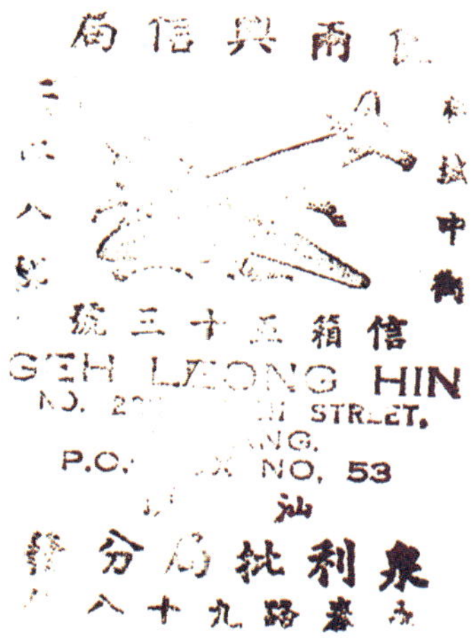

叻古楼沈捷佳寄港币伍拾元至汕头澄邑富砂乡大宗祠巷沈道葵，批封盖“倪两兴信局　汕头泉利批局分发　永泰路九十八号”印和“汕头（12）　1971. 8. 14.　侨汇业结汇证明章”

荣成利

“荣成利”在1933年的汕头市侨批业同业公会会员登记中的地址是升平路176号。

依据1936年汕头邮政管理局（邮局）向国家交通部邮政总局呈报的核发批局营业凭证申请书整理，该批局的基本情况如下：（批局执照：批字第327号）

批局名称		开设时间	开设地点	营业人姓名、籍贯	与何处往来营业
荣成利		民国廿三年（1934）	汕头升平路71号	许作贵，饶平	新加坡、安南、暹罗
分号	荣成利	民国廿三年（1934）	新加坡奉教街	许达生，饶平	汕头
	荣成发	民国廿三年（1934）	安南大市街	张肃，潮安	汕头
	荣成兴	民国廿三年（1934）	暹罗三聘街	林智达，饶平	汕头
	信昌	民国廿三年（1934）	饶平	王昭丰，饶平	汕头
	悦记	民国廿三年（1934）	潮安	陈拔，饶平	汕头
	万兴	民国廿三年（1934）	棉湖	洪炎，揭阳	汕头
	德合	民国廿三年（1934）	澄海	张作谋，澄海	汕头
	春记	民国廿三年（1934）	潮阳	刘竹，潮阳	汕头

1942年6月的《汕头市侨批业同业公会会员名册》中，“荣成利”的营业代表是35岁澄海人许君俞，店址登记海平路91号。

1946年6月《汕头市侨批业同业公会会员名册》中的登记资料显示，“荣成利”的经理人为39岁澄海人许衍衡，资本额700万元，会费单位1401位，登记地址为升平路176号。

1946年6月，“荣成利”的经理许衍衡当选汕头市侨批业同业公会第一届理事会候补理事。

1946年11月，“荣成利”出现在汕头市侨批业同业公会填报的《汕头市侨批业调查表》中，主事人许衍衡，店址为升平路176号，核发交通部邮政总局1946年营业执照，汕头邮局1月12日填发换照收条第17号（新照未颁发至汕）。“经营何港侨汇”一栏增加了“香港”。

据1946年12月汕头一等邮局函送市政府《汕头市批信局一览表》，“荣成利”获核发1946年度营业执照，号码第43号。营业人填报许宗衡。

1948年8月，在《汕头市侨批业同业公会会员商号名册》中，合资形式的“荣成利”登记地址已由升平路176号变更为升平路184号，并获领广州邮政管理局核发的当期侨批业营业执照（号码第 61 号），其负责人为许衍衡。

1948 年 9 月，在《汕头市侨批业同业公会会员名册》中，“荣成利”的资本额仍为 700 万元，会费单位 1401 位。经理人未变更，店址门牌变更为 186 号。

中华人民共和国成立后，“荣成利”参加 1951 年的汕头人民邮政局的侨批业登记，登记地址又恢复为 1946 年的门牌号码，即升平路 176 号。

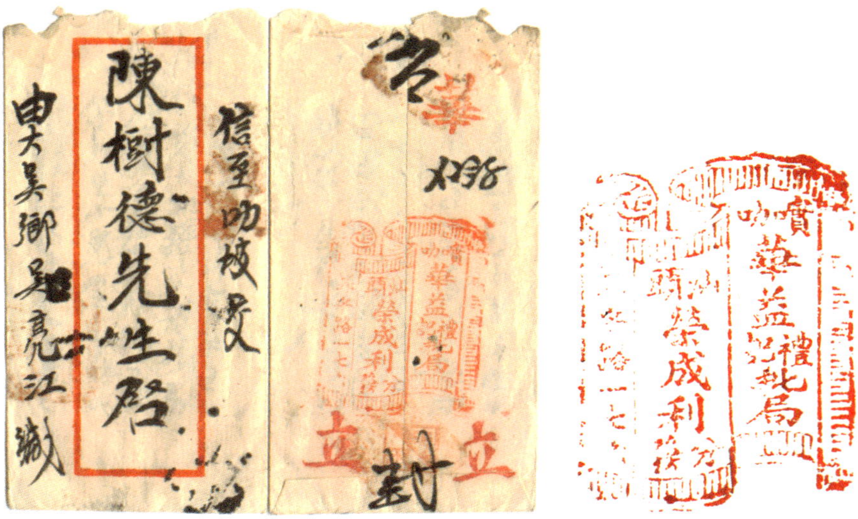

大吴乡吴亮江寄叻坡陈树德回批，批封盖“实叻华益礼记批局　升平路一七六　汕头荣成利分发”印

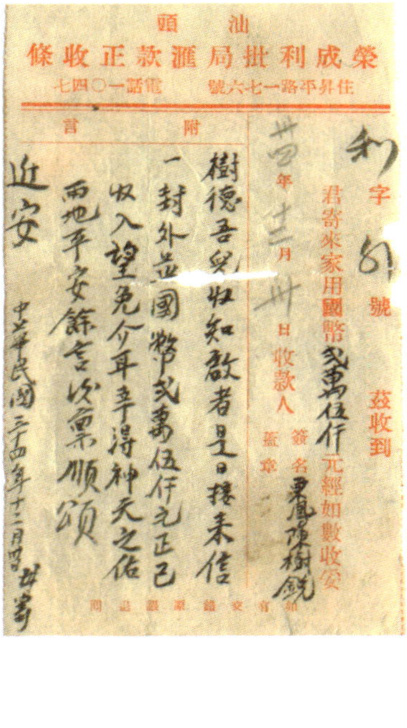
汕頭
榮成利批局匯款正收條
住升平路一七六號　電話一〇四七

利字　號

茲收到

君寄來家用國幣弍萬伍仟元經如數收妥

卅四年十二月卅日　收款人 簽名 蓋章　東鳳陳樹銳

附言

樹德吾兒如知啟者是日接来信一封外並國幣弍萬伍仟元正已收入望免介耳幸得神天之佑兩地平安餘言以禀順頌
近安
中華民國三十四年十二月卅日

东凤陈树锐民国卅四年（1945）十二月卅日收国币贰万伍仟元收条，上印“汕头　荣成利批局汇款正收条　住升平路一七六号　电话一〇四七”

荣丰利

“荣丰利”在1933年的《汕头市侨批业同业公会会员名册》中登记的地址是永兴街130号。

依据1936年汕头邮政管理局（邮局）向国家交通部邮政总局呈报的核发批局营业凭证申请书整理，该批局的基本情况如下：（批局执照：批字第321号）

批局名称		开设时间	开设地点	营业人姓名、籍贯	与何处往来营业
荣丰利		民国廿三年（1934）	汕头永兴街97号	黄勤敏，丰顺	暹罗
分号	荣丰利	民国廿三年（1934）	暹罗三聘街	徐名奋，丰顺	汕头
	荣丰利	民国廿四年（1935）	揭阳	黄徽犹，丰顺	汕头
	洪万丰	民国十五年（1926）	棉湖墟	洪贤明，揭阳	汕头
	黄协记	民国二年（1914）	汤坑墟	黄元衡，丰顺	汕头
	刘喜合	民国元年（1912）	潮阳	刘竹船，丰顺	汕头
	詹恒益	民国元年（1912）	留隍墟	詹礼园，丰顺	汕头
	信昌庄	民国五年（1916）	浮山墟	王进受，饶平	汕头

1942年6月的《汕头市侨批业同业公会会员名册》中，“荣丰利”的营业代表是27岁揭阳人刘源珊，店址登记永兴街130号。

1946年6月《汕头市侨批业同业公会会员名册》中的登记资料显示，“荣丰利”的经理人为47岁丰顺人黄宗周，资本额100万元，会费单位201位，登记地址为永兴街130号。

1946年11月，“荣丰利”出现在汕头市侨批业同业公会填报的《汕头市侨批业调查表》中，主事人黄宗周，店址为永兴街130号，核发交通部邮政总局1946年营业执照，汕头邮局1月15日填发换照收条第14号（新照未颁发至汕）。“经营何港侨汇”一栏增加了“香港、新加坡”。

据1946年12月汕头一等邮局函送市政府《汕头市批信局一览表》，“荣丰利”获核发1946年度营业执照，号码第64号，营业人填报黄勤敏。

1948年8月，在《汕头市侨批业同业公会会员商号名册》中，合资形式的“荣丰利”登记地址永兴街130号不变，并获领广州邮政管理局核发的当期侨批业营业执照（号码第82号），其负责人变更为黄宗周。

1948年9月，在《汕头市侨批业同业公会会员名册》中，“荣丰利”的资本额为100

万元，会费单位 201 位，店址为永兴街 121 号，经理为黄宗周。

中华人民共和国成立后，“荣丰利”参加 1951 年的汕头人民邮政局的侨批业登记，登记地址为永兴街 121 号。

据 1990 年汕头市人民政府侨务办公室、汕头市归国华侨联合会编印的《汕头市华侨志（初稿）》所载，自 1970 年以后，侨批局和侨批站被撤销，有关侨汇业务由汕头市和各县中国银行及乡、村信用社负责。至 1969 年底，汕头市仍存侨批局 36 家，“荣丰利”便是其中之一。

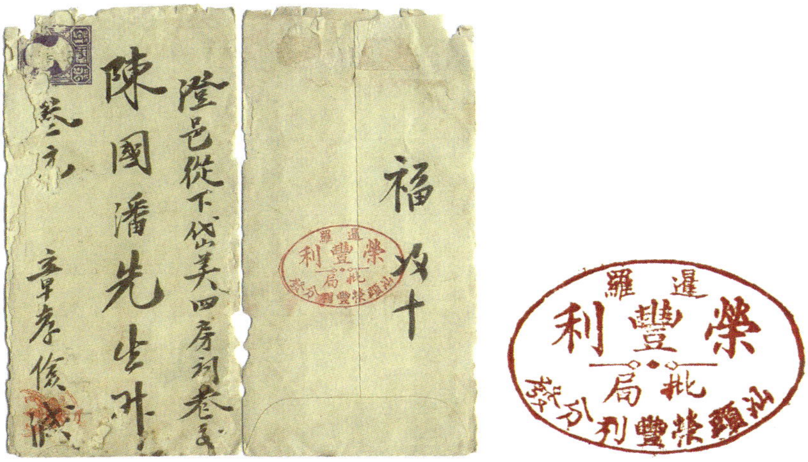

章孝俭寄叁元至澄邑从下岱美四房祠巷陈国潘，批封盖“暹罗荣丰利批局　汕头荣丰利分发”

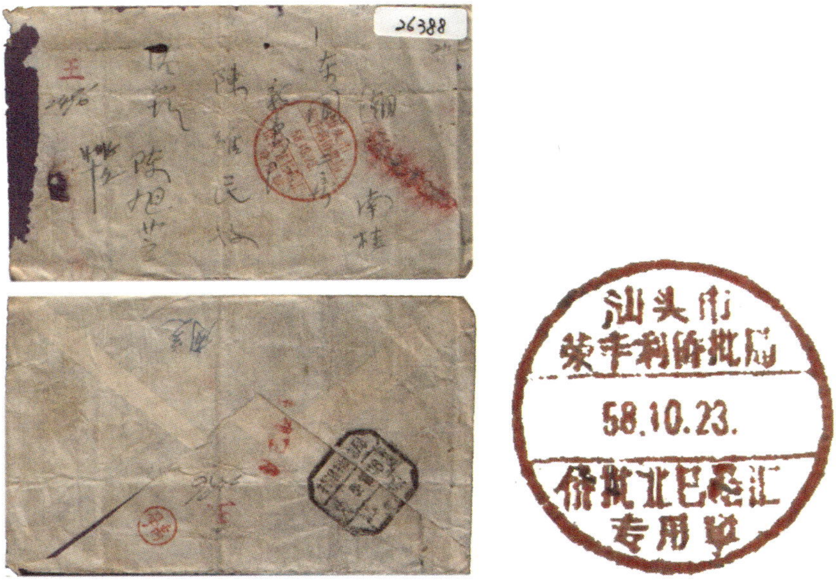

陈旭芝寄港币四十元至潮安南桂东凤二房陈维民，批封盖“汕头市荣丰利侨批局　58. 10. 23.　侨批业已结汇专用章”和“汕头　58. 10. 16.”侨批专用邮戳

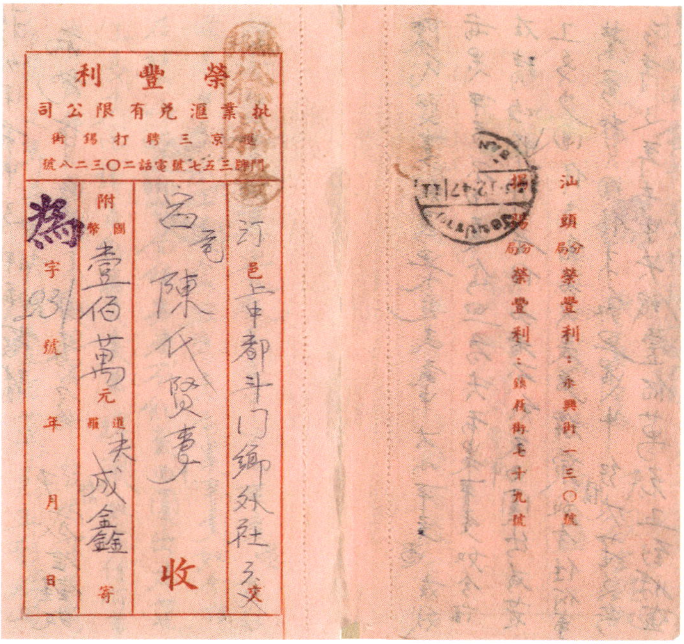

暹罗成鑫寄国币壹佰万元至澄邑上中都斗门乡外社吕宅陈氏，批封印“荣丰利批业汇兑有限公司”“汕头分局荣丰利：永兴街一三〇号”

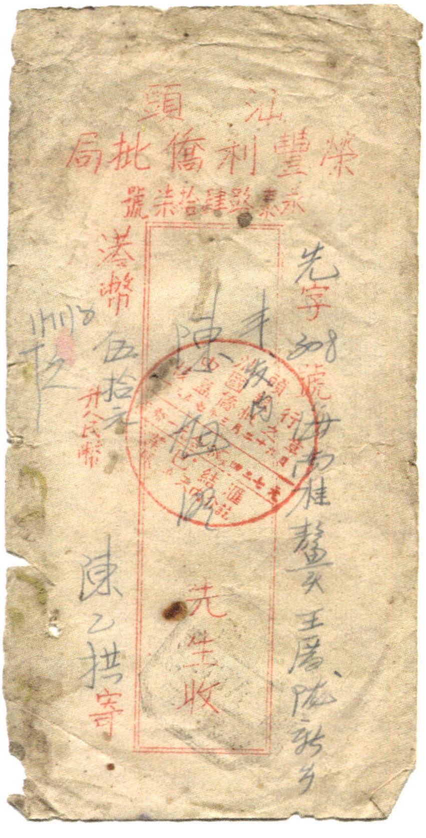

陈乙拱寄港币伍拾元至海南桂鳌头王厝陇新乡陈旭明，批封印“汕头荣丰利侨批局　永泰路肆拾柒号”，盖“一九五七年三月二十九日　汕头中国银行核盖侨批之章”

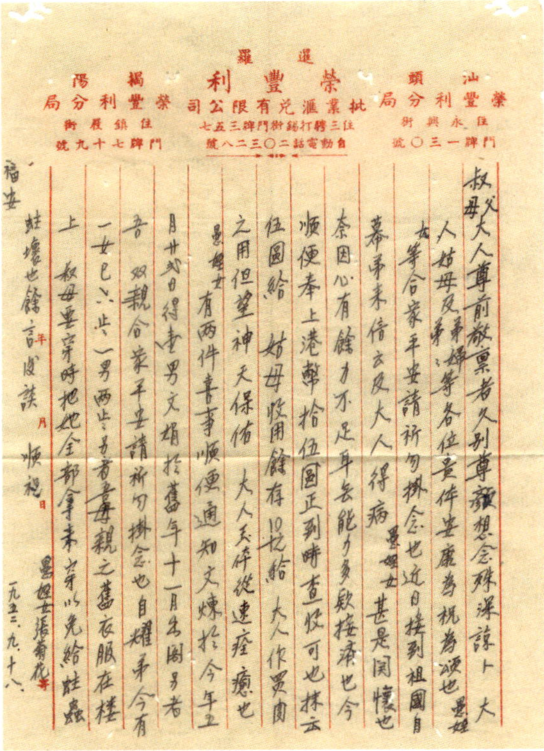

张菊花寄叔父母信，用“暹罗荣丰利批业汇兑有限公司”信笺，信笺上印“汕头荣丰利分局　住永兴街门牌一三〇号”

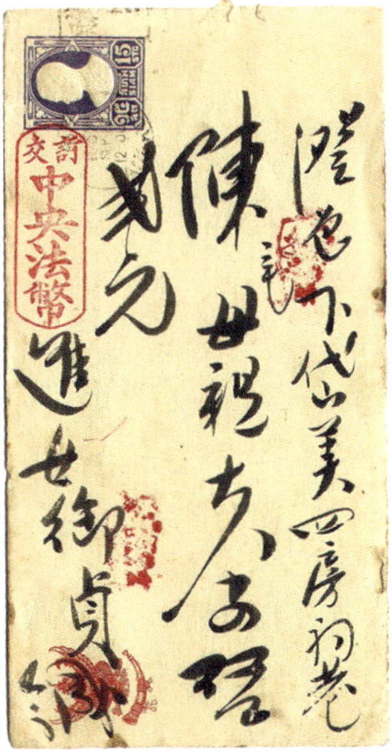

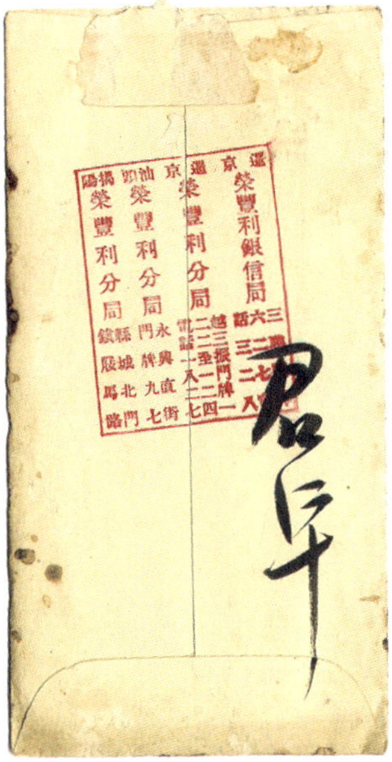

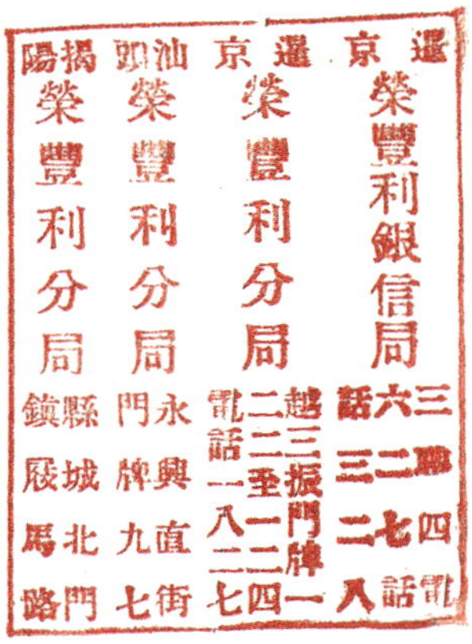

暹女御贞寄中央法币二元至澄邑下岱美四房祠巷陈母亲，批封盖“汕头荣丰利分局　永兴直街门牌九七”印

森　春

"森春"1933年在《汕头市侨批业同业公会会员名册》中出现，登记地址是海平路84号，而1936年的登记资料中，商号名称改称"森春庄"。

依据1936年汕头邮政管理局（邮局）向国家交通部邮政总局呈报的核发批局营业凭证申请书整理，该批局的基本情况如下：（批局执照：批字第244号）

批局名称		开设时间	开设地点	营业人姓名、籍贯	与何处往来营业
森春庄		民国十九年（1930）	汕头海平路8号	魏应元，陆丰	新加坡、柔佛、新山
分号	福和合记	民国十五年（1926）	惠来梅林	赖山梧，惠来	汕头
	陈科成	民国元年（1912）	陆丰东海	陈进，普宁	汕头
	荣合昌	民国十年（1921）	揭阳河婆	李合荣，揭阳	汕头
	刘喜合	民国元年（1912）	潮阳县	刘德舟，潮阳	汕头
	黄两顺	民国廿二年（1933）	惠来葵潭	黄维畅，惠来	汕头
	魏启峰	民国廿年（1931）	揭阳县	魏启圃，揭阳	汕头
	东成	民国廿二年（1933）	陆丰大坪	钟舜琴，陆丰	汕头
	有信	民国十二年（1923）	潮安县	芮弼卿，潮安	汕头
	惠昌	民国十五年（1926）	柔佛居銮	魏森秦，陆丰	汕头
	新成利	民国廿年（1931）	新山士乃	黄子松，揭阳	汕头
	黄德茂	民国廿年（1931）	新加坡厦门街	黄炳南，揭阳	汕头
	茂利	民国廿四年（1935）	新山古来	黄国政，揭阳	汕头

1942年，"森春"未参加汕头市侨批业同业公会的会员登记。

1946年6月的《汕头市侨批业同业公会会员名册》中的登记资料显示，"森春"的经理人为魏应元，营业代表是27岁陆丰人魏文烈，资本额100万元，会费单位201位，登记地址不变。

1946年11月，"森春庄"以"森春"之名出现在汕头市侨批业同业公会填报的《汕头市侨批业调查表》中，主事人魏应元，店址为海平路8号二楼，核发交通部邮政总局1946年营业执照，汕头邮局1月15日填发换照收条第61号（新照未颁发至汕）。"经营何港侨汇"一栏变更为"实叻、新山"。

据1946年12月汕头一等邮局函送市政府《汕头市批信局一览表》，"森春庄"获核发

1946 年度营业执照，号码第 95 号，营业人填报魏应元。

1948 年 8 月，在《汕头市侨批业同业公会会员商号名册》中，独资形式的“森春”登记地址已由海平路 8 号变更为海平路 10 号，并获领广州邮政管理局核发的当期侨批业营业执照（号码第 112 号），其负责人变更为郑克强。

1948 年 9 月，在《汕头市侨批业同业公会会员名册》中，“森春”的资本额仍为 100 万元，会费单位 201 位。经理人变更为魏森泰，营业代表为 39 岁惠来人郑克强。

中华人民共和国成立后，“森春”名称改回“森春庄”并参加 1951 年的汕头人民邮政局的侨批业登记，店址门牌改回海平路 8 号，而本书提供的 1958 年 2 月 7 日的“森春批局”侨批通知书则显示为“海平路 10 号”。

据 1990 年汕头市人民政府侨务办公室、汕头市归国华侨联合会编印的《汕头市华侨志（初稿）》所载，自 1970 年以后，侨批局和侨站被撤销，有关侨汇业务由汕头市和各县中国银行及乡、村信用社负责。至 1969 年底，汕头市仍存侨批局 36 家，“森春”便是其中之一。

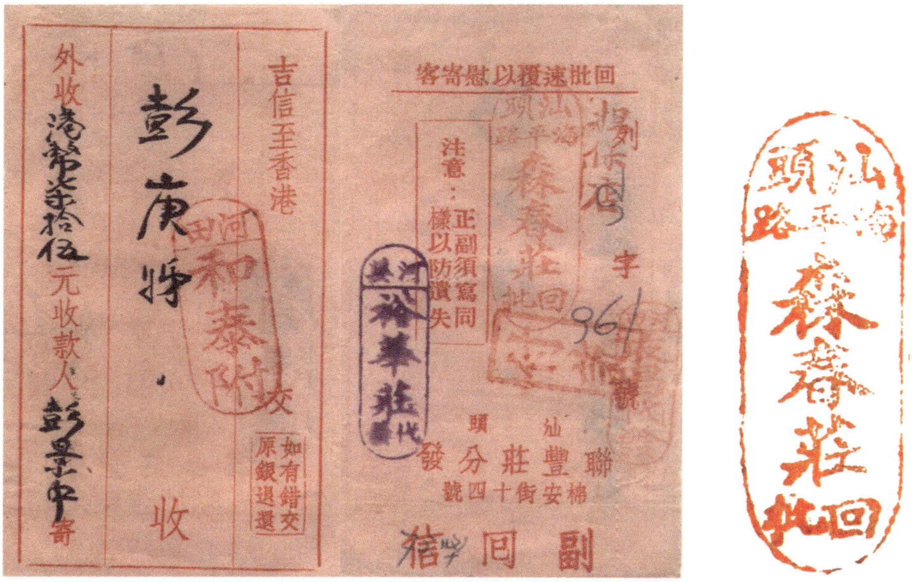

彭景中寄香港彭庚回批，注明收到港币柒拾伍元，批封盖“汕头海平路森春庄回批”印

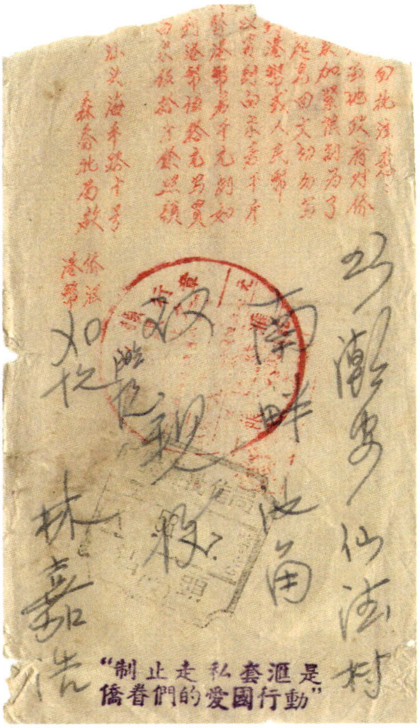

林嘉浩寄港币四十元至潮安仙德村南畔池角双亲，侨批通知书印“汕头海平路十号森春批局启”，盖“汕头　58. 2. 7.”侨批专用邮戳

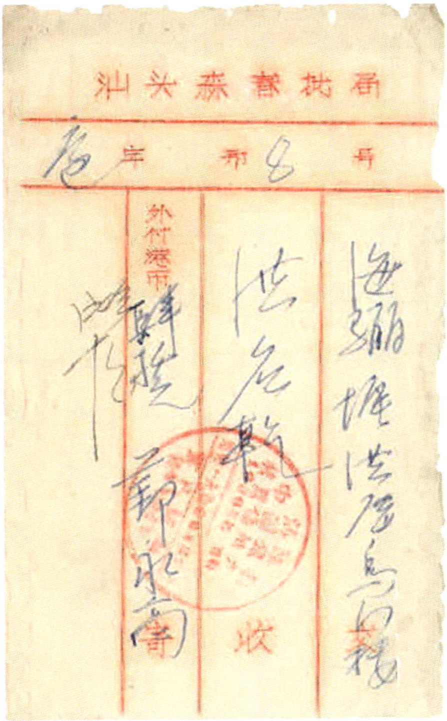

鄞永南寄港币肆拾元至海骊塘洪厝乌门楼洪应乾，侨批通知书印“汕头森春批局”，盖“汕头中国银行核盖侨批之章”

汕头森春批信局印鉴

胜　发

“胜发”1933年在《汕头市侨批业同业公会会员名册》中出现，登记地址是安平路96号。

依据1936年汕头邮政管理局（邮局）向国家交通部邮政总局呈报的核发批局营业凭证申请书整理，该批局的基本情况如下：（批局执照：批字第246号）

批局名称		开设时间	开设地点	营业人姓名、籍贯	与何处往来营业
胜发		民国廿年（1931）	汕头吉安街71号	钟诗和，揭阳	日里
分号	魏启丰	民国四年（1915）	揭阳城	魏启圃，揭阳	汕头
	陈科成	民国十八年（1929）	陆丰东海墟	陈进，普宁	汕头
	刘喜合	民国六年（1917）	潮阳城	刘德舟，潮阳	汕头
	陈联丰	民国十八年（1929）	普宁流沙墟	陈成刚，普宁	汕头
	陈厚昌	民国五年（1916）	揭阳新亨墟	陈耀喜，揭阳	汕头
	有信庄	民国八年（1919）	潮安城	许振丰，潮安	汕头
	倪两发	民国十五年（1926）	日里棉兰钮马力街	倪克昭，揭阳	汕头
	两发栈	民国廿一年（1932）	日里哏呀大街	林翊祥，揭阳	汕头
	黄创成	民国元年（1912）	日里奇砂兰大街	黄玉柳，潮阳	汕头
	李和发	民国廿三年（1934）	日里先达留连那街	李和睦，普宁	汕头

1942年，“胜发”未参加汕头市侨批业同业公会会员登记。

1946年6月的《汕头市侨批业同业公会会员名册》中的登记资料显示，“胜发”的经理人为45岁澄海人杨厥中，资本额700万元，会费单位1401位，登记地址为升平路96号。

1946年11月，“胜发”出现在汕头市侨批业同业公会填报的《汕头市侨批业调查表》中，主事人杨厥中，店址为升平路96号，已获交通部邮政总局1946年营业执照第112号（新照未颁发至汕）。“经营何港侨汇”一栏变更为“新加坡、暹罗、坤甸”，已非1936年的“日里”。

据1946年12月汕头一等邮局函送市政府《汕头市批信局一览表》，“胜发”获核发1946年度营业执照，号码第39号，营业人填报钟诗和。

1948年8月，在《汕头市侨批业同业公会会员商号名册》中，合资形式的“胜发”

登记地址已由升平路 96 号变更为升平路 102 号，并获领广州邮政管理局核发的当期侨批业营业执照（号码第 58 号），其负责人为杨厥中。

1948 年 9 月，在《汕头市侨批业同业公会会员名册》中，“胜发”的资本额仍为 700 万元，会费单位 1401 位，经理人不变。

中华人民共和国成立后，“胜发”参加 1951 年的汕头人民邮政局的侨批业登记，但店址已迁至通津街 16 号。

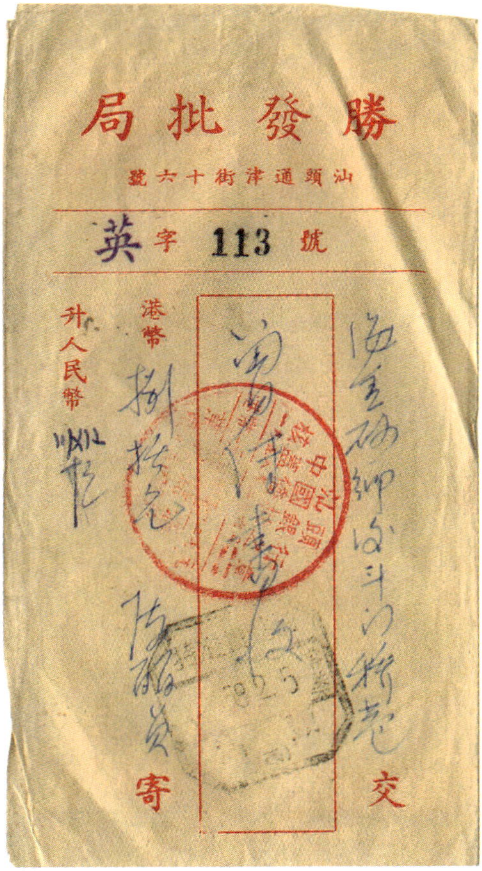

陈丽贞寄港币捌拾元至海金砂乡后斗门桥巷曾诗书，侨批通知书印“胜发批局　汕头通津街十六号”，盖“汕头　56. 2. 5.”侨批专用邮戳

翁光秋寄港币壹佰元至海大寨辜乡太卿第文华里辜瑞勉，侨批通知书印“胜发批局　汕头通津街十六号”，盖“汕头中国银行核盖侨批之章”

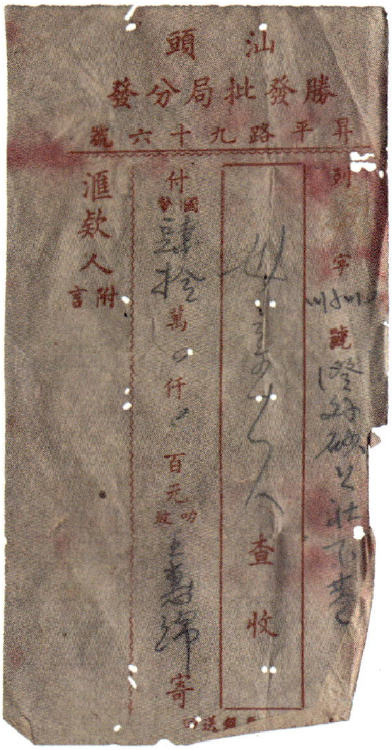

王惠绵寄国币肆拾万元至澄海外砂上社下巷母亲，侨批通知书印“汕头胜发批局分发　升平路九十六号”

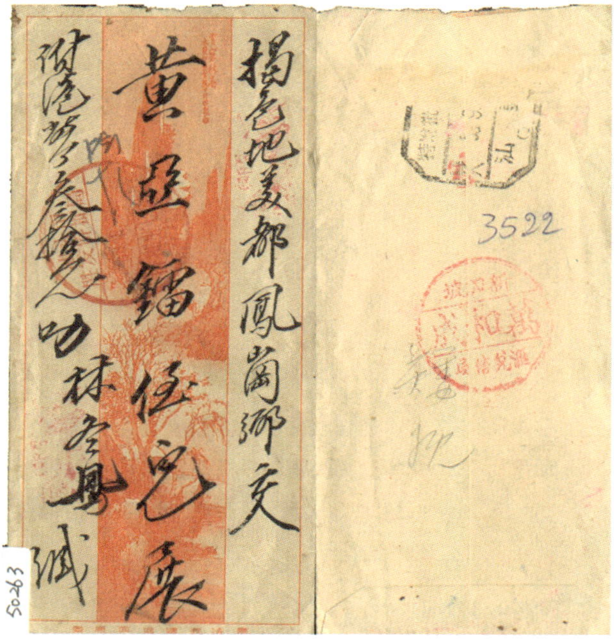

叻林冬凤寄港币叁拾元至揭邑地美都凤岗乡黄亚镭，批封盖“汕头市胜发侨批局　侨批业已结汇”印和汕头“丁”字戳号“58. 9. ”侨批专用邮戳

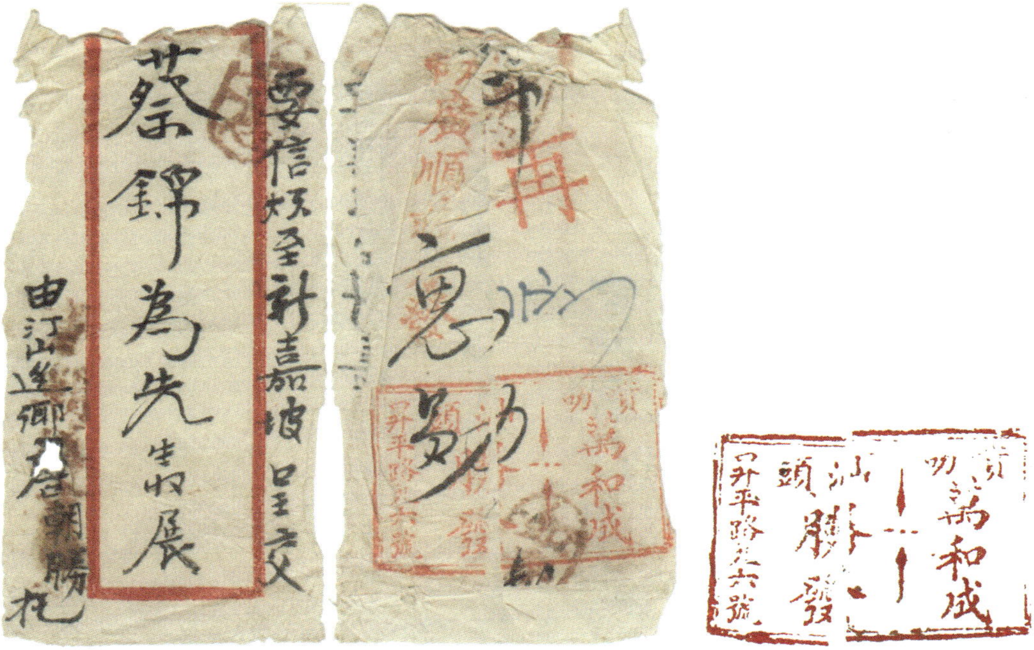

澄山边乡唐朝胜寄新嘉坡蔡锦为回批，批封盖“实叻万和成　汕头胜发　升平路九六号”印

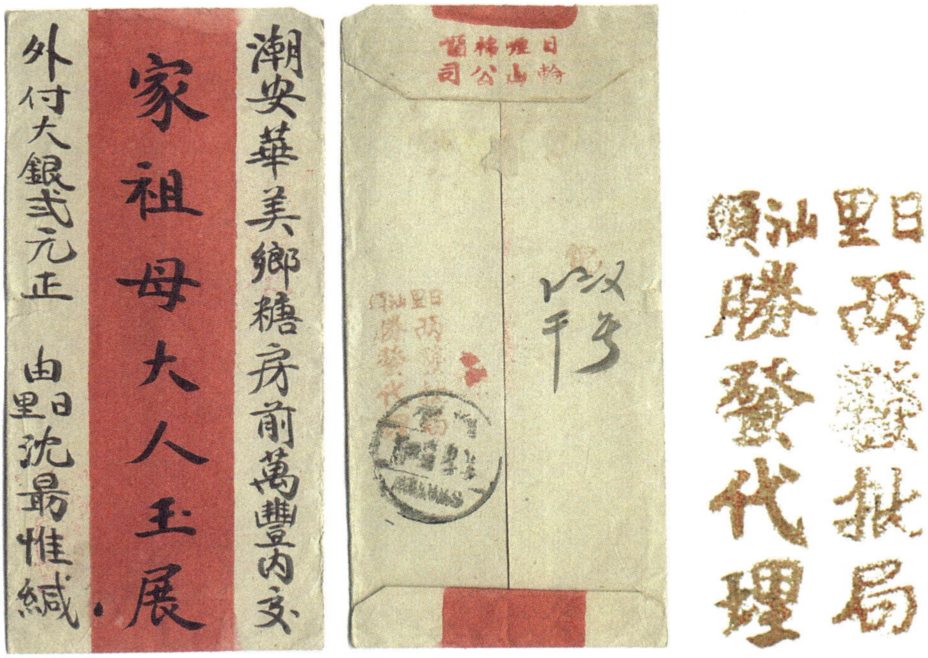

日里沈勗惟寄大银二元至潮安华美乡糖房前万丰内家祖母，批封盖“日里两发批局　汕头胜发代理”印

顺成利

依据1936年汕头邮政管理局（邮局）向国家交通部邮政总局呈报的核发批局营业凭证申请书整理，该批局的基本情况如下：（批局执照：批字第282号）

批局名称		开设时间	开设地点	营业人姓名、籍贯	与何处往来营业
顺成利		民国四年（1915）	汕头永和街	郑舜之，澄海	暹罗
分号	信成	民国五年（1916）	莲阳	余斯耀，澄海	汕头
	启峰	民国元年（1912）	揭阳	魏启圃，揭阳	汕头
	有记	民国廿四年（1935）	潮安	黄筠生，潮安	汕头
	协成兴	民国十一年（1922）	东里	许锡河，澄海	汕头
	喜合	民国元年（1912）	潮阳	刘竹船，潮阳	汕头
	和记	民国元年（1912）	樟林	郑敦衍，澄海	汕头
	振盛兴	民国前三年（1909）	图濠	曾国声，澄海	汕头

1942年，“顺成利”未参加汕头市侨批业同业公会会员登记。

1946年11月，汕头市侨批业同业公会填报的《汕头市侨批业调查表》漏报了“顺成利”，后经邮局比对确认漏报。该批局以“郑顺成利”之名已获核发1946年度营业执照，号码第73号，营业人填报郑舜之。

1948年8月，在《汕头市侨批业同业公会会员商号名册》中，独资形式的“顺成利”的登记店号是“郑顺成利”，登记地址已由永和街变更为永安街54号，并获领广州邮政管理局核发的当期侨批业营业执照（号码第91号），其负责人变更为郑德星。

1948年9月，在《汕头市侨批业同业公会会员名册》中，“郑顺成利”又改回“顺成利”参加登记，资本额为500万元，会费单位1001位，经理人和营业代表仍为54岁澄海人郑德星。

中华人民共和国成立后，“顺成利”参加1951年的汕头人民邮政局的侨批业登记，店址变更为永和街95号。

据1990年汕头市人民政府侨务办公室、汕头市归国华侨联合会编印的《汕头市华侨志（初稿）》所载，自1970年以后，侨批局和侨站被撤销，有关侨汇业务由汕头市和各县中国银行及乡、村信用社负责。至1969年底，汕头市仍存侨批局36家，“顺成利”便是其中之一。

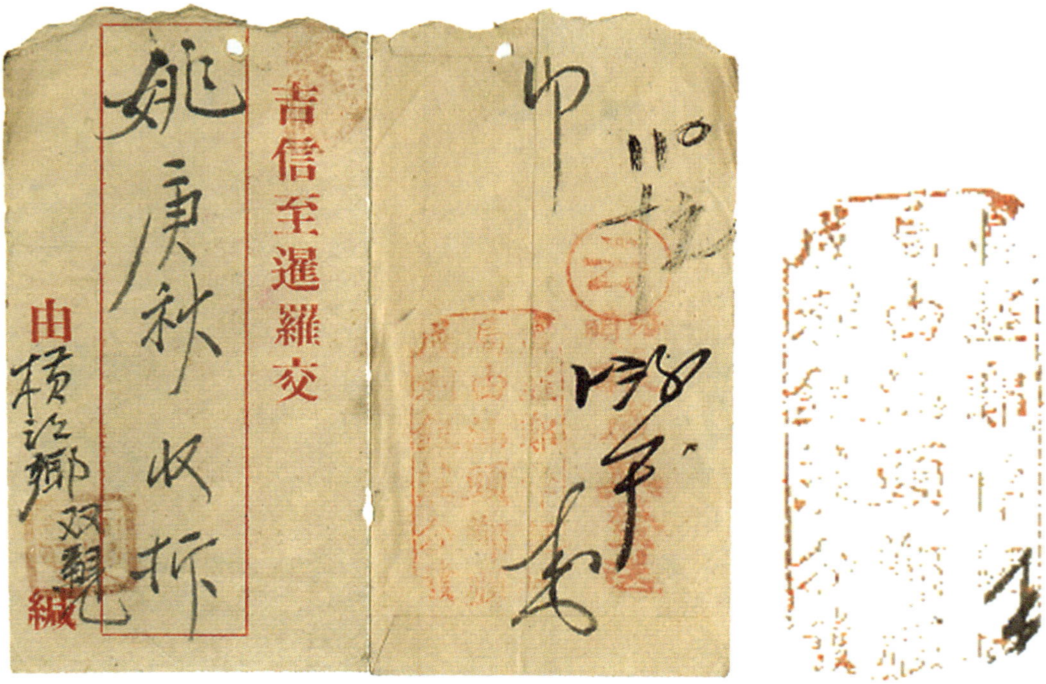

横江乡双亲寄暹罗姚庚秋回批，批封盖“暹罗郑□记批局由汕头郑顺成利银庄分发”印

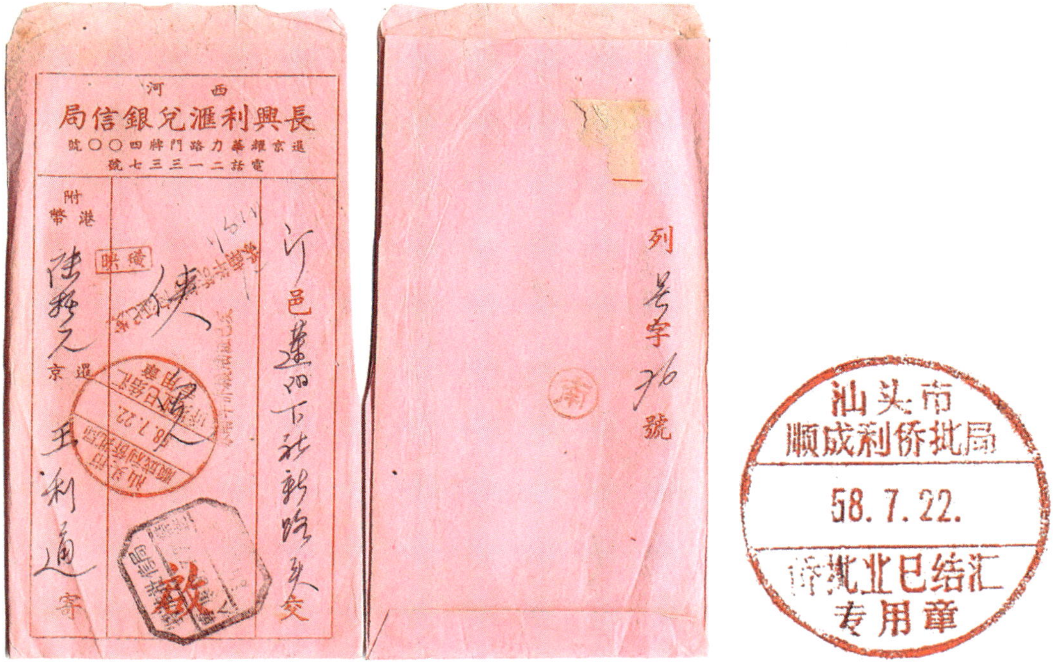

暹京王利通寄港币陆拾元至澄邑莲阳下社新路头侠儿，批封盖“汕头市顺成利侨批局　58.7.22. 侨批业已结汇专用章”和“汕头　58.7.22.”侨批专用邮戳

思　成

据 1959 年中国人民银行汕头支行《关于汕头市侨批业的历史调查》，“思成”是独资的越南批局，其在汕头埠的经营时间为“第三时期（中华人民共和国成立前时期）”。

1933 年、1936 年、1942 年一直到 1948 年 9 月 4 日前的所有侨批业同业公会登记资料，均未见“思成”批局。而 1948 年 9 月 4 日的《汕头市侨批业同业公会会员名册》中，亦仅可见不足 10 个字的信息：“思成　永泰路 14 号”。

可以说，在参加过历年汕头市侨批业同业公会会员登记的汕头侨批局商号中，“思成”在民国时期的资料是最少的一个。

中华人民共和国成立后，“思成”迁至永泰路 53 号，且参加 1951 年的汕头人民邮政局的侨批业登记，下图实寄批上显示的地址“永泰路五十三号之一”便是中华人民共和国成立后“思成”的经营场所。

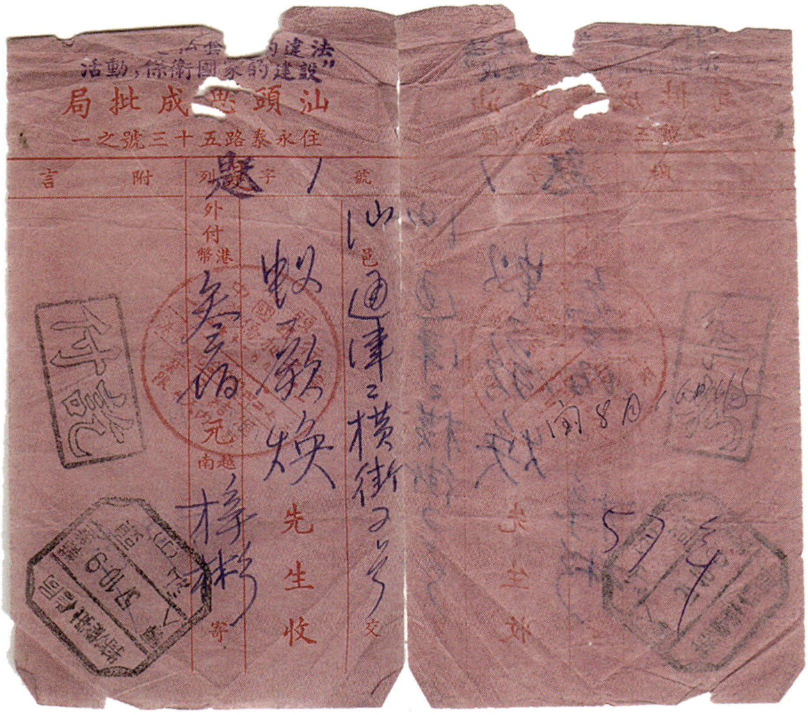

越南梓彬寄港币叁佰元至汕邑通津二横街 2 号蚁厥焕，侨批通知书印“汕头思成批局　住永泰路五十三号之一”，盖“汕头　57. 10. 9. ”侨批专用邮戳

据1990年汕头市人民政府侨务办公室、汕头市归国华侨联合会编印的《汕头市华侨志（初稿）》所载，自1970年以后，侨批局和侨批站被撤销，有关侨汇业务由汕头市和各县中国银行及乡、村信用社负责。至1969年底，汕头市仍存侨批局36家，“思成”便是其中之一。

值得庆幸的是，“思成”经营者后人保存并提供给侨批文物馆的思成批局大门对联——“思窍门增侨汇服务同胞，成计划利家国泽及梓桑”，竟成为迄今为止唯一可知的汕头市侨批业商号门联。

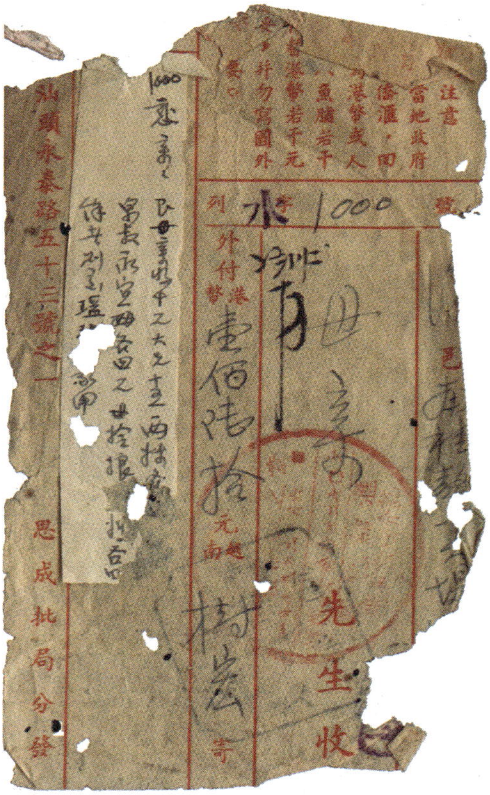

越南树宏寄港币壹佰陆拾元至潮邑南桂鳌头母亲，批封印“汕头永泰路五十三号之一　思成批局分发”，盖“一九五三年二月六日　汕头中国银行核盖侨批之章”

泰成昌

“泰成昌”是合资的“暹罗批局”。在1959年中国人民银行汕头支行《关于汕头市侨批业的历史调查》中，将“泰成昌”归类为“第二时期（第一次世界大战以后）”合资“暹罗批局”在汕头市经营的商号。

1933年的《汕头市侨批业同业公会会员名册》显示，“泰成昌”地址为安平路136号。

依据1936年汕头邮政管理局（邮局）向国家交通部邮政总局呈报的核发批局营业凭证申请书整理，该批局的基本情况如下：（批局执照：批字第272号）

批局名称		开设时间	开设地点	营业人姓名、籍贯	与何处往来营业
泰成昌		民国十六年（1927）	汕头安平路136号	刘宗翰，潮阳	暹罗
分号	刘喜合	民国元年（1912）	潮阳	刘竹船，潮阳	汕头
	普通庄	民国元年（1912）	潮安	徐昌期，潮安	汕头
	魏启峰	民国元年（1912）	揭阳	魏启圃，揭阳	汕头
	洪万兴	民国十五年（1926）	揭阳	洪贤炎，揭阳	汕头
	黄荣昌	民国五年（1916）	潮阳	黄来耀，潮阳	汕头
	信成庄	民国五年（1916）	莲阳	余斯耀，澄海	汕头
	詹恒亨	民国元年（1912）	留隍	詹集秉，丰顺	汕头
	陈裕元	民国十年（1921）	惠来	陈云和，潮阳	汕头
	有信	民国十二年（1923）	澄海	芮弼卿，澄海	汕头
	黄茂利	光绪五年（1879）	黄岗	黄子厚，饶平	汕头

1942年，“泰成昌”在《汕头市侨批业同业公会会员名册》中，登记的地址依然是安平路136号。

1946年6月的《汕头市侨批业同业公会会员名册》中的登记资料显示，“泰成昌”的经理人为38岁潮阳人刘宗翰，资本额700万元，会费单位1401位，登记地址为安平路136号。

1946年11月，“泰成昌”出现在汕头市侨批业同业公会填报的《汕头市侨批业调查表》中，主事人刘宗翰，店址为安平路136号，核发交通部邮政总局1946年营业执照，汕头邮局1月16日填发换照收条第35号（新照未颁发至汕）。“经营何淹侨汇”一栏与

10 年前登记的相同。

但是，1946 年 12 月汕头一等邮局函送市政府《汕头市批信局一览表》中却没有“泰成昌”之名，令人费解。

1948 年 8 月，在《汕头市侨批业同业公会会员商号名册》中，独资形式的“泰成昌”登记地址和负责人均无变更，并获领广州邮政管理局核发的当期侨批业营业执照（号码第 79 号）。

1948 年 9 月，在《汕头市侨批业同业公会会员名册》中，“泰成昌”的资本额仍为 700 万元，会费单位 1401 位。

中华人民共和国成立后，“泰成昌”停止经营。

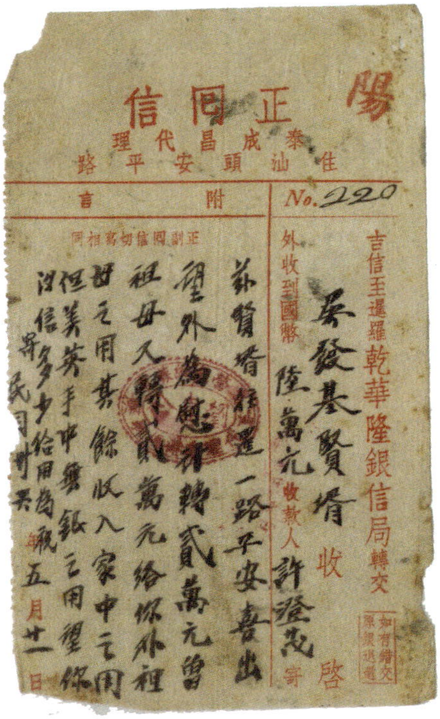

许澄茂民国卅六年（1947）五月廿一日寄暹罗吴发基回批，写明收到国币陆万元，批封印“泰成昌代理　住汕头安平路”

泰和隆

汕头“泰和隆”是泰国“泰和隆”的分号。

1946 年 11 月 16 日、1947 年 1 月 30 日的泰国《中原报》《光华报》分别刊登《泰和隆有限公司民信部接收关金国币存款启事》，其正文称：“本公司近承汕分行委托接收关金国币货款于汕头活定两期利息从优手续简便期满之后汕暹支取任从自便侨胞如有存寄者请临敝公司接洽本公司汕行并代分发南洋各地侨批取费从廉分发快捷。”

1947 年 7 月 31 日，泰国《中原报》刊登《汇兑庄倒风仍炽　同裕昌亦告企倒》和《本谷汇兑业汕庄又三家无法支持，某银行昨被存户提款三千万铢》二文，报道“市面风传汕头泰和隆有不稳消息”。8 月 1 日，《光华报》则以《泰和隆光华隆两银信局　汕庄仍照常营业　吴盛号汕庄昨传倒声》一文作了回应，以泰和隆汕庄 30 日之来电，“证明该汕庄尚继续营业交收照常，放外面同业有光电告倒闭之事或系出于误会”。

上述资料所提及的“本公司汕行”“汕庄”，表明总行设于泰国曼谷的“泰和隆有限公司”在汕头设有“分行”。但是，汕头“泰和隆”从未参加汕头市侨批业的登记、申报核发营业执照、参加侨批业同业公会等活动，故未见其任何档案资料。

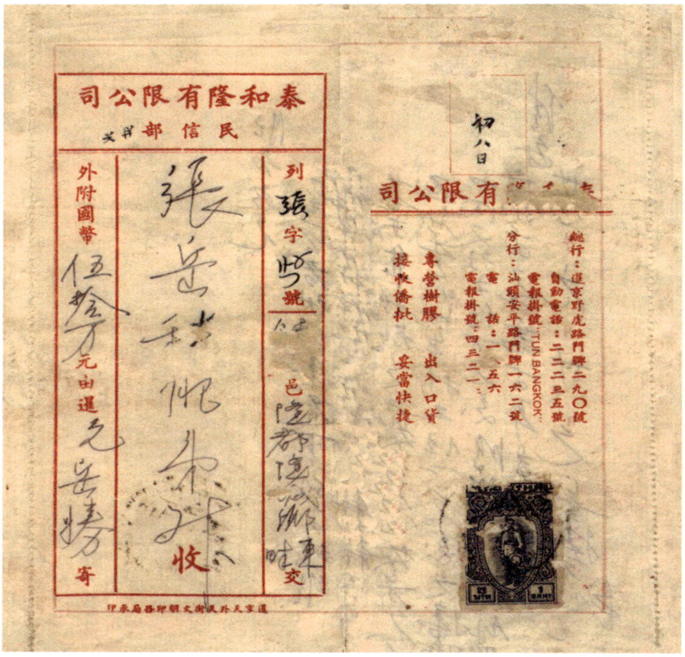

暹岳胜寄国币伍拾万元至饶邑隆都随城乡东畔张岳秋，批封印“泰和隆有限公司民信部”“分行：汕头安平路门牌一六二号　电话：一八五六　电报挂号：四三二一”

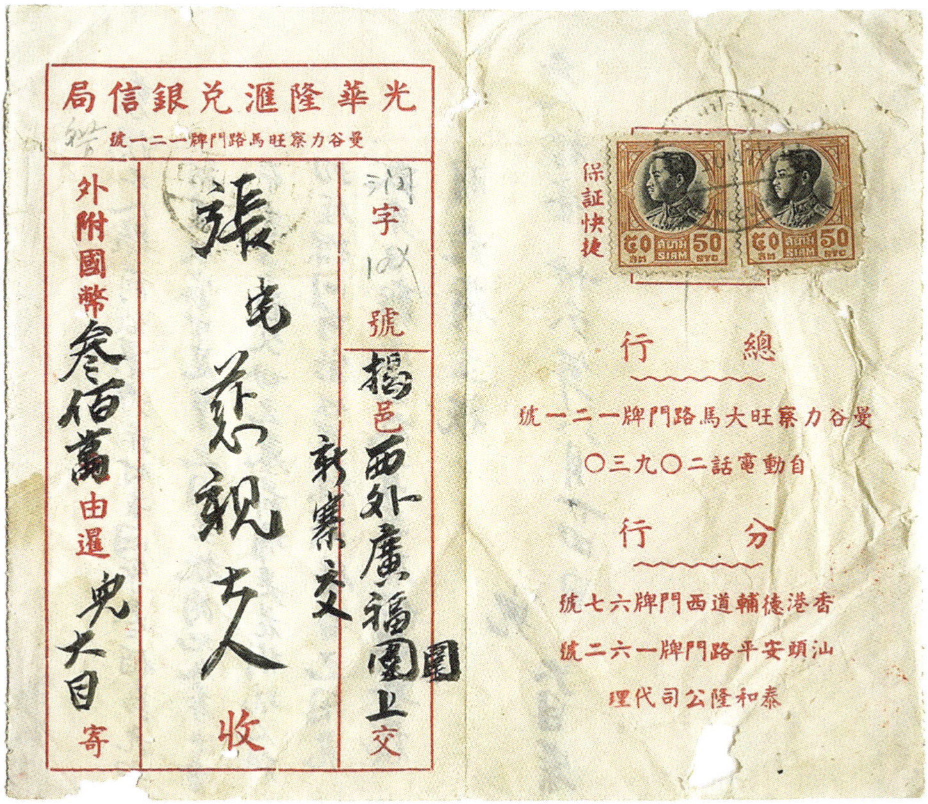

暹大目寄国币叁佰万元至揭邑西外广福围上新寨张宅慈亲，批封印“光华隆汇兑银信局”“分行汕头安平路门牌一六二号　泰和隆公司代理”

泰怡昌

汕头“泰怡昌”，是与“致和丰”“曾锦记”等同时期存在的“暹罗批局”在汕头的分号。

在1959年中国人民银行汕头支行《关于汕头市侨批的历史调查》中，可以发现合资商号“泰万昌”和“暹罗批局”分号“泰怡昌”均属于《关于汕头市侨批的历史调查》划分的“第一时期”（五口通商后，1843—1919年）的汕头批局。

下图回批封上戳记所显示的“暹罗泰万昌批局”，前埔有合资商号“泰万昌”和汕头暹罗批局分号“泰怡昌”。

因此，汕头“泰怡昌”应该是第一次世界大战前已存在的批局，而且1919年后便在汕头埠消亡。如若还继续存活的话，就会像“振盛兴”一样，在《关于汕头市侨批的历史调查》中分别出现在三个不同时期的名单中：“第一时期（五口通商后，1843—1919年）……暹罗批局……分号……振盛兴。第二时期（第一次世界大战以后）……暹罗批局……祖遗：振盛兴。第三时期（中华人民共和国成立前时期）……暹罗批局……祖遗：振盛兴。”

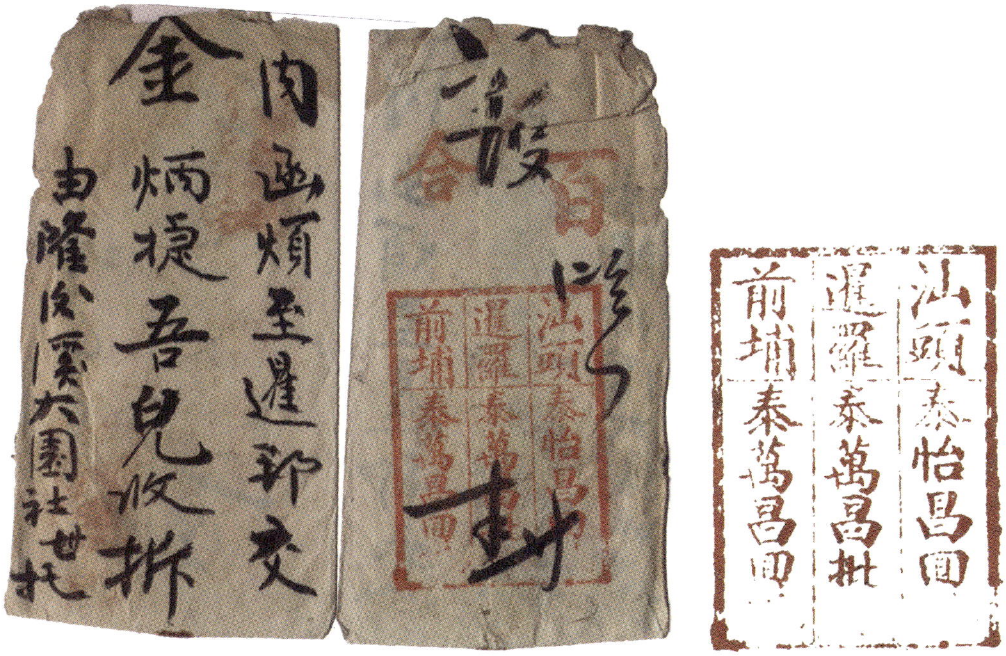

隆后溪大园社母寄暹邦金炳捷回批，批封盖“汕头泰怡昌回批　暹罗泰万昌批局　前埔泰万昌回批”印

天外天

“天外天”1948 年 9 月 4 日才出现在《汕头市侨批业同业公会会员名册》中，甚至 1948 年 8 月 30 日的《汕头市侨批业同业公会会员名册》都找不到“天外天”的名字，更不要说在此之前的各项档案资料了。

因为是匆忙赶趟“挤”进《汕头市侨批业同业公会会员名册》，“天外天”的各项资料并不齐全，该名册中只能见到：“天外天，经理人黄淑生，代表黄淑生，澄海人，行号地址永和街 45 号。”

中华人民共和国成立后，“天外天”参加 1951 年的汕头人民邮政局的侨批业登记，地址变更为永和街 41 号。

据 1990 年汕头市人民政府侨务办公室、汕头市归国华侨联合会编印的《汕头市华侨志（初稿）》所载，自 1970 年以后，侨批局和侨批站被撤销，有关侨汇业务由汕头市和各县中国银行及乡、村信用社负责。至 1969 年底，汕头市仍存侨批局 36 家，“天外天”便是其中之一。

下图标明“汕头本庄住永泰街新编门牌十一号”的实寄批是“一九五八年十月十四日”寄出的。可见，1958 年时“天外天”已迁移至永泰街 11 号经营。

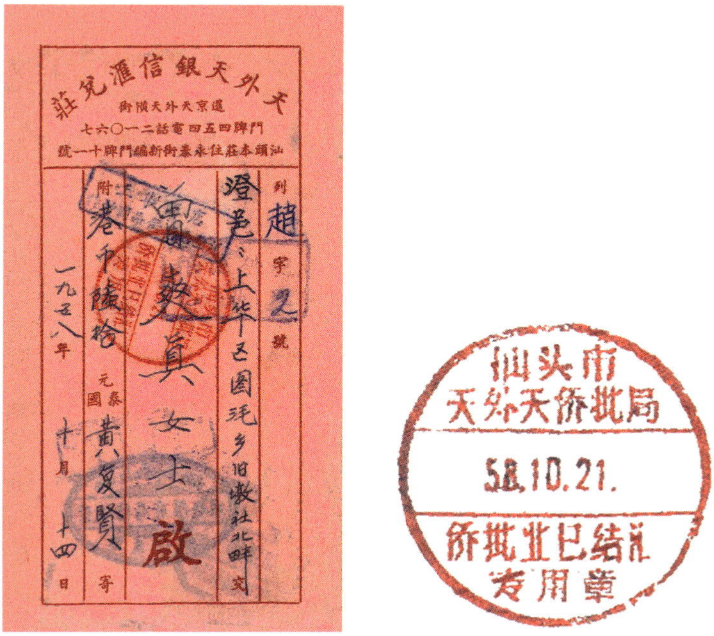

泰国黄复贤寄港币陆拾元至澄邑上华区图濠乡旧墩社北畔曾爽真，批封印“天外天银信汇兑庄 汕头本庄住永泰街新编门牌十一号”，盖“汕头市天外天侨批局 58. 10. 21. 侨批业已结汇专用章”印

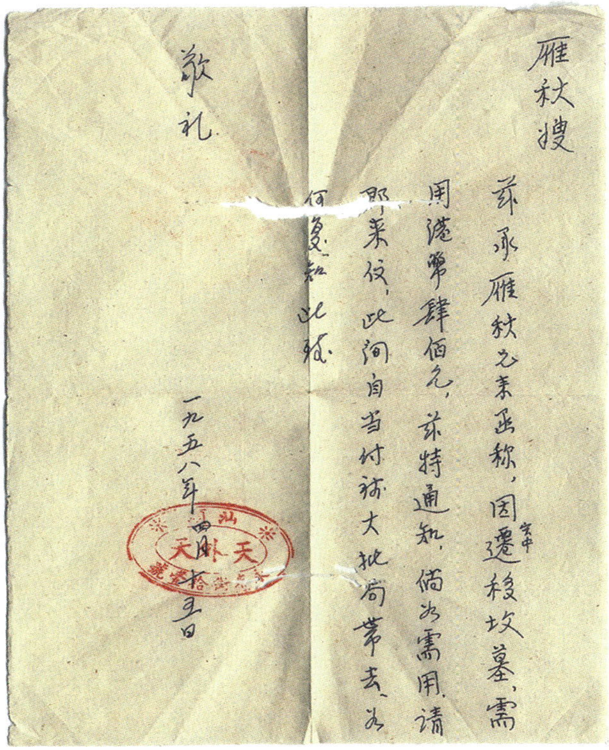
雁秋嫂

前承雁秋兄来函称，因遷移坟墓，需用港幣肆佰元，兹特通知，倘必需用，請即来取，此間自當付孫大批局帶去，為何，復知此致

敬礼

一九五八年四月十五日

一九五八年四月十五日寄雁秋嫂信，上盖“汕头　天外天永泰街拾壹号”印

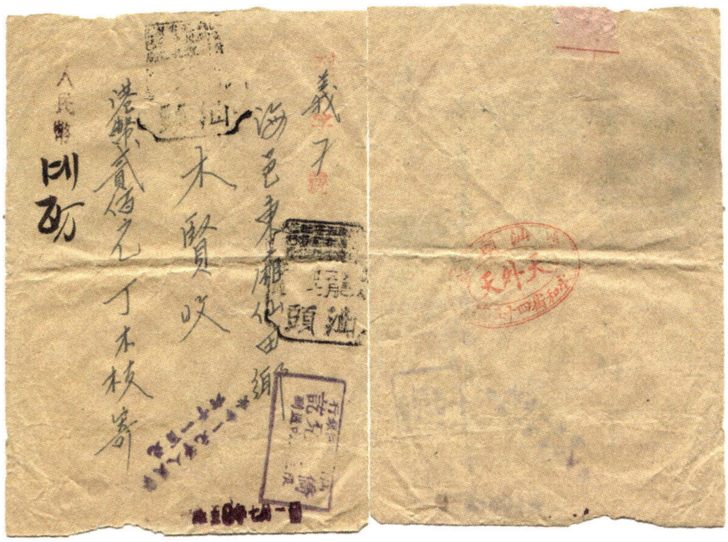

丁木枝寄港币贰佰元至海邑东厢仙田乡木贤，批封盖“汕头　天外天　永和街四十五号”和“一九五〇年七月一日”“汕头中国银行侨汇兑讫”印

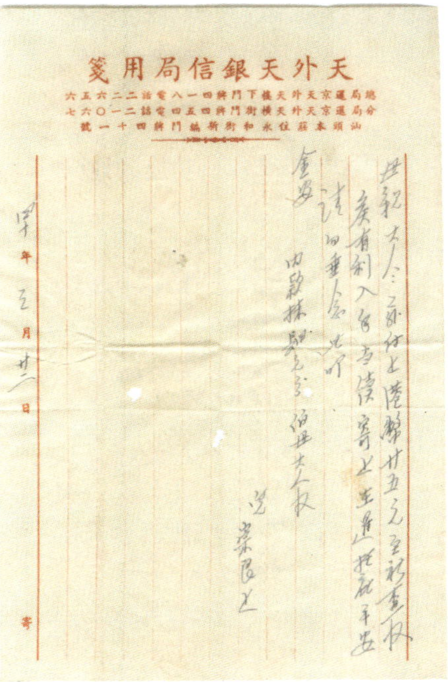
天外天銀信局用箋
總局暹京天外天樓下門牌四一八號 電話二二六五六
分局暹京天外天橫街門牌四五〇號 電話二〇一六七
汕頭本莊住永和街新編門牌四十一號

崇良寄母亲信用天外天银信局用笺，信笺印“汕头本庄住永和街新编门牌四十一号”

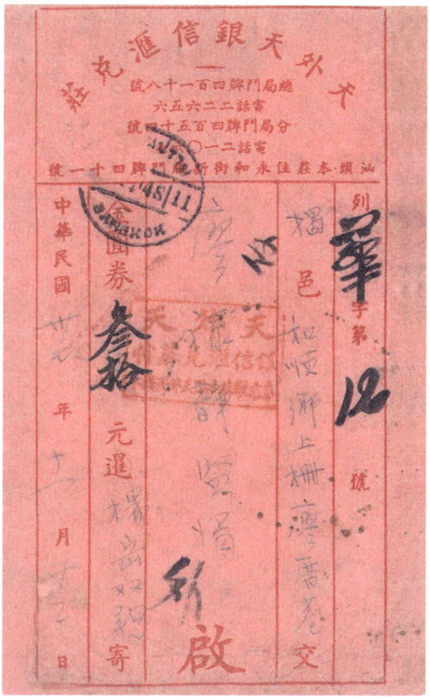
天外天銀信滙兑莊
總局門牌四百一十八號 電話二二六五六
分局門牌四百五十四號 電話二〇一二
汕頭本莊住永和街新編門牌四十一號
中華民國 年 月 日
金圓券 元還 寄
揭邑 交
列 字第 號
啟

暹杨岳双民国卅七年（1948）十一月廿二日寄金圆券叁拾元至揭邑和顺乡上栅廖厝巷廖禄静，批封印“天外天银信汇兑庄　汕头本庄住永和街新编门牌四十一号”

万丰发

“万丰发”是合资的“暹罗批局”。在 1959 年中国人民银行汕头支行《关于汕头市侨批业的历史调查》中，“万丰发”被归类为“第二时期（第一次世界大战以后）”合资“暹罗批局”在汕头市经营的商号。与“泰成昌”不同的是，后来“万丰发”的经营方式由“合资”变更为“独资”。

1923 年，“魏启峰”购置了永兴街 123 号（后改为 131 号），组建汕头收批站，翌年再将收批站改组成“万丰发”，负责人署名“魏长荣”（魏茂玉、郑长龙、杨璧荣合股经营）。

1933 年的《汕头市侨批业同业公会会员名册》显示，“万丰发”地址为升平路十三横街 9 号。

依据 1936 年汕头邮政管理局（邮局）向国家交通部邮政总局呈报的核发批局营业凭证申请书整理，该批局的基本情况如下：（批局执照：批字第 254 号）

批局名称		开设时间	开设地点	营业人姓名、籍贯	与何处往来营业
万丰发		民国十三年（1924）	汕头永兴街 123 号	魏长荣，揭阳	暹罗、安南、新加坡
分号	启峰	民国元年（1912）	揭阳	魏启圃，揭阳	汕头
	政记	民国元年（1912）	棉湖	杨璧荣，棉湖	汕头
	聚丰	民国十三年（1924）	潮安	朱湘兰，潮安	汕头
	喜合	民国元年（1912）	潮阳	刘竹船，潮阳	汕头
	黄茂利	民国十三年（1924）	黄岗	黄子厚，饶平	汕头
	源顺成	民国十二年（1923）	诏安	周崇仁，诏安	汕头
	合丰盛	民国十四年（1925）	汤坑	刘鸿美，揭阳	汕头
	信成号	民国十一年（1922）	莲阳	余斯耀，澄海	汕头
	恒亨	民国元年（1912）	留隍	詹集秉，丰顺	汕头
	有信	民国十年（1921）	澄海	芮弼卿，澄海	汕头
	广德	民国元年（1912）	汤坑	李绍名，揭阳	汕头
	桂兴	民国元年（1912）	留隍	魏传材，丰顺	汕头
	荣记	民国元年（1912）	桥柱	陈鹤畴，桥柱	汕头

1942 年，“万丰发”登记地址依然是永兴街 123 号，但是营业代表变更为 40 岁揭阳人魏大璋。

1946年6月的《汕头市侨批业同业公会会员名册》中的登记资料显示，“万丰发”的经理人为魏启和，营业代表变更为魏基坚，资本额1 000万元，会费单位2001位，登记地址为升平路十三横街9号。同时，经理魏基坚当选汕头市侨批业同业公会第一届理事会理事。

1946年11月，“万丰发”出现在汕头市侨批业同业公会填报的《汕头市侨批业调查表》中，主事人魏长荣，店址为升平路十三横街9号，核发交通部邮政总局1946年营业执照，汕头邮局3月2日填发换照收条第52号（新照未颁发至汕）。“经营何港侨汇”一栏变更为“暹罗、坤甸、新加坡”，已非1936年的“暹罗、安南、新加坡”。

据1946年12月汕头一等邮局函送市政府《汕头市批信局一览表》，“万丰发”获核发1946年度营业执照，号码第85号，营业人填报魏长荣。

1948年8月，在《汕头市侨批业同业公会会员商号名册》中，合资形式的“万丰发”登记地址不变，并获领广州邮政管理局核发的当期侨批业营业执照（号码第102号），其负责人为魏基坚。

1948年9月，在《汕头市侨批业同业公会会员名册》中，“万丰发”的资本额保持1 000万元，会费单位2001位，经理人魏启和，营业代表为27岁揭阳人魏基坚。

中华人民共和国成立后，“万丰发”的经营地点仍以“升平路十三横街9号”登记。

据1990年汕头市人民政府侨务办公室、汕头市归国华侨联合会编印的《汕头市华侨志（初稿）》所载，自1970年以后，侨批局和侨批站被撤销，有关侨汇业务由汕头市和各县中国银行及乡、村信用社负责。至1969年底，汕头市仍存侨批局36家，“万丰发”便是其中之一。

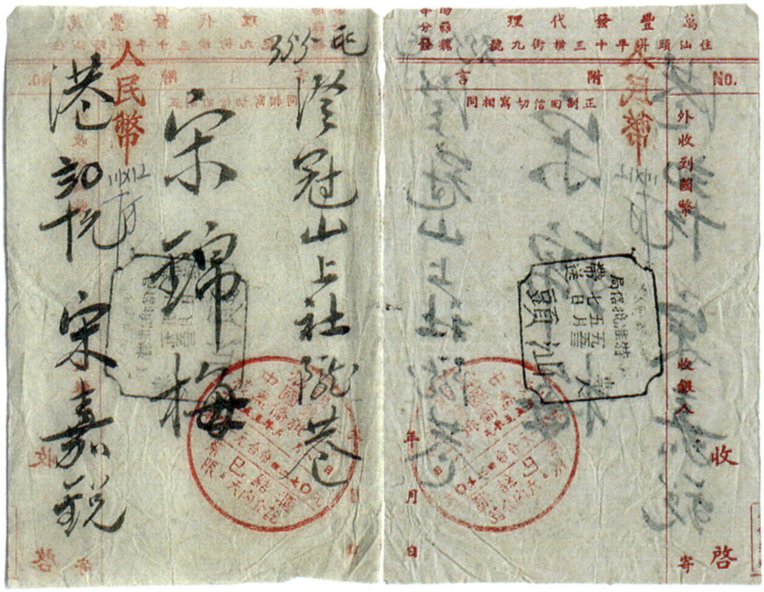

宋嘉锐寄港币八十元至澄冠山上社陇巷宋锦梅，批封印“万丰发代理　住汕头升平十三横街九号”，盖“汕头　一九五三五月七日”侨批专用邮戳

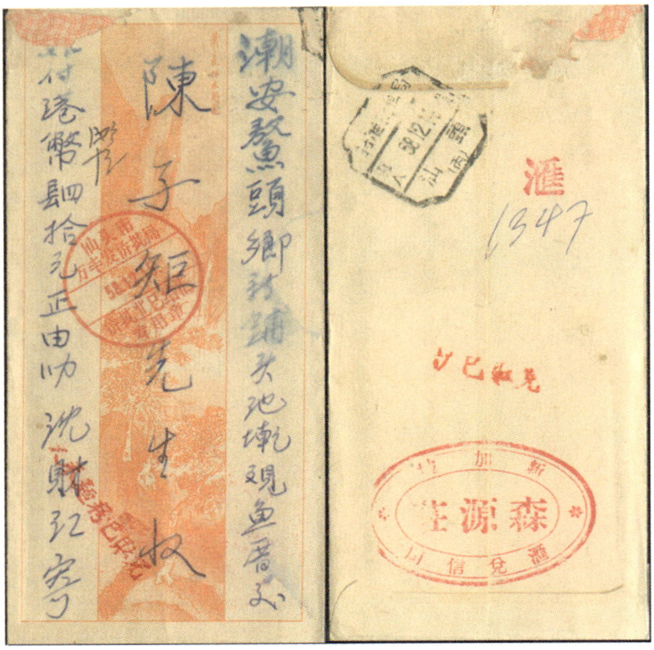

叻沈财江寄港币肆拾元至潮安鳌头乡新铺头池墘观鱼厝陈子矩，批封盖“汕头市万丰发侨批局 58.12.15. 侨批业已结汇专用章”和“汕头 58.12.14.”侨批专用邮戳

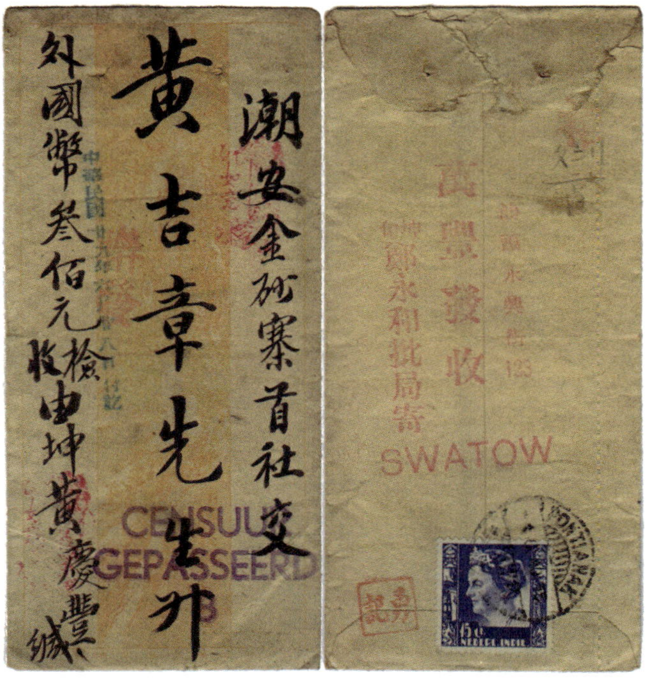

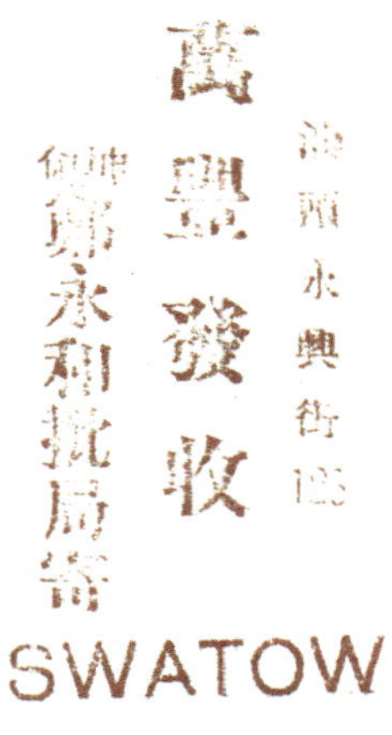

坤黄庆丰寄国币叁佰元至潮安金砂寨首社黄吉章，批封盖“汕头永兴街123 万丰发收 坤甸郑永和批局寄”和“中华民国廿九年六月廿八日付讫”印

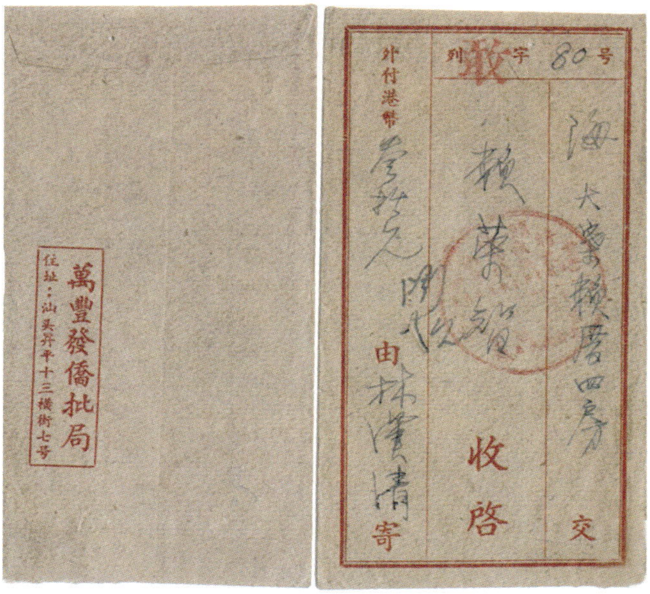

林汉清寄港币叁拾元至海大寨赖厝四房赖荣智，批封印“万丰发侨批局 住址：汕头升平十三横街七号”，盖“汕头中国银行核盖侨批之章”

陈应瑞寄港币叁佰元至海庵埠官里乡黄厝祠巷许锦炎，侨批通知书印“汕头万丰发批局分发 住升平十三横街五号”，盖“汕头中国银行核盖侨批之章”

万兴昌

1933 年，“万兴昌”在《汕头市侨批业同业公会会员名册》中的登记地址是永安街 60 号。

依据 1936 年汕头邮政管理局（邮局）向国家交通部邮政总局呈报的核发批局营业凭证申请书整理，该批局的基本情况如下：（批局执照：批字第 261 号）

批局名称		开设时间	开设地点	营业人姓名、籍贯	与何处往来营业
万兴昌		民国十三年（1924）	汕头永安街 60 号	许文雅，饶平	暹罗
分号	永隆	民国三年（1914）	浒洲	佘立基，饶平	汕头
	振兴	民国三年（1914）	小东	黄五初，饶平	汕头
	鸿茂盛	民国二年（1913）	黄冈	卢湘如，潮安	汕头
	许陶合	民国六年（1917）	黄冈	许献其，饶平	汕头
	洪万兴	民国三年（1914）	棉湖	洪贤炎，揭阳	汕头
	振盛兴	民国三年（1914）	澄海	曾国声，澄海	汕头
	启峰	民国元年（1912）	揭阳	魏启圃，揭阳	汕头
	喜合	民国七年（1918）	潮阳	刘竹船，潮阳	汕头
	广源	民国三年（1914）	潮安	林冠等，饶平	汕头
	恒益	民国元年（1912）	留隍	詹礼园，汕头	汕头

1942 年，“万兴昌”在《汕头市侨批业同业公会会员名册》中的登记地址变更为永安街 46 号，营业代表为 49 岁张哲文。

1946 年 6 月的《汕头市侨批业同业公会会员名册》中的登记资料显示，“万兴昌”的经理人和营业代表均为 41 岁饶平人许允一，资本额 1 000 万元，会费单位 2001 位，登记地址永安街 60 号。同时，经理许允一当选汕头市侨批业同业公会第一届理事会常务理事。

1946 年 11 月，“万兴昌”出现在汕头市侨批业同业公会填报的《汕头市侨批业调查表》中，主事人许允一，店址为永安街 60 号，核发交通部邮政总局 1946 年营业执照，汕头邮局 2 月 20 日填发换照收条第 43 号（新照未颁发至汕）。“经营何港侨汇”一栏无变更。

据 1946 年 12 月汕头一等邮局函送市政府《汕头市批信局一览表》，“万兴昌”获核发

1946 年度营业执照，号码第 88 号，营业人填报许允一。

1948 年 8 月，在《汕头市侨批业同业公会会员商号名册》中，合资形式的“万兴昌”登记地址已由永安街 60 号变更为永安街 58 号，并获领广州邮政管理局核发的当期侨批业营业执照（号码第 105 号），其负责人变更为许文雅。

1948 年 9 月，在《汕头市侨批业同业公会会员名册》中，“万兴昌”的资本额保持 1 000万元，会费单位 2001 位，经理人为 67 岁饶平人许文雅，恢复到 1936 年的登记状况。

中华人民共和国成立后，“万兴昌”参加 1951 年的汕头人民邮政局的侨批业注册登记，地址仍为永安街 58 号。

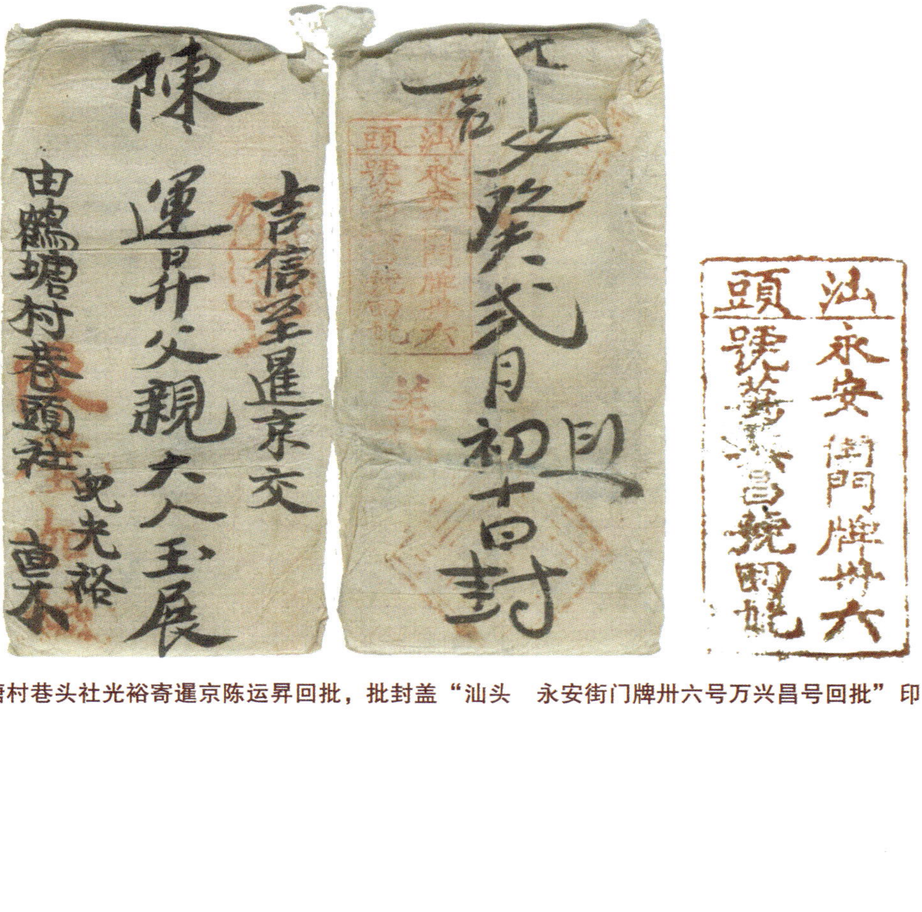

鹤塘村巷头社光裕寄暹京陈运昇回批，批封盖“汕头　永安街门牌卅六号万兴昌号回批”印

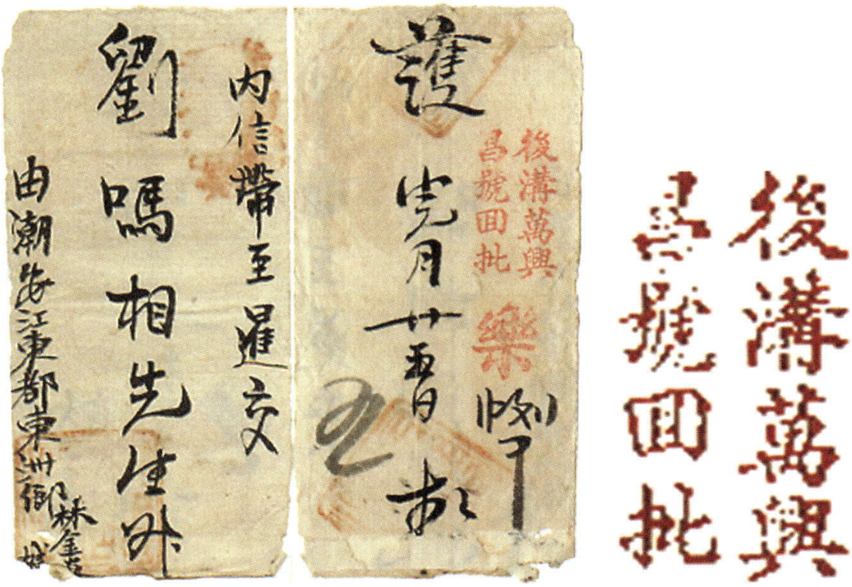

潮安江东都东洲乡林金炎寄暹刘吗相回批，批封盖“后沟万兴昌号回批”印

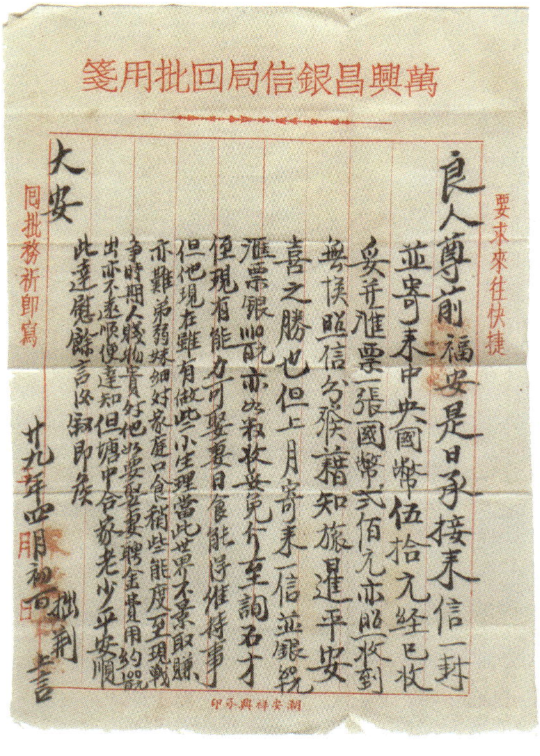

潮安“祥兴”承印的万兴昌银信局回批用笺

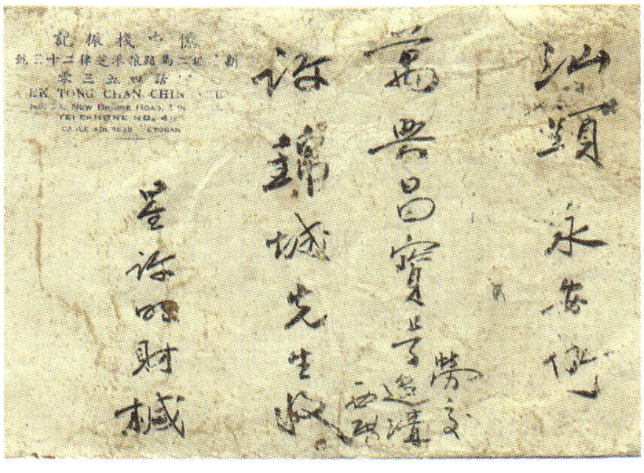

星谢明财寄汕头永安街万兴昌宝号交后沟西厝谢锦城

魏桂兴

“魏桂兴”代理汕头的侨批。

“桂兴”是汕头“恒记”在丰顺留隍的分号，开设时间是民国元年［甚至更早，因为部分开设时间早于民国元年（1912）的侨批业商号在填报材料中均将开设时间填为“民国元年”］。分号负责代理人魏传材，丰顺人，1935 年 11 月填报年岁 52 岁。（可参阅本书“恒记”条）

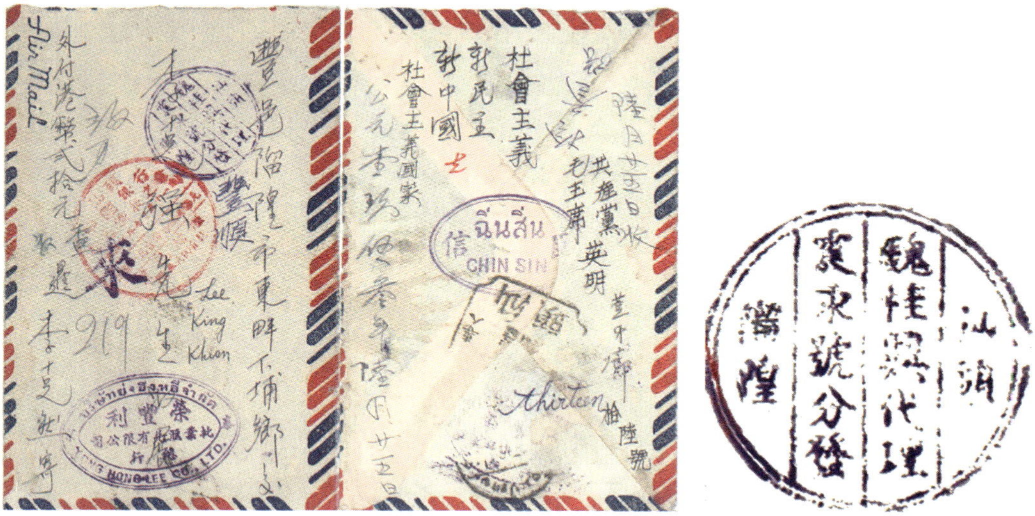

暹李克然寄港币贰拾元至丰邑留隍市东畔下埔乡李克强，批封盖“汕头魏桂兴代理　留隍震东号分发”印和“汕头中国银行　一九五七年七月三十一日　核盖侨批之章”

协　成

“协成”是泰国批局与汕头合伙经营的合资形式批局。按照中国人民银行汕头支行对各时期侨批业的行号及其组织形式进行分类的“合资”形式的划定，“该业为合伙经营，由彼此相互认识之股东组成，目前具有相当历史之老批局，均属此类组织”，可见，“协成”即属“具有相当历史之老批局”。

在 1959 年中国人民银行汕头支行《关于汕头市侨批业的历史调查》中，“协成”被归类为“第二时期（第一次世界大战后）”“暹罗批局”“合资”形式的侨批局商号。

但是，这一“具有相当历史之老批局”一直未见诸汕头侨批业的相关档案资料中，仅能从以下实寄回批封印戳上的文字寻得一点信息。

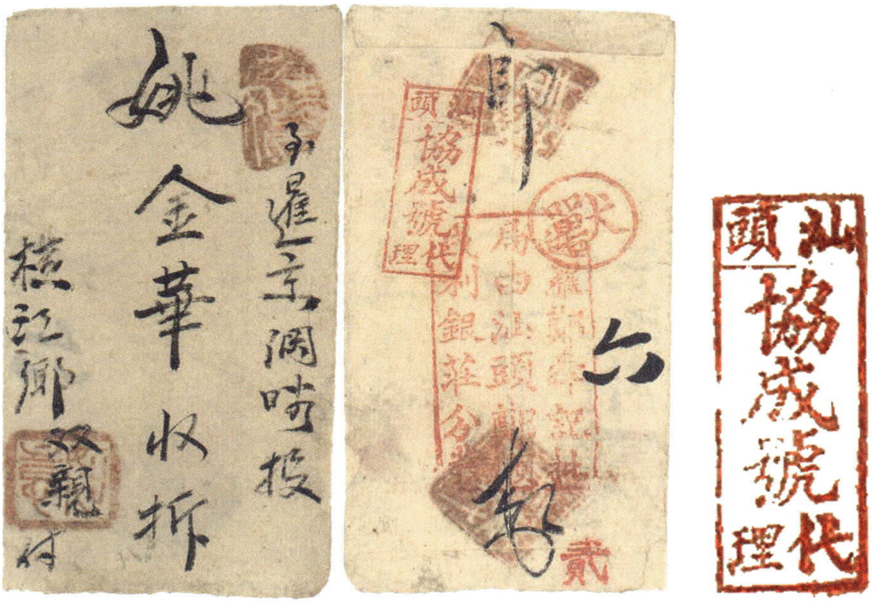

横江乡双亲寄暹京曼谷姚金华回批，批封盖“汕头　协成号代理”印

协成兴

“协成兴”在1933年的汕头市侨批业同业公会会员登记中的地址是永泰路71号。

依据1936年汕头邮政管理局（邮局）向国家交通部邮政总局呈报的核发批局营业凭证申请书整理，该批局的基本情况如下：（批局执照：批字第291号）

批局名称		开设时间	开设地点	营业人姓名、籍贯	与何处往来营业
协成兴		民国十一年（1922）	汕头永平路	许汉平，饶平	曼谷
分号	陶合号	民国五年（1916）	黄岗	许献其，饶平	汕头
	魏启峰	民国七年（1918）	揭阳	魏启圃，揭阳	汕头
	刘喜合	民国四年（1915）	潮阳	刘竹船，潮阳	汕头
	信成庄	民国十一年（1922）	莲阳	余昌期，澄海	汕头
	聚丰庄	民国十一年（1922）	潮安	朱湘兰，潮安	汕头
	广顺庄	民国四年（1915）	店仔头	金振忠，饶平	汕头
	广源庄	民国六年（1917）	诏安	许凤声，诏安	汕头
	协成兴	民国十一年（1922）	东里	许锡河，澄海	汕头

1942年6月，“协成兴”在《汕头市侨批业同业公会会员名册》中以21岁饶平人许克家为负责人参加登记，店址为永泰路71号。

1946年6月《汕头市侨批业同业公会会员名册》中的登记资料显示，“协成兴”的经理人为30岁澄海人陈建人，资本额700万元，会费单位1401位，登记地址永泰路71号不变。

1946年11月，“协成兴”出现在汕头市侨批业同业公会填报的《汕头市侨批业调查表》中，主事人许汉平，店址为永泰路71号，核发交通部邮政总局1946年营业执照，汕头邮局11月13日填发换照收条第29号（新照未颁发至汕）。“经营何港侨汇”一栏变更为“暹罗”，与1936年填报之“曼谷”比较范围扩大了。

据1946年12月汕头一等邮局函送市政府《汕头市批信局一览表》，“协成兴”获核发1946年度营业执照，号码第72号，营业人依然填报许汉平。

1948年8月，在《汕头市侨批业同业公会会员商号名册》中，合资形式的“协成兴”登记地址已由永泰路71号变更为通津街28号，并获领广州邮政管理局核发的当期侨批业营业执照（号码第90号），其负责人变更为郑德芳。

1948 年 9 月，在《汕头市侨批业同业公会会员名册》中，“协成兴”的资本额变更为 500 万元，会费单位减至 1001 位，经理人变更为 36 岁澄海人陈树人，地址改为永兴街 61 号。

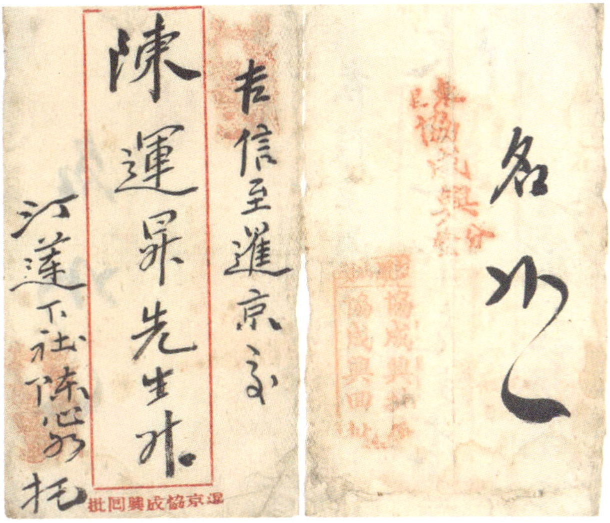

澄莲下社陈心如寄暹京陈运昇回批，批封盖“暹罗协成兴批局　汕头协成兴回批”印

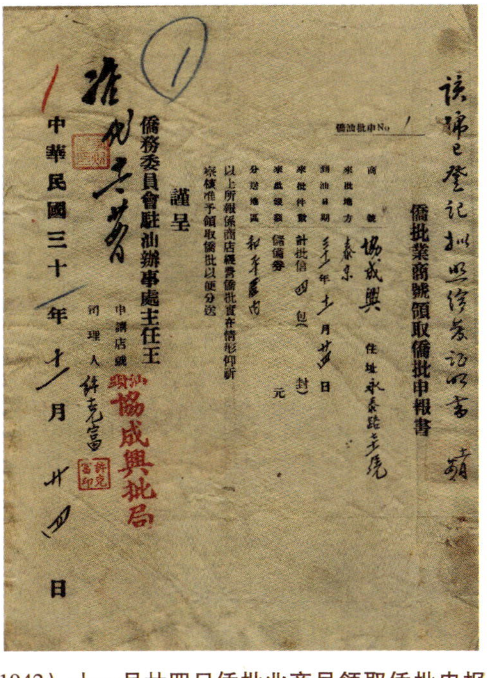
僑批業商號領取僑批申報書

商號 協成興 住址 永泰路七十一號
來批地方 泰京
到汕日期 三十一年十一月廿四日
來批件數 計批信四包（ 封）
來款總數 僑備券 元
分送地區 和平鳳內
以上所報係商店經營僑批實在情形仰祈
察核准予領取僑批以便分送
謹呈
僑務委員會駐汕辦事處主任王
申請店號 汕頭協成興批局
司理人 許克富
中華民國三十一年十一月廿四日

民国三十一年（1942）十一月廿四日侨批业商号领取侨批申报书上申请店号盖“汕头协成兴批局”印，住址为“永泰路七十一号”

新合顺

《揭阳邮电志》载：“揭阳早期有组织的民信局‘新合顺’号在汕设有总行，创于光绪十三年（1887），批局经理人郑祖泽。”

《揭阳县志》载：“揭阳县是侨乡，清光绪十三年已出现侨批业新合顺号。”

《揭阳文史》（第五集）载：“汕头邮政局登记在册的民信批局在揭阳的分号，计清代设立的有四家，即光绪十三年，郑祖泽设‘新合顺’分号。”

从揭阳史、志记载可以断定，汕头“新合顺”确为揭阳“新合顺”的总行。这一点，广东省档案馆馆藏的《晚清潮汕侨批局创生表》给出了有力的证明：“新合顺”开设时间为光绪十三年（1887），开设地址为德里街。这与展示的回批封上的戳记吻合。由此也可判断该回批产生的年代还是相当久远的。

据 1959 年中国人民银行汕头支行《关于汕头市侨批业的历史调查》中对汕头市侨批局的行号分期开列归类，“新合顺”属于独资的“星马批局”，出现于五口通商后的 1843—1919 年。

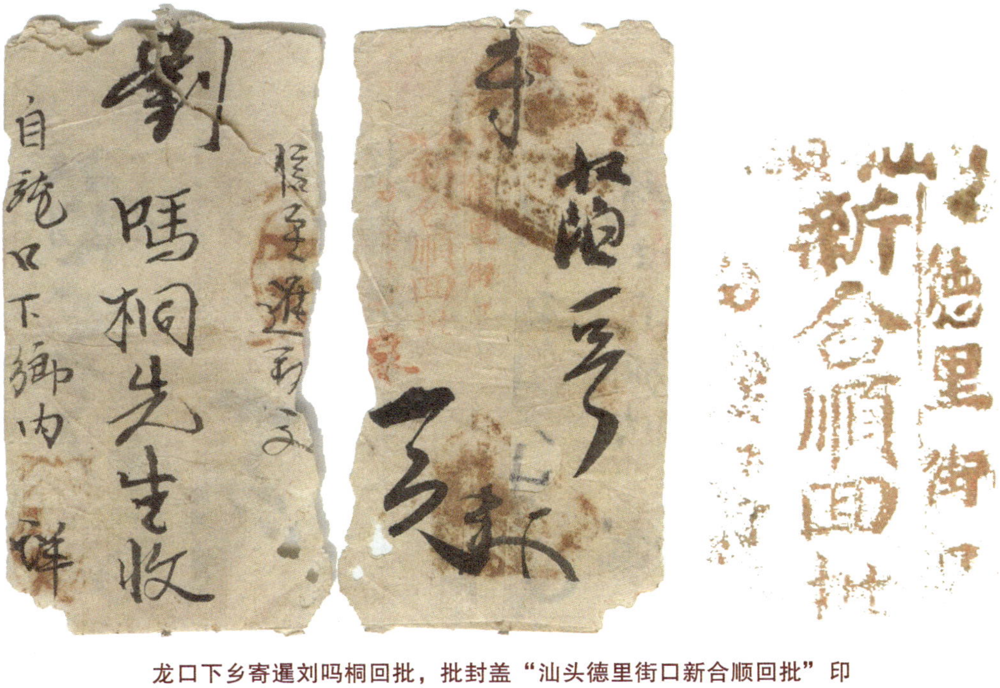

龙口下乡寄暹刘吗桐回批，批封盖“汕头德里街口新合顺回批”印

新华利

“新华利”创立的时间较晚，1949 年 6 月 4 日，泰国《全民报》刊登广告：“新华利银信局，六月三日开始接收潮梅各县银信以及汕头之汇兑。曼谷，新华利，住真君爷街八号，电话二〇一八八。汕头，新华利，住永兴六横街，门牌十一号。”

“新华利”参加 1951 年汕头人民邮政局的侨批业注册登记，登记地址为万安街 53 号。

据 1990 年汕头市人民政府侨务办公室、汕头市归国华侨联合会编印的《汕头市华侨志（初稿）》所载，自 1970 年以后，侨批局和侨站被撤销，有关侨汇业务由汕头市和各县中国银行及乡、村信用社负责。至 1969 年底，汕头市仍存侨批局 36 家，“新华利”便是其中之一。

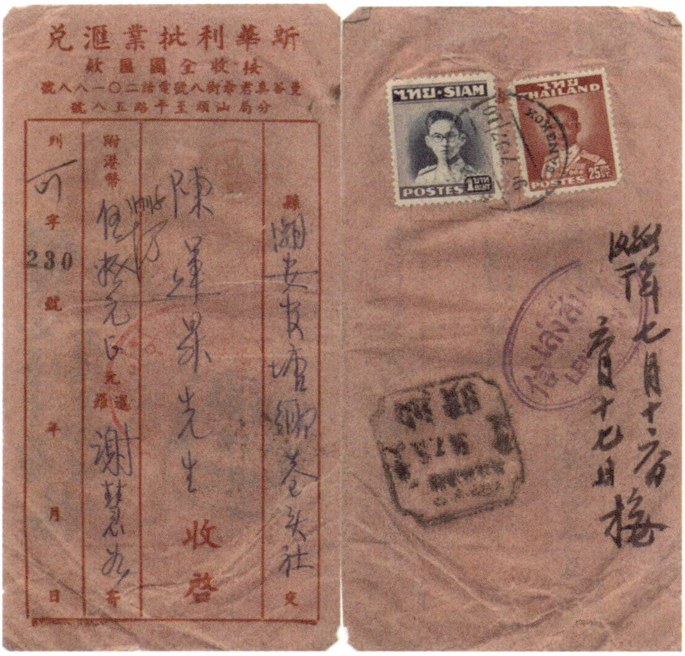

暹罗谢慧如寄港币伍拾元至潮安官塘乡巷头社陈运昇，批封印“新华利批业汇兑　分局汕头至平路五八号”，盖“汕头　54. 7. 15.”侨批专用邮戳

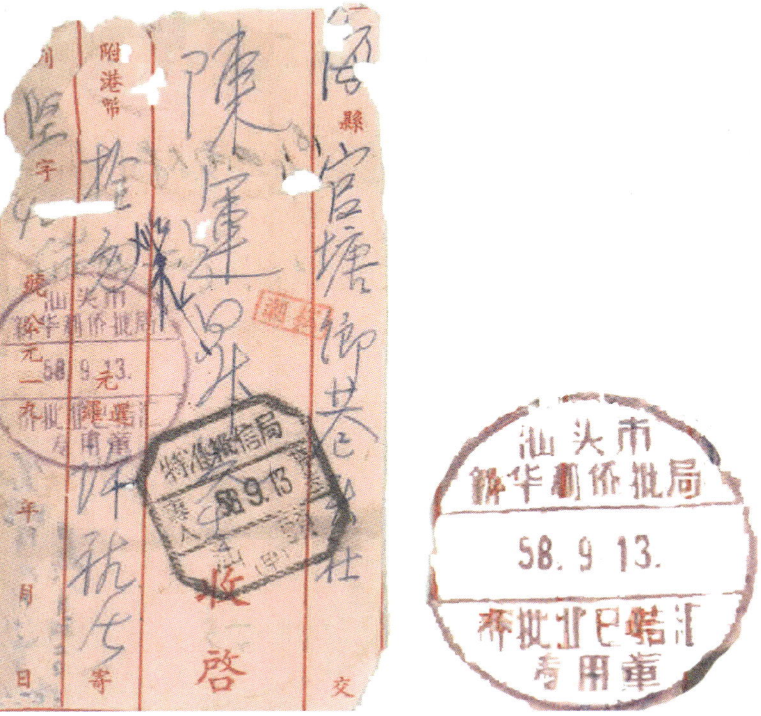

暹罗许裕合寄港币拾元至潮安官塘乡巷头社陈运昇，批封盖“汕头市新华利侨批局　58.9.13.　侨批业已结汇专用章”和“汕头　58.9.13.”侨批专用邮戳

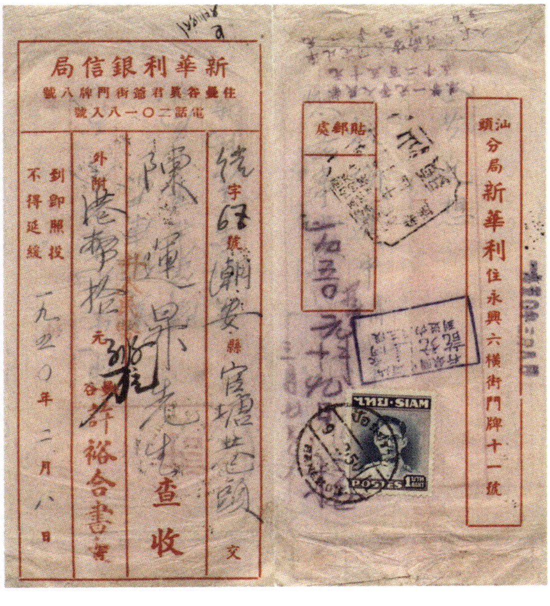

曼谷许裕合寄港币拾元至潮安县官塘巷头陈运昇，批封印“新华利银信局”“汕头分局新华利住永兴六横街门牌十一号”，盖“一九五〇年三月八日”“汕头中国银行侨汇兑讫”章

信　大

“信大”在1933年的汕头市侨批业同业公会会员登记的地址是永泰路128号。

依据1936年汕头邮政管理局（邮局）向国家交通部邮政总局呈报的核发批局营业凭证申请书整理，该批局的基本情况如下：（批局执照：批字第295号）

批局名称		开设时间	开设地点	营业人姓名、籍贯	与何处往来营业
信大		民国十九年（1930）	汕头永泰路128号	陈谦铭，普宁	新加坡、安南堤岸
分号	合成	民国十三年（1924）	普宁	陈谦铭，普宁	汕头
	光德成	民国二年（1913）	揭阳	李运祥，揭阳	汕头
	洪万兴	民国十五年（1926）	棉湖	洪贤明，揭阳	汕头
	刘喜合	民国元年（1912）	潮阳	刘竹船，潮阳	汕头
	陈四合	民国六年（1917）	金瓯	陈成安，潮阳	汕头
	陈普通	民国十五年（1926）	新加坡小坡梧槽律	陈容清，普宁	汕头
	陈信裕	民国十七年（1928）	安南堤岸美萩街	陈崇翰，普宁	汕头

1942年6月，“信大”参加汕头市侨批业同业公会登记，其营业代表依然是55岁普宁人陈谦铭，登记地址永泰路128号也不变。

1946年6月的《汕头市侨批业同业公会会员名册》中的登记资料显示，“信大”的经理人为57岁普宁人陈欣泽，资本额500万元，会费单位1001位，登记地址为永泰路128号。

1946年11月，“信大”出现在汕头市侨批业同业公会填报的《汕头市侨批业调查表》中，主事人陈欣泽，店址为永泰路128号，核发交通部邮政总局1946年营业执照，汕头邮局1月14日填发换照收条第24号（新照未颁发至汕）。“经营何港侨汇”一栏增加“日里”。

1946年12月汕头一等邮局函送市政府《汕头市批信局一览表》，“信大”获核发1946年度营业执照，号码第58号，营业人填报为1936年的陈谦铭。

1948年8月，在《汕头市侨批业同业公会会员商号名册》中，独资形式的“信大”登记地址已由永泰路128号变更为永泰路90号，并获领广州邮政管理局核发的当期侨批业营业执照（号码第76号），其负责人为陈欣泽。

1948年9月，在《汕头市侨批业同业公会会员名册》中，“信大”的资本额保持500万元，会费单位1001位，经营人和经营地址均无变更。

1951年，“信大”参加汕头人民邮政局的侨批业注册登记，经营地址门牌依旧为永泰路 90 号。

据 1990 年汕头市人民政府侨务办公室、汕头市归国华侨联合会编印的《汕头市华侨志（初稿）》所载，自 1970 年以后，侨批局和侨批站被撤销，有关侨汇业务由汕头市和各县中国银行及乡、村信用社负责。至 1969 年底，汕头市仍存侨批局 36 家，“信大”便是其中之一。

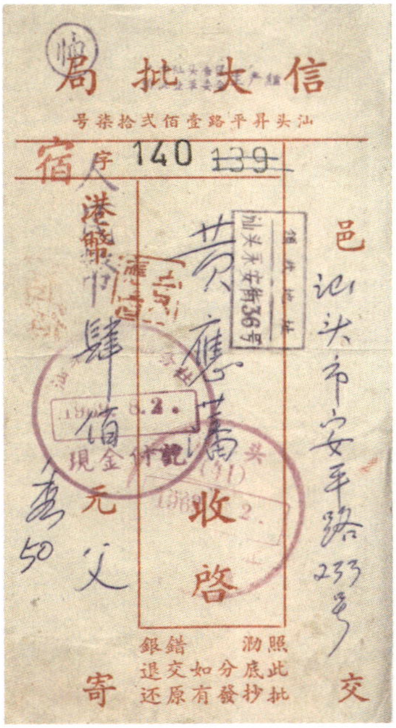

父寄港币肆佰元至汕头市安平路 233 号黄应藩，侨批通知书印“信大批局　汕头升平路壹佰贰拾柒号”，盖“领款地址汕头永安街 36 号”印和“汕头（41）　1969. 8. 2.　侨汇业结汇证明章”

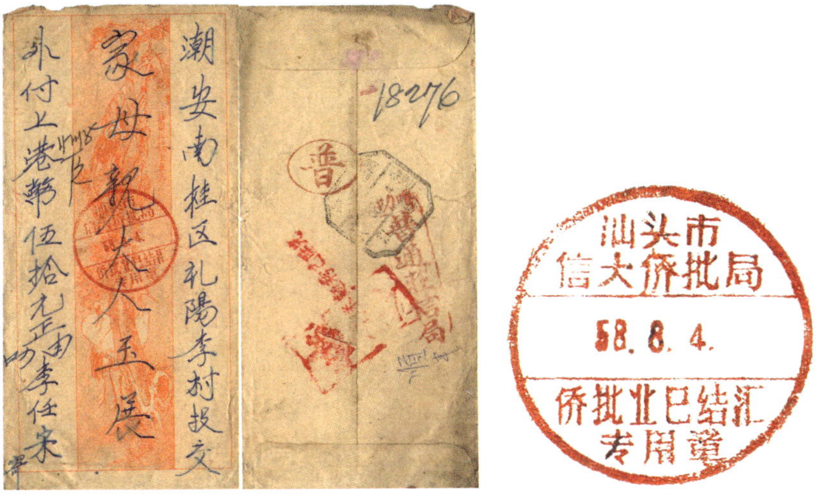

叻李任宋寄港币伍拾元至潮安南桂区礼阳李村家母亲，批封盖“汕头市信大侨批局　58. 8. 4.　侨批业已结汇专用章”

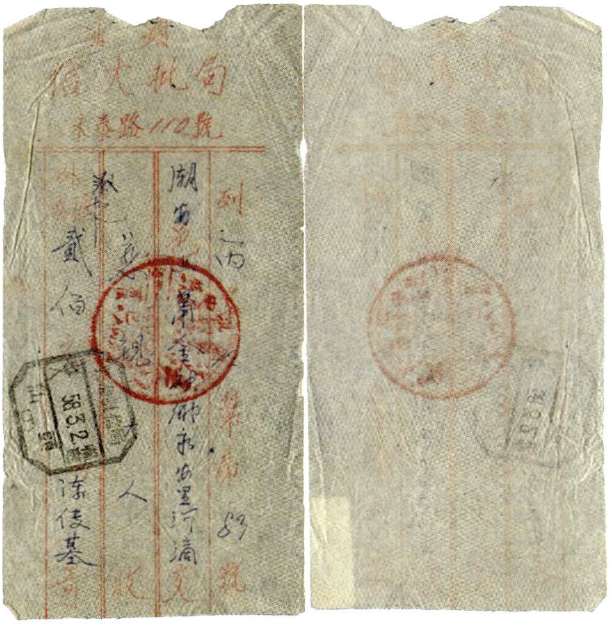

信大号批局印鉴

陈传基寄贰佰元至潮安上莆金砂乡永安里河滴慈亲，批封印“汕头　信大批局　永泰路110号”，盖“汕头　58. 3. 2.”侨批专用邮戳

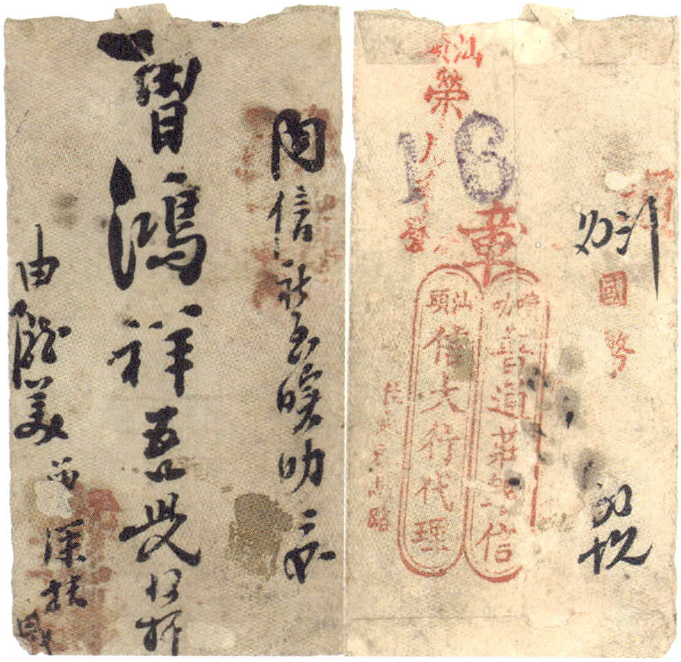

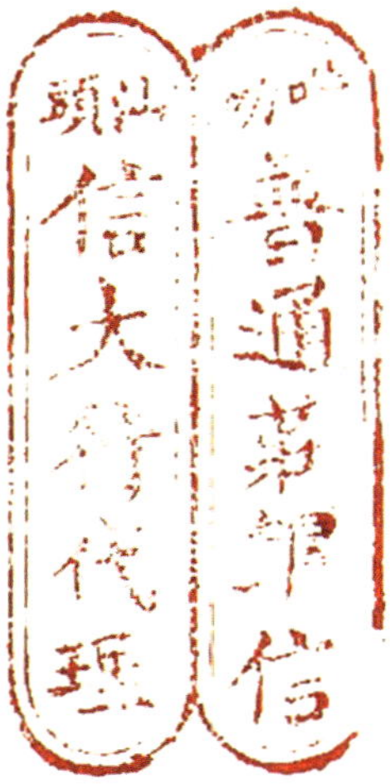

陇美曾深扶寄实叻曾鸿祥回批，批封盖“实叻普通庄银信　汕头信大行代理”印

信和成

“信和成”是抗战胜利后才创设的侨批经营机构，《汕头市侨批业同业公会会员名册》中首次出现“信和成”一名是在 1948 年 3 月。

1948 年 8 月，在《汕头市侨批业同业公会会员商号名册》中，合资形式的“信和成”登记地址是大通街 4 号，并获领广州邮政管理局核发的当期侨批业营业执照（号码第 51 号），其负责人为林应开。

1948 年 9 月，在《汕头市侨批业同业公会会员名册》中，“信和成”的经理人为林道谋，营业代表（司理）是 38 岁揭阳人林应开，资本额 300 万元，会费单位 601 位，登记地址为大通街 4 号。

中华人民共和国成立后，“信和成”继续经营，并参加 1951 年汕头人民邮政局注册登记。

据 1990 年汕头市人民政府侨务办公室、汕头市归国华侨联合会编印的《汕头市华侨志（初稿）》所载，自 1970 年以后，侨批局和侨批站被撤销，有关侨汇业务由汕头市和各县中国银行及乡、村信用社负责。至 1969 年底，汕头市仍存侨批局 36 家，“信和成”便是其中之一。

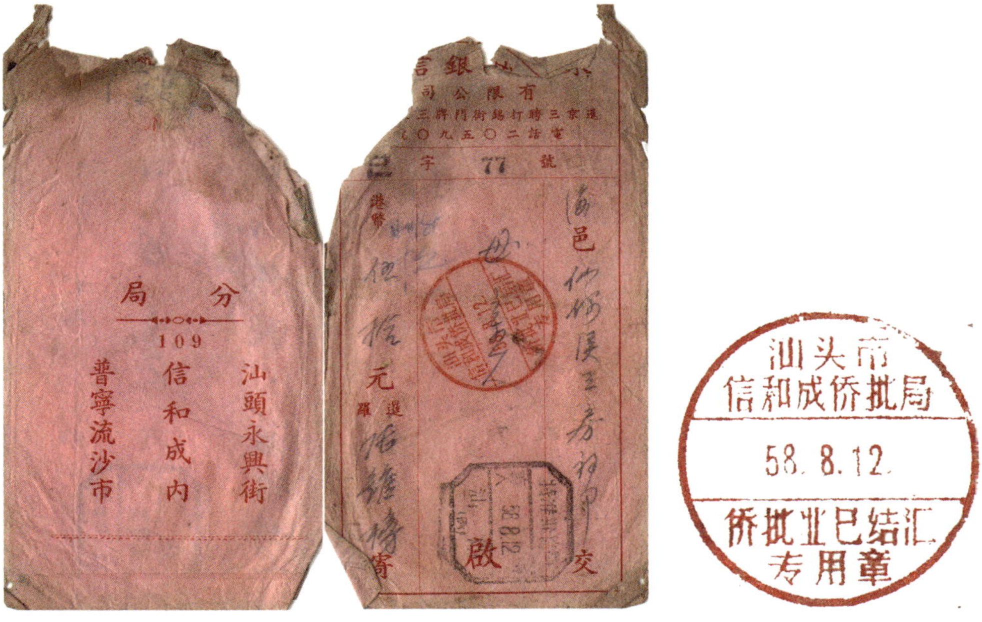

暹罗陆锥榜寄港币伍拾元至海邑仙何溪三房母，批封印“分局　汕头永兴街　信和成内”，并盖“汕头市信和成侨批局　58. 8. 12.　侨批业已结汇专用章”印和“汕头　58. 8. 12.”侨批专用邮戳

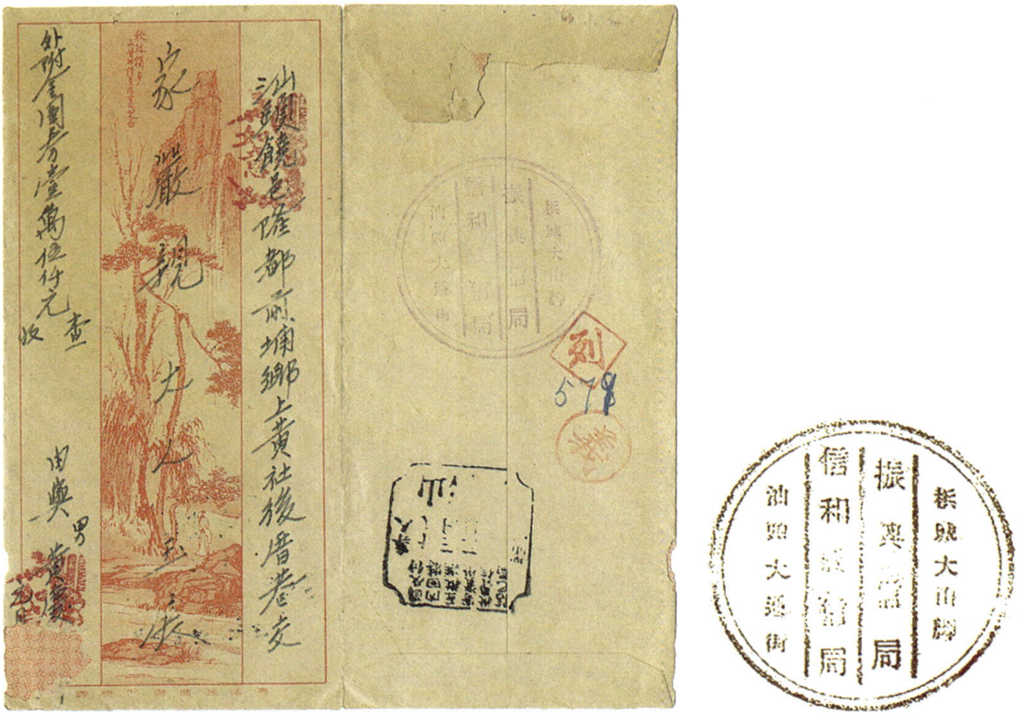

屿黄庆寄金圆券壹万伍仟元至汕头饶邑隆都前埔乡上黄社后厝巷家严亲，批封盖“梹城大山脚振兴信局　汕头大通街信和成信局”印和汕头侨批专用邮戳

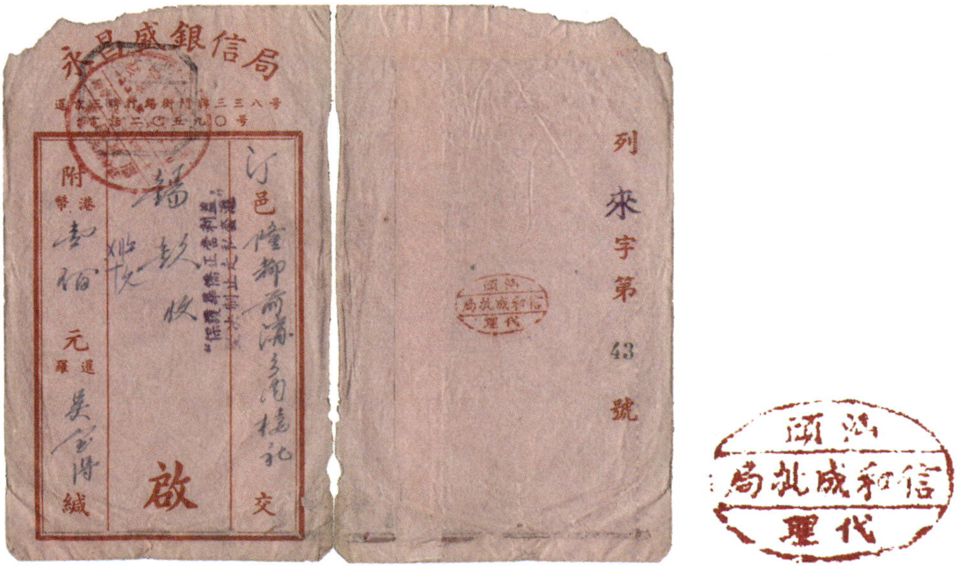

暹罗吴宝得寄港币壹佰元至澄邑隆都前沟乡内楼社锡钦，批封盖“汕头信和成批局代理”印和汕头侨批专用邮戳

许福成

1933 年，“许福成”在《汕头市侨批业同业公会会员名册》中的登记地址是永平路 133 号。

依据 1936 年汕头邮政管理局（邮局）向国家交通部邮政总局呈报的核发批局营业凭证申请书整理，该批局的基本情况如下：（批局执照：批字第 328 号）

批局名称		开设时间	开设地点	营业人姓名、籍贯	与何处往来营业
许福成		民国九年（1920）	汕头永平路 133 号	许质彬，饶平	暹罗
分号	陶合号	民国五年（1916）	黄冈	许献其，饶平	汕头
	魏启峰	民国七年（1918）	揭阳	魏启圃，揭阳	汕头
	刘喜合	民国四年（1915）	潮阳	刘竹船，潮阳	汕头
	信成	民国十三年（1924）	莲阳	余昌其，澄海	汕头
	聚丰庄	民国十二年（1923）	潮安	朱湘兰，潮安	汕头
	林春生	民国四年（1915）	店仔头	林亨晏，饶平	汕头
	协成兴	民国十一年（1922）	东里	许锡河，澄海	汕头
	洪万兴	民国十五年（1926）	棉湖	洪贤明，揭阳	汕头
	许明发	民国五年（1916）	曼谷三聘街（联号）	许玉声，饶平	汕头

尽管“许福成”开设于民国九年（1920），但其未参加 1933 年的汕头市侨批业同业公会会员登记。

1942 年 6 月，“许福成”的经营代表是 31 岁澄海人许建昌，登记地址仍为永平路 133 号。

1946 年 6 月的《汕头市侨批业同业公会会员名册》中的登记资料显示，“许福成”的经理人为许质彬，经营代表许建昌（司账），资本额 1 000 万元，会费单位 2001 位，登记地址为永平路 133 号。

1946 年 6 月，“许福成”的司账许建昌当选汕头市侨批业同业公会第一届理事会理事。

1946 年 11 月，“许福成”出现在汕头市侨批业同业公会填报的《汕头市侨批业调查表》中，主事人许质彬，店址为永平路 133 号，核发交通部邮政总局 1946 年营业执照，汕头邮局 4 月 3 日填发换照收条第 54 号（新照未颁发至汕）。“经营何港侨汇”一栏无变更，与 1936 年相同。

据 1946 年 12 月汕头一等邮局函送市政府《汕头市批信局一览表》，“许福成”获核发 1946 年度营业执照，号码第 44 号，营业人填报许质彬。

1948 年 8 月，在《汕头市侨批业同业公会会员商号名册》中，独资形式的“许福成”登记地址已由永平路 133 号变更为永平路 128 号，并获领广州邮政管理局核发的当期侨批业营业执照（号码第 62 号），其负责人仍为许质彬。

1948 年 9 月，在《汕头市侨批业同业公会会员名册》中，“许福成”的资本额保持为 1 000 万元，会费单位 2001 位不变，经营代表仍填报经理许质彬。

中华人民共和国成立后，“许福成”停止经营。

与“陈悦记—悦记”“马合丰—合丰”“陈四兴—四兴”“周生利—生利”等“同一批局不同时期以不同名称登记”的情况不同，“许福成”和汕头市的“福成”是两家各自独立的批局。（可参阅本书“福成”条）

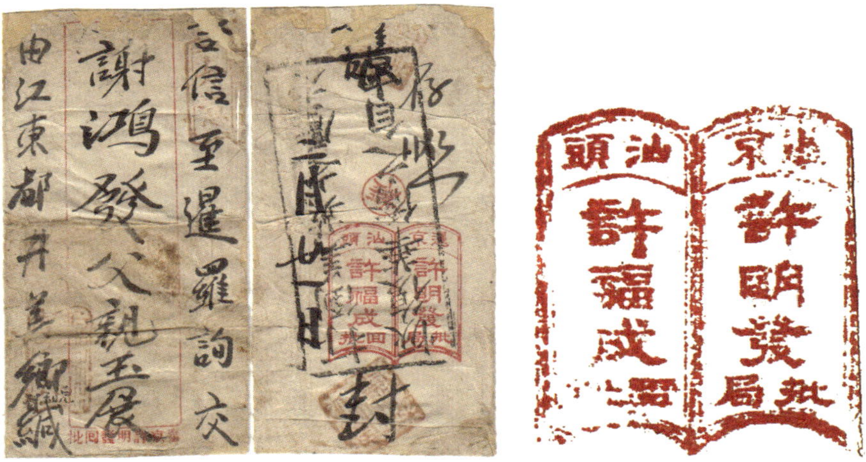

江东都井美乡刘和儿寄暹罗谢鸿发回批，批封盖“暹京许明发批局　汕头许福成回批”印

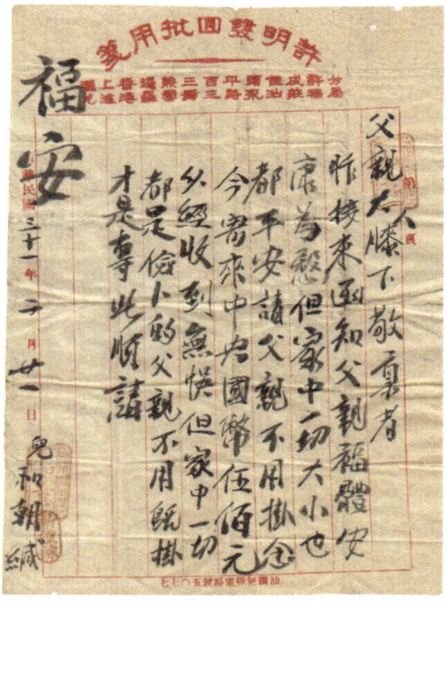

和朝寄父亲信，批笺印“许明发回批用笺　分局许福成庄住汕头永平路百三三号”

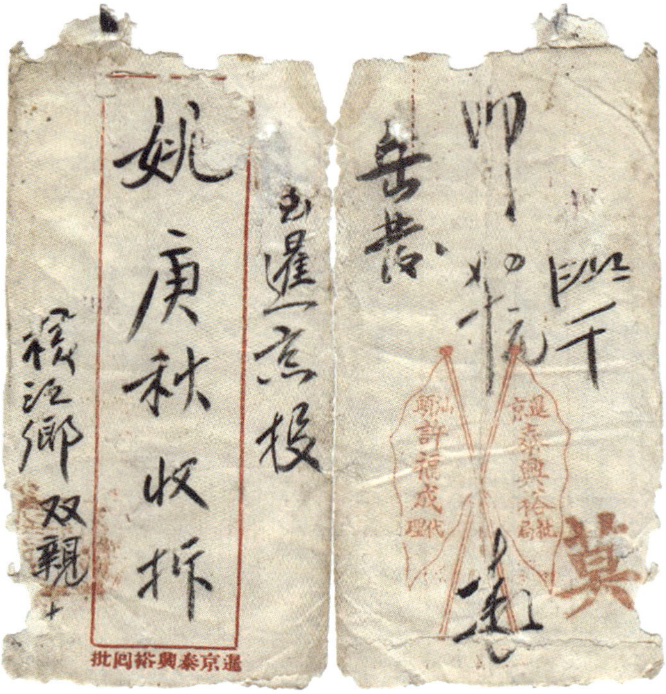

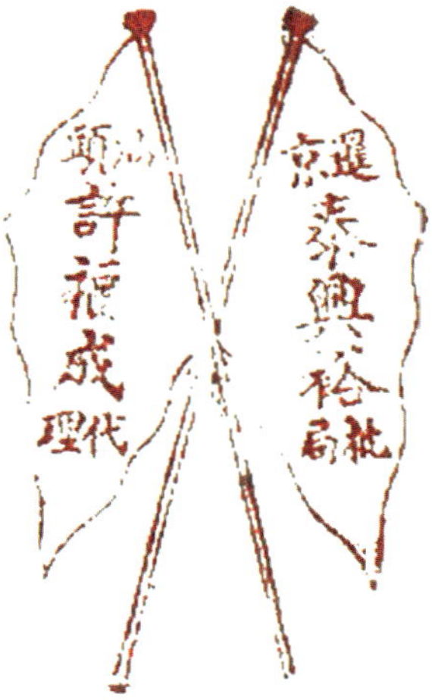

横江乡双亲寄暹京姚庚秋回批，批封盖“暹京泰兴裕批局　汕头许福成代理”印

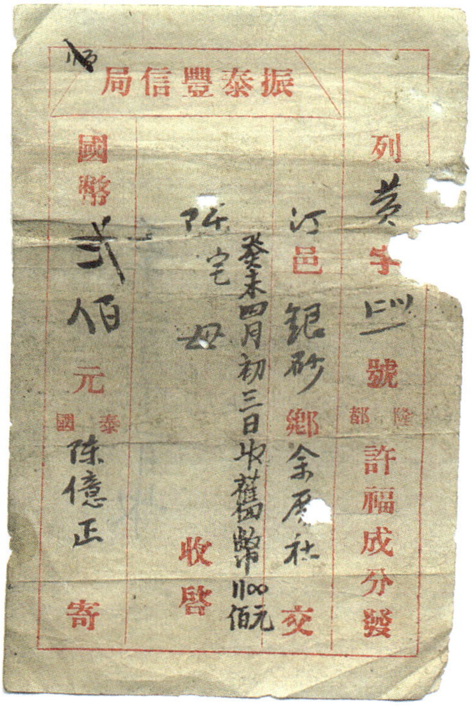

泰国陈亿正寄国币贰佰元至澄邑银砂乡余厝社陈宅母，批封印“振泰丰信局”“隆都许福成分发”

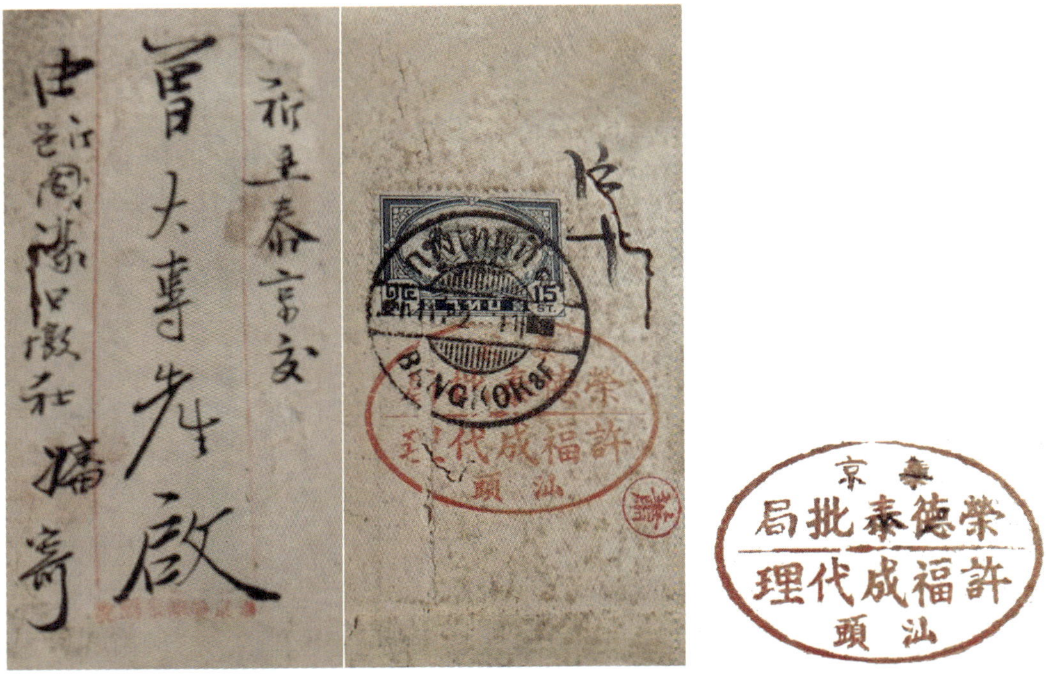

澄邑图濠口墩社婶寄泰京曾大专回批，批封盖“泰京荣德泰批局　汕头许福成代理”印

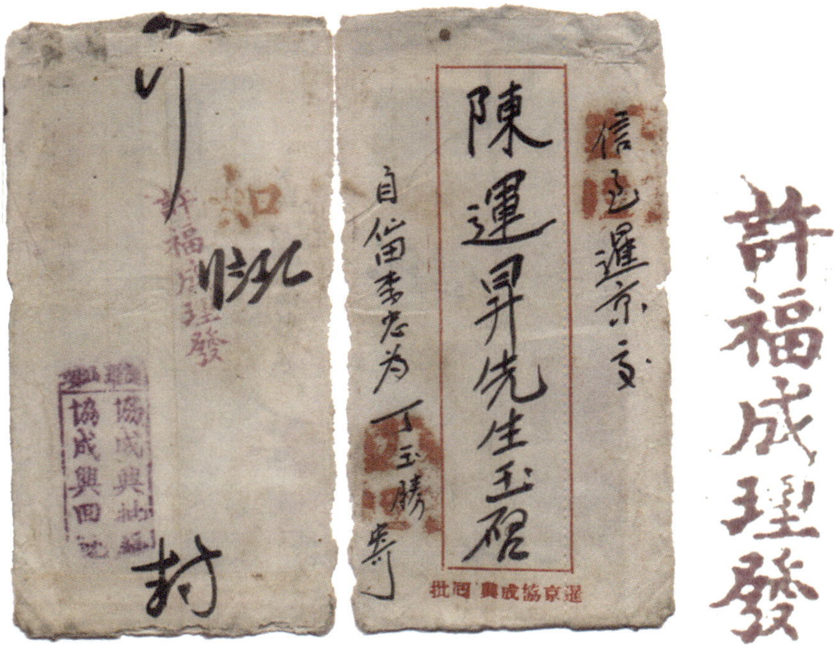

仙田李忠为、丁玉胜寄暹京陈运昇回批，批封盖“许福成理发”印

许如厚

据《饶平县志》（广东人民出版社，1994 年，第 637 页）载：“汕头市许如厚批局直接派人来黄冈、洴洲、海山一带分发侨批。1955 年经整顿后，由县人民银行发证的 4 个乙种批局，即许如厚、王信昌、黄茂利、陈三友。”这段文字披露的事实是，有“汕头许如厚批局”存在，在饶平县的“许如厚”是乙种批局。

实寄批上的“许如厚批局”的地址是汕头永泰街三十四号，查同期登记会员同一地址的为“光益裕”。

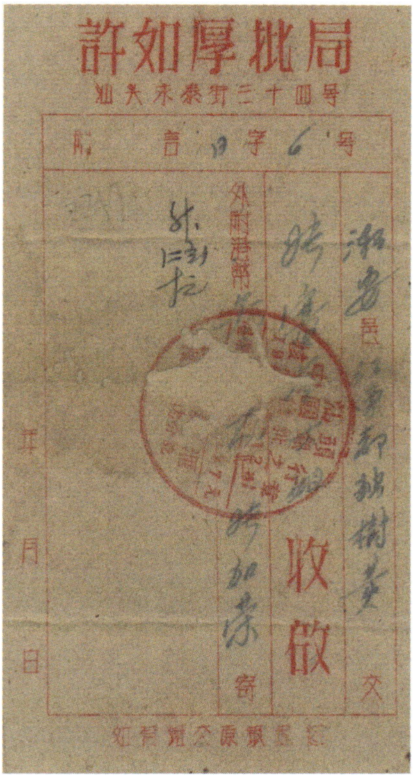

张加荣寄港币三□元至潮安江东都独树黄张赛金，侨批通知书印“许如厚批局　汕头永泰街三十四号”，盖“汕头中国银行核盖侨批之章”

义 发

“义发”在 1933 年的汕头市侨批业同业公会会员登记中的地址是安平路 42 号。

依据 1936 年汕头邮政管理局（邮局）向国家交通部邮政总局呈报的核发批局营业凭证申请书整理，该批局的基本情况如下：（批局执照：批字第 241 号）

批局名称		开设时间	开设地点	营业人姓名、籍贯	与何处往来营业
义发		民国十九年（1930）	汕头安平路 42 号	余文仁，揭阳	暹罗
分号	普通	民国三年（1914）	潮安	吴彩堂，潮安	汕头
	瑞发	民国廿年（1931）	揭阳	李业泽，揭阳	汕头
	启峰	民国元年（1912）	揭阳	魏启圃，揭阳	汕头
	杨政记	民国元年（1912）	棉湖	杨璧荣，揭阳	汕头
	刘喜合	民国六年（1917）	潮阳	刘竹船，潮阳	汕头
	长茂	民国十六年（1927）	汕尾	刘文渭，揭阳	汕头
	义瑞兴	民国廿二年（1933）	暹罗三聘耀华力路	余文仁，揭阳	汕头
	阜丰	民国廿四年（1935）	暹罗三聘竹篾街	许雪生，潮安	汕头
	春生	民国三年（1914）	店仔头	林亨宴，潮安	汕头

1942 年 6 月，“义发”参加汕头市侨批业同业公会会员登记，负责人黄连升，登记地址不变。

1946 年 6 月的《汕头市侨批业同业公会会员名册》中的登记资料显示，“义发”的经理人为 34 岁揭阳人孙振服，资本额 100 万元，会费单位 201 位，登记地址仍为安平路 42 号。

1946 年 11 月，“义发”出现在汕头市侨批业同业公会填报的《汕头市侨批业调查表》中，主事人孙振服，店址为安平路 42 号，核发交通部邮政总局 1946 年营业执照，汕头邮局 1 月 11 日填发换照收条第 15 号（新照未颁发至汕）。“经营何港侨汇”一栏变更为“暹罗、新加坡”，与 1936 年相比，增加了“新加坡”。

据 1946 年 12 月汕头一等邮局函送市政府《汕头市批信局一览表》，“义发”获核发 1946 年度营业执照，号码第 40 号，营业人填报余文仁。

1948 年 8 月，在《汕头市侨批业同业公会会员商号名册》中，独资形式的“义发”登记地址安平路 42 号不变，并获领广州邮政管理局核发的当期侨批业营业执照（号码第 59 号），其负责人为孙振服。

1948 年 9 月，在《汕头市侨批业同业公会会员名册》中，“义发”的资本额变更为 300 万元，会费单位增至 601 位，经理人孙振服。

中华人民共和国成立后，“义发”参加 1951 年的汕头人民邮政局的侨批业注册登记，经营地址仍为安平路 42 号。

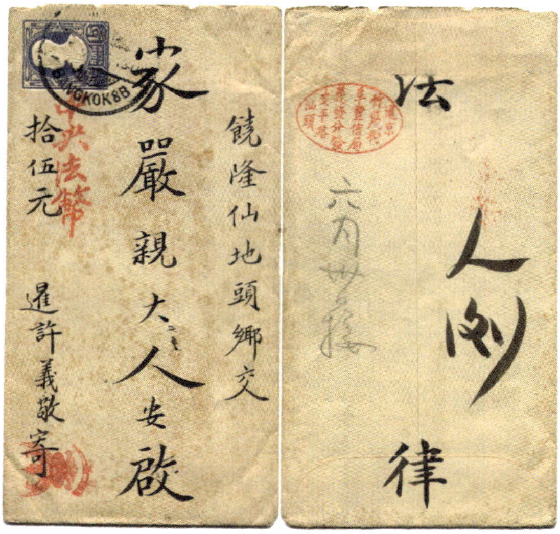

暹许义敬寄中央法币拾伍元至饶隆仙地头乡家严亲，批封盖“暹京竹篾街阜丰信局　汕头安平路义发分发”印

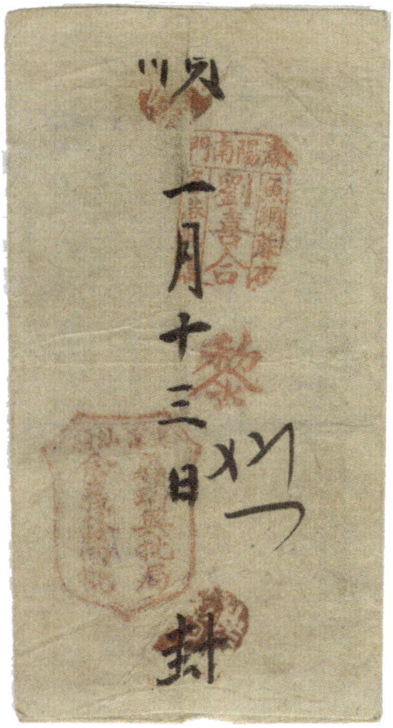

批封背面盖“暹京义瑞兴批局　汕头余义发回批”印

永　安

1933 年，“永安”在《汕头市侨批业同业公会会员名册》中的登记地址是永和街 99 号。

依据 1936 年汕头邮政管理局（邮局）向国家交通部邮政总局呈报的核发批局营业凭证申请书整理，该批局的基本情况如下：（批局执照：批字第 274 号）

批局名称		开设时间	开设地点	营业人姓名、籍贯	与何处往来营业
永安		民国十一年（1922）	汕头永和街	周良，澄海	暹罗、新加坡、南洋群岛
分号	喜合号	民国元年（1912）	潮阳	刘竹船，潮阳	汕头
	洪万兴	民国十五年（1926）	揭阳	洪贤炎，揭阳	汕头
	许广源	民国二年（1913）	诏安	许凤声，诏安	汕头
	陶安	民国五年（1916）	潮安	黄筠生，潮阳	汕头
	德良号	民国元年（1912）	潮阳	黄兴贞，潮阳	汕头
	汇通盛	民国六年（1917）	饶平	张少高，饶平	汕头
	启峰号	民国八年（1919）	揭阳	魏启圃，揭阳	汕头
	荣利号	民国四年（1915）	店仔头	林忠瑞，饶平	汕头
	增顺荣昌	民国元年（1912）	莲阳	陈友显，澄海	汕头
	广利号	民国六年（1917）	潮安	丘步云，潮安	汕头
	郑瑞记	民国元年（1912）	留隍	郑竹荣，丰顺	汕头
	同泰号	民国三年（1914）	东里	黄传钟，澄海	汕头
	光德成	民国二年（1913）	揭阳	李运祥，揭阳	汕头
	如陶庄	民国元年（1912）	潮安	蔡若水，潮安	汕头

1942 年，“永安”在《汕头市侨批业同业公会会员名册》中的登记地址保持不变，营业代表为 39 岁澄海人周礼旋。

1946 年 6 月，“永安”的经理周镇昌当选汕头市侨批业同业公会第一届监事会候补监事。

1946 年 6 月的《汕头市侨批业同业公会会员名册》中的登记资料显示，“永安”的经理人为 41 岁澄海人周镇昌，资本额 700 万元，会费单位 1401 位，登记地址为永和街 99 号。

1946 年 11 月，“永安”出现在汕头市侨批业同业公会填报的《汕头市侨批业调查表》中，主事人周镇昌，地址为永和街 99 号，核发交通部邮政总局 1946 年营业执照，汕头邮局 1 月 13 日填发换照收条第 23 号（新照未颁发至汕）。“经营何港侨汇”一栏变更为“新加坡”，已非 1936 年的“暹罗、新加坡、南洋群岛”。

但在 1946 年 12 月汕头一等邮局函送市政府的《汕头市批信局一览表》中，“永安”未入列，换言之，“永安”未获核发 1946 年度营业执照。

1948 年 8 月，在《汕头市侨批业同业公会会员商号名册》中，合资形式的“永安”登记地址已由永和街 99 号变更为永和街 97 号，并获领广州邮政管理局核发的当期侨批业营业执照（号码第 96 号），负责人未变更。

1948 年 9 月，在《汕头市侨批业同业公会会员名册》中，“永安”的资本额与会费单位保持不变，经理人仍为周镇昌，但营业代表变更为 53 岁澄海人王乃候（交际）。

中华人民共和国成立后，“永安”未参加汕头市侨批业登记。

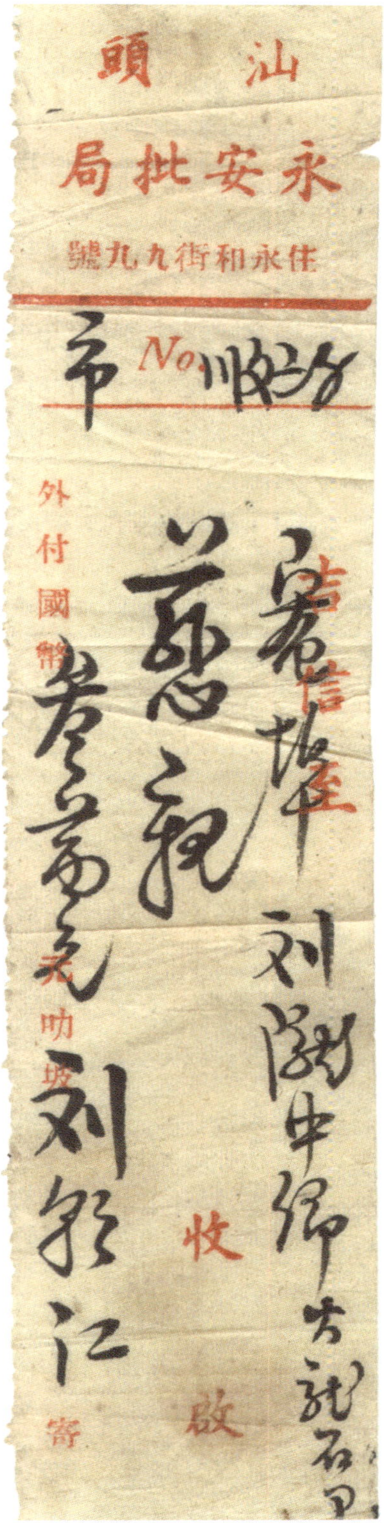

叻坡刘朝江寄国币叁万元至庵埠刘陇中乡火砻里慈亲，侨批通知书印“汕头 永安批局 住永和街九九号”

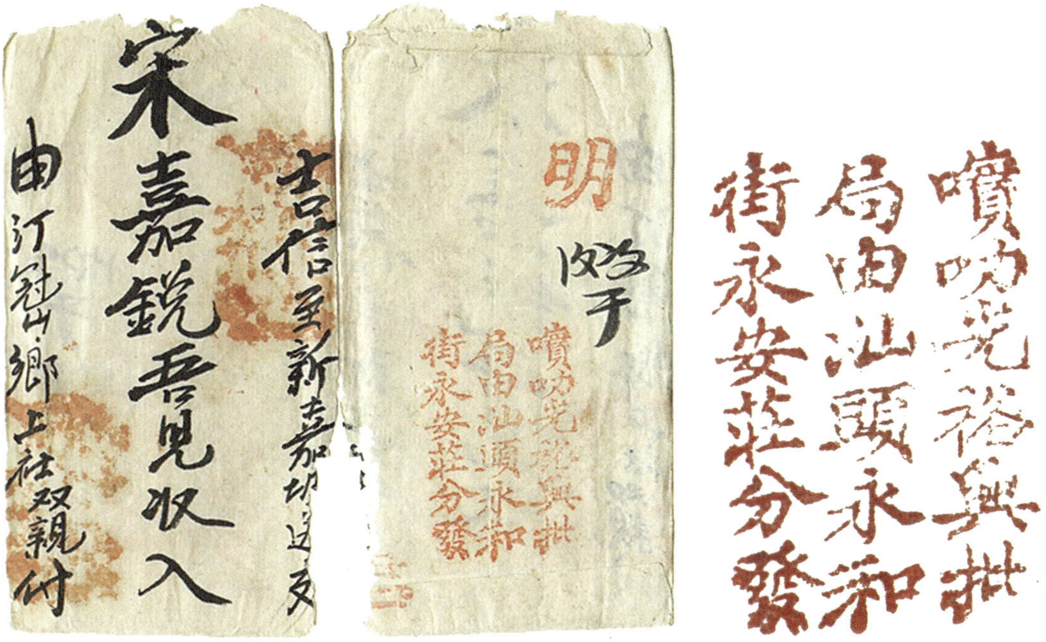

澄冠山乡上社双亲寄新嘉坡宋嘉锐回批，批封盖“实叻光裕兴批局由汕头永和街永安庄分发”印

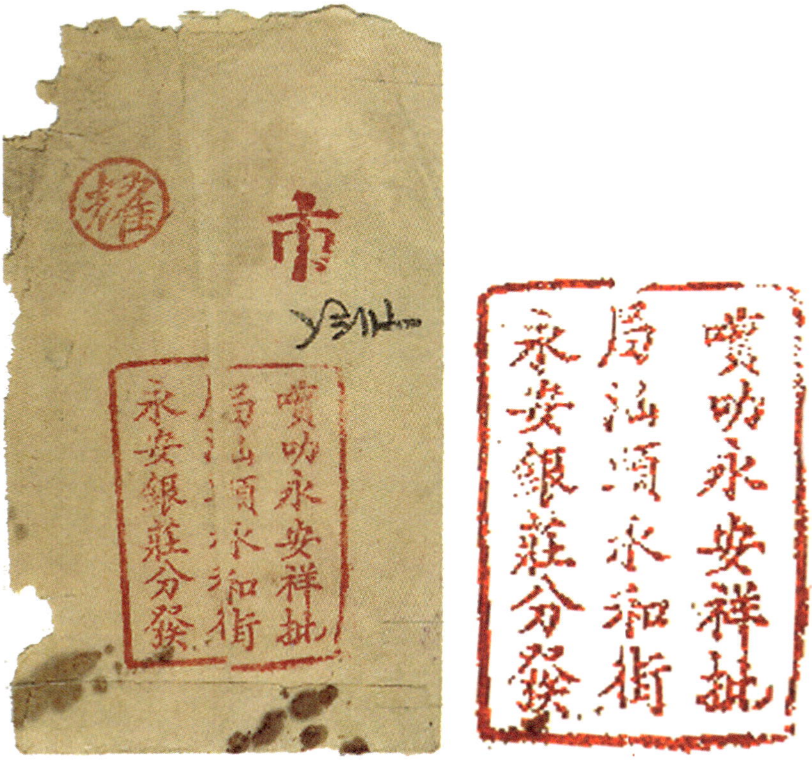

批封背盖“实叻永安祥批局汕头永和街永安银庄分发”印

永昌利

按 1946 年 10 月 23 日汕头市侨批业公会呈函市政府之《本市未领执照侨批业商号一览表》，“永昌利”属于函中所称“查非属会会员之批业商号，概无邮局执照”。抗战胜利后，“永昌利”因各种原因未参加汕头市侨批业同业公会会员登记，也未领取汕头一等邮局 1946 年度的营业执照。

事实上，“永昌利”一直未参加汕头市侨批业同业公会会员登记，无论抗战前、抗战后，还是中华人民共和国成立前及后，“永昌利”都是游离于“体制外”的侨批业商号。

在上述的《本市未领执照侨批业商号一览表》中，“永昌利”的地址是潮安三横街 5 号，本书展示的“永昌利”经手之实寄批标明的地址分别为汕头潮安三横街 4 号和汕头潮安三横街 5 号。

据《普宁文史》（第六辑）载：“普宁侨批业的发展，初期是迟缓的。据《潮州志》载：民国三十五年（1946）普宁批业商号只有 3 家，即流沙圩永昌利，泥沟和合祥，旱塘吴财令。”

据 1946 年 10 月 23 日汕头市侨批业公会呈函市政府之《本市未领执照侨批业商号一览表》所开列名单，“永昌利”属于“查非属会会员之批业商号概无邮局执照”，其地址为潮安三横街 5 号。

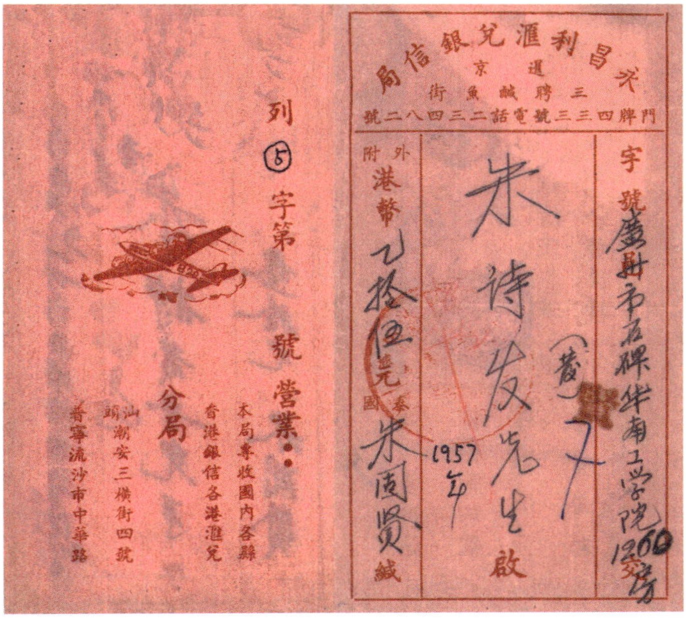

泰国朱固贤寄港币乙［壹］拾伍元至广州市石牌华南工学院 1260 房朱诗发，批封印“永昌利汇兑银信局”“分局　汕头潮安三横街四号”

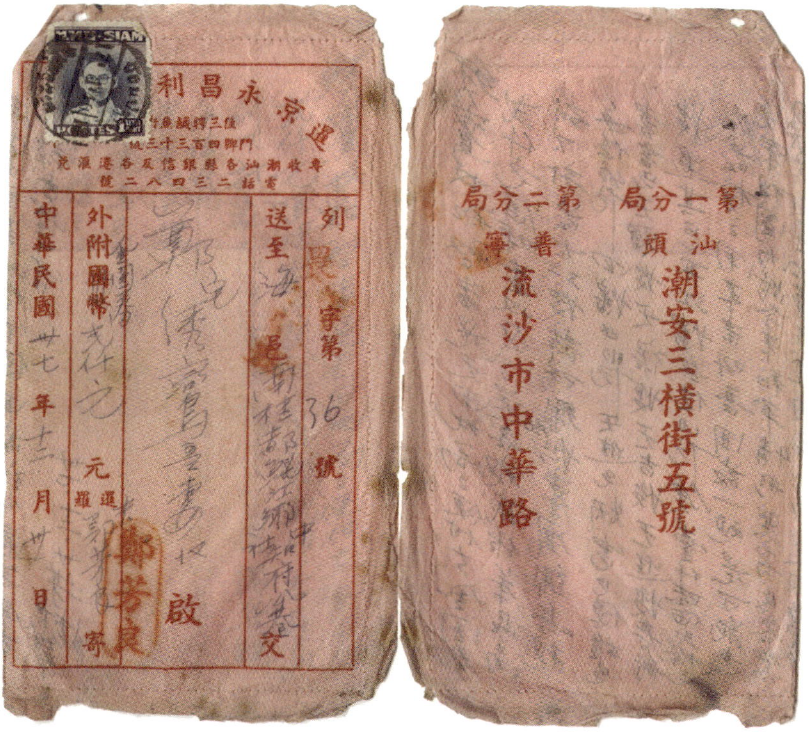

暹罗郑芳良民国卅七年（1948）十二月卅日寄金圆券贰仟元至海邑南桂都鲲江乡中社知府公巷郑宅绣鸾，批封印“暹京永昌利银信局”“第一分局　汕头潮安三横街五号”

永昌盛

汕头市侨批业各时期的档案资料几乎未见汕头“永昌盛”的只言片语。其总行“永昌盛银信局有限公司”在泰国也是20世纪50年代起才见诸报端。1953年4月27日，“永昌盛”作为泰国三个银信公司（信联）的董事出现在《中原报》的报道中。未几，信联有限公司刊登启事，要求“侨胞寄批赡养眷属请向本公司下列股东商号投寄，保证便利快捷”，“永昌盛”跻身41名股东之列。

1950年12月10日的“暹罗华侨银信公会”第五届理监事会，推举“永昌盛”为候补理事。

至于“流沙永昌盛”，应该是中华人民共和国成立后泰国“永昌盛”在普宁流沙设立的代理店。据《普宁文史》（第六辑）载：“1949年，普宁侨批业增至9家，即流沙圩永昌盛、永昌利；泥沟村永兴盛、许和和；华溪村陈裕光；旱塘村吴财合；梅林圩赖瑞通、官民益；云落圩郑绵发。”该文并载有1958年4月27日起普宁县组建普宁侨批业办事处，各批局的股份比例：“投资入股资本额总数人民币3 000元……永昌盛占17.67%……”

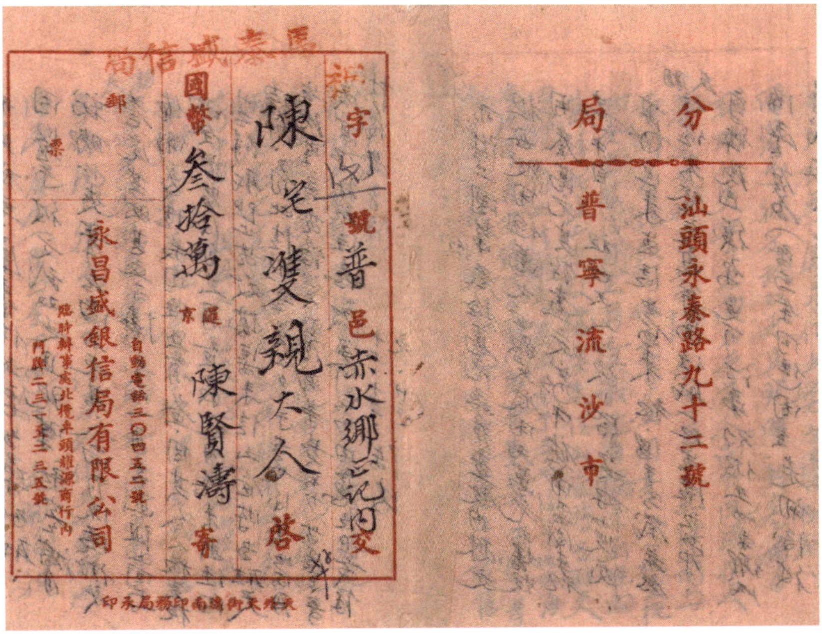

暹京陈贤涛寄国币叁拾万元至普邑赤水乡正记内陈宅双亲，批封印“永昌盛银信局有限公司”“分局　汕头永泰路九十二号”

暹京王赵来寄金圆券捌万元至潮安莆东区东里村良祖祠巷王宅家慈亲，批封印“永昌盛银信局”“分局：汕头永泰路五十六号”

暹京陈立钻寄港币壹佰贰拾元至普邑赤水乡宫后园锡南，批封盖“流沙永昌盛批局分发”印和“汕头　58. 1. 27.”侨批专用邮戳

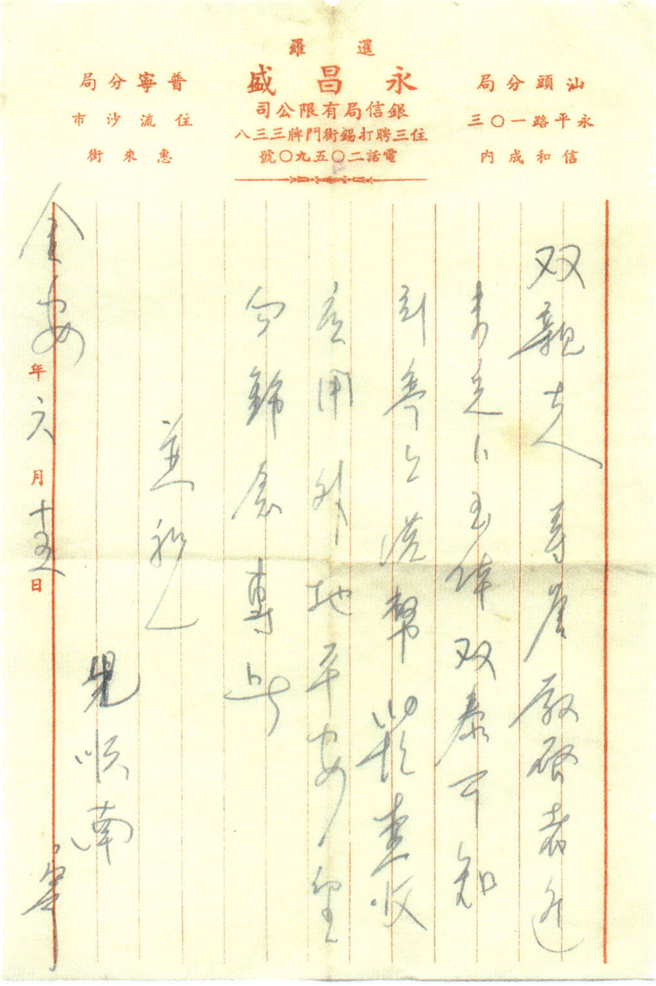
暹羅
永昌盛
銀信局有限公司
住三聘打錫街門牌三三八
電話二〇五九〇號
汕頭分局
永平路一〇三
信和成內
普寧分局
住流沙市
惠來街

双親大人尊前敬稟者
兹寄去伍佰双親可知
到為之港幣兆元查收
應用外地平安望
勿錦念專此
並頌
金安
男 顺南 叩
年 六 月 十五 日

顺南寄双亲信，暹罗永昌盛银信局有限公司的写批专用信笺上印“汕头分局　永平路一〇三　信和成内”

有　信

1933 年，“有信”在《汕头市侨批业同业公会会员名册》中的登记地址是永和街 68 号。

依据 1936 年汕头邮政管理局（邮局）向国家交通部邮政总局呈报的核发批局营业凭证申请书整理，该批局的基本情况如下：（批局执照：批字第 258 号）

批局名称		开设时间	开设地点	营业人姓名、籍贯	与何处往来营业
有信		民国十二年（1923）	汕头永和街 68 号	黄寿三，澄海	新加坡、安南
分号	喜合	民国元年（1912）	潮阳	刘竹船，潮阳	汕头
	启峰	民国前廿年（1892）	揭阳	魏启和，揭阳	汕头
	信成	民国六年（1917）	澄海	余斯耀，澄海	汕头
	德良	民国元年（1912）	揭阳	黄经通，揭阳	汕头
	源合	民国二年（1913）	潮阳	李伟臣，潮阳	汕头
	有记	民国廿四年（1935）	潮安	黄筠生，潮安	汕头
	杨政记	民国十九年（1930）	棉湖	杨璧荣，揭阳	汕头
	荣合昌	民国十三年（1924）	河婆	李化衣，揭阳	汕头
	洪广丰	民国十五年（1926）	汤坑	洪敬堂，丰顺	汕头
	孚成	民国十九年（1930）	柘林	黄静岩，饶平	汕头
	许广源	民国八年（1919）	诏安	许来凤，诏安	汕头
	许陶合	民国十年（1921）	黄冈	许四滨，饶平	汕头
	汇通盛	民国九年（1920）	浮山	张少高，饶平	汕头
	鸿大	民国三年（1914）	靖海	林世铿，惠来	汕头
	福和玉记	民国九年（1920）	梅林	赖山梧，五华	汕头
	富丰	民国十七年（1928）	葵潭	陈启银，惠来	汕头
	卢德昌	民国十三年（1924）	碣石	卢兰荪，陆丰	汕头
	义盛昌	民国十二年（1923）	鲤湖	赖趾合，揭阳	汕头
	陈联丰	民国十七年（1928）	流沙	陈成刚，普宁	汕头
	陈科成	民国十七年（1928）	陆丰	陈成捷，陆丰	汕头
	卢德泰	民国七年（1918）	甲子	卢禄，陆丰	汕头
	元大	民国十八年（1929）	大坪	魏和泰，兴宁	汕头
	林宝记	民国九年（1920）	博尾	林守锡，陆丰	汕头

从 1936 年汕头邮政管理局（邮局）向国家交通邮政总局呈报的核发批局营业凭证申请书填报的资料看，“有信”在潮汕各地开设的分号是最多的，共 23 个，可见“有信”的经营范围广、营业量大，在潮汕的批局中是数一数二的，其影响也不言而喻。

1942 年，“有信”在《汕头市侨批业同业公会会员名册》中的登记地址依然为永和街 68 号，营业代表为 58 岁澄海人芮展鹏。

1946 年 6 月的《汕头市侨批业同业公会会员名册》中的登记资料显示，“有信”的经理人为芮弼卿，营业代表是 33 岁澄海人陈炳耀（司账），资本额 1 000 万元，会费单位 2001 位，登记地址不变。1946 年 6 月，“有信”的司账陈炳耀当选汕头市侨批业同业公会第一届理事会理事。

1946 年 11 月，“有信”出现在汕头市侨批业同业公会填报的《汕头市侨批业调查表》，主事人芮弼卿，地址为永和街 68 号，核发交通部邮政总局 1946 年营业执照，汕头邮局 3 月 5 日填发换照收条第 55 号（新照未颁发至汕）。“经营何港侨汇”一栏变更为“新加坡”，比 1936 年的填报资料减少“安南”一地。

据 1946 年 12 月汕头一等邮局函送市政府《汕头市批信局一览表》，“有信”获核发 1946 年度营业执照，号码第 52 号，营业人填报黄寿三。

1948 年 8 月，在《汕头市侨批业同业公会会员商号名册》中，合资形式的“有信”登记地址已由永和街 68 号调整为永和街 66 号，并获领广州邮政管理局核发的当期侨批业营业执照（号码第 70 号），其负责人变更为黄寿三。

1948 年 9 月，在《汕头市侨批业同业公会会员名册》中，“有信”的资本额保持 1 000万元，会费单位 2001 位，但经理人又改回芮弼卿，营业代表陈炳耀（司账），经营地址再次变更，改为永和街 67 号。

中华人民共和国成立后，“有信”参加 1951 年的汕头人民邮政局的侨批业注册登记，地址改回永和街 66 号。

据 1990 年汕头市人民政府侨务办公室、汕头市归国华侨联合会编印的《汕头市华侨志（初稿）》所载，自 1970 年以后，侨批局和侨批站被撤销，有关侨汇业务由汕头市和各县中国银行及乡、村信用社负责。至 1969 年底，汕头市仍存侨批局 36 家，“有信”便是其中之一。

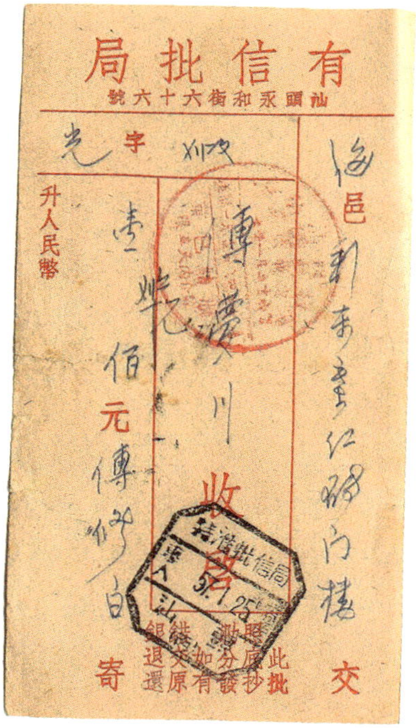

傅修白寄壹佰元至海邑彩东寨红砖门楼傅梦川，侨批通知书印“有信批局　汕头永和街六十六号”，盖“汕头　57. 1. 25.”侨批专用邮戳

陈合好寄港币壹佰元至澄邑店市白沙宫乡陈秋河，侨批通知书印“有信批局　汕头永安街二十八号，盖“汕头中国银行核盖侨批之章”

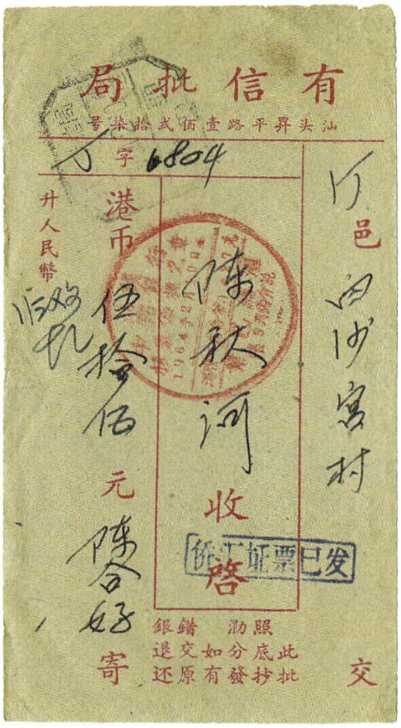

陈合好寄港币伍拾元至澄邑白沙宫村陈秋河，侨批通知书印“有信批局　汕头升平路壹佰贰拾柒号”，盖“1964 年 2 月 10 日　汕头中国银行核盖侨批之章”

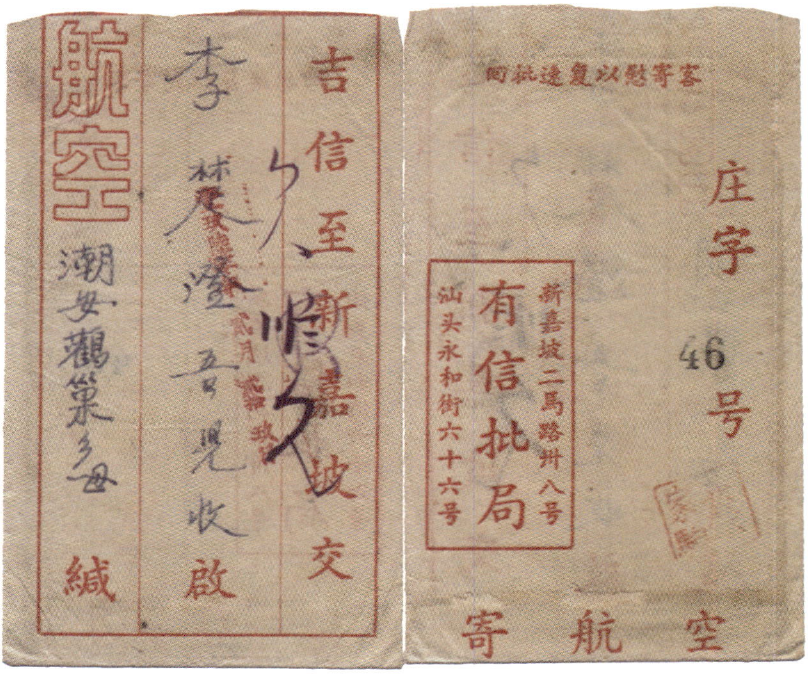

潮安鹳巢乡母寄新嘉坡李楚澄回批，批封印“新嘉坡二马路卅八号　有信批局　汕头永和街六十六号”，盖“壹玖陆零年贰月贰拾玖日”日戳

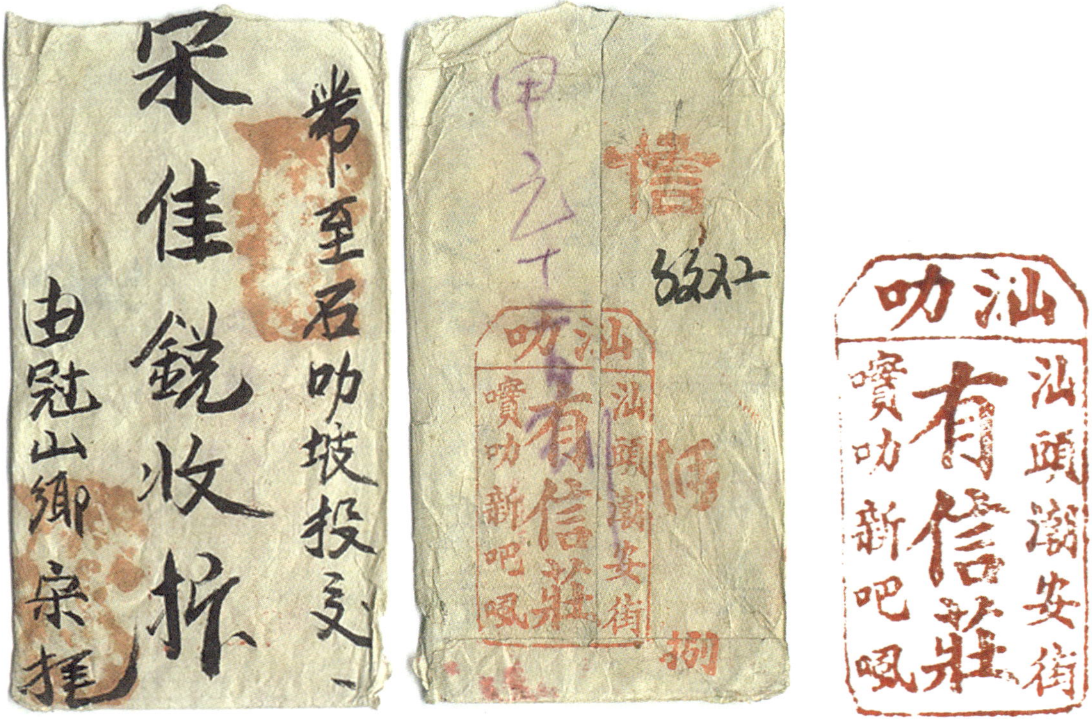

冠山乡宋寄叻坡宋佳锐回批，批封盖“汕叻有信庄　汕头潮安街　实叻新吧虱”印

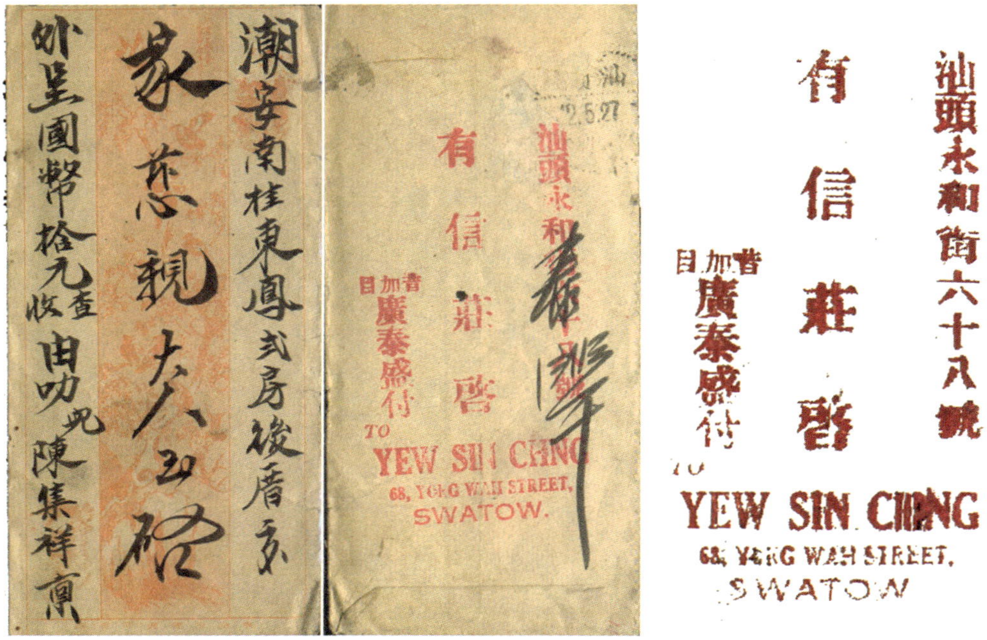

叻陈集祥寄国币拾元至潮安南桂东凤二房后厝家慈亲，批封盖“汕头永和街六十八号　有信庄启昔加目广泰盛付”印

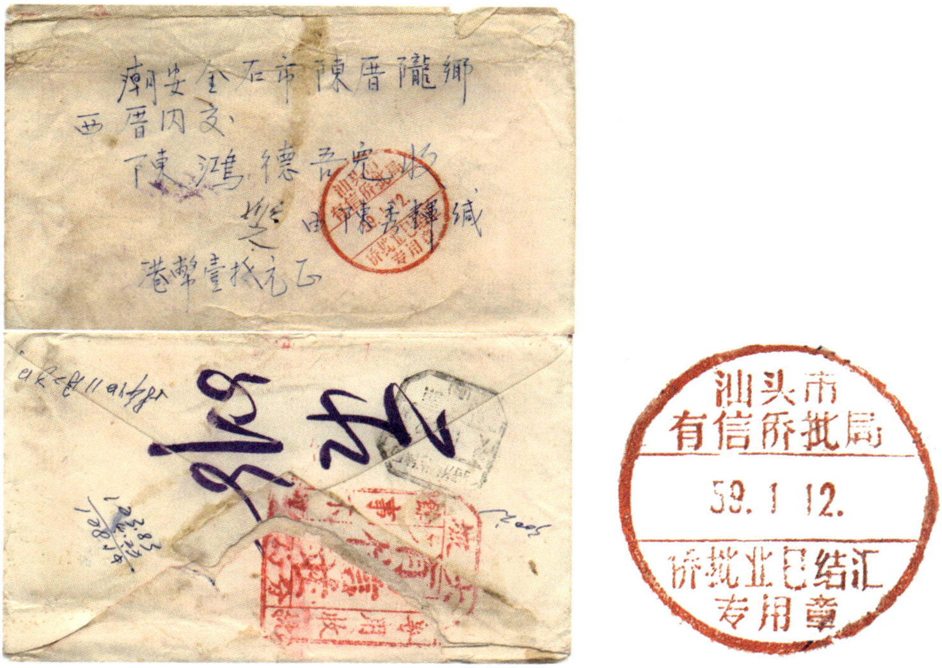

陈秀辉寄港币壹拾元至潮安金石市陈厝陇乡西厝内陈鸿德，批封盖“汕头市有信侨批局　59. 1. 12.　侨批业已结汇专用章”印

有 余

从实寄批显示的“汕头有余庄”戳记图案可知，“有余”的确属于较早期的潮汕侨批经营机构之一。但是，关于“有余庄”的创设年代一直争议不断。

据广东省档案馆馆藏民国档案（全宗号 4）中之《晚清潮汕侨批局创生表》所载，汕头市区“有余”开设于清道光九年（1829），并有“专业侨批局之创始于岭南者，则数澄海人黄松亭在清道光九年设于汕头之有余庄批局为首始”一说。［见《潮汕历史资料丛编》（第 11 辑），第 80 页］

但另有新加坡学者在《石叻澄邑先哲传略》一书中，经稽考核实，“黄松亭 Ng Song Teng（1835—1918）”，黄松亭的生卒时间足可否定“有余庄”是黄松亭创建于 1829 年。该书以为：“由于黄松亭所创立的侨批局，是汕头地区最早的侨批局之一，因此凡是有关汕头侨批局的研究，都必然会提及黄松亭。1875 年，黄松亭创立了在潮汕侨批业发展中占据重要地位、闻名于世的侨批局‘森峰号’。”

此外，在 1959 年中国人民银行汕头支行《关于汕头市侨批业的历史调查》中，主管部门也未把“有余”归进“第一时期（五口通商后，1843—1919 年）”，而是归进“第二时期（第一次世界大战以后）”的“星马批局”“合资”类。

因此，“有余”的创设时间，从“1829 年”到“第一次世界大战以后”（即 1919 年后）中间相差近百年，而“有余庄”的创立人又是谁？这确实值得学者进一步探究。

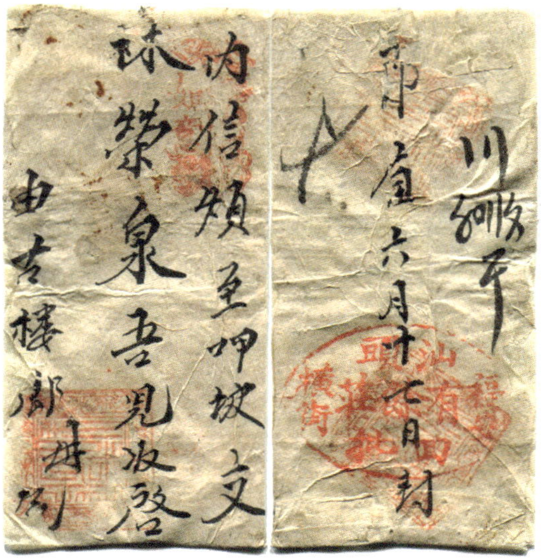

古楼乡母寄甲坡林荣泉回批，批封盖“汕头福安横街　有余庄回批”印

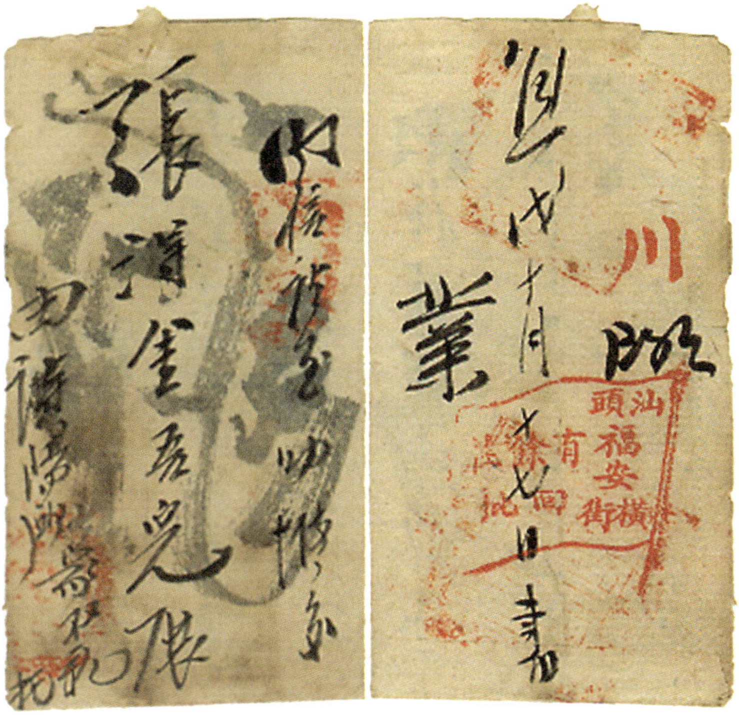

诗阳乡家双亲寄叻坡张得金回批，批封盖“汕头福安横街　有余庄回批”印

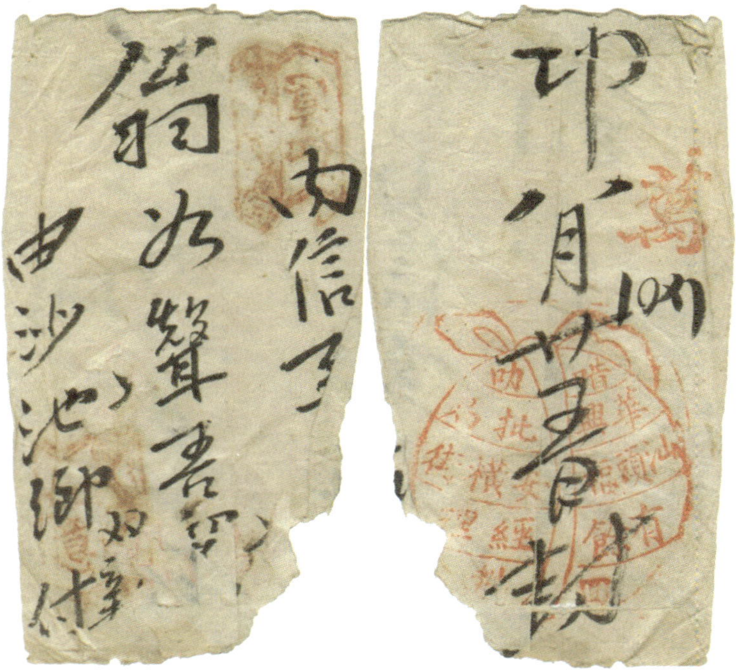

沙池乡双亲寄□□翁如声回批，批封盖“实叻华兴批局汕头福安横街有余经理回批”印

玉 合

“玉合”在1933年的汕头市侨批业同业公会登记中的地址是杉排路4号。

依据1936年汕头邮政管理局（邮局）向国家交通部邮政总局呈报的核发批局营业凭证申请书整理，该批局的基本情况如下：（批局执照：批字第293号）

批局名称		开设时间	开设地点	营业人姓名、籍贯	与何处往来营业
玉合		民国七年（1918）	汕头杉排路4号	林癸，潮阳	安南
分号	喜合	民国元年（1912）	潮阳	刘竹船，潮阳	汕头
	有信	民国十一年（1922）	潮安	芮弼卿，澄海	汕头
	启峰	民国元年（1912）	揭阳	魏启圃，揭阳	汕头
	桂昌	民国元年（1912）	诏安	陈子丹，饶平	汕头
	志合	民国十年（1921）	饶平	陈源水，潮安	汕头
	玉合	民国七年（1918）	安南堤岸大市街40号	王克昌，潮阳	汕头

1942年，“玉合”的营业代表是58岁潮阳人林壬，营业地址为杉排路4号。

1946年6月的《汕头市侨批业同业公会会员名册》中的登记资料显示，“玉合”的经理人为38岁澄海人林文彬，资本额200万元，会费单位401位，登记地址不变。

1946年6月，“玉合”的经理林文彬当选汕头市侨批业同业公会第一届理监事会监事。

1946年11月，“玉合”出现在汕头市侨批业同业公会填报的《汕头市侨批业调查表》中，主事人林文彬，店址为杉排路4号，核发交通部邮政总局1946年营业执照，汕头邮局3月2日填发换照收条第6号（新照未颁发至汕）。“经营何港侨汇”一栏比1936年的填报资料增加了“香港”一地。

据1946年12月汕头一等邮局函送市政府《汕头市批信局一览表》，“玉合”获核发1946年度营业执照，号码第61号，营业人填报林癸。

1948年8月，在《汕头市侨批业同业公会会员商号名册》中，合资形式的“玉合”登记地址仍是杉排路4号，并获领广州邮政管理局核发的当期侨批业营业执照（号码第79号），其负责人为林文彬。

1948年9月，在《汕头市侨批业同业公会会员名册》中，“玉合”的资本额变更为300万元，会费单位增至601位，经理人依然为林文彬。

中华人民共和国成立后，“玉合”未参加 1951 年汕头人民邮政局的侨批业注册登记。

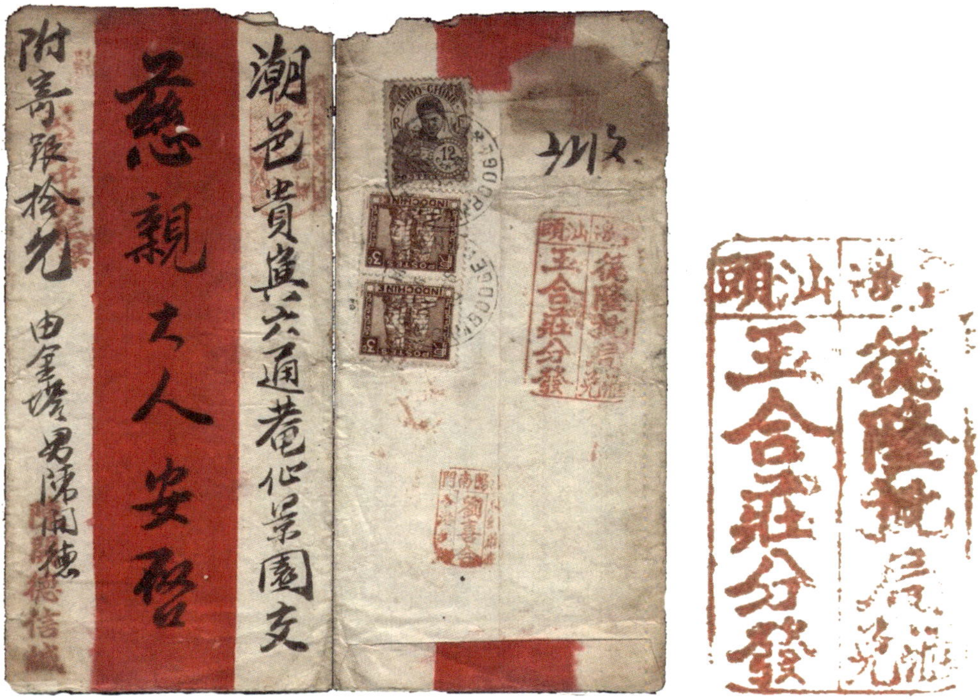

金塔陈开德寄银拾元至潮邑贵屿六通庵仙景园慈亲，批封盖“金边德隆批局汇兑　汕头玉合庄分发”印

裕　昌

“裕昌”是泰国“裕兴盛银信局”在汕头的分行。

1959 年中国人民银行汕头支行《关于汕头市侨批业的历史调查》称，“裕昌”是中华人民共和国成立前“暹罗批局”在汕头市的分号。

按 1946 年 10 月 23 日汕头市侨批业同业公会呈函市政府之《本市未领执照侨批业商号一览表》，“裕昌”属于未参加公会会员登记并领取汕头一等邮局 1946 年度营业执照的 23 家侨批局之一，即函中所称：“查非属会会员之批业商号，概无邮局执照。”在《本市未领执照侨批业商号一览表》中，“裕昌”的店址是永和二横街 7 号，这个地址与寄于 1946 年 12 月 10 日的实寄批印章上所示地址相同。

暹深城民国卅五年（1946）十二月十日寄国币壹万元至澄海斗门乡糖房内陈宅蔡氏，批封盖“汕头　裕昌庄　永和二横街七号”印

裕　大

“裕大”在1933年的汕头市侨批业同业公会会员登记中的地址是仁和街140号。

依据1936年汕头邮政管理局（邮局）向国家交通部邮政总局呈报的核发批局营业凭证申请书整理，该批局的基本情况如下：（批局执照：批字第325号）

批局名称		开设时间	开设地点	营业人姓名、籍贯	与何处往来营业
裕大		民国廿一年（1932）	汕头永和街140号	陈喜镇，潮安	新加坡、山打根、日里、香港
分号	孚信	民国七年（1918）	潮安	芮易加，澄海	汕头
	喜合	光绪廿一年（1895）	潮阳	刘竹船，潮阳	汕头
	光德成	光绪卅年（1904）	揭阳	周良，澄海	汕头
	益昌	民国九年（1920）	惠来	陈铭经，潮阳	汕头
	元盛	民国十八年（1929）	棉兰巴刹街33号	林樟桐，潮安	汕头
	集隆	民国十九年（1930）	山打根海旁街	丘步云，潮安	汕头
	永集隆	民国廿一年（1932）	香港德辅道西	丘金钟，潮安	汕头
	顺隆	民国十八年（1929）	新加坡大坡新巴刹	周智松，揭阳	汕头

1942年6月，“裕大”参加汕头市侨批业同业公会会员登记，负责人和店址不变。

1946年6月的《汕头市侨批业同业公会会员名册》中的登记资料显示，“裕大”的经理人仍为54岁潮安人陈喜镇，资本额100万元，会费单位201位，登记地址永和街140号不变。

1946年11月，“裕大”出现在汕头市侨批业同业公会填报的《汕头市侨批业调查表》中，主事人陈喜镇，地址为永安街65号，核发交通部邮政总局1946年营业执照，汕头邮局1月11日填发换照收条第12号（新照未颁发至汕）。“经营何港侨汇”一栏变更为“实叻、山打根”，比1936年减少“香港、日里”两地。

据1946年12月汕头一等邮局函送市政府《汕头市批信局一览表》，“裕大”获核发1946年度营业执照，号码第62号，营业人填报陈喜镇。

1948年8月，在《汕头市侨批业同业公会会员商号名册》中，合资形式的“裕大”登记地址已由永和街140号变更为荣隆二横街1号，并获领广州邮政管理局核发的当期侨批业营业执照（号码第87号），其负责人变更为李茂如。

1948 年 9 月，在《汕头市侨批业同业公会会员名册》中，“裕大”的资本额变更为 300 万元，会费单位增至 601 位，经理人李茂如。

中华人民共和国成立后，“裕大”参加 1951 年的汕头人民邮政局的侨批业注册登记，经营地址继续登记在荣隆二横街 1 号。

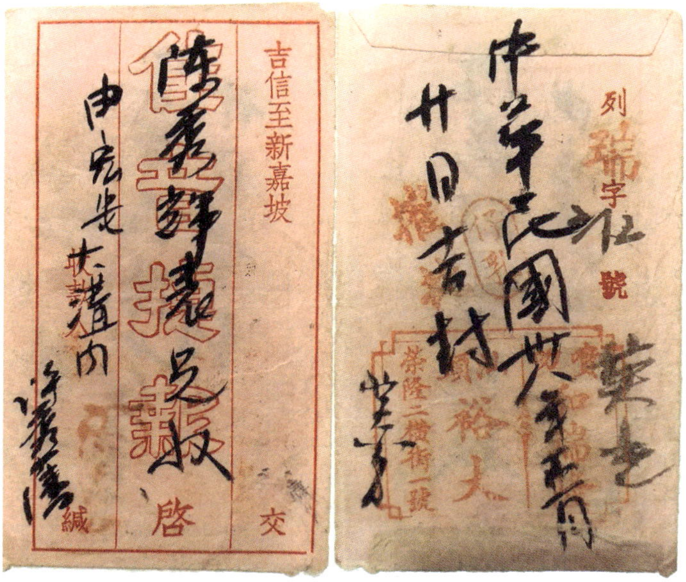

宏安大沟内许秀清民国卅八年（1949）正月廿日寄新嘉坡陈秀辉回批，批封盖“实叻和瑞隆　汕头裕大荣隆二横街一号”印

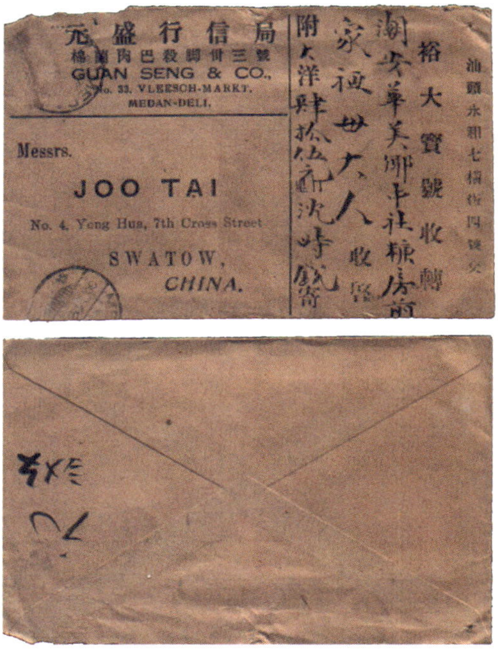

日里沈时锐寄大洋肆拾伍元至潮安华美乡中社糖房前家祖母，批封印“汕头永和七横街四号交裕大宝号收转”

裕　益

“裕益”未参加1933年的汕头市侨批业同业公会会员登记。

依据1936年汕头邮政管理局（邮局）向国家交通部邮政总局呈报的核发批局营业凭证申请书整理，该批局的基本情况如下：（批局执照：批字第251号）

批局名称		开设时间	开设地点	营业人姓名、籍贯	与何处往来营业
裕益		民国十八年（1929）	汕头永泰街	周炯昌，澄海	新加坡、安南、南洋群岛、暹罗
分号	刘喜合	民国元年（1912）	潮阳	刘竹船，潮阳	汕头
	光德成	民国二年（1913）	揭阳	李运祥，揭阳	汕头
	黄茂利	光绪元年（1875）	黄岗	黄子厚，潮阳	汕头
	王广合	民国元年（1912）	内浮山	王步荣，饶平	汕头
	溶发源	民国元年（1912）	北湾	陈再存，澄海	汕头
	同泰	民国前五年（1907）	东里	黄传经，澄海	汕头
	有记	民国廿四年（1935）	潮安	黄筠生，潮安	汕头
	黄德良	民国元年（1912）	炮台	黄经通，潮阳	汕头
	洪万兴	民国十五年（1926）	棉湖	洪贤炎，揭阳	汕头
	源顺盛	民国十五年（1926）	诏安	周崇仁，澄海	汕头
	李源合	民国十年（1921）	达濠	李渭臣，潮阳	汕头
	信成	民国五年（1916）	莲阳	余昌期，澄海	汕头
	潘合利	民国前十五年（1897）	店仔头	潘立裕，饶平	汕头

1936年后，“裕益”未参加历年的汕头市侨批业同业公会会员登记。

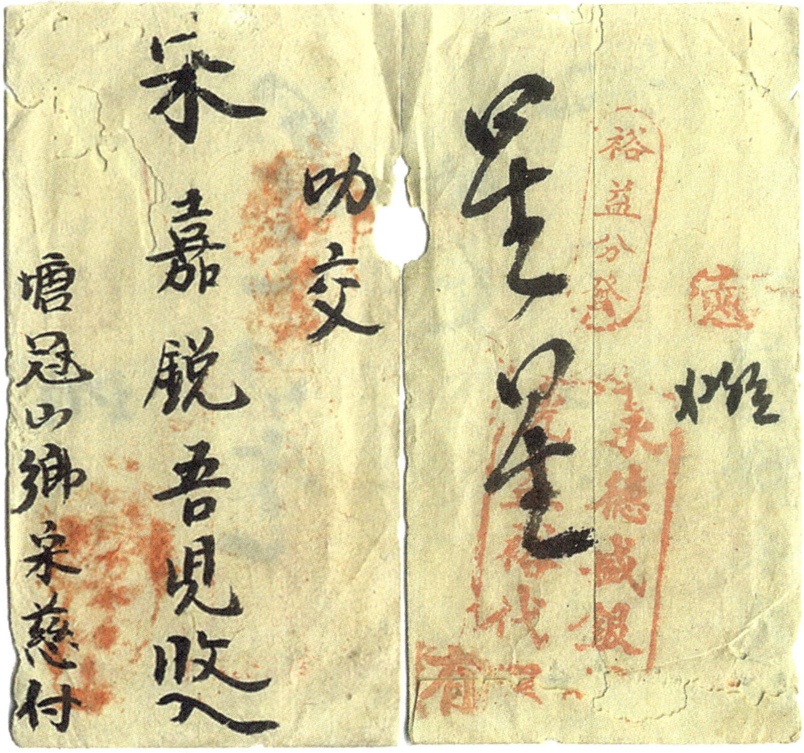

塘冠山乡宋慈寄叻宋嘉锐回批，批封盖“裕益分发”印

振成丰

1948 年 9 月 4 日之前的《汕头市侨批业同业公会会员名册》一直未见“振成丰”的名称。

1948 年 9 月 4 日，“振成丰”为赶上汕头市侨批业同业公会的最后登记，所以只有简单资料：“振成丰，负责人许敦杰，澄海人，行号地址：旧公园左巷 13 号。”

中华人民共和国成立后，“振成丰”参加 1951 年的汕头人民邮政局的注册，登记地址为旧公园左巷 13 号。

据实寄封上的印戳显示，1952 年 3 月 27 日“振成丰”的地址是旧公园左巷 13 号，而 1953 年 2 月 12 日“振成丰”的地址又变更为旧公园左巷 12 号，未知是侨批业商号搬迁，还是汕头市地籍号码位置编订引发的变异，值得调查。

据 1990 年汕头市人民政府侨务办公室、汕头市归国华侨联合会编印的《汕头市华侨志（初稿）》所载，自 1970 年以后，侨批局和侨站被撤销，有关侨汇业务由汕头市和各县中国银行及乡、村信用社负责。至 1969 年底，汕头市仍存侨批局 36 家，“振成丰”便是其中之一。

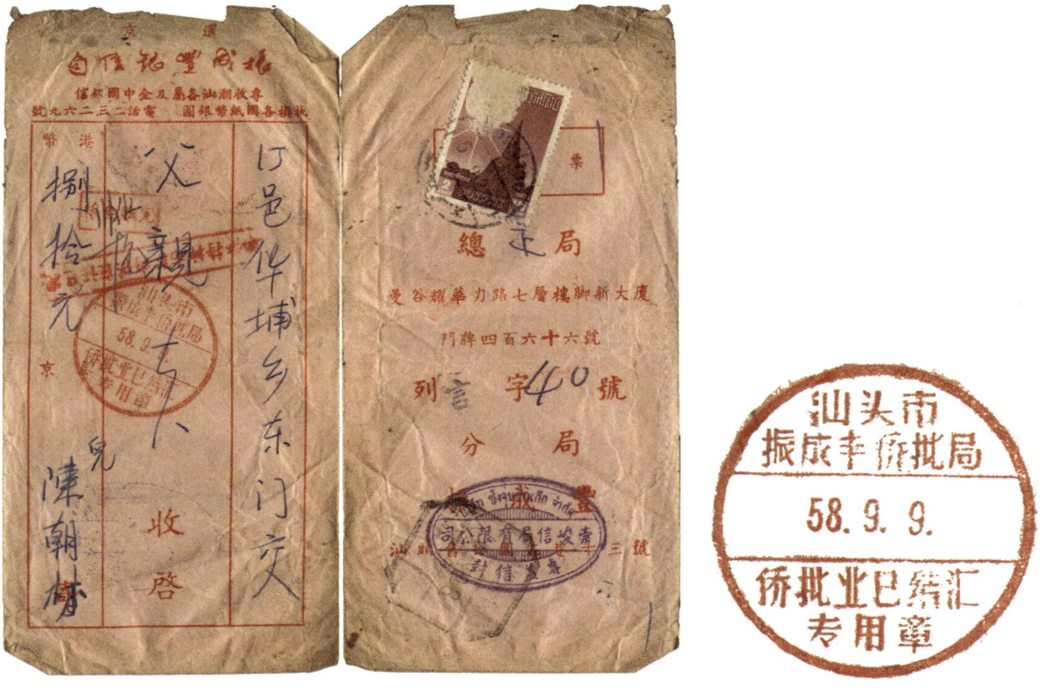

暹京陈朝林寄港币捌拾元至澄邑华埔乡东门父亲，批封盖“汕头市振成丰侨批局 58. 9. 9. 侨批业已结汇专用章”和“汕头 58. 9. 8.”侨批专用邮戳

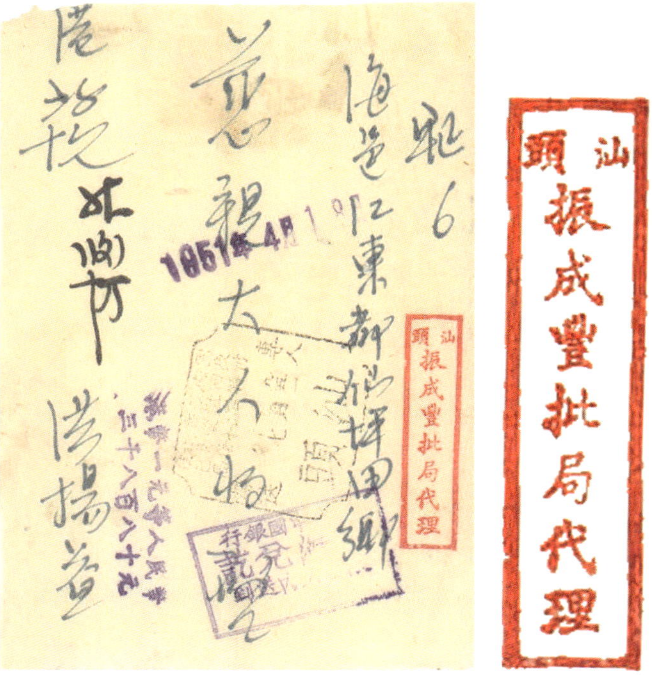

洪扬益寄港币七十五元至海邑江东都仙坪田乡慈亲，批封盖“汕头振成丰批局代理”和“1951 年 4 月 18 日”“汕头中国银行侨汇兑讫”印

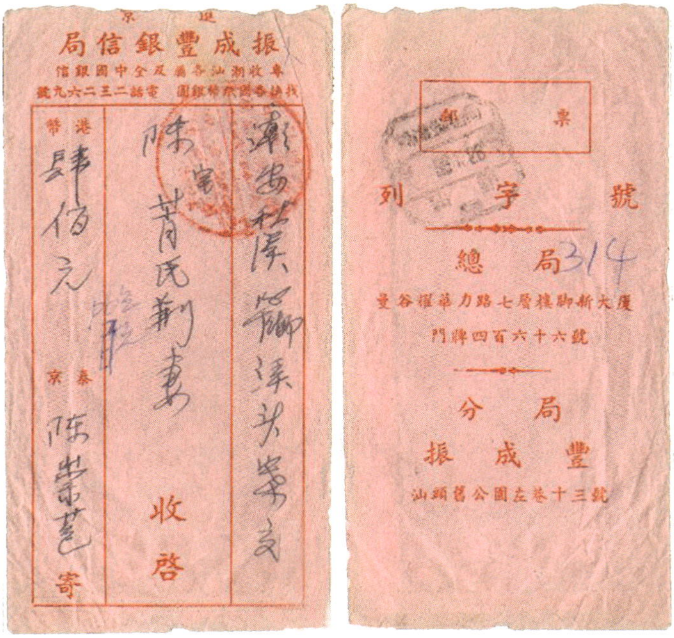

泰京陈崇芑寄港币肆佰元至潮安秋溪乡溪头寨陈宅肖氏，批封印“振成丰银信局”“分局　振成丰　汕头旧公园左巷十三号”

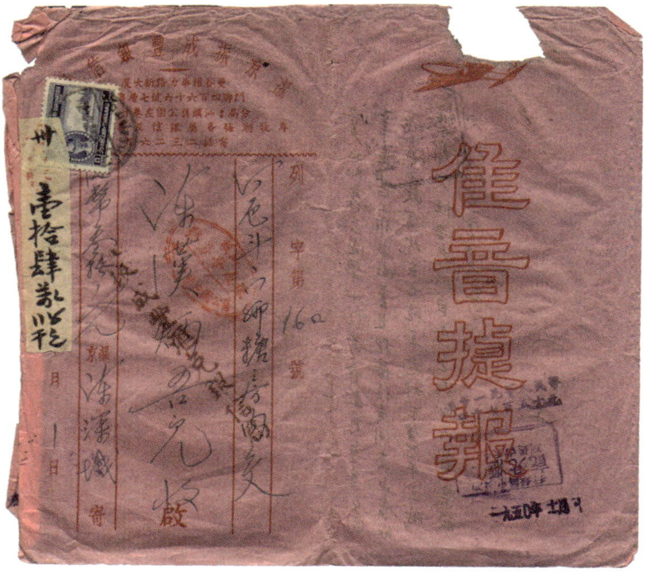

暹京陈深城寄港币三十元至澄邑斗门乡糖房内陈汉炳，批封盖“汕头振成丰分发　旧公园左巷十二号”印和“一九五〇年十一月□□”“汕头中国银行侨汇兑讫”章

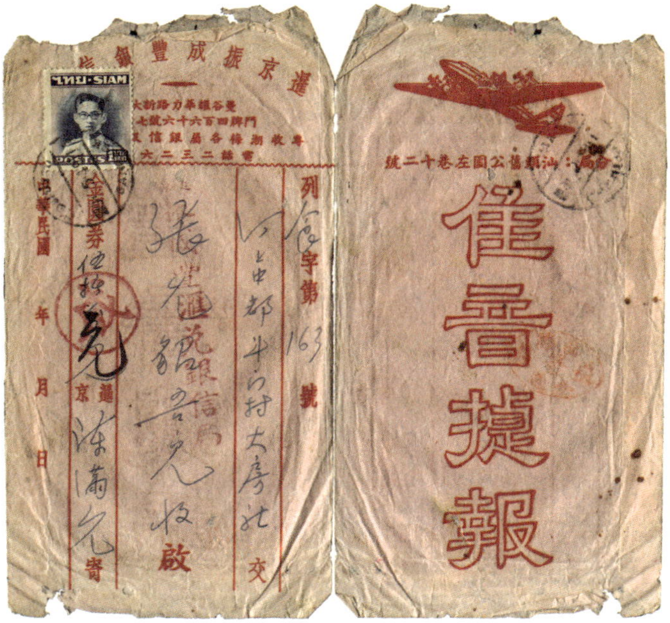

暹京陈满元寄金圆券伍拾元至澄上中都斗门村大房社张允貂，批封印“暹京振成丰银信局”“分局：汕头旧公园左巷十二号”

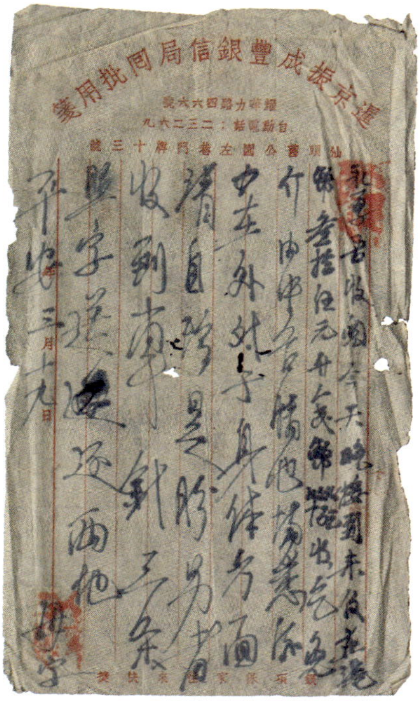

暹京振成丰银信局回批用笺

汕头旧公园左巷门牌十三号

母寄永厚信，信笺印“暹京振成丰银信局回批用笺　汕头旧公园左巷门牌十三号”

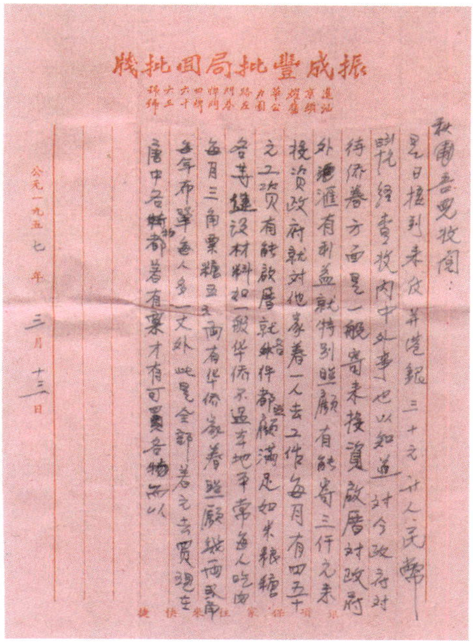

振成丰批局回批笺

公元一九五　七　年　三　月　十三　日

一九五七年三月十三日寄秋圃信，信笺印“振成丰批局回批笺　汕头旧公园左巷门牌十三号”

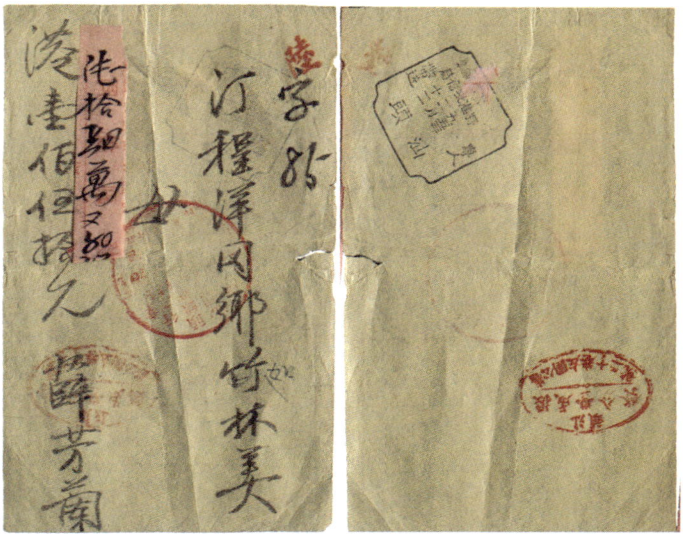

薛芳兰寄港币壹佰伍拾元至澄程洋冈乡竹林美母，批封盖“汕头振成丰分发　旧公园左巷十二号”印和“汕头　一九五三二月十二”侨批专用邮戳

暹叶文荣寄港币壹佰元至澄邑樟林东社叶厝巷叶阿尾，批封盖“汕头振成丰分发　旧公园左巷十三号”和“1952 年 3 月 27 日”“汕头中国银行侨汇兑讫”印

振丰盛

“振丰盛”在 1933 年的《汕头市侨批业同业公会会员名册》的登记地址是仁和街 82 号。

依据 1936 年汕头邮政管理局（邮局）向国家交通部邮政总局呈报的核发批局营业凭证申请书整理，该批局的基本情况如下：（批局执照：批字第 245 号）

批局名称		开设时间	开设地点	营业人姓名、籍贯	与何处往来营业
振丰盛		民国廿一年（1932）	汕头仁和街 82 号	陈章武，普宁	日里、槟榔屿
分号	陈联丰	民国八年（1919）	普宁	陈成刚，普宁	汕头
	陈四合	民国六年（1917）	潮阳	陈云腾，潮阳	汕头
	陈科成	光绪廿一年（1895）	陆丰	陈进，普宁	汕头
	鸿兴号	光绪廿五年(1899)	碣石	秦士蒙，普宁	汕头
	兴胜号	光绪元年（1875）	日里	黄捷昌，普宁	汕头
	陈怡盛	光绪十年（1884）	日里	陈红，普宁	汕头
	陈源利	光绪十七年（1891）	日里	陈诸说，普宁	汕头
	有兴号	光绪十五年（1889）	槟榔屿	黄彬裕，普宁	汕头

1942 年 6 月的“振丰盛”的经营代表是 50 岁普宁人陈章武，经营地址仍为仁和街 82 号。

1946 年 6 月的《汕头市侨批业同业公会会员名册》中的登记资料显示，“振丰盛”的经理是陈君健，营业代表是 32 岁普宁人黄贤章。资本额 200 万元，会费单位 401 位，登记地址为仁和街 82 号。

1946 年 11 月，“振丰盛”在汕头市侨批业同业公会填报的《汕头市侨批业调查表》中，主事人为陈君健，店址为仁和街 82 号，核发交通部邮政总局 1944 年营业执照 111 号，并在表中注明“新照现未到汕”。“经营何港侨汇”一栏变更为“日里”，减少 1936 年填报的“槟榔屿”。

据 1946 年 12 月汕头一等邮局函送市政府《汕头市批信局一览表》，“振丰盛”获核发 1946 年度营业执照，号码第 38 号，营业人填报陈章武。

1948 年 8 月，在《汕头市侨批业同业公会会员商号名册》中，合资形式的“振丰盛”登记地址已由仁和街 82 号变更为潮安三横街 4 号，并获领广州邮政管理局核发的当期侨批业营业执照（号码第 57 号），营业代表填报陈朝封。

1948 年 9 月，在《汕头市侨批业同业公会会员名册》中，“振丰盛”的资本额保持 200 万元，会费单位 401 位，登记地址仍填报潮安三横街 4 号，营业代表填报 28 岁普宁人陈朝添。

中华人民共和国成立后，“振丰盛”参加 1951 年汕头人民邮政局的侨批业注册登记，地址仍填报潮安三横街 4 号。

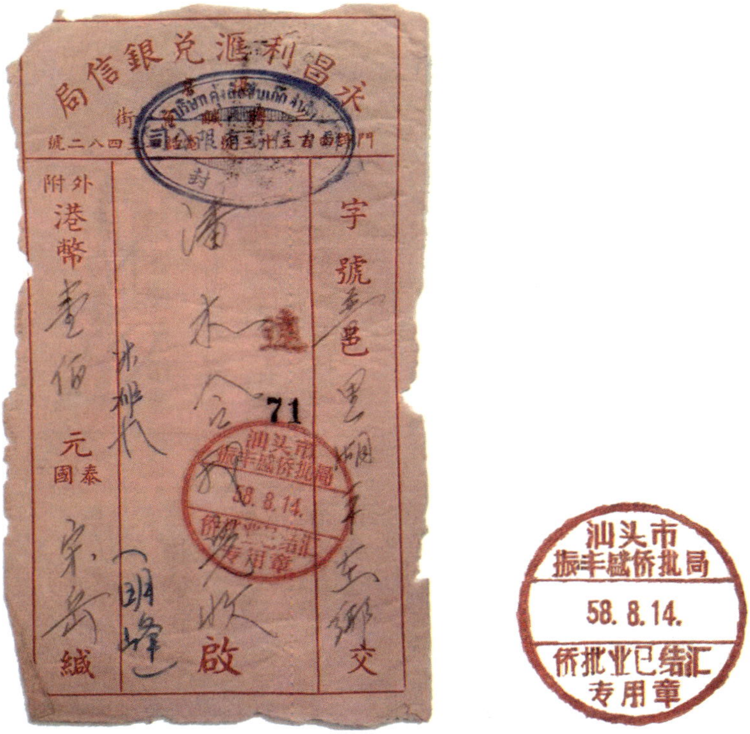

泰国宋岳寄港币壹佰元至普邑里湖平在乡潘木合，批封盖“汕头市振丰盛侨批局 58. 8. 14. 侨批业已结汇专用章”

振华泰

“振华泰”分发泰国“振潮兴”的侨批。如下图，“振潮兴”的实寄批上清楚地印有“汕头升平路一一四号振华泰本局分发”字样。该批封上的银行核盖侨批之章也显示，收到此批件的日期是一九五八年一月二十九日。在另一件收录进本书的实寄批的印戳提供的信息十分明显，“汕头市振华泰侨批局　侨批业已结汇专用章”上结汇日期是 1958 年 11 月 13 日（见下页上图）。因此，我们可以断定，20 世纪 50 年代“振华泰”的经营地点在汕头市。此外，潮汕侨批收藏者张美生收藏有“汕头振华泰批局”“振华泰”两方印鉴实物（见下页下方左图），充分证实“振华泰”是汕头市的一家侨批业商号。

但是，“汕头升平路一一四号振华泰本局”从未在可见的侨批档案资料中出现，在所有搜集到的汕头侨批业商号和泰国侨批局的实寄批中，也未见有营业地址在升平路 114 号的其他侨批局，所以，“振华泰本局”的具体情况尚有待继续发掘。

至于“振潮兴”，它是泰国曼谷一家比较有名的银信局。自 1951 年 12 月 20 日当选泰国华侨银信局公会理事会理事商号后，一直活跃在泰国侨批业中（详情可参阅洪林、黎道纲编著：《泰国侨批业资料汇萃》）。

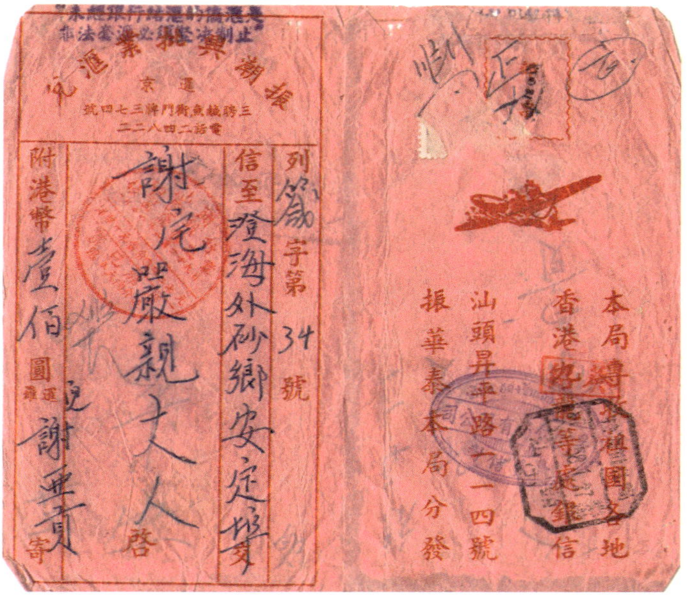

暹罗谢亚贡寄港币壹佰元至澄海外砂乡安定埠谢宅严亲，批封印“振潮兴批业汇兑”“汕头升平路一一四号　振华泰本局分发”，盖“汕头　58. 1. 27.”侨批专用邮戳

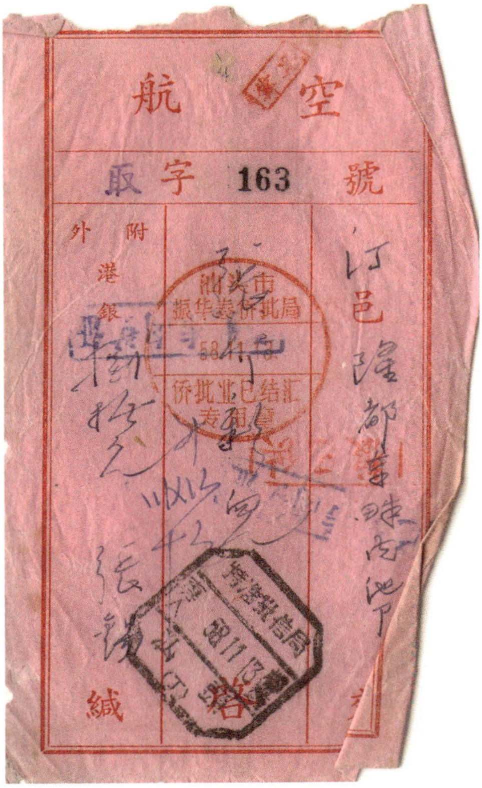

张锡寄港币捌拾元至澄邑隆都东畔内池部张介新，批封盖“汕头市振华泰侨批局 58. 11. 13. 侨批业已结汇专用章”和“汕头 58. 11. 13.”侨批专用邮戳

汕头振华泰批局印章

泰国谢友三寄港币肆拾元至海邑鹤塘乡巷头谢惠娟，批封印“永泰祥银信局”“升平路一一四号 振华泰本庄”，盖“汕头 58. 1. 31.”侨批专用邮戳

振盛兴

汕头“振盛兴”创建于1899年。1959年中国人民银行汕头支行《关于汕头市侨批业的历史调查》中的资料显示，“振盛兴”创始于“第一时期（五口通商后，1843—1919年）”，是“暹罗批局”在汕头的分号，其后一直以“祖遗”的形式出现在《关于汕头市侨批业的历史调查》中。主管机关对“祖遗”的定义是：“批局本身原始，系现在资本家之祖先所创的，世代所遗，故该批局之股东，纯系其各房子孙承袭。”在汕头市众多批局中，“祖遗”形式的唯有“振盛兴”一家。

1933年，“振盛兴”在《汕头市侨批业同业公会会员名册》中的登记地址是永兴街41号。

依据1936年汕头邮政管理局（邮局）向国家交通部邮政总局呈报的核发批局营业凭证申请书整理，该批局的基本情况如下：（批局执照：批字第275号）

批局名称		开设时间	开设地点	营业人姓名、籍贯	与何处往来营业
振盛兴		民国前三年（1909）	汕头永和街35号	曾国声，澄海	暹罗
分号	振盛兴	民国前三年（1909）	澄海图濠乡	曾国声，澄海	汕头
	普通	民国元年（1912）	潮安	吴彩堂，潮安	汕头
	刘喜合	民国元年（1912）	潮阳	刘竹船，潮阳	汕头
	瑞记	民国元年（1912）	留隍	郑燊南，丰顺	汕头
	魏启峰	民国元年（1912）	揭阳	魏启圃，揭阳	汕头
	瑞孚陶记	民国廿三年（1934）	黄岗	余桂生，饶平	汕头

1942年，“振盛兴”在《汕头市侨批业同业公会会员名册》中，登记地址变更为永兴街42号。

1946年6月，“振盛兴”的经理曾寿田当选汕头市侨批业同业公会第一届监事会监事。

1946年6月的《汕头市侨批业同业公会会员名册》中的登记资料显示，“振盛兴”的经理人为31岁澄海人曾寿田，资本额500万元，会费单位500万元，登记地址为永兴街41号。

1948年8月，在《汕头市侨批业同业公会会员商号名册》中，独资形式的“振盛兴”登记地址已由永兴街41号变更为永兴街34号，并获领广州邮政管理局核发的当期侨批业营业执照（号码第92号），其负责人未变更。

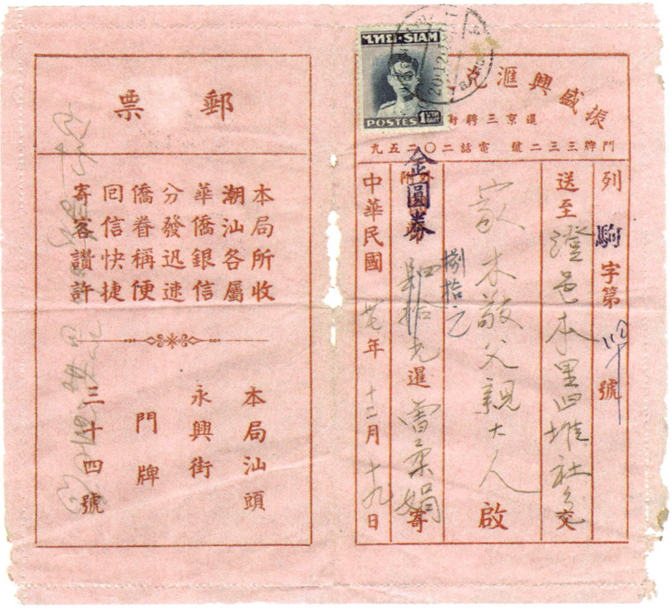

暹曾柔娟民国卅七年（1948）十二月十九日寄金圆券捌拾元至澄邑本里旧堆社乡家木敬，批封印“振盛兴汇兑批业”“本局汕头永兴街门牌三十四号”

1948 年 9 月，在《汕头市侨批业同业公会会员名册》中，“振盛兴”的资本额保持 500 万元，会费单位 500 万元不变，经理人仍为曾寿田。

“振盛兴”参加 1951 年汕头人民邮政局注册登记，登记地址变更为永兴街 43 号。

据 1990 年汕头市人民政府侨务办公室、汕头市归国华侨联合会编印的《汕头市华侨志（初稿）》所载，自 1970 年以后，侨批局和侨站被撤销，有关侨汇业务由汕头市和各县中国银行及乡、村信用社负责。至 1969 年底，汕头市仍存侨批局 36 家，“振盛兴”便是其中之一。

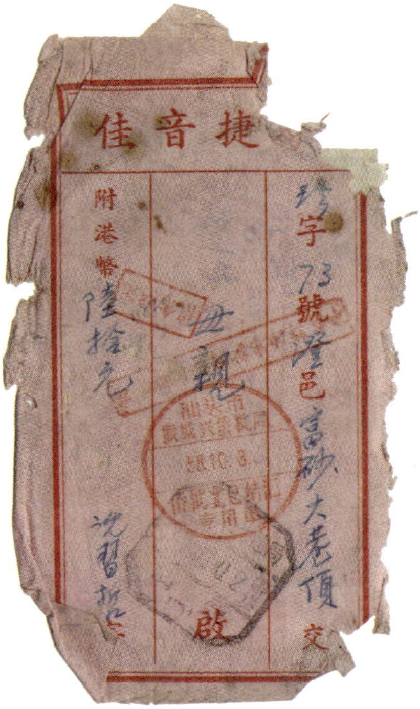

沈习哲寄港币陆拾元至澄邑富砂大巷顶母亲，批封盖“汕头市振盛兴侨批局 58. 10. 3. 侨批业已结汇专用章”

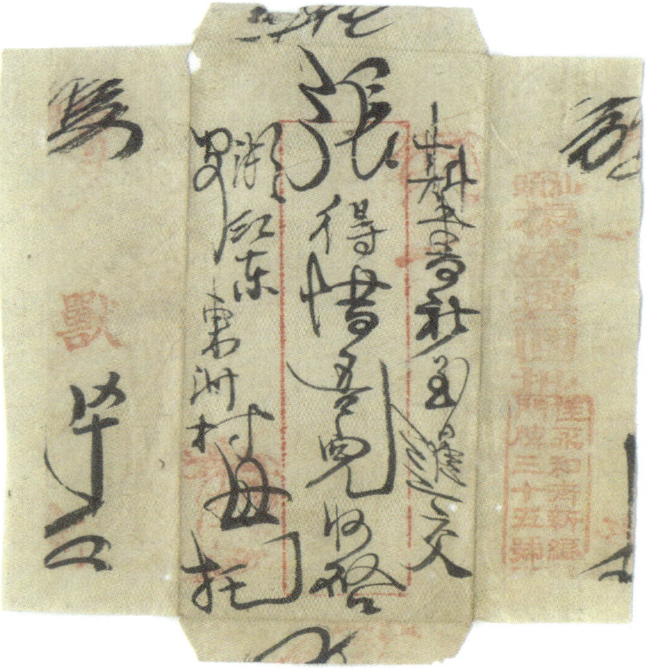

潮安江东东洲村母寄暹张得惜回批，批封盖“汕头振盛兴回批　住永和街新编门牌三十五号”

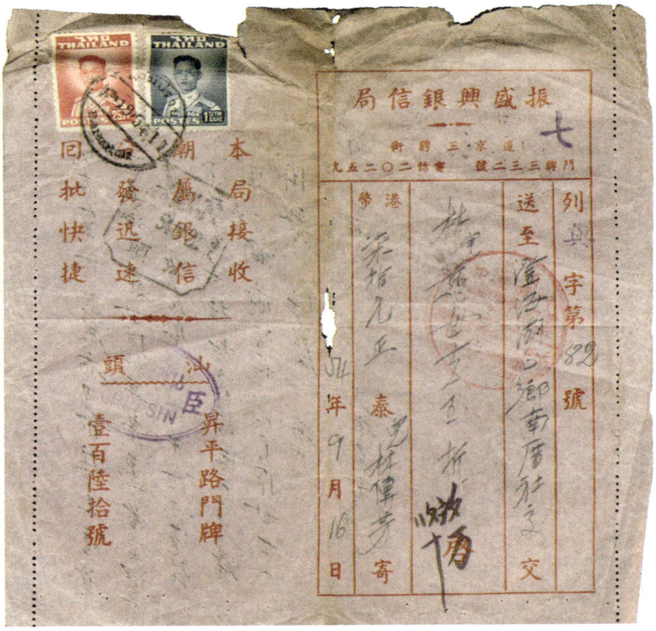

泰林传芳 1954 年 9 月 16 日寄港币柒拾元至澄海湖心乡南厝社林宅慈母，批封印“振盛兴银信局”“汕头　升平路门牌壹佰陆拾号”，盖“汕头　54. 9. 22.”侨批专用邮戳

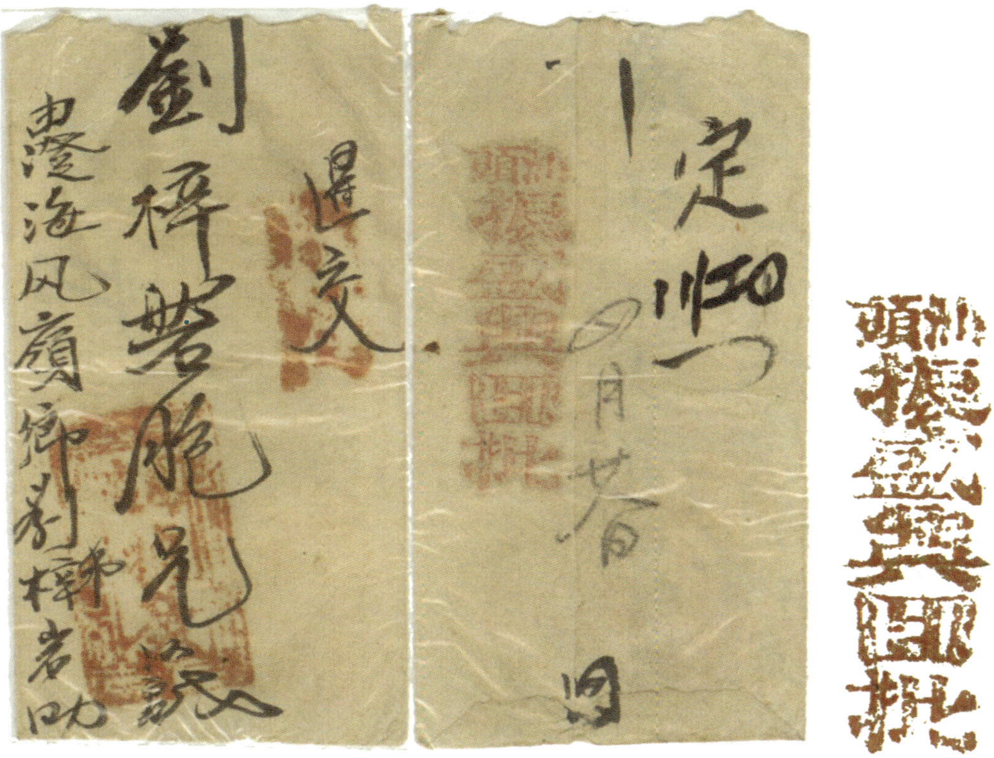

澄海风［凤］岭乡刘梓岩寄暹刘梓磐回批，批封盖“汕头振盛兴回批”印

正　基

据学者提供的资料："1953—1954 年，汕头又有正基、明兴发、振华泰共 3 家批局继续向邮电局申请注册侨批业务。"（见王炜中等编著：《潮汕侨批论稿》，第 44 页）

1951 年 12 月 21 日，泰国《光华报》刊登《银信局选出新理事》一文，报道中披露，"候补理事七席：进兴昌、南泰发、正基、振泰隆、协成丰、王利市、永振发"。

1953 年 5 月 11 日的《信联有限公司启事》中刊有"侨胞寄批赡养眷属请向本公司下列各股东商号投寄保证便利快捷"，"正基"为其中潮属批局之一。

实寄批中的"正基银信局，分局汕头仁和街九一号"待查。

汕头市历年的侨批业相关档案资料均未见"正基"，收藏家张美生收藏有上刻"汕头正基批局"印鉴实物一枚，足证汕头"正基"的存在。

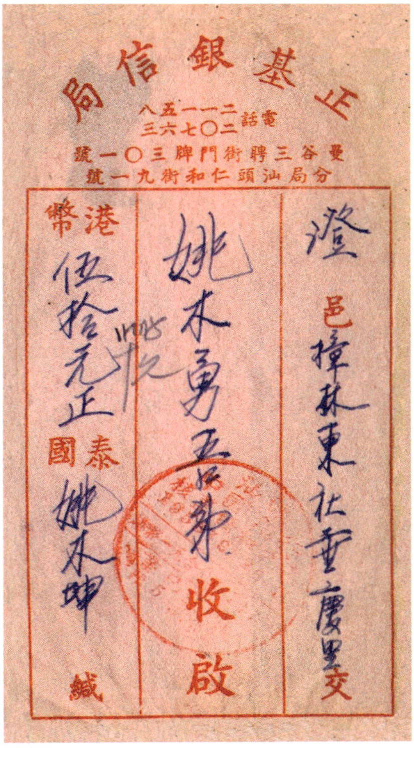

泰国姚木坤寄港币伍拾元至澄邑樟林东社垂庆里姚木勇，批封印"正基银信局　分局汕头仁和街九一号"，盖"汕头中国银行核盖侨批之章"

"汕头正基批局"印鉴

暹陈成明寄港币叁拾元至潮安县四区秋塘乡旸山村后处社陈宅慈亲，批封盖“正基银信局　分局汕头仁和街□□□号”印和“汕头　57. 5. 7.”侨批专用邮戳

郑成顺利庆记

“郑成顺利庆记”在下图所示实寄批上显示的地址为“汕头市永和街门牌九五号”，此门牌号也是“郑成顺利振记”的登记地址。

“郑成顺利庆记”从未出现在侨批业的相关档案资料中。而“振记”的经营形式是“独资”，“振记”与“庆记”还有泰国的“郑成顺利贤记”之间的关系，可能尚有进一步探索的空间。

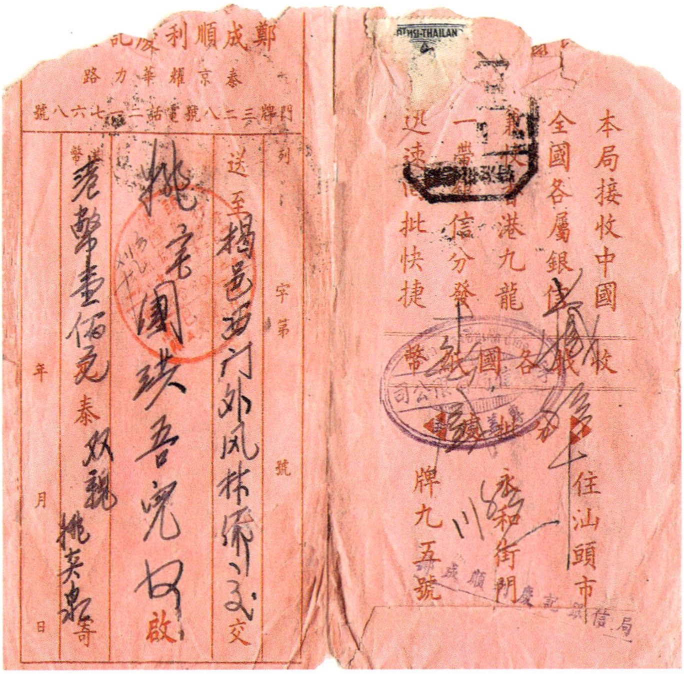

泰姚奕泉寄港币壹佰元至揭邑西门外风林乡姚宅国洪，批封印“郑成顺利庆记”“分批处　住汕头市永和街门牌九五号”，盖“一九五七年　汕头中国银行核盖侨批之章”

郑成顺利振记

1933 年，“郑成顺利振记”在《汕头市侨批业同业公会会员名册》中的商号名称是“成顺利振记”，登记地址是“永和街 97 号”。

依据 1936 年汕头邮政管理局（邮局）向国家交通部邮政总局呈报的核发批局营业凭证申请书整理，该批局的基本情况如下：（批局执照：批字第 270 号）

<table>
<tr><th colspan="2">批局名称</th><th>开设时间</th><th>开设地点</th><th>营业人姓名、籍贯</th><th>与何处往来营业</th></tr>
<tr><td colspan="2">郑成顺利振记</td><td>民国元年（1912）</td><td>汕头永和街</td><td>郑敦翰，澄海</td><td>暹罗</td></tr>
<tr><td rowspan="8">分号</td><td>和记庄</td><td>民国元年（1912）</td><td>澄海</td><td>郑敦衍，澄海</td><td>汕头</td></tr>
<tr><td>广顺庄</td><td>民国十年（1921）</td><td>饶平</td><td>金振忠，饶平</td><td>汕头</td></tr>
<tr><td>有记庄</td><td>民国廿一年（1932）</td><td>潮安</td><td>黄岳生，潮安</td><td>汕头</td></tr>
<tr><td>启峰号</td><td>民国元年（1912）</td><td>揭阳</td><td>魏启圃，揭阳</td><td>汕头</td></tr>
<tr><td>喜合号</td><td>民国元年（1912）</td><td>潮阳</td><td>刘竹船，潮阳</td><td>汕头</td></tr>
<tr><td>信成号</td><td>民国廿年（1931）</td><td>澄海</td><td>余斯耀，澄海</td><td>汕头</td></tr>
<tr><td>许广源</td><td>民国廿年（1931）</td><td>诏安</td><td>许凤声，诏安</td><td>汕头</td></tr>
<tr><td>发利号</td><td>民国元年（1912）</td><td>潮安</td><td>陈云初，潮安</td><td>汕头</td></tr>
</table>

在广东省档案馆馆藏民国档案（全宗号 4）的《晚清潮汕侨批局创生表》中，“郑成顺利振记”于清宣统三年（1911）在汕头创立。而从 1935—1936 年汕头市各批局为“核准登记发给执照以作营业凭证”而填报的汕头邮政管理局（邮局）向国家交通部邮政总局呈报的核发批局营业凭证申请书中发现，几个创立于民国成立前的侨批局均将批局开设时间填为“民国元年”（1912）。

1942 年，登记商号为“成顺利”，营业代表为 39 岁澄海人郑敦衍，店址是永和街 97 号。

1946 年 6 月的《汕头市侨批业同业公会会员名册》中的登记资料显示，登记名称为“成顺利”的经理人为郑国泰，营业代表为 44 岁潮安人谢奕和，资本额 300 万元，会费单位 601 位，登记地址为永和街 97 号。

1946 年 11 月，“郑成顺利振记”以“成顺利”之名出现在汕头市侨批业同业公会填报的《汕头市侨批业调查表》中，主事人郑国泰，地址为永和街 97 号，核发交通部邮政总局 1946 年营业执照，汕头邮局 1 月 11 日填发换照收条第 9 号（新照未颁发至汕）。“经营何港侨汇”一栏与 1936 年比照未变更。

1946 年 12 月汕头一等邮局函送市政府《汕头市批信局一览表》中未见“郑成顺利振记”“郑成顺利”或“成顺利”，即该批局未获核发 1946 年度营业执照。

到了 1948 年 8 月，在《汕头市侨批业同业公会会员商号名册》中，独资形式的“郑成顺利振记”登记地址变更为永和街 95 号，并获领广州邮政管理局核发的当期侨批业营业执照（号码第 93 号），其负责人变更为张昌特。

1948 年 9 月，在《汕头市侨批业同业公会会员名册》中，以“成顺利”登记的资本额变更为 300 万元，会费单位增至 601 位，经理是 45 岁澄海人郑国泰。

中华人民共和国成立后，“郑成顺利振记”以“成顺利振记”之名参加 1951 年汕头人民邮政局的侨批业注册登记，登记地址为永和街 95 号。

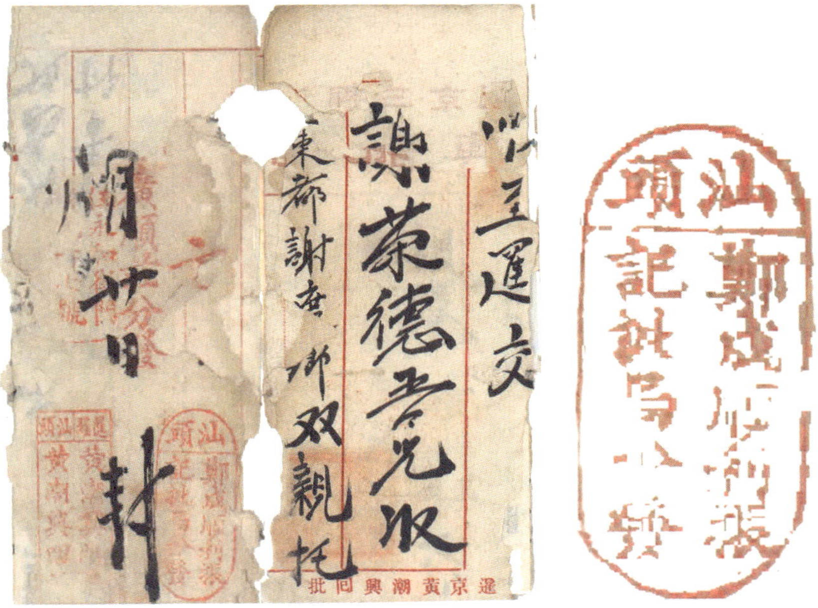

江东都谢度乡双亲寄暹谢荣德回批，批封盖“汕头 郑成顺利振记批局分发”印

致　成

香港“致成”是汕头“致盛”在香港的分号。从1936年经“致盛”营业人郑应林签押盖章呈报的《核发批局营业执照凭证申请书》可以明白无误地知道：致成，开设时间为民国二十二年（1933），开设地点为香港高升街门牌41号，分号负责代理人为38岁潮安人陈子谦，与汕头往来营业。（见本书“致盛”条）

香港“致成”与新加坡“致成”（包括汕头“致成”）是两个不同的侨批经营机构。

在1959年中国银行汕头支行《关于汕头市侨批业的历史调查》中，汕头“致成”为“第一时期（五口通商后，1843—1919年）”在汕头开展侨批经营业务的“独资”“星马批局”。

关于香港“致成”，未找到其他与之相关的档案资料，《潮汕侨批论稿》一书中，编著者也仅有寥寥数语：“致祥批局，1946年开业，其东主和司理人与1933年创设的致成批局相同，两家成为兄弟批局，都与汕头的致盛等多家批局联号，业务网络联络泰国、新加坡、越南和汕头等地。”“致成隆记批局，1946年开业，与汕头荣大批局联号。”（见《潮汕侨批论稿》，第113页）

另外，在香港“致成”独家定制的侨批封正面，印有“香港高升街四十一号”致成潮汕批局及“香港德辅道西四十二号　致成潮汕批局”，是香港“致成”经营地点最直接的证明。

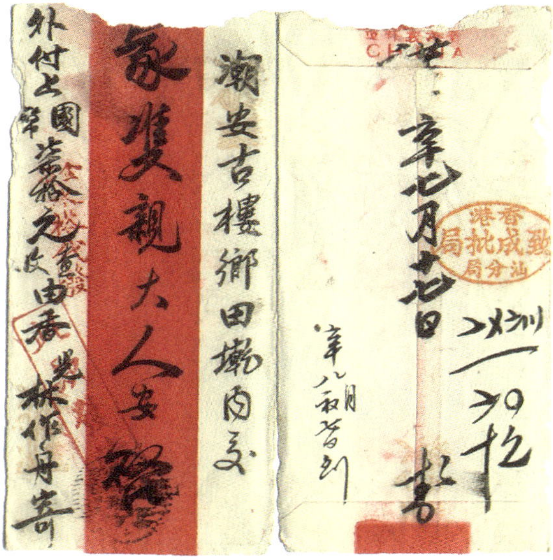

香林作舟寄国币柒拾元至潮安古楼乡田墘内家双亲，批封盖“香港致成批局汕分局”印

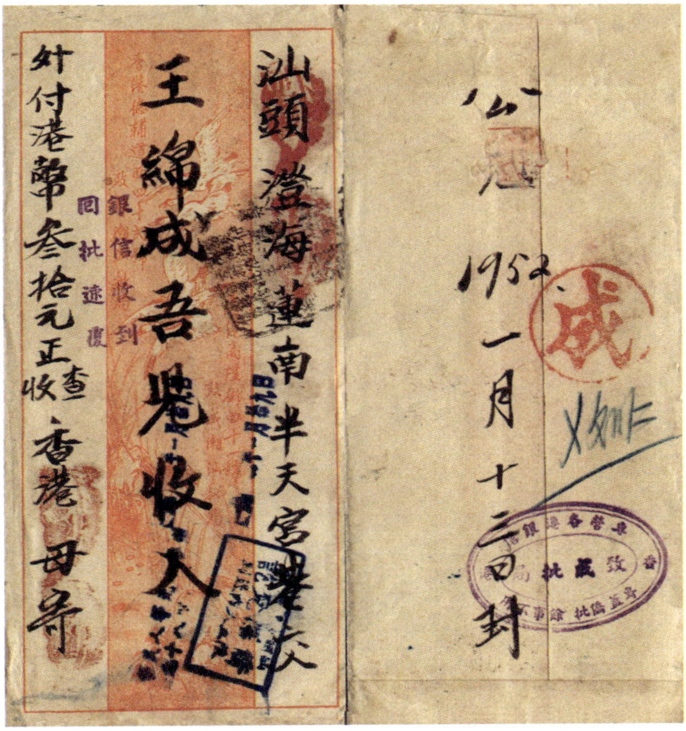

香港母寄港币叁拾元至汕头澄海莲南半天宫巷王绵成，批封印“香港德辅道西四十二号　致成潮汕批局”“香港高升街四十一号　致成潮汕批局”，并盖“香港致成批局”印与“一九五二年一月廿九日汕头中国银行侨汇兑讫”章

致　盛

“致盛”在1933年的汕头市侨批业同业公会的会员登记中的地址是永和街110号。

依据1936年汕头邮政管理局（邮局）向国家交通部邮政总局呈报的核发批局营业凭证申请书整理，该批局的基本情况如下：（批局执照：批字第304号）

批局名称		开设时间	开设地点	营业人姓名、籍贯	与何处往来营业
致盛		民国廿二年（1933）	汕头新潮兴二横街5号	郑应林，潮阳	香港、暹罗、安南
分号	致成	民国廿二年（1933）	香港高升街	陈子谦，潮安	汕头
	联兴	民国廿二年（1933）	暹罗三聘街	沈敬添，潮安	汕头
	孔明斋	民国廿二年（1933）	安南宅郡	陈汉林，澄海	汕头

“致盛”可以说是汕头市曾经存在的批局中创设时间较早、存活时间较长的批局之一。然而，在上表中，“致盛”却将开设时间填报为1933年。

在1959年中国银行汕头支行《关于汕头市侨批业的历史调查》中，“致盛”分别出现在三个时期中，即第一时期（五口通商后，1843—1919年）、第二时期（第一次世界大战后）、第三时期（中华人民共和国成立前时期），均为合资形式的香港批局。

香港高升街41号的“致成”是“致盛”的分号，但是香港“致成”并不等同于新加坡“致成”。（见本书“致成”条）

1946年6月的《汕头市侨批业同业公会会员名册》中的登记资料显示，“致盛”的经理人为50岁潮阳人郑应霖，资本额100万元，会费单位201位，登记地址为永和街110号。

奇怪的是，1948年8月的《汕头市侨批业同业公会会员商号名册》中，“致盛”缺席。而同月填写的《汕头市侨批业同业公会会员名册》却有“致盛”位于德兴路52号的登记资料。

1946年11月，“致盛”出现在汕头市侨批业同业公会填报的《汕头市侨批业调查表》中，主事人郑应林，店址德兴路49号，核发交通部邮政总局1946年营业执照，汕头邮局1月11日填发换照收条第29号（新照未颁发至汕）。“经营何港侨汇”一栏未变更。

据1946年12月汕头一等邮局函送市政府《汕头市批信局一览表》，“致盛”获核发1946年度营业执照，号码第59号，营业人仍填报郑应林。

1948年9月，在《汕头市侨批业同业公会会员名册》中，“致盛”的资本额保持100

万元，会费单位 201 位，经理人、营业代表仍为 52 岁潮阳人郑应林。

中华人民共和国成立后，“致盛”也参加汕头人民邮政局的注册登记，登记地址为德兴路 52 号。

据 1990 年汕头市人民政府侨务办公室、汕头市归国华侨联合会编印的《汕头市华侨志（初稿）》所载，自 1970 年以后，侨批局和侨站被撤销，有关侨汇业务由汕头市和各县中国银行及乡、村信用社负责。至 1969 年底，汕头市仍存侨批局 36 家，“致盛”便是其中之一。

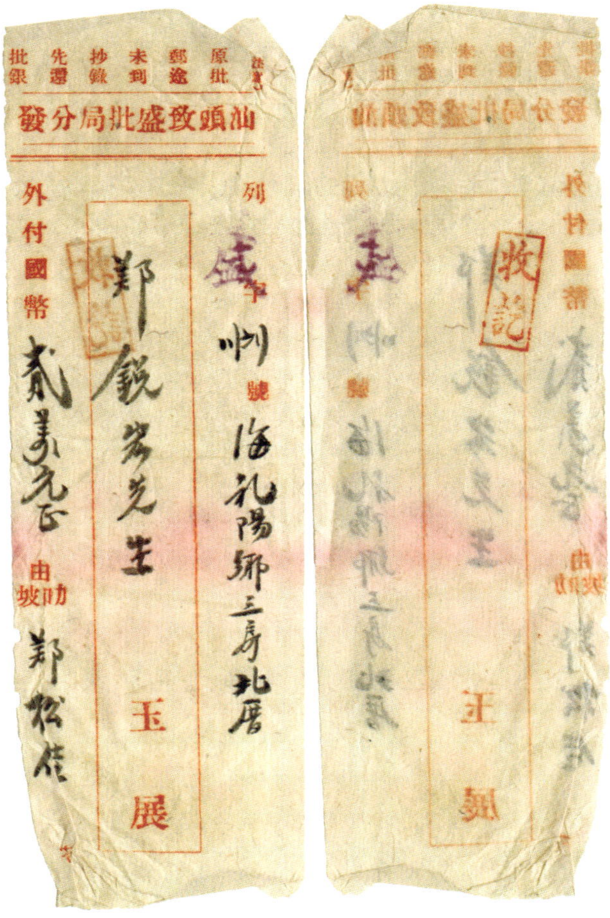

叻坡郑松佳寄国币贰万元至海礼阳乡三房北厝郑锐宏，侨批通知书印“汕头致盛批局分发”

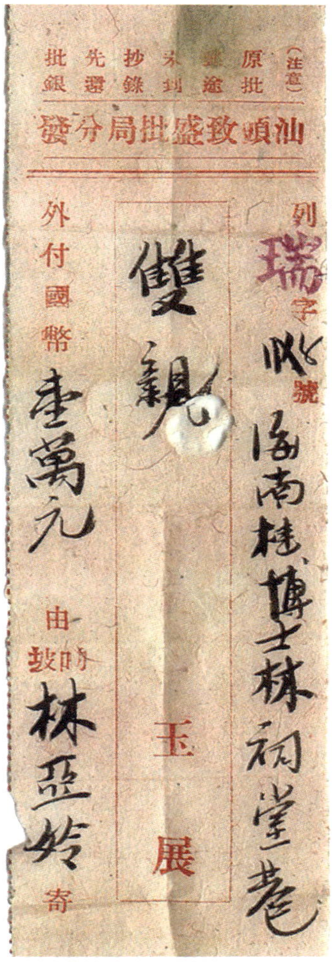

叻坡林亚妗寄国币壹万元至海南桂博士林祠堂巷双亲，侨批通知书印“汕头致盛批局分发”

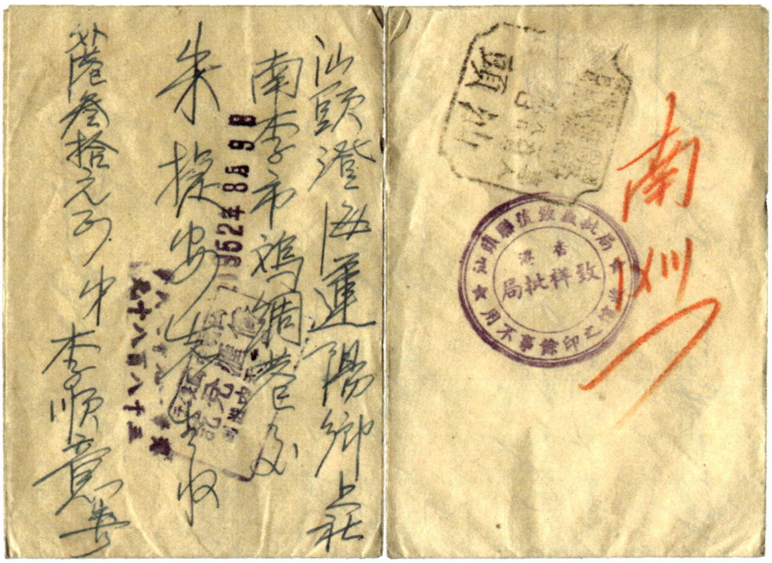

李顺意寄港币叁拾元至汕头澄海莲阳乡上社南李市鸡绸巷朱捷安，批封盖“香港致祥批局　汕头联号致盛批局”印、“1952 年 8 月 9 日”日戳和“汕头中国银行侨汇兑讫”章

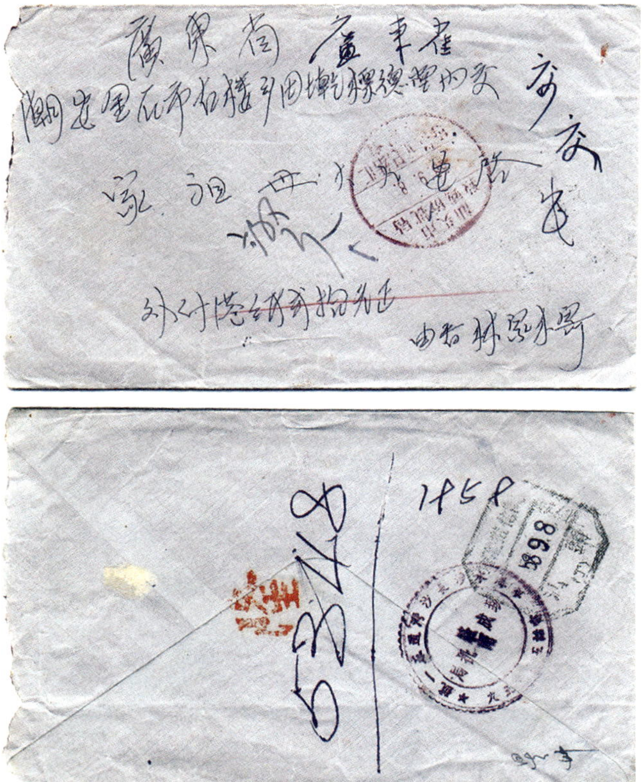

香林家木寄港纸贰拾元至广东省潮安金石市古楼乡田墘标德堂内家祖母，批封盖“汕头市致盛侨批局　58.9.8.　侨批业已结汇专用章”和“汕头　58.9.8.”侨批专用邮戳

智　发

“智发”是“星马批局”在汕头的分号。

1959 年中国人民银行汕头支行《关于汕头市侨批业的历史调查》中将汕头市各时期侨批业的行号及其组织形式作了分类，“智发”被归为“第二时期（第一次世界大战以后）”“星马批局”“分号”。

但是，1933 年后历年的《汕头市侨批业同业公会会员名册》中再也未见“智发”的名字。

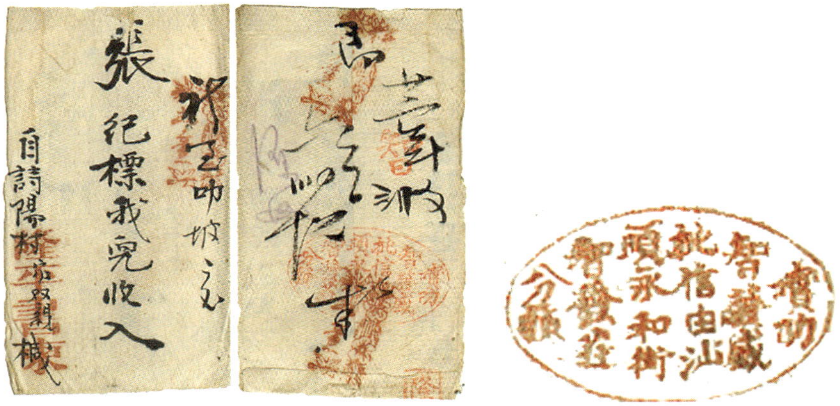

诗阳村家双亲寄叻坡张纪标回批，批封盖“实叻智发盛批信由汕头永和街智发庄分发”印

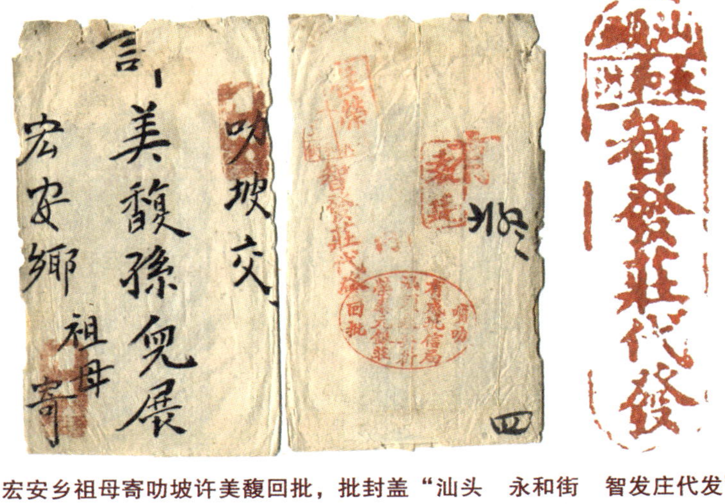

宏安乡祖母寄叻坡许美馥回批，批封盖“汕头　永和街　智发庄代发”印

钟荣顺

1933 年，“钟荣顺”参加汕头市侨批业同业公会会员登记，登记地址为镇邦街 50 号。

依据 1936 年汕头邮政管理局（邮局）向国家交通部邮政总局呈报的核发批局营业凭证申请书整理，该批局的基本情况如下：（批局执照：批字第 259 号）

批局名称		开设时间	开设地点	营业人姓名、籍贯	与何处往来营业
钟荣顺		民国十六年（1927）	汕头通津街 47 号	钟鹤洲，潮安	暹罗
分号	有记	民国廿四年（1935）	潮安	黄筠生，潮安	汕头
	启峰	民国元年（1912）	揭阳	魏启圃，揭阳	汕头
	喜合	民国元年（1912）	潮阳	刘竹船，潮阳	汕头
	春生	民国四年（1915）	店仔头	林亨晏，澄海	汕头
	有信	民国十年（1921）	澄海	芮弼卿，澄海	汕头
	鸿茂盛	民国六年（1917）	饶平	卢湘如，潮安	汕头

1942 年，“钟荣顺”在《汕头市侨批业同业公会会员名册》中的登记地址变更为通津街 4 号，营业代表变更为 60 岁潮安人刘泽明。

1946 年 6 月的《汕头市侨批业同业公会会员名册》中的登记资料显示，“钟荣顺”的经理人为张云，营业代表为 30 岁普宁人许佩炽，资本额 900 万元，会费单位 1801 位，登记地址为镇邦路 50 号。

1946 年 11 月，“钟荣顺”出现在汕头市侨批业同业公会填报的《汕头市侨批业调查表》中，主事人张云，店址为镇邦路 50 号，核发交通部邮政总局 1946 年营业执照，汕头邮局 2 月 20 日填发换照收条第 40 号（新照未颁发至汕）。“经营何港侨汇”一栏未变更。

但是，1946 年 12 月汕头一等邮局函送市政府《汕头市批信局一览表》中未见“钟荣顺”，换言之，“钟荣顺”未获核发 1946 年度营业执照。

1948 年 8 月，在《汕头市侨批业同业公会会员商号名册》中，合资形式的“钟荣顺”登记地址仍为镇邦路 50 号，并获领广州邮政管理局核发的当期侨批业营业执照（第 119 号），其负责人变更为张伯兴。

1948 年 9 月，在《汕头市侨批业同业公会会员名册》中，“钟荣顺”的资本额仍为 900 万元，会费单位 1801 位，经理人登记为张云，营业代表为 39 岁司理张伯兴，营业地址不变。

1951 年，“钟荣顺” 在汕头人民邮政局注册登记的地址变更为打索街 7 号。

在本书辑录的汕头市侨批业商号同各个时期的汕头市侨批业同业公会会员档案资料比较，“钟荣顺” 可以说是搬迁最频繁的。“钟荣顺” 几个不同时期、不同年份的登记地址变更了 5 次，分别为镇邦街 50 号（1933 年）、通津街 47 号（1936 年）、通津街 4 号（1942 年）、镇邦路 50 号（1946 年）、打索街 7 号（1951 年）。

据 1990 年汕头市人民政府侨务办公室、汕头市归国华侨联合会编印的《汕头市华侨志（初稿）》所载，自 1970 年以后，侨批局和侨批站被撤销，有关侨汇业务由汕头市和各县中国银行及乡、村信用社负责。至 1969 年底，汕头市仍存侨批局 36 家，“钟荣顺” 便是其中之一。

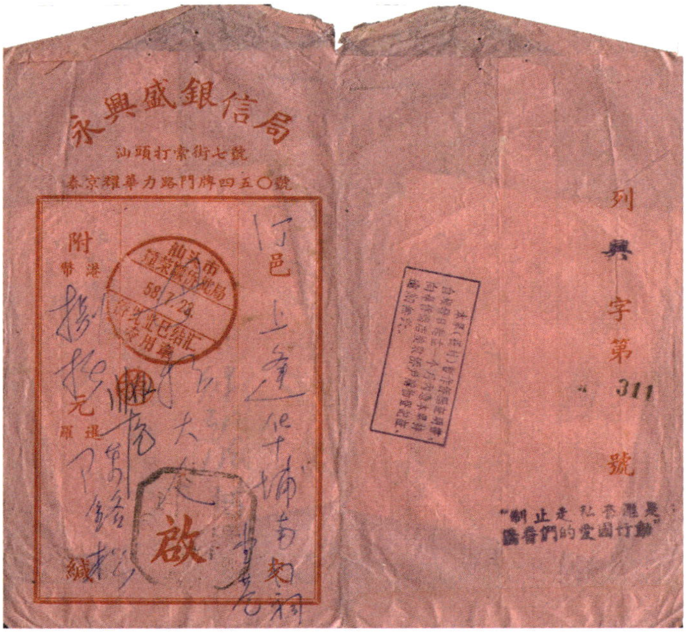

暹罗陈铭松寄港币捌拾元至澄邑上逢华埔南门祠母亲，批封盖“汕头市钟荣顺侨批局 58.7.23. 侨批业已结汇专用章”和汕头“乙”字戳号的侨批专用邮戳

诸葛庐

关于“诸葛庐”“孔明斋”，档案资料几近空白。

李志贤博士在《石叻澄邑先哲传略》一书中记录黄松亭时有这么一段话，“黄松亭与新加坡的联系则开始于其所经营的售衣业务，他曾出口工人服装给新加坡的商家代售，后因为账务未清，他亲自到新加坡收账，也因此与杜崇烈、黄基业等人合资创办森峰栈于十八间后（Circular Road），经营绸布及汇兑民信生意。从此，黄松亭的侨批业务涉足汕头及新加坡两地。当他第二次赴新加坡时，又创立‘孔明斋纸料店’，营业范围除经营香汕纸料、账簿文具外，也兼营侨批汇兑业务”。（见李志贤编著：《石叻澄邑先哲传略》，新加坡澄海会馆，2015 年，第 19 页）

“实叻孔明斋”与“汕头诸葛庐”的联号关系不言自明。澄海人还在安南宅郡美秋街 95 号开设“孔明斋”，是汕头“致盛”的分号，分号负责人为 47 岁澄海人陈汉林（见本书“致盛”条）。

在新加坡新“巴虱”4 号的老牌批局“孔明斋”，也是汕头批局“祥益”的分号，负责人为潮安人周国钧（可参考本书“祥益”条）。可惜未能搜集到“祥益”的实寄批，除 1935 年底“祥益”填报的《核发批局营业执照凭证申请书》外，历年档案资料也难觅“祥益”的情况，仅能从 1946 年 12 月 2 日汕头一等邮局函送市政府附件《汕头市批信局一览表》中，市政府代电侨批业公会“经邮局对比漏列 11 家，仰即详查具复为要”的训示中知道，“祥益”曾经“奉准发给卅五年度营业执照”，列第 60 号。

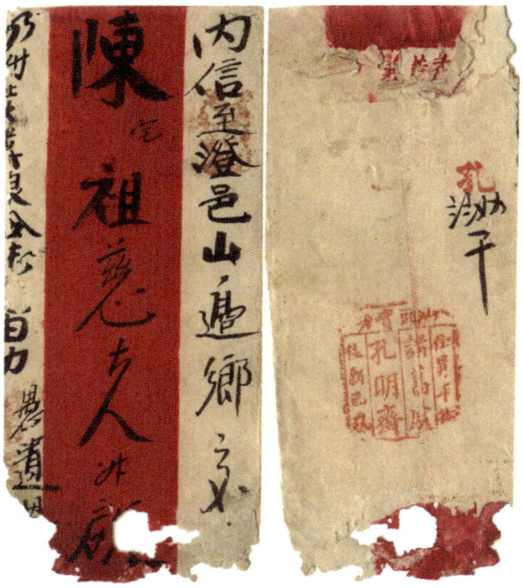

叻遗恩寄大洋银拾陆元至澄邑山边乡陈宅祖慈，批封盖“汕头住升平路诸葛庐　实叻住新巴虱孔明斋”印

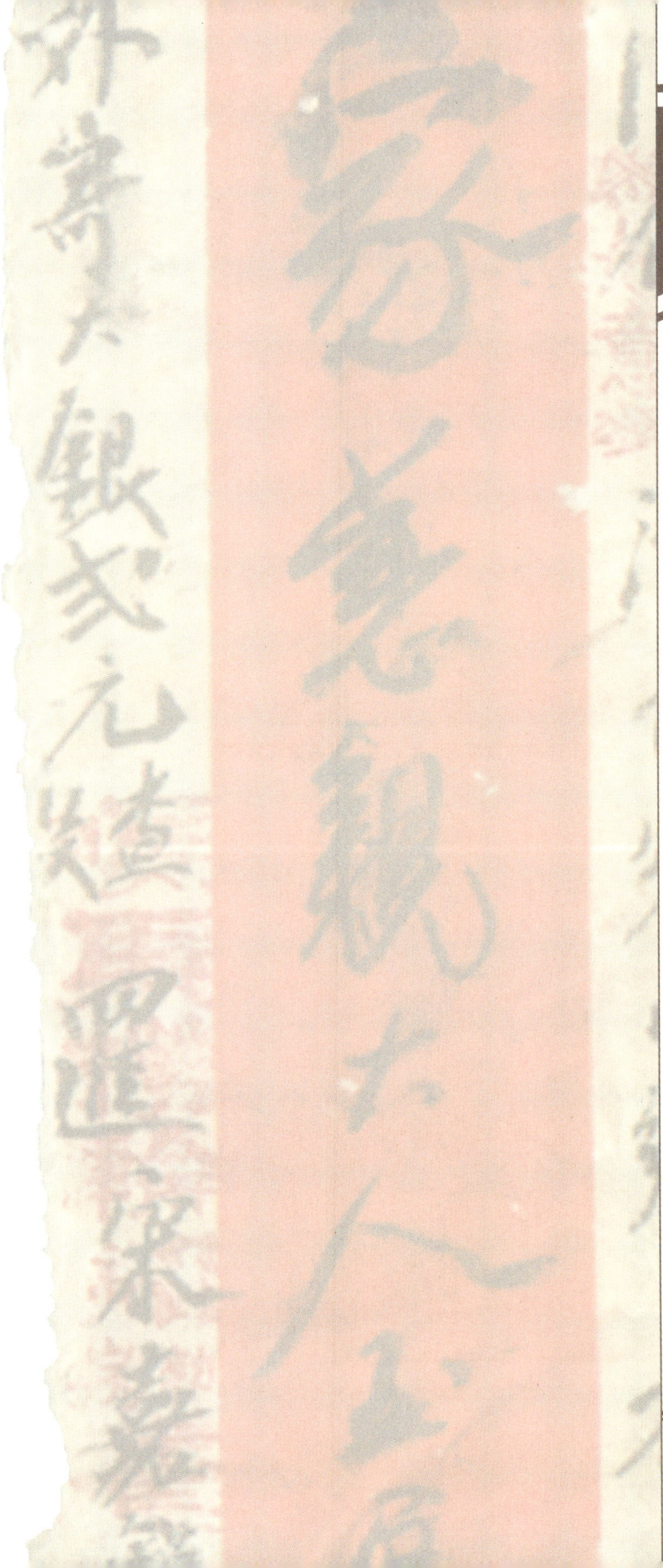

第二部分 有实寄封无档案的侨批业商号

德隆昌

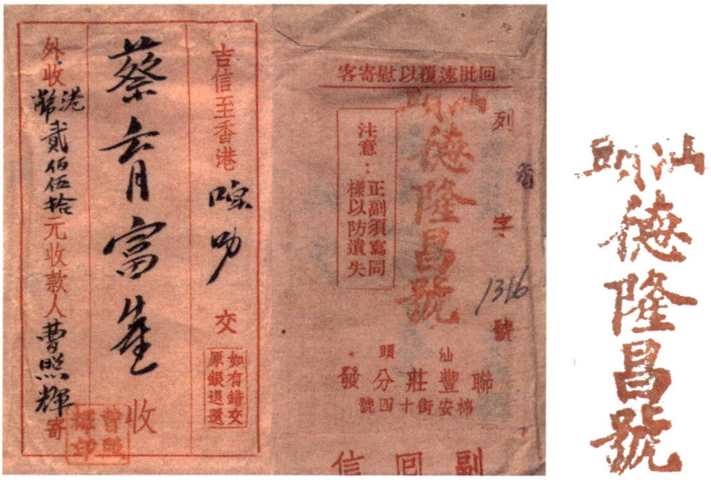

曹照辉寄实叻蔡育富回批，盖“汕头德隆昌号”印

光荣成

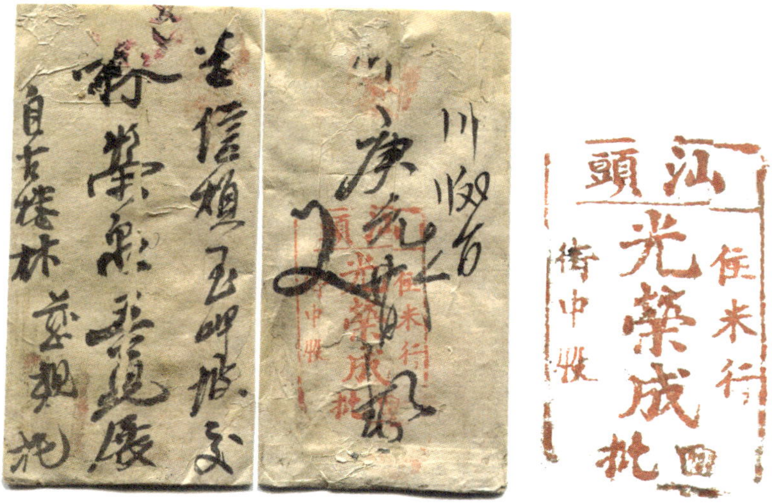

古楼林慈亲寄甲坡林荣泉回批，批封盖“汕头光荣成回批　住米行街中段”印

鸿发祥

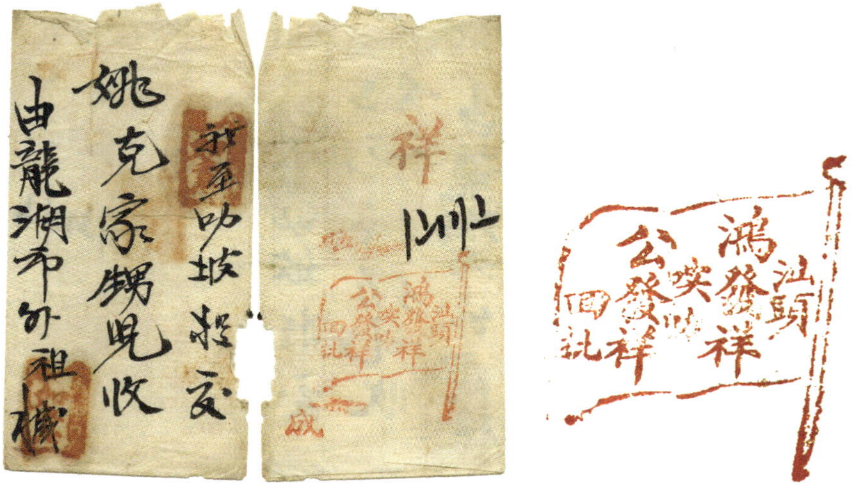

龙湖市外祖寄叻坡姚克家　回批，批封盖“汕头鸿发祥　实叻公发祥　回批”印

厚祥庄

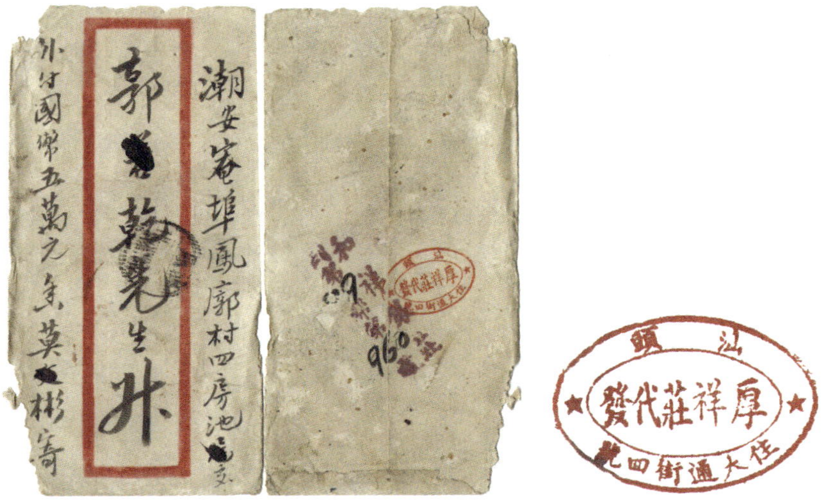

香莫彬寄国币五万元至潮安庵埠凤廓村四房池尾郭若乾，批封盖“汕头　厚祥庄代发　住大通街四号”印

马泰盛

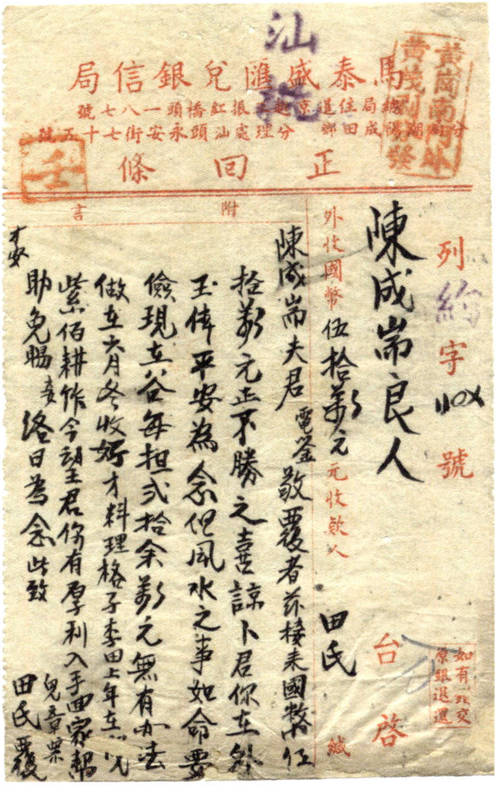
馬泰盛匯兌銀信局
正回條
附言
列　字　號
外收國幣伍拾萬元
陳成崙良人
台啓
田氏

田氏寄陈成崙回批，注明收到国币伍拾万元，批封印“马泰盛汇兑银信局　正回条”“分局潮阳成田乡　分理处汕头永安街七十五号”

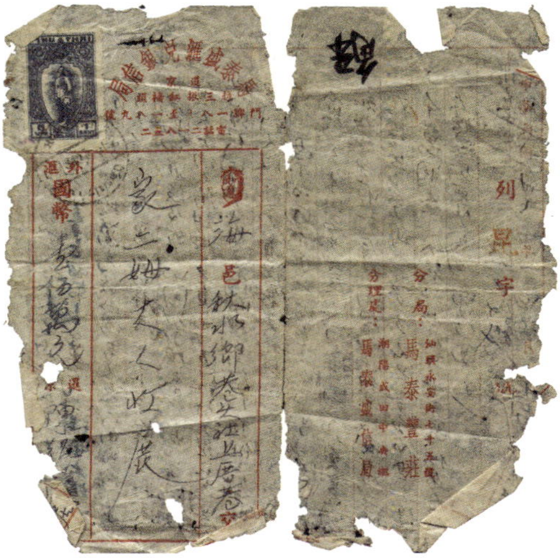
馬泰盛匯兌銀信局
列　字　號

暹京陈寄国币壹佰万元至海邑秋水乡巷头社上厝巷家二姆，批封印“马泰盛汇兑银信局”“分局：汕头永安街七十五号马泰丰庄　分理处：潮阳成田中央乡马泰盛信局”

荣泰元

宏安乡祖母寄叻坡许美馥回批，批封盖“实叻有成批信局　汕头永兴街荣泰元银庄　回批”印

协兴盛

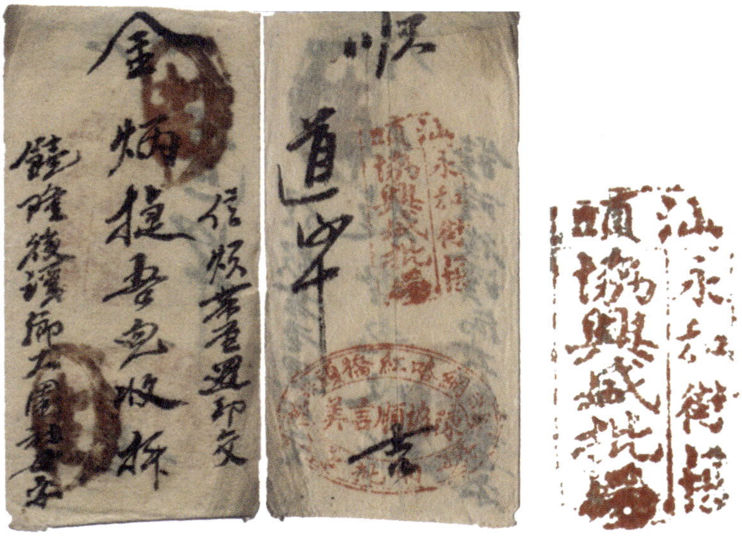

饶隆后溪乡大周社母寄暹邦金炳捷回批，批封盖“汕头永和街一十二号协兴盛批局”印

许公兴

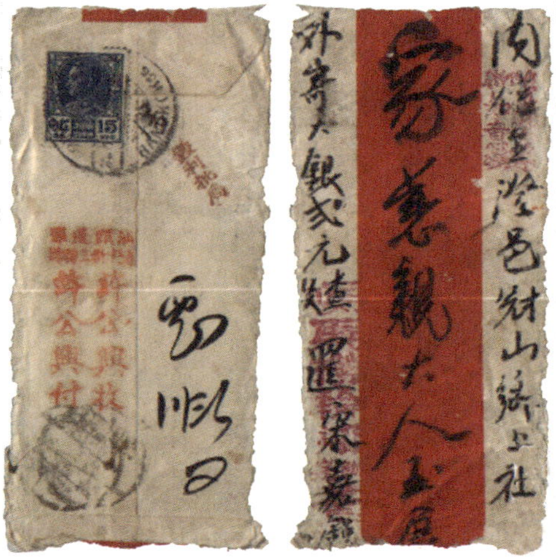

暹宋嘉锐寄大银二元至澄邑冠山乡上社家慈亲，批封盖“汕头海墘街许公兴收　暹罗三聘街许公兴付”印

许华丰

暹李婵□一九五八年十二月十日用“华丰泰银信局”自印封寄港币肆拾元至海邑江东都井美乡刘为坤，批封盖“汕头市许华丰侨批局 58. 12. 25.　侨批业已结汇专用章”

义发祥

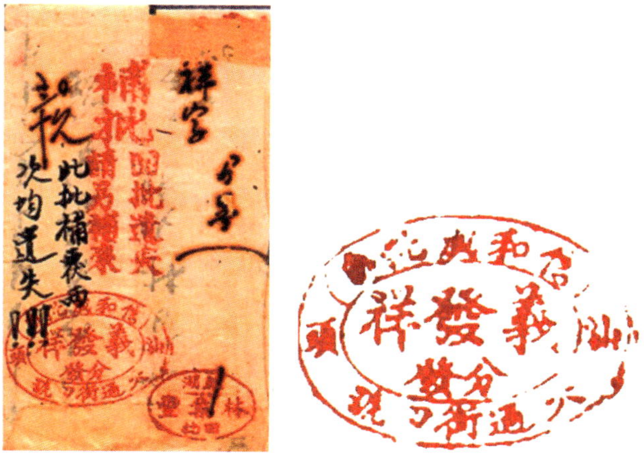

批封背面盖“汕头　义发祥分发　大通街四号”印

永兴盛

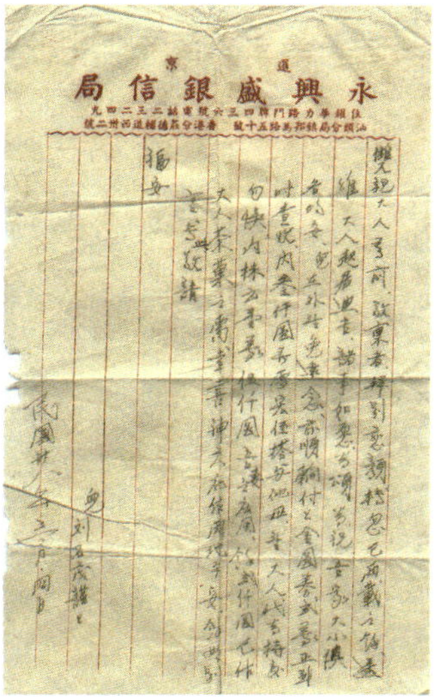

刘石茂寄双亲信，暹京永兴盛银信局信笺上印“汕头分局镇邦马路五十号”

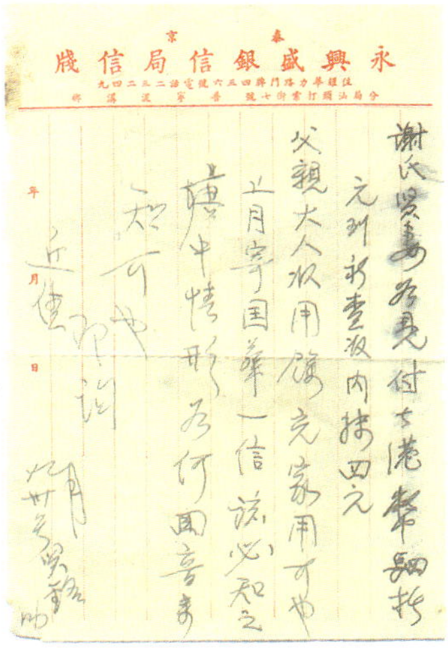

叻铭寄谢氏信，泰京永兴盛银信局信笺上印“分局汕头打索街七号”

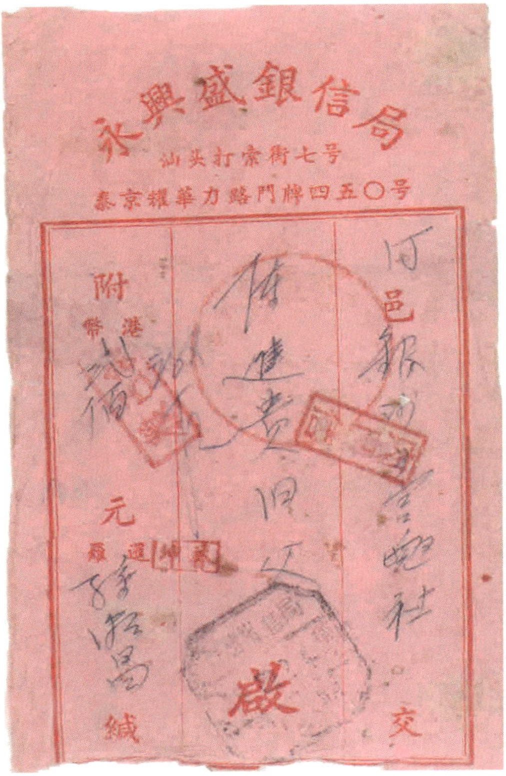

暹罗孙潮昌寄港币贰佰元至澄邑银州宫兜社陈进贵，批封印“永兴盛银信局　汕头打索街七号”

暹罗陈和春寄金圆券叁千元至海邑鹤塘村巷头社陈运生，批封印“暹京　永兴盛银信局　汕头分局镇邦马路五十号”

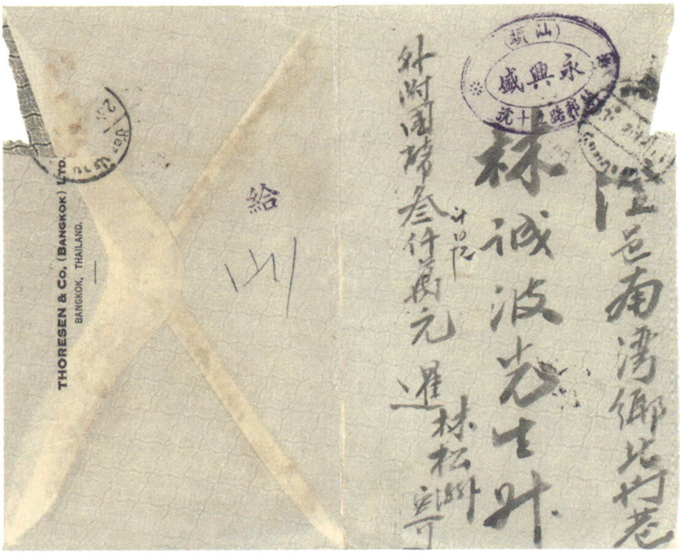

暹林松洲寄国币叁仟万元至澄邑南湾乡北门巷林诚波，批封盖“（汕头）　永兴盛　镇邦路五十号”印

裕兴盛

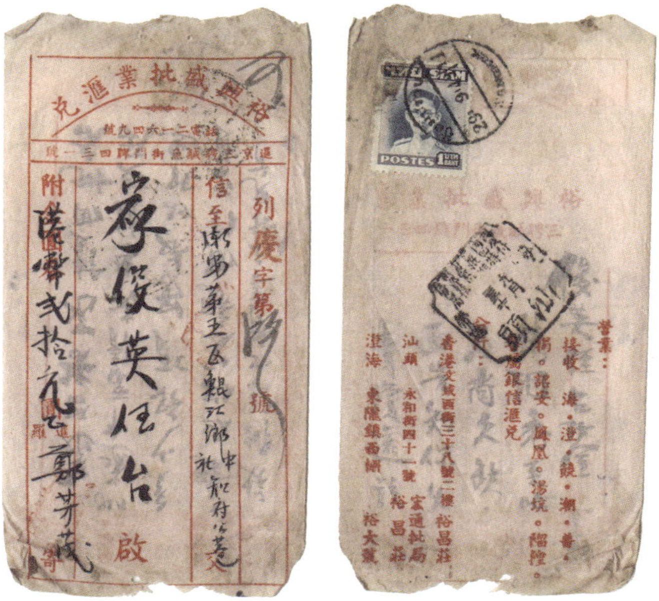

暹罗郑芳茂寄港币贰拾元至潮安第五区鲲江乡中社知府公巷家俊英，批封印“裕兴盛批业汇兑”“分行：汕头永和街四十一号宏通批局裕昌庄”，盖“BANGKOK　49. 9. 29.”邮戳和“汕头　九月三十”侨批专用邮戳

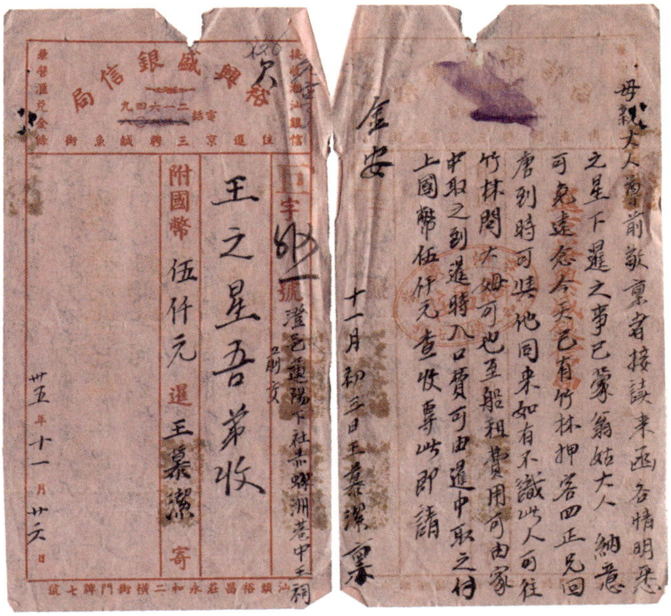

暹王慕洁于民国卅五年（1946）十一月廿六日寄国币伍仟元至澄邑莲阳下社赤蟹洲巷中王祠王之星，批封印“裕兴盛银信局”“汕头裕昌庄永和二横街门牌七号”

振丰祥

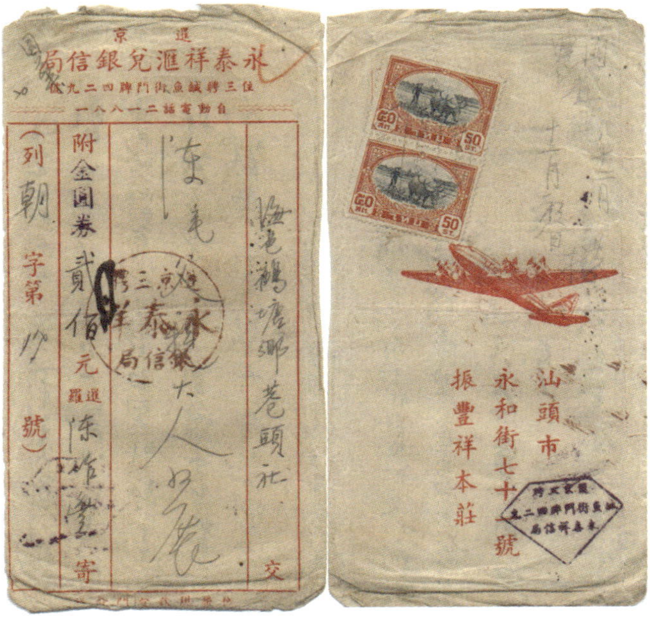

暹罗陈作丰寄金圆券贰佰元至海邑鹤塘乡巷头社陈宅父亲，批封印“暹京　永泰祥汇兑银信局”“汕头市永和街七十一号振丰祥本庄”

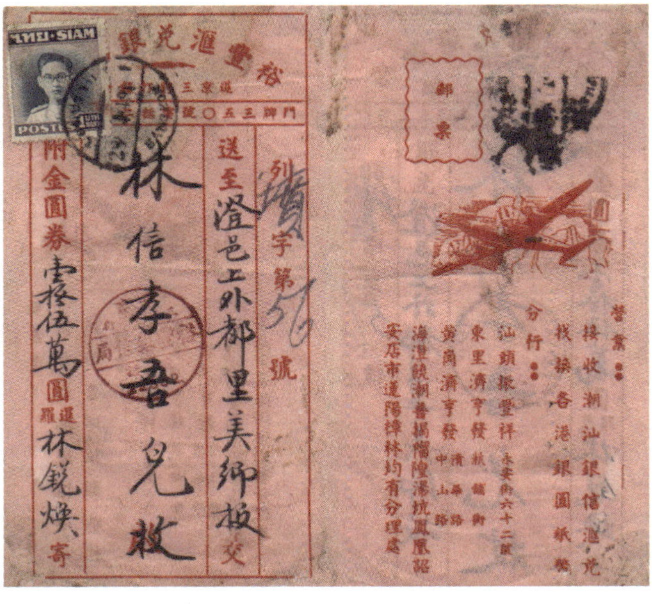

暹罗林锐焕寄金圆券壹拾伍万元至澄邑上外都里美乡林信孝，批封印“裕丰汇兑银信局”“分行：汕头振丰祥永安街六十二号”

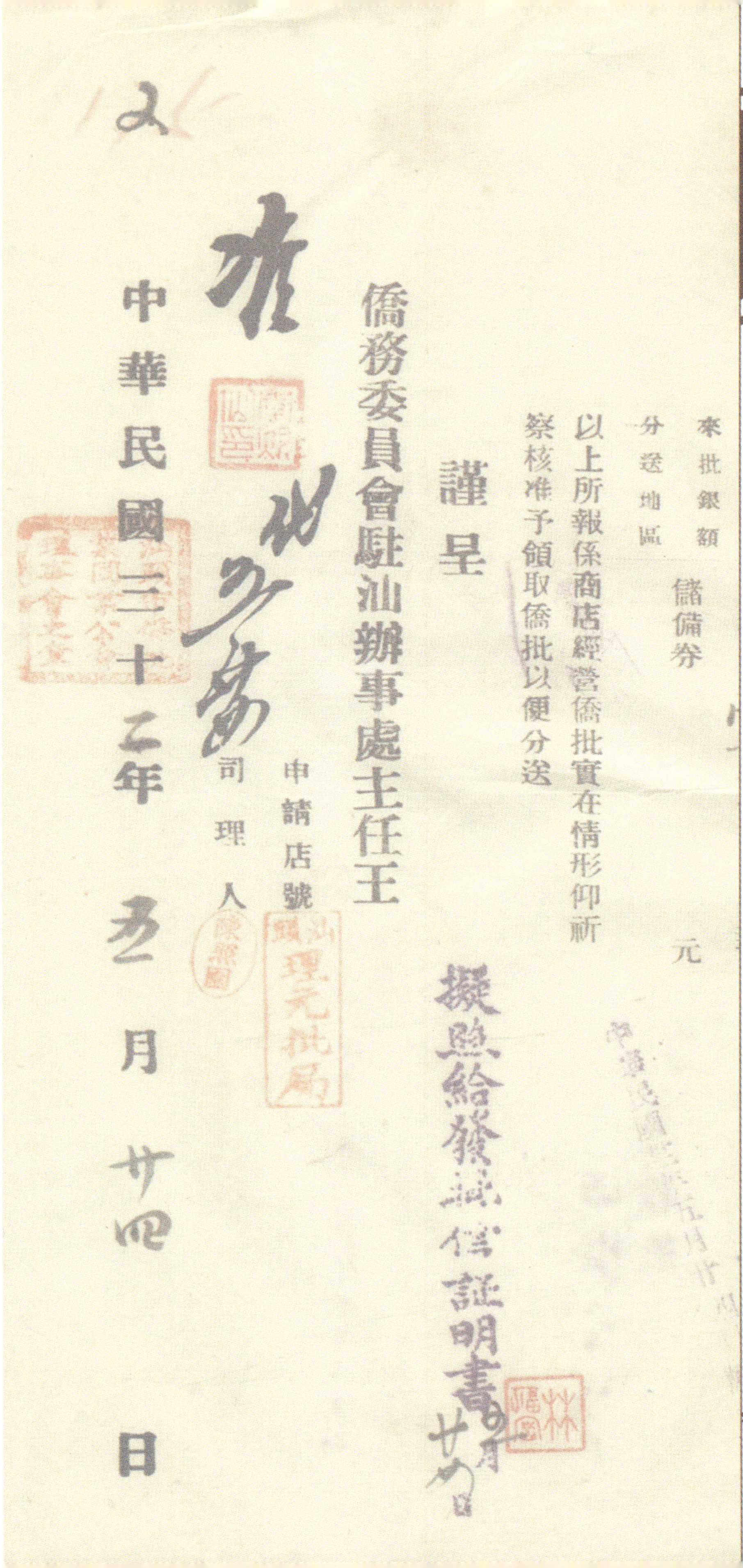

來批銀額　儲備券　元

分送地區

以上所報係商店經營僑批實在情形仰祈

察核准予領取僑批以便分送

謹呈

僑務委員會駐汕辦事處主任王

申請店號　汕頭理元批局

司理人

中華民國三十二年五月廿四日

擬照給發□僑證明書

廿四日

一、 有印记和档案可考，未见实寄封

常　兴

档案资料显示，“常兴”是确切存在的侨批业商号。

据1947年2月汕头侨务局呈函中央侨务委员会《转请核发正丰庄等十六家经营侨批证书俾得畅通侨汇》（见《潮汕侨批业档案选编》，第273页），“常兴”属函中所称之抗战前“在梅县等地经营侨批业，自抗战胜利后，因须接收南洋各埠侨汇便利计，相率迁来汕头设庄，维时不久，致未加入汕头市侨批业同业公会”的侨批业商号。在上述函件中，“常兴”的经理为熊瑞麟，填报的商号地址是福合后街12号。

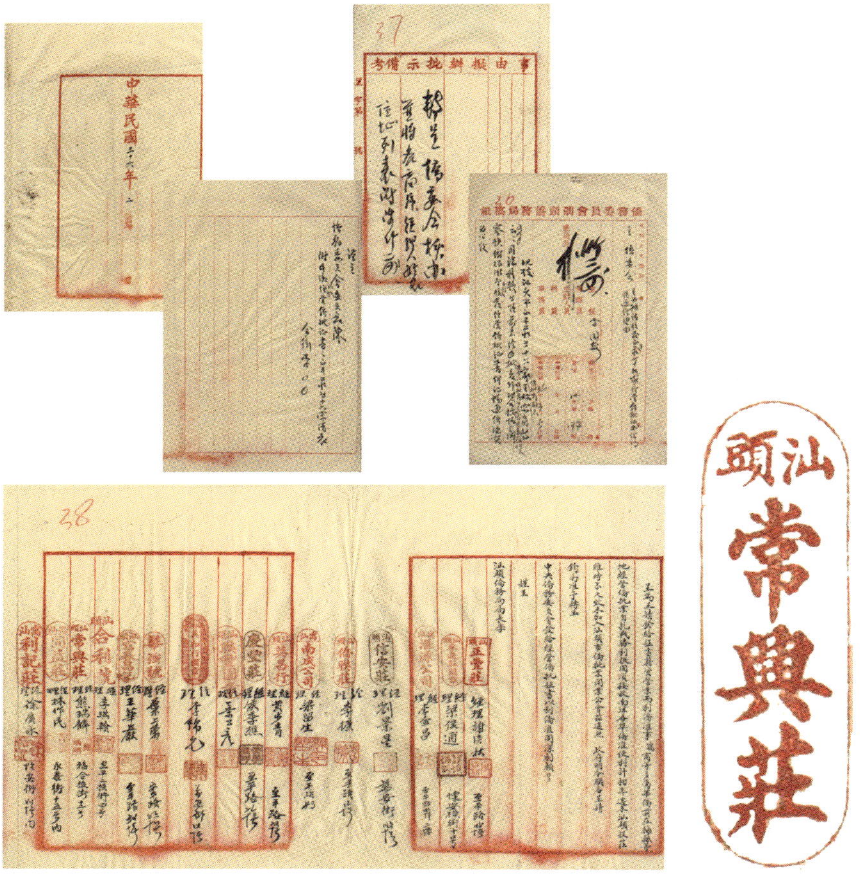

十六家侨批业商号联名致函请汕头侨务局转呈中央侨务委员会发给经营侨批证书，函件盖有“汕头常兴庄”印

孚　通

档案资料显示，“孚通庄”是确切存在的侨批业商号。

据 1947 年 2 月汕头侨务局呈函中央侨务委员会《转请核发正丰庄等十六家经营侨批证书俾得畅通侨汇》，“孚通庄”属函中所称之抗战前“在梅县等地经营侨批业，自抗战胜利后，因须接收南洋各埠侨汇便利计，相率迁来汕头设庄，维时不久，致未加入汕头市侨批业同业公会”的侨批业商号。在上述函件中，“孚通庄”的经理为梁俊通，填报的商号地址是怀安横街 10 号。

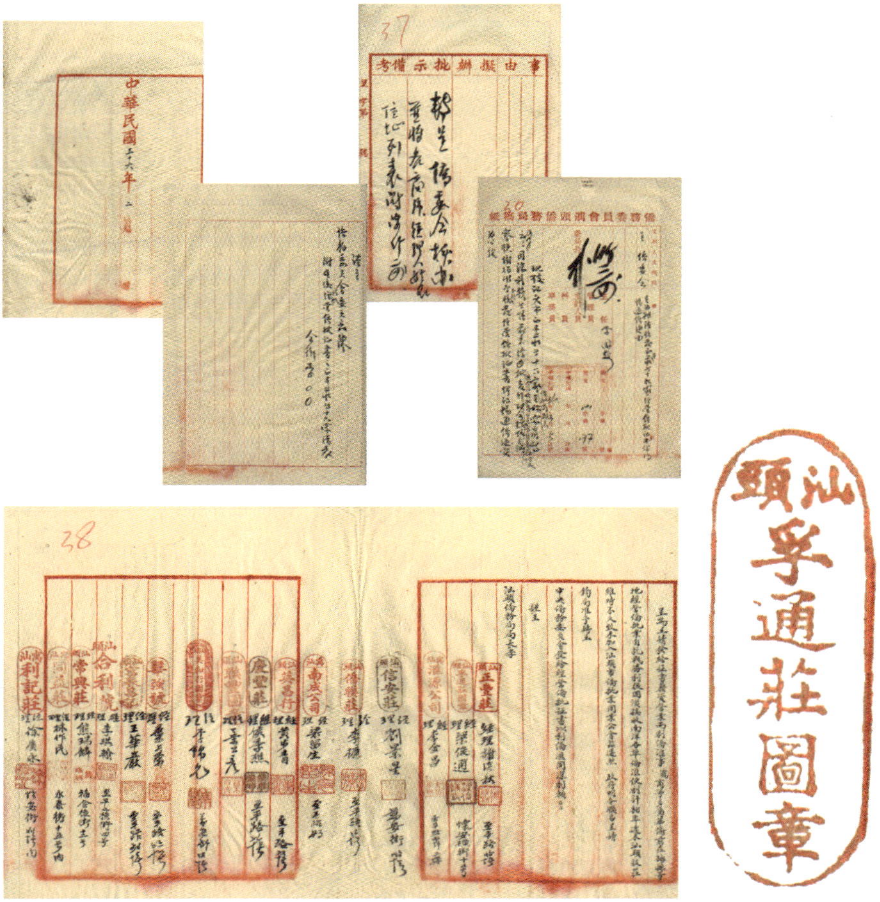

十六家侨批业商号联名致函请汕头侨务局转呈中央侨务委员会发给经营侨批证书，函件盖有“汕头孚通庄图章”印

富　春

档案资料显示，“富春昌记”是确切存在的侨批业商号。

据 1947 年 2 月汕头侨务局呈函中央侨务委员会《转请核发正丰庄等十六家经营侨批证书俾得畅通侨汇》，“富春昌记”属函中所称之抗战前“在梅县等地经营侨批业，自抗战胜利后，因须接收南洋各埠侨汇便利计，相率迁来汕头设庄，维时不久，致未加入汕头市侨批业同业公会”的侨批业商号。在上述函件中，“富春”的经理为王华岩，填报的商号地址是至平路 84 号。

1946 年 10 月 23 日汕头市侨批业同业公会呈函市政府所附之《本市未领执照侨批业商号一览表》（见《潮汕侨批业档案选编》，第 242 页），列明 23 家侨批业商号因各种原因未参加侨批业同业公会会员登记并领取汕头一等邮局 1946 年度的营业执照。其中的“富春”与“富春昌记”以同一地址“至平路 84 号”入册，两者应为同一商号。

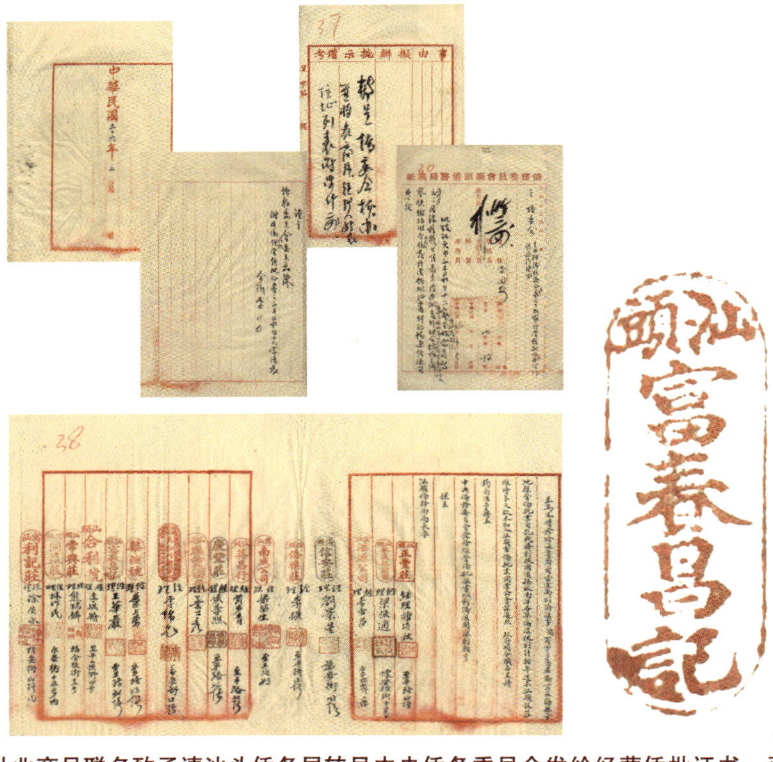

十六家侨批业商号联名致函请汕头侨务局转呈中央侨务委员会发给经营侨批证书，函件盖有“汕头富春昌记”印

合　利

档案资料显示，“合利”是确切存在的侨批业商号。

据 1947 年 2 月汕头侨务局呈函中央侨务委员会《转请核发正丰庄等十六家经营侨批证书俾得畅通侨汇》，“合利”属函中所称之抗战前“在梅县等地经营侨批业，自抗战胜利后，因须接收南洋各埠侨汇便利计，相率迁来汕头设庄，维时不久，致未加入汕头市侨批业同业公会”的侨批业商号。在上述函件中，“合利”的经理为李琪翰，填报的商号地址是至平二横街 4 号。

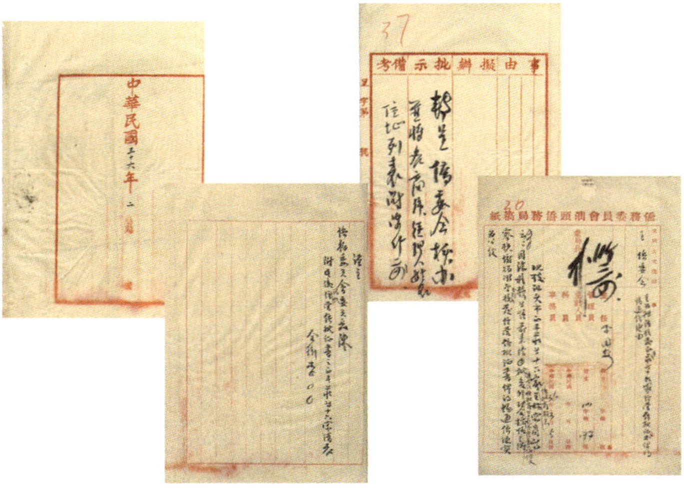

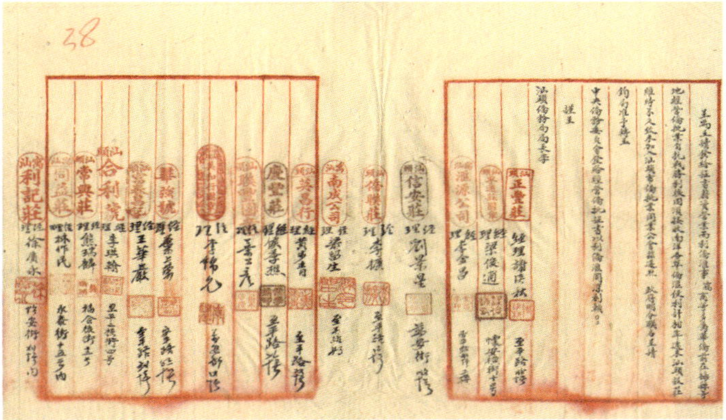

十六家侨批业商号联名致函请汕头侨务局转呈中央侨务委员会发给经营侨批证书，函件盖有“汕头合利号”印

华　强

档案资料显示，“华强”是确切存在的侨批业商号。

据 1947 年 2 月汕头侨务局呈函中央侨务委员会《转请核发正丰庄等十六家经营侨批证书俾得畅通侨汇》，“华强”属函中所称之抗战前“在梅县等地经营侨批业，自抗战胜利后，因须接收南洋各埠侨汇便利计，相率迁来汕头设庄，维时不久，致未加入汕头市侨批业同业公会”的侨批业商号。在上述函件中，“华强”的经理为叶上荣，填报的商号地址是安平路 56 号。

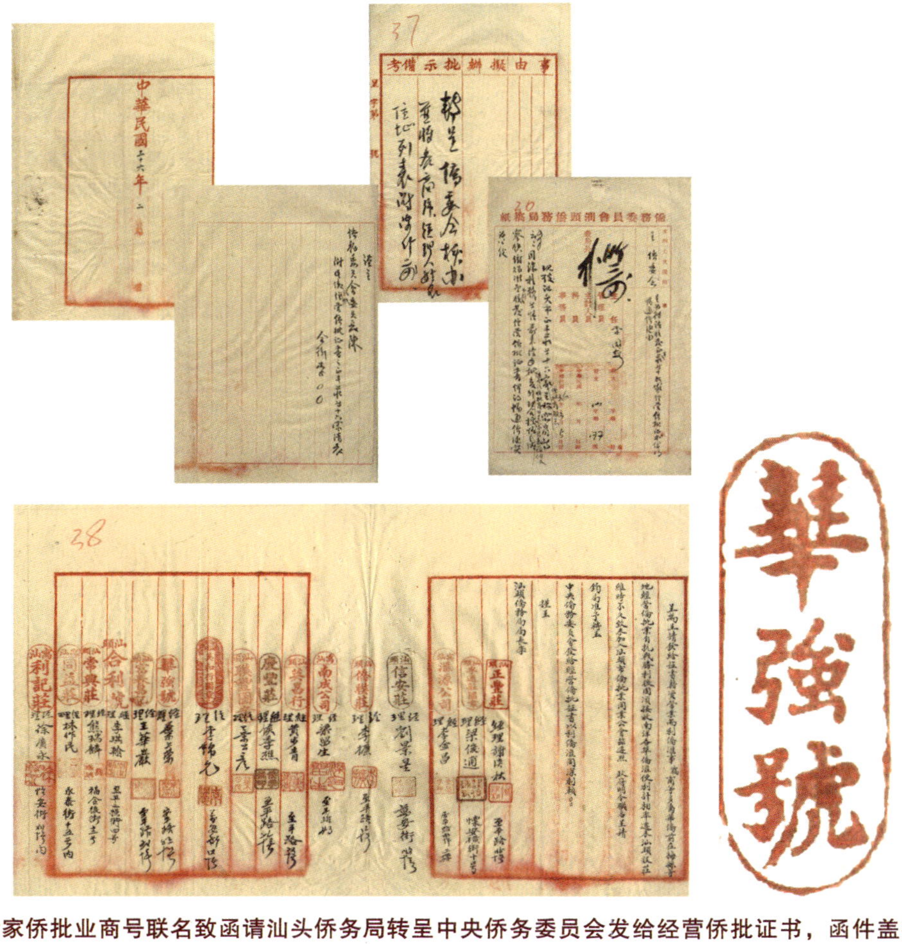

十六家侨批业商号联名致函请汕头侨务局转呈中央侨务委员会发给经营侨批证书，函件盖有“华强号”印

汇　源

档案资料显示，“汇源”是确切存在的侨批业商号。

据 1947 年 2 月汕头侨务局呈函中央侨务委员会《转请核发正丰庄等十六家经营侨批证书俾得畅通侨汇》，“汇源”属函中所称之抗战前“在梅县等地经营侨批业，自抗战胜利后，因须接收南洋各埠侨汇便利计，相率迁来汕头设庄，维时不久，致未加入汕头市侨批业同业公会”的侨批业商号。在上述函件中，“汇源”的经理为李金昌，填报的商号地址是至平路 36 号二楼。

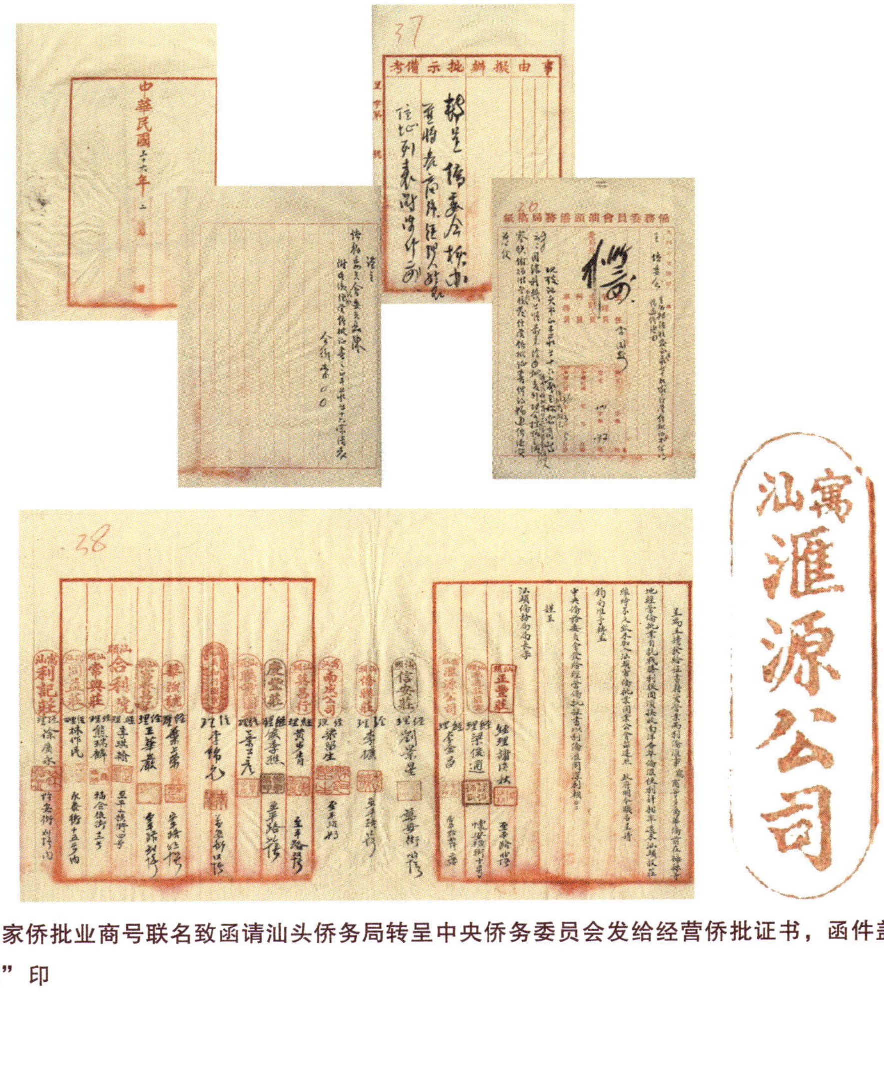

十六家侨批业商号联名致函请汕头侨务局转呈中央侨务委员会发给经营侨批证书，函件盖有“寓汕汇源公司”印

理　元

1933 年，“理元”在《汕头市侨批业同业公会会员名册》中的登记地址是永和街 83 号。

依据 1936 年汕头邮政管理局（邮局）向国家交通部邮政总局呈报的核发批局营业凭证申请书整理，该批局的基本情况如下：（批局执照：批字第 256 号）

批局名称		开设时间	开设地点	营业人姓名、籍贯	与何处往来营业
理元		民国十一年（1922）	汕头永和街	马承章，潮阳	暹罗、新加坡
分号	永振发	民国十一年（1922）	潮阳	马承章，潮阳	汕头
	普通	民国元年（1912）	潮安	吴彩堂，潮安	汕头
	喜合	民国元年（1912）	潮阳	刘昭，潮阳	汕头
	启峰	民国元年（1912）	揭阳	魏启圃，揭阳	汕头
	裕发	民国十二年（1923）	隆江	周子华，潮阳	汕头
	成昌利	民国廿一年（1932）	成田	萧介珊，潮阳	汕头
	茂利	光绪五年（1879）	黄岗	黄子厚，潮阳	汕头

“理元”在 1942 年 6 月的《汕头市侨批业同业公会会员名册》中，代表是 49 岁潮阳人陈照园，商号地址为永和街 83 号。

1946 年 6 月的《汕头市侨批业同业公会会员名册》中的登记资料显示，“理元”的经理人为陈照园，资本额 700 万元，会费单位 1401 位，登记地址不变。

1946 年 11 月，“理元”在汕头市侨批业同业公会填报的《汕头市侨批业调查表》中，主事人改回马承章，店址依旧，核发交通部邮政总局 1946 年营业执照，汕头邮局 1 月 13 日填发换照收条第 21 号（新照未颁发至汕）。“经营何港侨汇”一栏变更为“暹罗”，已非 1936 年的“暹罗、新加坡”。

在 1946 年 12 月汕头一等邮局函送市政府《汕头市批信局一览表》中，“理元”却未见其名。

1948 年 8 月，在《汕头市侨批业同业公会会员商号名册》中，独资形式的“理元”登记地址已由永和街 83 号变更为永和街 80 号，并获领广州邮政管理局核发的当期侨批业营业执照（号码第 98 号），其负责人变更为马承通。

1948 年 9 月，在《汕头市侨批业同业公会会员名册》中，“理元”的资本额保持 700

万元，会费单位 1401 位。经理人改回陈照园。

中华人民共和国成立后，“理元”未参加 1951 年汕头人民邮政局的侨批业注册登记。

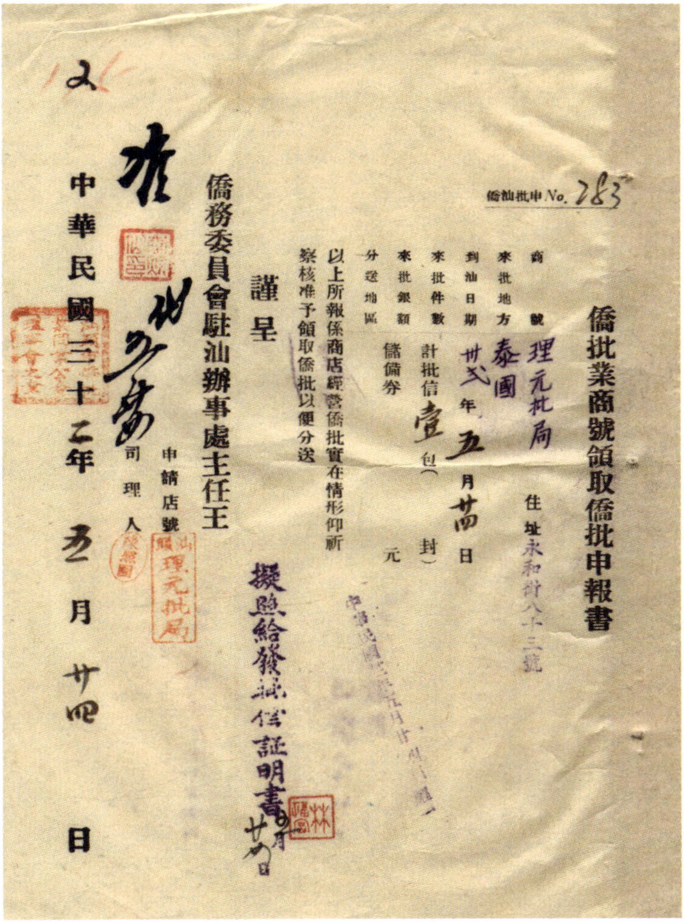
僑批業商號領取僑批申報書

僑汕批申 No. 283

商號 理元批局 住址 永和街八十三號

來批地方 泰國

到汕日期 卅弍年五月卅日

來批件數 計批信壹包（ 封）

來批銀額 儲備券 元

分送地區

以上所報係商店經營僑批實在情形仰祈

察核准予領取僑批以便分送

謹呈

僑務委員會駐汕辦事處主任王

申請店號 汕頭理元批局

司理人 陳照園

中華民國三十二年五月廿四日

擬照給發證明書

在民国三十二年（1943）的《侨批业商号领取侨批申报书》上盖有“汕头理元批局”印，其住址为永和街八十三号

利　记

档案资料显示，“利记”是确切存在的侨批业商号。

据 1947 年 2 月汕头侨务局呈函中央侨务委员会《转请核发正丰庄等十六家经营侨批证书俾得畅通侨汇》，“利记”属函中所称之抗战前“在梅县等地经营侨批业，自抗战胜利后，因须接收南洋各埠侨汇便利计，相率迁来汕头设庄，维时不久，致未加入汕头市侨批业同业公会”的侨批业商号。在上述函件中，“利记”的经理为徐广永，填报的商号地址是怡安街 42 号。

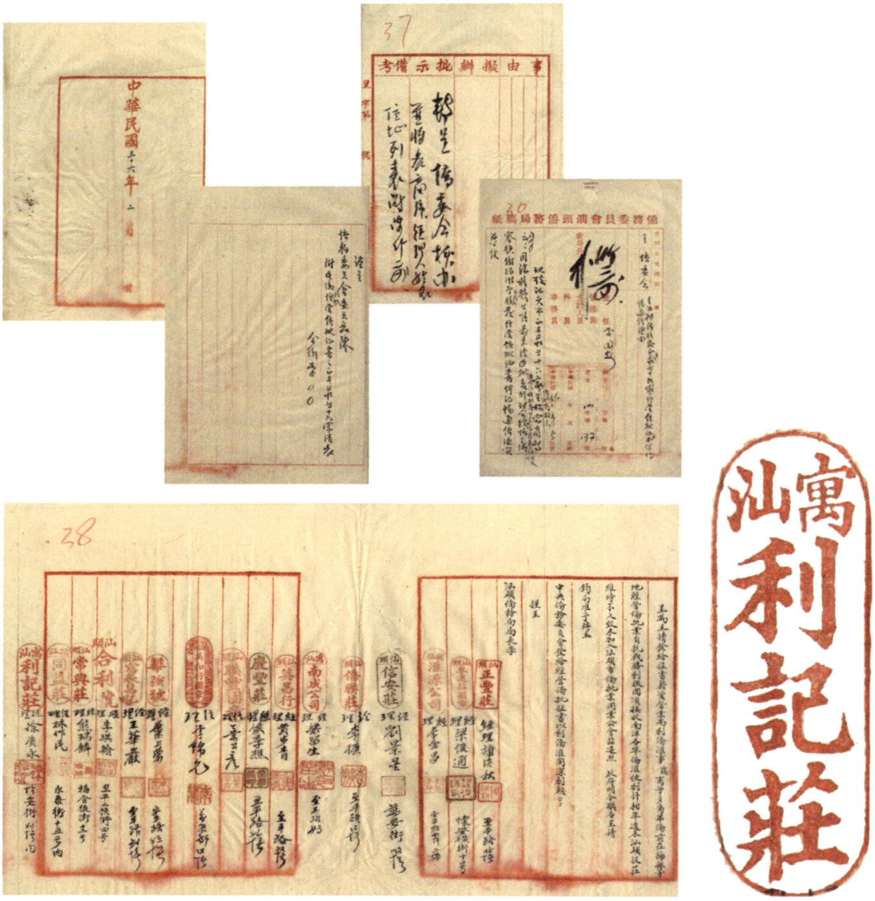

十六家侨批业商号联名致函请汕头侨务局转呈中央侨务委员会发给经营侨批证书，函件盖有“寓汕利记庄”印

美　和

档案资料显示，“美和”是确切存在的侨批业商号。

据 1947 年 2 月汕头侨务局呈函中央侨务委员会《转请核发正丰庄等十六家经营侨批证书俾得畅通侨汇》，“美和”属函中所称之抗战前“在梅县等地经营侨批业，自抗战胜利后，因须接收南洋各埠侨汇便利计，相率迁来汕头设庄，维时不久，致未加入汕头市侨批业同业公会”的侨批业商号。在上述函件中，“美和”的经理为李锦允，填报的商号地址是万安街 14 号。

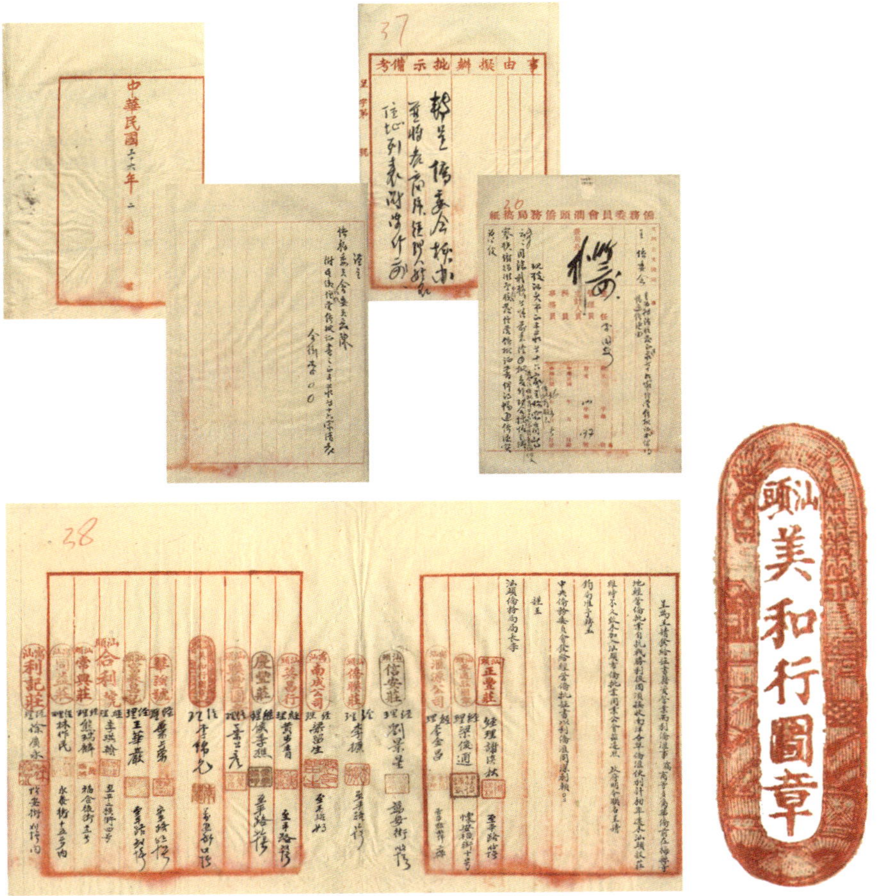

十六家侨批业商号联名致函请汕头侨务局转呈中央侨务委员会发给经营侨批证书，函件盖有“汕头美和行图章”印

侨　联

档案资料显示，“侨联”是确切存在的侨批业商号。

据 1947 年 2 月汕头侨务局呈函中央侨务委员会《转请核发正丰庄等十六家经营侨批证书俾得畅通侨汇》，“侨联”属函中所称之抗战前“在梅县等地经营侨批业，自抗战胜利后，因须接收南洋各埠侨汇便利计，相率迁来汕头设庄，维时不久，致未加入汕头市侨批业同业公会”的侨批业商号。在上述函件中，“侨联”的经理为李扩，填报的商号地址是至平路 12 号。

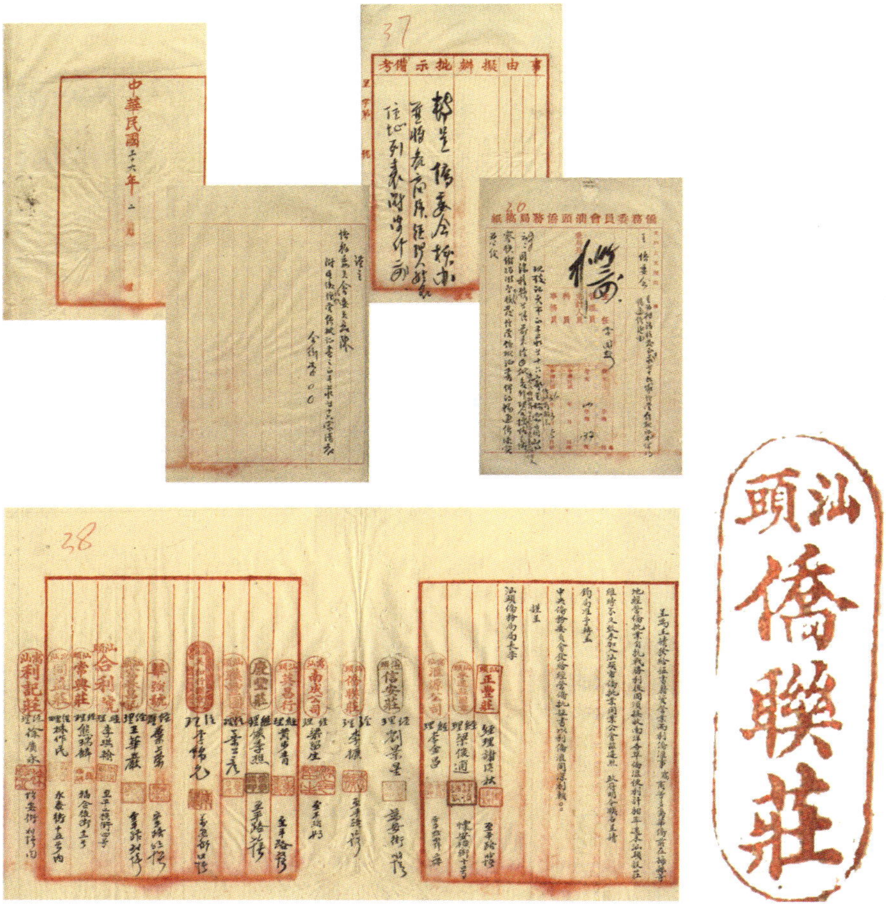

十六家侨批业商号联名致函请汕头侨务局转呈中央侨务委员会发给经营侨批证书，函件盖有“汕头侨联庄”印

庆 丰

档案资料显示，“庆丰”是确切存在的侨批业商号。

据 1947 年 2 月汕头侨务局呈函中央侨务委员会《转请核发正丰庄等十六家经营侨批证书俾得畅通侨汇》，“庆丰”属函中所称之抗战前“在梅县等地经营侨批业，自抗战胜利后，因须接收南洋各埠侨汇便利计，相率迁来汕头设庄，维时不久，致未加入汕头市侨批业同业公会”的侨批业商号。在上述函件中，“庆丰”的经理为侯季樵，填报的商号地址是至平路 66 号。

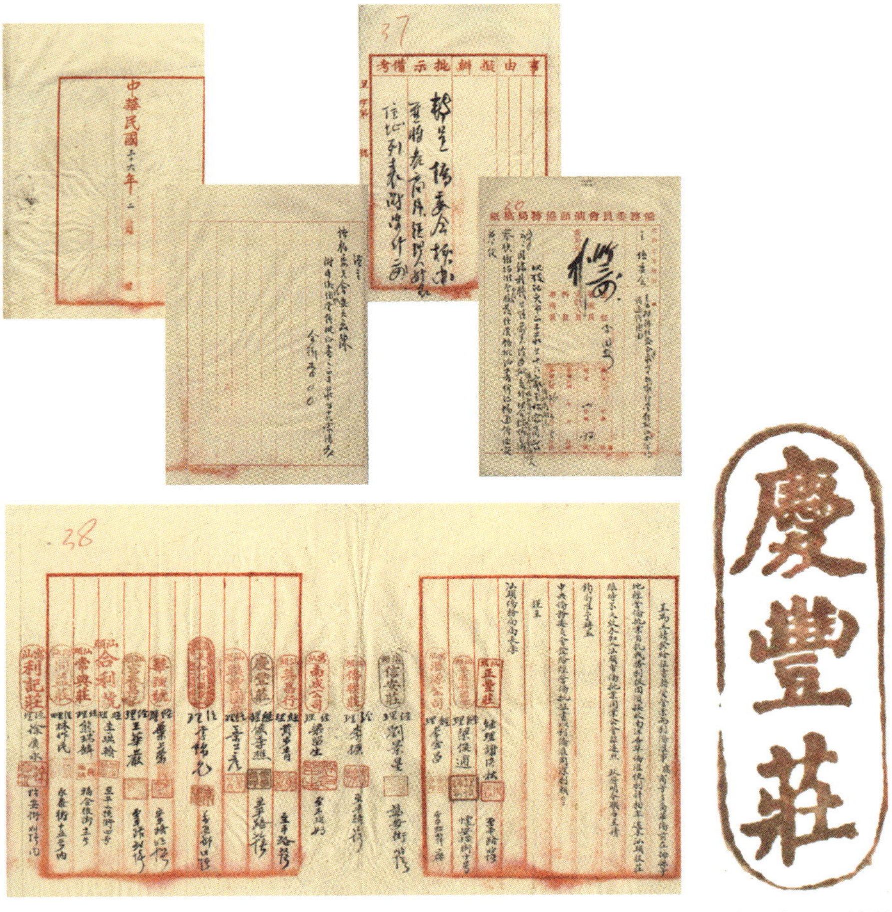

十六家侨批业商号联名致函请汕头侨务局转呈中央侨务委员会发给经营侨批证书，函件盖有“庆丰庄”印

同　德

档案资料显示，“同德”是确切存在的侨批业商号。

据 1947 年 5 月汕头侨务局呈函中央侨务委员会《侨批商林同德呈请核发经营侨批证书转请核办》（见《潮汕侨批业档案选编》，第 282 页），“同德”也属“在梅县等地经营侨批业，自抗战胜利后，因须接收南洋各埠侨汇便利计，相率迁来汕头设庄，维时不久，致未加入汕头市侨批业同业公会”的侨批业商号。在上述函件中，“同德”的经理为林挺芳，填报的商号地址是万安街 20 号。

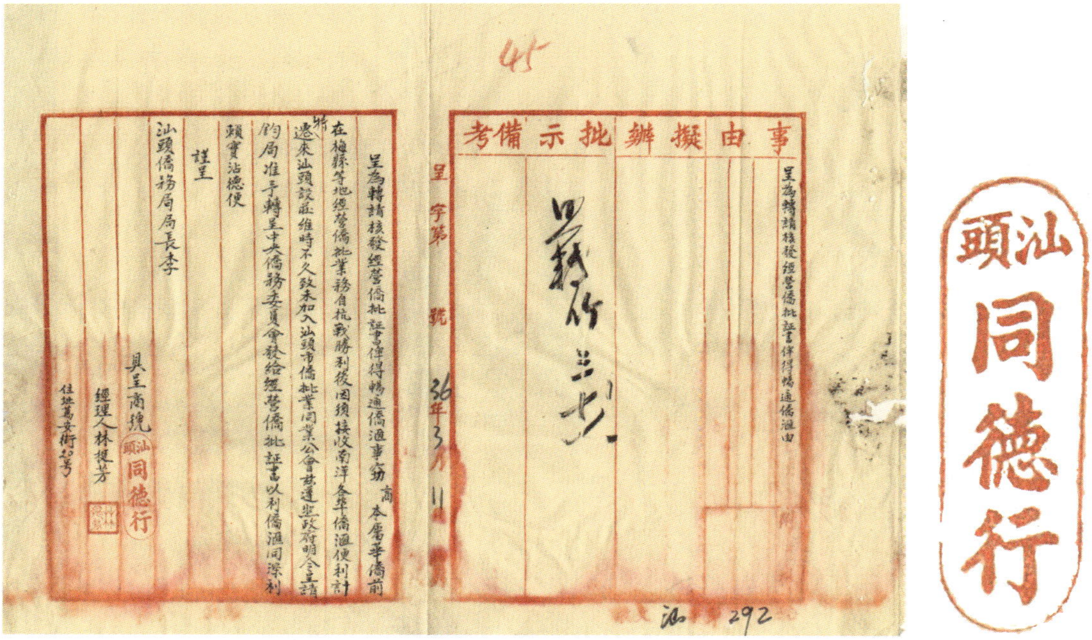

45

事由　擬辦　批示　備考

呈為轉請核發經營僑批證書俾得暢通僑滙由

呈　字第　號　36年3月11

呈為轉請核發經營僑批證書俾得暢通僑滙事竊商本屬華僑前在梅縣等地經營僑批業務自抗戰勝利後因須接收南洋各埠僑滙便利計遷來汕頭設莊維時不久致未加入汕頭市僑批業同業公會茲遵照政府明令呈請鈞局准予轉呈中央僑務委員會發給經營僑批證書以利僑滙同深利賴實沾德便

謹呈

汕頭僑務局局長李

具呈商號　汕頭同德行

經理人林挺芳

住址萬安街20號

汕 292

致函请汕头侨务局局长李转呈中央侨务委员会发给经营侨批证书，函件盖有“汕头同德行”印

同　益

档案资料显示，“同益”是确切存在的侨批业商号。

按 1946 年 10 月 23 日侨批业公会呈函汕头市政府所附之《本市未领侨批业商号一览表》，“同益”属于因各种原因未参加汕头市侨批业同业公会会员登记也未领取汕头一等邮局 1946 年度营业执照的侨批业商号，即函中所称“查非属会会员之批业商号，概无邮局执照”。在上述《本市未领侨批业商号一览表》中，“同益”的“店址”是永泰街 15 号。

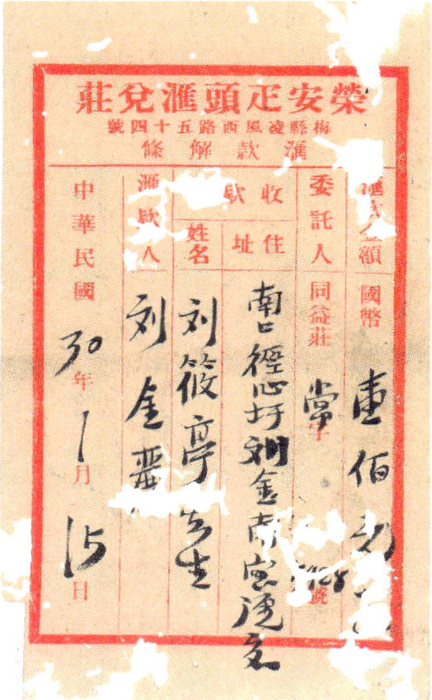
榮安疋頭滙兌莊
梅縣凌風西路五十四號
滙款解條

滙款金額：國幣 壹佰元
委託人：同益莊 ……號
收款住址：南口徑心圩刘金南宝号
收款姓名：刘筱亭先生
滙款人：刘金□
中華民國 30 年 1 月 15 日

民国三十年（1941）1 月 15 日“同益庄”委托荣安疋头汇兑庄解付汇款人刘金□寄南口径心圩刘金南宝号刘筱亭国币壹佰元

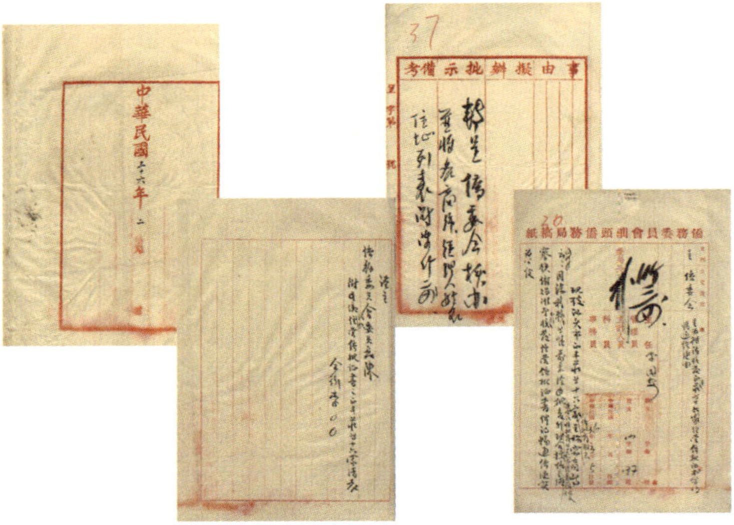

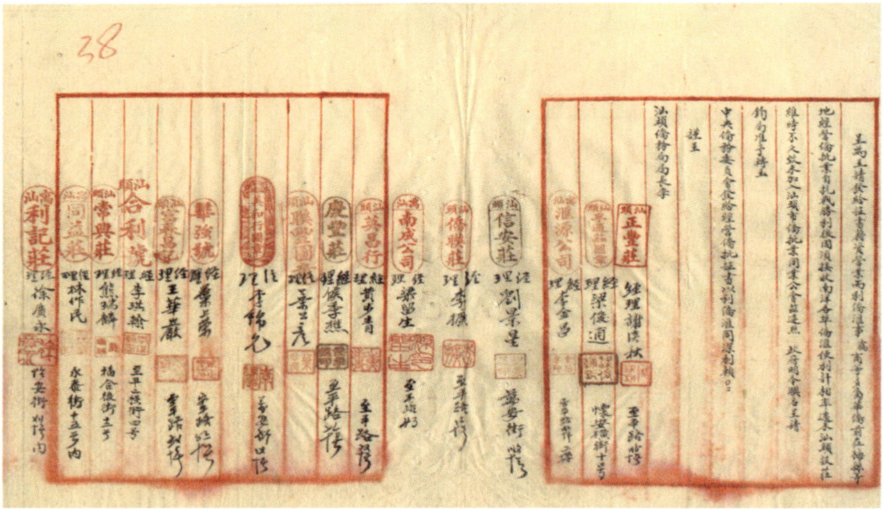

十六家侨批业商号联名致函请汕头侨务局转呈中央侨务委员会发给经营侨批证书，函件盖有“寓汕同益庄”印

信　安

档案资料显示，“信安”是确切存在的侨批业商号。

据 1947 年 2 月汕头侨务局呈函中央侨务委员会《转请核发正丰庄等十六家经营侨批证书俾得畅通侨汇》，“信安”属函中所称之抗战前“在梅县等地经营侨批业，自抗战胜利后，因须接收南洋各埠侨汇便利计，相率迁来汕头设庄，维时不久，致未加入汕头市侨批业同业公会”的侨批业商号。在上述函件中，“信安”的经理为刘景星，填报的商号地址是万安街 39 号。

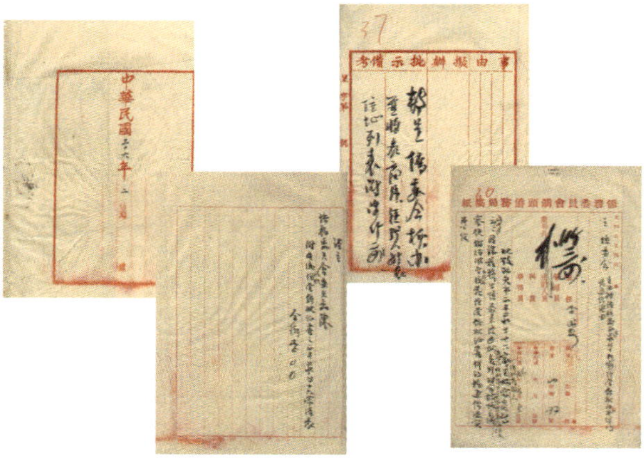

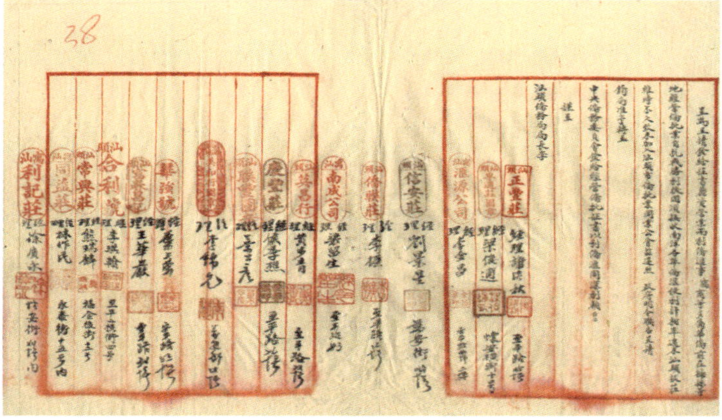

十六家侨批业商号联名致函请汕头侨务局转呈中央侨务委员会发给经营侨批证书，函件盖有“汕头信安庄”印

英　昌

档案资料显示，“英昌”是确切存在的侨批业商号。

按 1946 年 10 月 23 日侨批业公会呈函汕头市政府所附之《本市未领侨批业商号一览表》，“英昌”属于因各种原因未参加汕头市侨批业同业公会会员登记也未领取汕头一等邮局 1946 年度营业执照的侨批业商号，即函中所称“查非属会会员之批业商号，概无邮局执照”。在上述《本市未领侨批业商号一览表》中，“英昌”的店址是至平路 64 号。

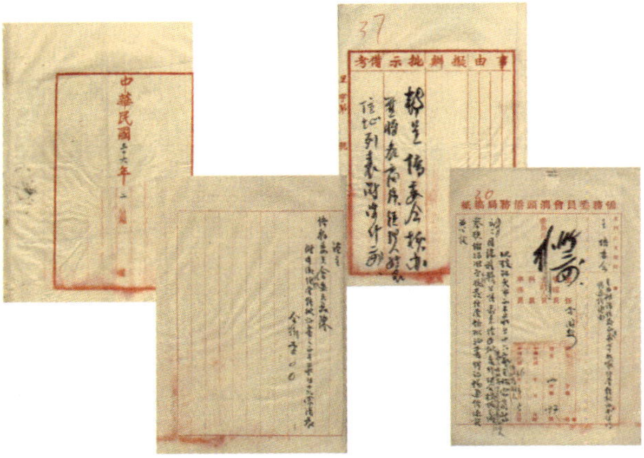

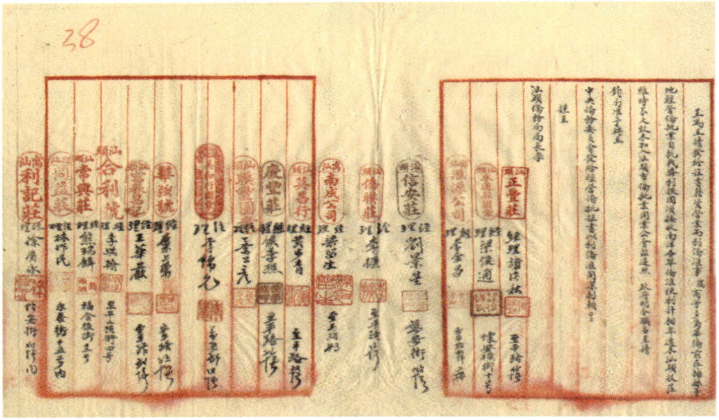

十六家侨批业商号联名致函请汕头侨务局转呈中央侨务委员会发给经营侨批证书，函件盖有“汕头英昌行”印

正　丰

档案资料显示，“正丰庄”是确切存在的侨批业商号。

据 1947 年 2 月汕头侨务局呈函中央侨务委员会《转请核发正丰庄等十六家经营侨批证书俾得畅通侨汇》，“正丰庄”属函中所称之抗战前“在梅县等地经营侨批业，自抗战胜利后，因须接收南洋各埠侨汇便利计，相率迁来汕头设庄，维时不久，致未加入汕头市侨批业同业公会”的侨批业商号。在上述函件中，“正丰庄”的经理为谢淡秋，填报的商号地址是至平路 35 号。

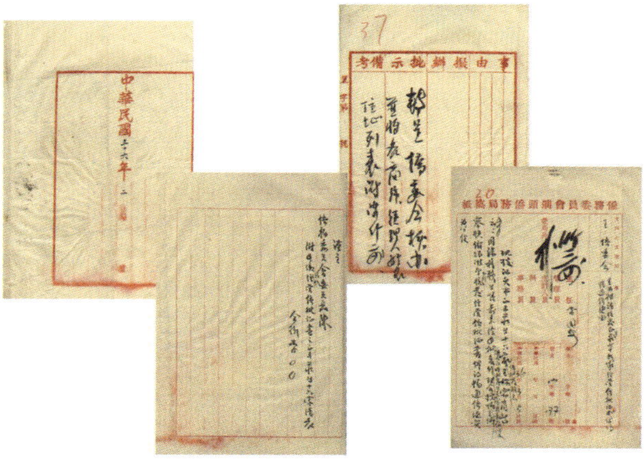

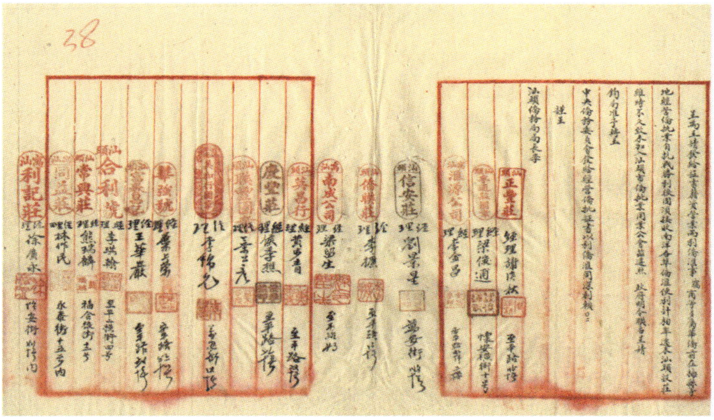

十六家侨批业商号联名致函请汕头侨务局转呈中央侨务委员会发给经营侨批证书，函件盖有“汕头正丰庄”印

二、 无印记有档案可考，未见实寄封

安　顺

“安顺”未参加1933年的汕头市侨批业同业公会会员登记。

依据1936年汕头邮政管理局（邮局）向国家交通部邮政总局呈报的核发批局营业凭证申请书整理，该批局的基本情况如下：（批局执照：批字第307号）

批局名称		开设时间	开设地点	营业人姓名、籍贯	与何处往来营业
安顺		民国廿二年（1933）	汕头海平路104号	许友石，普宁	槟榔屿、暹罗
分号	启峰	民国元年（1912）	揭阳	魏启圃，揭阳	汕头
	四合	民国六年（1917）	潮阳	陈云腾，潮阳	汕头
	喜合	民国五年（1916）	潮阳	刘竹船，潮阳	汕头
	荣合	民国十五年（1926）	惠来	陈达道，普宁	汕头
	安记	民国十八年（1929）	普宁	许佑尉，普宁	汕头
	潮利亨	民国廿二年（1933）	槟榔屿	陈子余，潮阳	汕头
	公安	民国廿三年（1934）	暹罗曼谷	许吉醴，普宁	汕头

1936年后的历年侨批业相关档案均未再见“安顺”的情况。

长　发

“长发”在1933年的汕头市侨批业同业公会会员登记中地址是永安街47号。

依据1936年汕头邮政管理局（邮局）向国家交通部邮政总局呈报的核发批局营业凭证申请书整理，该批局的基本情况如下：（批局执照：批字第303号）

批局名称		开设时间	开设地点	营业人姓名、籍贯	与何处往来营业
长发		民国廿一年（1932）	汕头德里街82号	陈少怀，潮阳	槟榔屿、新加坡、安南、暹罗
分号	陈四合	民国廿年（1931）	潮阳金瓯	陈云腾，潮阳	汕头
	陈裕发	民国廿二年（1933）	潮阳金瓯	陈允贞，潮阳	汕头
	刘喜合	民国元年（1912）	潮阳金瓯	刘竹船，潮阳	汕头
	陈益隆	民国五年（1916）	隆江	陈云石，潮阳	汕头
	光德成	民国二年（1913）	揭阳	李运祥，揭阳	汕头
	洪万丰	民国十五年（1926）	棉湖	洪贤明，揭阳	汕头
	旭和	民国廿三年（1934）	槟榔屿	陈子铎，潮阳	汕头
	恒发	民国廿三年（1934）	新加坡	陈竹秋，潮阳	汕头
	荣泰昌	民国十五年（1926）	槟榔屿	陈玉如，潮阳	汕头
	庆发	民国廿三年（1934）	安南西贡	陈统平，潮阳	汕头
	顺发	民国廿三年（1934）	暹罗曼谷	陈子安，潮阳	汕头

“长发”未参加1942年的汕头市侨批业同业公会会员登记。

1946年6月的《汕头市侨批业同业公会会员名册》中的登记资料显示，“长发”的经理人为61岁潮阳人陈少怀，资本额100万元，会费单位201位，登记地址为永安街47号。

1946年11月，“长发”以“陈长发”之名出现在汕头市侨批业同业公会填报的《汕头市侨批业调查表》中，主事人陈少怀，店址为永安街47号，核发交通部邮政总局1946年营业执照，汕头邮局1月1日填发换照收条第27号（新照未颁发至汕）。“经营何港侨汇”一栏为“新加坡、暹罗”，比1936年减少了“槟榔屿、安南”。

据1946年12月汕头一等邮局函送市政府《汕头市批信局一览表》，“陈长发”营业人依然是陈少怀，但《汕头市批信局一览表》注明“该批局营业执照尚未领到”，在全部68号批局中，出现这种情况的仅“陈长发”“陈富通”两家。

1948年8月，在《汕头市侨批业同业公会会员商号名册》中，合资形式的“长发”登记地址已由永安街47号变更为德里街93号，并获领广州邮政管理局核发的当期侨批业营业执照（第117号），其负责人变更为陈明石。

1948年9月，在《汕头市侨批业同业公会会员名册》中，“陈长发”的资本额增至300万元，会费单位601位，经理人和营业代表均为46岁潮阳人陈明石。

中华人民共和国成立后，“长发”未参加汕头人民邮政局的侨批业注册登记。

常丰泰

广东省档案馆馆藏民国档案（全宗号 4）有晚清潮汕侨批业商号的设立情况，自道光九年（1829）至宣统三年（1911）先后有 35 家侨批业商号在汕头埠设立。其中只有少部分的经营能延续至 1933 年并参加汕头市侨批业同业公会，创办后于 1933 年前已不复存在的有 23 家，“常丰泰”便是其中之一。

档案显示，“常丰泰”创建于清咸丰八年（1858），经营地址为汕头埠（具体地址不详）。

长兴利

档案资料显示，“长兴利”是确切存在的侨批业商号。

按 1946 年 10 月 23 日汕头侨批业同业公会呈函市政府所附之《本市未领侨批业商号一览表》，“长兴利”属于因各种原因未参加汕头市侨批业同业公会会员登记也未领取汕头一等邮局 1946 年度营业执照的侨批业商号，即函中所称“查非属会会员之批业商号，概无邮局执照”。在上述《本市未领侨批业商号一览表》中，“长兴利”的店址是福安一横街 19 号。

潮利亨

1933 年，“潮利亨”在《汕头市侨批业同业公会会员名册》中的登记地址是杉排路 54 号。

依据 1936 年汕头邮政管理局（邮局）向国家交通部邮政总局呈报的核发批局营业凭

证申请书整理，该批局的基本情况如下：（批局执照：批字第 255 号）

批局名称		开设时间	开设地点	营业人姓名、籍贯	与何处往来营业
潮利亨		民国十九年（1930）	汕头三泰市 36 号三楼	瑞记等，普宁	槟榔屿
分号	魏启峰	民国元年（1912）	揭阳	魏启圃，揭阳	汕头
	陈四合	民国六年（1917）	潮阳	陈云腾，潮阳	汕头
	刘喜合	民国五年（1916）	潮阳	刘竹船，潮阳	汕头
	荣合	民国十五年（1926）	普宁	许忠丞，普宁	汕头
	陈联丰	民国八年（1919）	普宁	陈成刚，普宁	汕头
	陈科成	民国八年（1919）	陆丰	陈进，普宁	汕头
	陈裕源	民国十年（1921）	惠来	陈云石，潮阳	汕头

1942 年，“潮利亨”参加汕头市侨批业同业公会会员登记，商号代表为 42 岁普宁人陈明光，地址为杉排路 54 号。

1946 年 6 月的《汕头市侨批业同业公会会员名册》中的登记资料显示，“潮利亨”的经理人为陈欣光，资本额 700 万元，会费单位 1401 位，登记地址为杉排路 54 号。

1946 年 11 月，“潮利亨”出现在汕头市侨批业同业公会填报的《汕头市侨批业调查表》中，主事人陈子余，店址为杉排路 54 号，核发交通部邮政总局 1946 年营业执照，汕头邮局 1 月 15 日填发换照收条第 28 号（新照未颁发至汕）。“经营何港侨汇”一栏仍为“槟榔屿”不变。

据 1946 年 12 月汕头一等邮局函送市政府《汕头市批信局一览表》，“潮利亨”获核发 1946 年度营业执照，号码第 86 号，但“营业人姓名”一栏仍和 1936 年填报的一样与众不同地填写“瑞记等”，未知具体所指。

1948 年 8 月，在《汕头市侨批业同业公会会员商号名册》中，合资形式的“潮利亨”登记地址已由杉排路 54 号变更为杉排路 96 号，并获领广州邮政管理局核发的当期侨批业营业执照（号码第 103 号），其负责人仍填报陈子余。

1948 年 9 月，在《汕头市侨批业同业公会会员名册》中，“潮利亨”的资本额保持 700 万元，会费单位 1401 位，经理人陈欣光，营业代表为 41 岁普宁人李德祥。

中华人民共和国成立后，“潮利亨”参加汕头人民邮政局的侨批业登记。录自《汕头市志》的《1951 年汕头市注册侨批局简表》显示，“潮利亨”的开设地址变更为五福路 63 号。

潮顺兴

广东省档案馆馆藏民国档案（全宗号4）有晚清潮汕侨批业商号的设立情况，自道光九年（1829）至宣统三年（1911）先后有35家侨批业商号在汕头埠设立。其中只有少部分的经营能延续至1933年并参加汕头市侨批业同业公会，创办后于1933年前已不复存在的有23家，“潮顺兴”便是其中之一。

档案显示，“潮顺兴”创建于清光绪二十年（1894），经营地址为打索街。

潮裕兴

资料显示，“潮裕兴”创设于民国二十三年（1934），因此，“潮裕兴”未参加1933年的汕头市侨批业同业公会会员登记。

依据1936年汕头邮政管理局（邮局）向国家交通部邮政总局呈报的核发批局营业凭证申请书整理，该批局的基本情况如下：（批局执照：批字第317号）

<table>
<tr><th colspan="2">批局名称</th><th>开设时间</th><th>开设地点</th><th>营业人姓名、籍贯</th><th>与何处往来营业</th></tr>
<tr><td colspan="2">潮裕兴号</td><td>民国廿三年（1934）</td><td>汕头德里街60号</td><td>许祥达，普宁</td><td>日里、暹罗、安南</td></tr>
<tr><td rowspan="4">分号</td><td>潮和兴</td><td>民国十二年（1923）</td><td>日里奇沙兰戏园街</td><td>许祥能，普宁</td><td>汕头</td></tr>
<tr><td>成丰号</td><td>民国六年（1917）</td><td>安南檬株直街</td><td>许祥宝，普宁</td><td>汕头</td></tr>
<tr><td>天兴号</td><td>民国十三年（1924）</td><td>暹罗曼谷呵叻廊</td><td>许慈心，普宁</td><td>汕头</td></tr>
<tr><td>玉成号</td><td>民国十五年（1926）</td><td>普宁晖含圩内</td><td>许祥清，普宁</td><td>汕头</td></tr>
</table>

1936年后的历年侨批业相关档案均未再见“潮裕兴”的情况。

陈富通

“陈富通”未参加 1933 年的汕头市侨批业同业公会会员登记。

依据 1936 年汕头邮政管理局（邮局）向国家交通部邮政总局呈报的核发批局营业凭证申请书整理，该批局的基本情况如下：（批局执照：批字第 301 号）

<table>
<tr><th colspan="2">批局名称</th><th>开设时间</th><th>开设地点</th><th>营业人姓名、籍贯</th><th>与何处往来营业</th></tr>
<tr><td colspan="2">陈富通</td><td>民国前七年
（1905）</td><td>汕头至平路</td><td>陈济轩，梅县</td><td>香港、仰光、巴达维亚、暹罗、新加坡、毛里寺、泗水、安南、霹雳、槟榔屿、日里、吉隆及英属各埠</td></tr>
<tr><td rowspan="6">分号</td><td>陈富源</td><td>民国三年（1914）</td><td>梅县中山街</td><td>陈勤争，梅县</td><td>汕头</td></tr>
<tr><td>陈富源</td><td>民国十七年（1928）</td><td>兴宁新丰街</td><td>陈怡廷，梅县</td><td>广州</td></tr>
<tr><td>陈富源</td><td>民国十八年（1929）</td><td>香港文咸东街</td><td>陈国钧，梅县</td><td rowspan="4">香港、仰光、巴达维亚、暹罗、新加坡、毛里寺、泗水、安南、霹雳、槟榔屿、日里、吉隆及英属各埠</td></tr>
<tr><td>陈富通</td><td>民国廿年（1931）</td><td>巴达维亚</td><td>曾昭泮，梅县</td></tr>
<tr><td>陈富源</td><td>民国廿三年（1934）</td><td>新加坡</td><td>陈广钧，梅县</td></tr>
<tr><td>陈华兴</td><td>民国廿二年（1933）</td><td>暹罗</td><td>陈伋华，梅县</td></tr>
</table>

“陈富通”未参加 1942 年的汕头市侨批业同业公会会员登记。

1946 年 6 月的《汕头市侨批业同业公会会员名册》中的登记资料显示，“陈富通”缺席汕头市侨批业同业公会会员登记。

1946 年 11 月，“陈富通”出现在汕头市侨批业同业公会填报的《汕头市侨批业调查表》中，主事人陈勤争，店址为至平路 71 号，核发交通部邮政总局 1946 年营业执照，汕头邮局 1 月 5 日填发换照收条第 64 号（新照未颁发至汕）。“经营何港侨汇”一栏为“新加坡、吧城”，比 1936 年减少了很多地方。

据 1946 年 12 月汕头一等邮局函送市政府《汕头市批信局一览表》，“陈富通”营业人填报陈济轩，但《汕头市批信局一览表》注明“该批局营业执照尚未领到”，在全部 68 号批局中，出现这种情况的仅“陈长发”“陈富通”两家。

1948 年 8 月，在《汕头市侨批业同业公会会员商号名册》中，独资形式的“陈富通”登记地址变更为至平路 69 号，并获领广州邮政管理局核发的当期侨批业营业执照（号码第 52 号），其负责人也变更为陈清轩。

1948 年 9 月，在《汕头市侨批业同业公会会员名册》中，“陈富通”的资本额 500 万元，会费单位 1001 位，经理人和营业代表填报 49 岁梅县人陈勤争。

中华人民共和国成立后，“陈富通”未参加汕头人民邮政局的侨批业注册登记。

陈源记

广东省档案馆馆藏民国档案（全宗号 4）有晚清潮汕侨批业商号的设立情况，自道光九年（1829）至宣统三年（1911）先后有 35 家侨批业商号在汕头埠设立。其中只有少部分的经营能延续至 1933 年并参加汕头市侨批业同业公会，创办后于 1933 年前已不复存在的有 23 家，“陈源记”便是其中之一。

档案显示，“陈源记”创建于清光绪十三年（1887），经营地址为打锡街 5 号。

成昌利

“成昌利”在 1933 年的汕头市侨批业同业公会会员登记中的地址是永兴街 62 号。

依据 1936 年汕头邮政管理局（邮局）向国家交通部邮政总局呈报的核发批局营业凭证申请书整理，该批局的基本情况如下：（批局执照：批字第 280 号）

批局名称	开设时间	开设地点	营业人姓名、籍贯	与何处往来营业
成昌利	民国廿一年（1932）	汕头永安街 83 号	萧介珊，潮阳	暹罗
分号	（未填报资料，空白）			

“成昌利”未参加 1942 年的汕头市侨批业同业公会会员登记。

1946 年 6 月的《汕头市侨批业同业公会会员名册》中的登记资料显示，“成昌利”的经理人为刘子谦，资本额 100 万元，会费单位 201 位，登记地址为永兴街 62 号。

1946 年 11 月，“成昌利”出现在汕头市侨批业同业公会填报的《汕头市侨批业调查表》中，主事人萧介珊，店址为永兴街62号，核发交通部邮政总局1946年营业执照，汕头邮局2月22日填发换照收条第48号（新照未颁发至汕）。“经营何港侨汇”一栏为“暹罗”不变。

据1946年12月汕头一等邮局函送市政府《汕头市批信局一览表》，“成昌利”获核发1946年度营业执照，号码第49号，营业人为萧介珊。

1948年8月，在《汕头市侨批业同业公会会员商号名册》中，合资形式的“成昌利”登记地址变更为永兴街53号，并获领广州邮政管理局核发的当期侨批业营业执照（号码第67号），其负责人填报刘子谦。

1948年9月，在《汕头市侨批业同业公会会员名册》中，“成昌利”的资本额保持100万元，会费单位201位，经理人为刘子谦，营业代表为38岁潮阳人萧桂松。

中华人民共和国成立后，“成昌利”未参加1951年汕头人民邮政局的侨批业注册登记。

承　兴

广东省档案馆馆藏民国档案（全宗号4）有晚清潮汕侨批业商号的设立情况，自道光九年（1829）至宣统三年（1911）先后有35家侨批业商号在汕头埠设立。其中只有少部分的经营能延续至1933年并参加汕头市侨批业同业公会，创办后于1933年前已不复存在的有23家，“承兴”便是其中之一。

档案显示，“承兴”创建于宣统二年（1910），经营地点为汕头埠（具体地址不详）。

承　裕

档案资料显示，“承裕”是确切存在的侨批业商号。

按1946年10月23日汕头市侨批业同业公会呈函市政府所附之《本市未领侨批业商号一览表》，“承裕”属于因各种原因未参加汕头市侨批业同业公会会员登记也未领取汕头一等邮局1946年度营业执照的侨批业商号，即函中所称“查非属会会员之批业商号，概无邮局执照”。在上述《本市未领侨批业商号一览表》中，“承裕”的店址是仁和街74号。

得合兴

依据1936年汕头邮政管理局（邮局）向国家交通部邮政总局呈报的核发批局营业凭证申请书整理，该批局的基本情况如下：（批局执照：批字第283号）

批局名称		开设时间	开设地点	营业人姓名、籍贯	与何处往来营业
得合兴		民国十年（1921）	汕头福安四横街2号	李卓仁，澄海	暹罗
分号	广顺庄	民国十年（1921）	店仔头	金振忠，饶平	汕头
	信成庄	民国九年（1920）	莲阳	余昌期，澄海	汕头
	魏启峰	光绪年间	揭阳	魏启圃，揭阳	汕头
	刘喜合	宣统年间	潮阳南门	刘竹船，潮阳	汕头
	黄振兴	民国十六年（1927）	小东	黄立初，饶平	汕头
	广和记	民国十八年（1929）	黄岗	郑光泽，饶平	汕头

1936年后的历年侨批业相关档案均未再见“得合兴”的情况。

福　成

“福成”在1933年《汕头市侨批业同业公会会员名册》中的登记地址是吉安街41号。

依据1936年汕头邮政管理局（邮局）向国家交通部邮政总局呈报的核发批局营业凭证申请书整理，该批局的基本情况如下：（批局执照：批字第247号）

批局名称		开设时间	开设地点	营业人姓名、籍贯	与何处往来营业
福成		民国十四年（1925）	汕头德里街82号	黄日辉，潮阳	槟榔屿、霹雳、古楼
分号	陈四合	民国十二年（1923）	金瓯	陈云腾，潮阳	汕头
	陈裕发	民国廿二年（1933）	金瓯	陈允贞，潮阳	汕头
	刘喜合	民国元年（1912）	潮阳	刘竹船，潮阳	汕头
	陈益隆	民国五年（1916）	隆江	陈云石，潮阳	汕头
	光德成	民国二年（1913）	揭阳	李运祥，揭阳	汕头
	洪万丰	民国十五年（1926）	棉湖	洪贤明，揭阳	汕头
	荣泰昌	民国十五年（1926）	槟榔屿	陈玉如，潮阳	汕头
	和记	民国十五年（1926）	霹雳太平古打律	蔡和，潮阳	汕头
	怡兴	民国十五年（1926）	霹雳浮四维江沙埠	王和，潮阳	汕头
	南茂兴	民国十五年（1926）	古楼	吕水，潮阳	汕头
	泗利兴	民国十五年（1926）	古楼	倪光，潮阳	汕头

“福成”参加1942年的侨批业同业公会会员登记，营业代表填报47岁潮阳人陈友梅，店址填报永安街86号。

1946年6月的《汕头市侨批业同业公会会员名册》中的登记资料显示，“福成”的经理人为39岁潮阳人陈宏生，资本额300万元，会费单位601位，登记地址为吉安街41号。

1946年11月，“福成”在汕头市侨批业同业公会填报的《汕头市侨批业调查表》中，主事人洪贤良，店址为吉安街41号，核发交通部邮政总局1946年营业执照，汕头邮局1月13日填发换照收条第19号（新照未颁发至汕）。“经营何港侨汇”一栏变更为“槟城、吉蕉、怡保”，与1936年的登记不同。

据1946年12月汕头一等邮局函送市政府《汕头市批信局一览表》，“福成”获核发1946年度营业执照，号码第92号，营业人填报黄日辉。

1948年8月，在《汕头市侨批业同业公会会员商号名册》中，独资形式的“福成”登记地址变更为吉安街37号，并获领广州邮政管理局核发的当期侨批业营业执照（号码第104号），其负责人为陈宏生。

1948年9月，在《汕头市侨批业同业公会会员名册》中，“福成”的资本额保持300万元，会费单位601位。登记地址仍为吉安街37号。

中华人民共和国成立后，“福成”未参加汕头人民邮政局1951年的侨批业注册登记。

福　记

1948 年以前的汕头市侨批业档案资料均未见“福记”的情况。

1948 年 8 月，在《汕头市侨批业同业公会会员商号名册》中，合资形式的“福记”登记地址是至平路 31 号，并获广州邮政管理局核发的当期侨批业营业执照（号码第 3 号），其负责人填报谢升平。

在 1948 年 9 月的《汕头市侨批业同业公会会员名册》中，“福记”的资本额填报 300 万元，会费单位 601 位，经理人和营业代表均填报 40 岁梅县人谢升平。

中华人民共和国成立后，“福记”参加 1951 年汕头人民邮政局的侨批业注册登记，登记地址仍为至平路 31 号。

福胜昌

档案资料显示，“福胜昌”是确切存在的侨批业商号。

按 1946 年 10 月 23 日汕头侨批业同业公会呈函市政府所附之《本市未领侨批业商号一览表》，“福胜昌”属于因各种原因未参加汕头市侨批业同业公会会员登记，也未领取汕头一等邮局 1946 年度营业执照的侨批业商号，即函中所称“查非属会会员之批业商号，概无邮局执照”。在上述《本市未领侨批业商号一览表》中，“福胜昌”的店址是吉安街 85 号。

福　兴

1933 年，“福兴”在《汕头市侨批业同业公会会员登记名册》中的登记地址是海平路 22 号。

依据 1936 年汕头邮政管理局（邮局）向国家交通部邮政总局呈报的核发批局营业凭证申请书整理，该批局的基本情况如下：（批局执照：批字第 243 号）

批局名称		开设时间	开设地点	营业人姓名、籍贯	与何处往来营业
福兴号		民国十九年（1930）	汕头海平路 22 号	刘士彦，普宁	新加坡、槟榔屿、安南、日里、暹罗
分号	陈联丰	民国八年（1919）	流沙圩南山	陈成刚，普宁	汕头
	陈科成	民国八年（1919）	东海新圩	陈进玉，普宁	汕头
	刘喜合	民国五年（1916）	潮阳	刘竹舟，潮阳	汕头
	魏启丰	民国元年（1912）	揭阳	魏启圃，揭阳	汕头
	陈益隆	民国十年（1921）	隆江圩	陈云石，潮阳	汕头
	卢福泰	民国十年（1921）	甲子圩	卢庆福，陆丰	汕头
	陈四合	民国六年（1917）	金瓯	陈云腾，潮阳	汕头
	万发	民国十年（1921）	槟榔屿新街头	黄亚房，普宁	汕头
	振庆大	民国九年（1920）	新加坡小坡后港路	黄启平，普宁	汕头
	永新	民国十年（1921）	日里棉兰纽马力街	刘士诚，普宁	汕头
	刘平合	民国六年（1917）	暹罗大城	刘士平，普宁	汕头
	源记	民国元年（1912）	安南金边三角街	许其极，普宁	汕头

“福兴”参加 1942 年的侨批业同业公会会员登记，代表填报 37 岁普宁人刘士彦，店址为海平路 22 号。

1946 年 6 月的《汕头市侨批业同业公会会员名册》中的登记资料显示，“福兴”的经理为 42 岁普宁人刘士彦，资本额 250 万元，会费单位 501 位，登记地址为海平路 22 号。

1946 年 11 月，“福兴”在汕头市侨批业同业公会填报的《汕头市侨批业调查表》中，主事人刘士彦，店址为海平路 22 号，核发交通部邮政总局 1946 年营业执照，汕头邮局 2 月 20 日填发换照收条第 41 号。而“经营何港侨汇”一栏变更为“槟城、日里”，与 1936 年的登记不同。

据1946年12月汕头一等邮局函送市政府《汕头市批信局一览表》，“福兴”获核发1946年度营业执照，号码第37号。营业人填报刘士彦。

1948年8月，在《汕头市侨批业同业公会会员商号名册》中，独资形式的“福兴”登记地址变更为海平路24号，并获领广州邮政管理局核发的当期侨批业营业执照（号码第56号），其负责人为刘士彦。

1948年9月，在《汕头市侨批业同业公会会员名册》中，“福兴”的资本额300万元，会费单位601位。登记地址仍为海平路24号。

中华人民共和国成立后，“福兴”未参加汕头人民邮政局1951年的侨批业注册登记。

广德兴

依据1936年汕头邮政管理局（邮局）向国家交通部邮政总局呈报的核发批局营业凭证申请书整理，该批局的基本情况如下：（批局执照：批字第332号）

批局名称		开设时间	开设地点	营业人姓名、籍贯	与何处往来营业
广德兴		民国十九年（1930）	梅县油箩街	张云卿，梅县	怡保、仰光、香港、汕头
分号	广德兴	民国廿四年（1935）	汕头德安街	梁莘天，梅县	梅县广德兴
	王泗记	民国十五年（1926）	怡保列治街	王耿南，梅县	梅县广德兴
	崇信	民国十五年（1926）	仰光茫溪坦街	梁绍楷，梅县	梅县广德兴
	协发号	民国十五年（1926）	怡保飞星街	梁政元，梅县	梅县广德兴
	义顺源	民国元年（1912）	香港德辅道	李玑成，梅县	梅县广德兴

虽然1936年填报的资料显示“广德兴”开设于民国十九年（1930），但“广德兴”未参加1933年的汕头市侨批业同业公会会员登记。

1936年后的历年侨批业相关档案均未再见“广德兴”的情况。

广　汇

依据 1936 年汕头邮政管理局（邮局）向国家交通部邮政总局呈报的核发批局营业凭证申请书整理，该批局的基本情况如下：（批局执照：批字第 263 号）

批局名称		开设时间	开设地点	营业人姓名、籍贯	与何处往来营业
广汇庄		民国十年（1921）	汕头镇邦街 64 号	伍富良，梅县	暹罗、新加坡、巴达维亚
分号	汇兴	民国十五年（1926）	梅县西门街	李毅君，梅县	汕头
	广成	民国十三年（1924）	松口大直街	伍吉明，梅县	汕头
	汇源	民国廿三年（1934）	兴宁新丰街	温卓谋，梅县	汕头
	伍公昌	民国三年（1914）	兴宁新丰街	伍育如，兴宁	汕头
	温恒吉	民国四年（1915）	丙村	温香街，梅县	汕头
	仁兴公记	民国廿四年（1935）	新铺	林怀谦，蕉岭	汕头

1936 年以后的历年侨批业相关档案均未再见“广汇”的情况。

广汇通

依据 1936 年汕头邮政管理局（邮局）向国家交通部邮政总局呈报的核发批局营业凭证申请书整理，该批局的基本情况如下：（批局执照：批字第 242 号）

批局名称		开设时间	开设地点	营业人姓名、籍贯	与何处往来营业
广汇通		民国十年（1921）	汕头永兴街	刘瑞春，揭阳	安南、新加坡、暹罗、勿里洞
分号	广盛利	民国廿年（1931）	安南高棉	黄云才，丰顺	汕头
	荣盛利	民国廿二年（1933）	暹罗三聘街	刘拱辰，揭阳	汕头
	广复兴	民国十年（1921）	新加坡厦门街	蔡俊美，揭阳	汕头
	广汇源	民国十九年（1930）	勿里洞丹戎板兰	刘子弘，揭阳	汕头
	广利源	民国十二年（1923）	揭阳	李如章，揭阳	汕头
	荣合昌	民国十六年（1927）	河婆	李化初，揭阳	汕头
	洪万丰	民国十五年（1926）	棉湖	洪贤明，揭阳	汕头
	合丰盛	民国十六年（1927）	汤坑	罗光周，丰顺	汕头
	喜合	民国元年（1912）	潮阳	刘竹船，潮阳	汕头

虽然1936年填报的登记资料显示，“广汇通”开设于民国十年（1921），但“广汇通”未参加1933年的汕头市侨批业同业公会会员登记。

1942年6月的《汕头市侨批业同业公会会员商号名册》未见“广汇通”的登记资料。

1946年6月的《汕头市侨批业同业公会会员名册》、1946年11月的《汕头市侨批业调查表》、1946年12月的《汕头市批信局一览表》均未见“广汇通”相关的只言片语。

一直到1948年，“广汇通”又再次出现在相关的档案资料中：

1948年8月的《汕头市侨批业同业公会会员商号名册》中，独资形式的“广汇通”登记地址为仁和街3号，并获领广州邮政管理局核发的当期侨批业营业执照（号码第65号），其负责人填报陈友臣。

1948年9月，在《汕头市侨批业同业公会会员名册》中，“广汇通”的资本额填报300万元，会费单位601位，经理和营业代表均为43岁潮阳人陈友臣。

中华人民共和国成立后，“广汇通”参加1951年汕头人民邮政局的侨批业注册登记，其登记地址依旧是仁和街3号。

广泰祥

1933 年，“广泰祥”在《汕头市侨批业同业公会会员名册》中的登记地址是育善街 29 号。

依据 1936 年汕头邮政管理局（邮局）向国家交通部邮政总局呈报的核发批局营业凭证申请书整理，该批局的基本情况如下：（批局执照：批字第 262 号）

批局名称		开设时间	开设地点	营业人姓名、籍贯	与何处往来营业
广泰祥		光绪廿年（1894）	汕头育善街 29 号	李星海，梅县	暹罗、新加坡
分号	广泰祥栈	民国三年（1914）	潮安	李日记，大埔	汕头
	余同裕	民国元年（1912）	高陂	余德记，大埔	汕头
	罗昆记	光绪廿一年（1895）	大麻	罗奕桂，大埔	汕头
	仁安堂	民国十年（1921）	三河坝	余敬初，大埔	汕头
	饶源茂	光绪廿年（1894）	大埔城	饶采生，大埔	汕头
	吴合兴	光绪廿年（1894）	湖寮	吴绍炯，大埔	汕头
	杨万成	民国二年（1913）	百侯	杨荣轩，大埔	汕头

“广泰祥”未参加 1942 年的汕头市侨批业同业公会会员登记。

1946 年 6 月的《汕头市侨批业同业公会会员名册》中的登记资料显示，“广泰祥”的经理人为 40 岁大埔人黄苍人，资本额 100 万元，会费单位 201 位，登记地址为育善街 29 号。

1946 年 11 月，“广泰祥”在汕头市侨批业同业公会填报的《汕头市侨批业调查表》中，主事人为李星海，店址为育善街 29 号，核发交通部邮政总局 1946 年营业执照，汕头邮局 1 月 13 日填发换照收条第 22 号（新照未颁发至汕）。“经营何港侨汇”一栏未变更。

据 1946 年 12 月汕头一等邮局函送市政府《汕头市批信局一览表》，“广泰祥”获核发 1946 年度营业执照，号码第 87 号，营业人仍然填报李星海。

1948 年 8 月，在《汕头市侨批业同业公会会员商号名册》中，合资形式的“广泰祥”登记地址已由育善街 29 号变更为育善街 27 号，并获领广州邮政管理局核发的当期侨批业营业执照（号码第 104 号），其负责人变更为黄苍人。

1948 年 9 月，在《汕头市侨批业同业公会会员名册》中，“广泰祥”的资本额为 100 万元，会费单位 201 位不变。登记地址仍为育善街 27 号。

中华人民共和国成立后，“广泰祥”未参加 1951 年汕头人民邮政局的侨批业注册登记。

广　通

“广通”开设于民国十三年（1924），开设地点是汕头至平路，营业人为 58 岁梅县人王华严。汕头“广通”与马来亚怡保有业务往来。

“广通”于 1936 年元月通过汕头邮政管理局（邮局）向国家交通部邮政总局申请核发批局营业凭证，该申请书的登记资料显示其总店“广通”设于梅县松口金谷街，填报的开设时间与汕头“广通庄”同时。批局执照：批字第 342 号。

严格地说，汕头“广通”是在汕头注册登记的梅县“广通”的分号，都是王华严开设的。

合　成

依据 1936 年汕头邮政管理局（邮局）向国家交通部邮政总局呈报的核发批局营业凭证申请书整理，该批局的基本情况如下：（批局执照：批字第 287 号）

<table>
<tr><th colspan="2">批局名称</th><th>开设时间</th><th>开设地点</th><th>营业人姓名、籍贯</th><th>与何处往来营业</th></tr>
<tr><td colspan="2">合成</td><td>民国十七年（1928）</td><td>汕头荣隆街 45 号</td><td>李步青，潮安</td><td>新加坡、暹罗、安南</td></tr>
<tr><td rowspan="7">分号</td><td>合记</td><td>民国十八年（1929）</td><td>潮安</td><td>林子诚，潮安</td><td>汕头</td></tr>
<tr><td>坤记</td><td>民国十八年（1929）</td><td>澄海</td><td>杜坤，澄海</td><td>汕头</td></tr>
<tr><td>广源</td><td>民国十四年（1925）</td><td>诏安</td><td>许鸿声，饶平</td><td>汕头</td></tr>
<tr><td>昌利</td><td>民国十八年（1929）</td><td>潮阳</td><td>朱英发，潮阳</td><td>汕头</td></tr>
<tr><td>麟记</td><td>民国十三年（1924）</td><td>安南归仁大马路</td><td>陈平三，澄海</td><td>汕头</td></tr>
<tr><td>合利</td><td>民国十九年（1930）</td><td>暹罗曼谷三聘街</td><td>林财发，潮安</td><td>汕头</td></tr>
<tr><td>裕兴</td><td>民国十五年（1926）</td><td>新加坡十八溪墘</td><td>李瑞三，潮安</td><td>汕头</td></tr>
</table>

虽然 1936 年填报的资料显示“合成”开设于民国十七年（1928），但“合成”未参加 1933 年的汕头市侨批业同业公会会员登记。

1936 年后的历年侨批业相关档案均未再见“合成”的情况。

合盛利

依据 1936 年汕头邮政管理局（邮局）向国家交通部邮政总局呈报的核发批局营业凭证申请书整理，该批局的基本情况如下：（批局执照：批字第 291 号）

批局名称		开设时间	开设地点	营业人姓名、籍贯	与何处往来营业
合盛利		民国廿二年（1933）	汕头永兴街 92 号	刘石亭，揭阳	暹罗
分号	荣盛利	民国廿二年（1933）	暹罗三聘街	刘拱展，揭阳	汕头
	南成发	民国十六年（1927）	暹罗曼谷	刘玉青，揭阳	汕头
	启峰	民国元年（1912）	揭阳	魏启圃，揭阳	汕头
	政记	民国元年（1912）	棉湖	杨璧荣，揭阳	汕头
	合丰盛	民国十六年（1927）	汤坑	刘鸿美，揭阳	汕头
	聚丰	民国十二年（1923）	潮安	朱湘兰，潮安	汕头
	喜合	民国元年（1912）	潮阳	刘竹船，潮阳	汕头

“合盛利”虽然开设于民国二十二年（1933），但未参加 1933 年的汕头市侨批业同业公会会员登记。

“合盛利”未参加 1942 年的汕头市侨批业同业公会会员登记。

据 1946 年 12 月 2 日汕头一等邮局函送市政府《汕头市批信局一览表》，“合盛利”获核发 1946 年度营业执照，列第 45 号。

1948 年起的历年侨批业档案资料便再未见“合盛利”的情况。

和兴盛

“和兴盛”在 1933 年的汕头市侨批业同业公会会员登记中的地址是永兴街 91 号。

依据 1936 年汕头邮政管理局（邮局）向国家交通部邮政总局呈报的核发批局营业凭证申请书整理，该批局的基本情况如下：（批局执照：批字第 318 号）

<table>
<tr><td colspan="2">批局名称</td><td>开设时间</td><td>开设地点</td><td>营业人姓名、籍贯</td><td>与何处往来营业</td></tr>
<tr><td colspan="2">和兴盛</td><td>民国廿三年（1934）</td><td>汕头新潮兴街 26 号</td><td>李德仰，潮阳</td><td>日里、槟榔屿</td></tr>
<tr><td rowspan="2">分号</td><td>永南兴号</td><td>民国十年（1921）</td><td>日里棉兰</td><td>李翥南，潮阳</td><td>汕头</td></tr>
<tr><td>李和丰号</td><td>民国八年（1919）</td><td>槟榔屿</td><td>李应南，潮阳</td><td>汕头</td></tr>
</table>

“和兴盛”未参加 1942 年的汕头市侨批业同业公会会员登记。

1946 年 6 月的《汕头市侨批业同业公会会员名册》中的登记资料显示，“和兴盛”的经理人为马东洲，营业代表为杨文顺，资本额 500 万元，会费单位 1001 位，登记地址为永兴街 91 号。

1946 年 11 月，“和兴盛”出现在汕头市侨批业同业公会填报的《汕头市侨批业调查表》中，主事人马东洲，店址为永兴街 91 号，核发交通部邮政总局 1946 年营业执照，汕头邮局 1 月 11 日填发换照收条第 144 号（新照未颁发至汕）。“经营何港侨汇”一栏为“日里、槟榔屿”不变。

据 1946 年 12 月汕头一等邮局函送市政府《汕头市批信局一览表》，“和兴盛”获核发 1946 年度营业执照，号码第 67 号，营业人为马东洲。

1948 年 8 月，在《汕头市侨批业同业公会会员商号名册》中，独资形式的“和兴盛”登记地址变更为永安街 73 号，并获领广州邮政管理局核发的当期侨批业营业执照（号码第 85 号），其负责人仍填报马东洲。

1948 年 9 月，在《汕头市侨批业同业公会会员名册》中，“和兴盛”的资本额保持 500 万元，会费单位 1001 位，经理人为马东洲，营业代表为 42 岁澄海人杨文顺。

中华人民共和国成立后，“和兴盛”未参加 1951 年汕头人民邮政局的侨批业注册登记。

恒　裕

依据 1936 年的档案资料，“恒裕”开设的时间未详，开设地点是汕头镇邦街，营业人是 40 岁梅县人谢荫棠。汕头“恒裕”与设于松口的“钟天华”有业务往来。

“钟天华”1936 年通过汕头邮政管理局向国家交通部邮政总局申请核发批局营业凭证，该申请书的登记资料显示，“钟天华”开设于民国二十三年（1934），开设地点为松口，营业人为 40 岁梅县人钟伟权，与汕头、暹罗、芙蓉往来营业。批局执照：批字第 344 号。

严格地说，汕头“恒裕”是梅县“钟天华”的分号。

宏　新

“宏新”未参加1933—1946年的数次侨批业同业公会登记，一直到1948年9月才出现在《汕头市侨批业同业公会会员名册》中，且登记资料不全，只在登记表上显示有限的信息：经理人李载基，梅县人，行号地址为商平路21号。

中华人民共和国成立后，“宏新”也未参加1951年汕头人民邮政局的侨批业注册登记。

宏　信

依据1936年汕头邮政管理局（邮局）向国家交通部邮政总局呈报的核发批局营业凭证申请书整理，该批局的基本情况如下：（批局执照：批字第273号）

批局名称		开设时间	开设地点	营业人姓名、籍贯	与何处往来营业
宏信		民国十八年（1929）	汕头永和街68号	芮弼卿，澄海	暹罗
分号	喜合	民国元年（1912）	潮阳	刘竹船，潮阳	汕头
	启峰	民国前廿年（1892）	揭阳	魏启和，揭阳	汕头
	信成	民国六年（1917）	澄海	余斯耀，澄海	汕头
	德良	民国元年（1912）	揭阳	黄经通，揭阳	汕头
	有记	民国廿四年（1935）	潮安	黄�生，潮安	汕头
	孚成	民国十九年（1930）	饶平	黄静岩，饶平	汕头
	森春	民国十七年（1928）	陆丰	魏应元，陆丰	汕头
	杨政记	民国十九年（1930）	棉湖	杨璧荣，棉湖	汕头

1936年后的历年侨批业档案资料均未再见“宏信”的情况。

黄泰发

广东省档案馆馆藏民国档案（全宗号4）有晚清潮汕侨批业商号的设立情况，自道光九年（1829）至宣统三年（1911）先后有35家侨批业商号在汕头埠设立。其中只有少部分的经营能延续至1933年并参加汕头市侨批业同业公会，创办后于1933年前已不复存在的有23家，“黄泰发”便是其中之一。

档案显示，“黄泰发”创建于清宣统年间，经营地址为镇邦街源兴内。

黄通兴

广东省档案馆馆藏民国档案（全宗号4）有晚清潮汕侨批业商号的设立情况，自道光九年（1829）至宣统三年（1911）先后有35家侨批业商号在汕头埠设立。其中只有少部分的经营能延续至1933年并参加汕头市侨批业同业公会，创办后于1933年前已不复存在的有23家，“黄通兴”便是其中之一。

档案显示，“黄通兴”创建于宣统二年（1910），经营地址为至安街。

汇　康

依据1936年的档案资料，“汇康”开设的时间未详，开设地点是汕头至平路，营业人是43岁松口人黄仲勋。汕头“汇康”与设于松口的“谢均和”一起，同香港、槟榔屿、三宝垄、巴达维亚往来营业。

“谢均和”1936年通过汕头邮政管理局（邮局）向国家交通部邮政总局申请核发批局营业凭证，该申请书的登记资料显示，“谢均和”开设于民国十五年（1926），开设地点为松口大直街，营业人为64岁松口人谢雨均，同汕头、香港、槟榔屿、三宝垄、巴达维亚往来营业。批局执照：批字第 343 号。

严格地说，汕头“汇康庄”是梅县“谢均和”的分号。

金　生

资料显示，“金生”创设于民国二十三年（1934），因此，“金生”未参加 1933 年的汕头市侨批业同业公会会员登记。

依据 1936 年汕头邮政管理局（邮局）向国家交通部邮政总局呈报的核发批局营业凭证申请书整理，该批局的基本情况如下：（批局执照：批字第 125 号）

批局名称		开设时间	开设地点	营业人姓名、籍贯	与何处往来营业
金生庄		民国廿三年（1934）	汕头万安街 26 号	熊淑君，梅县	香港、巴达维亚、暹罗、槟榔屿、新加坡
分号	金生庄	民国十八年（1929）	香港	熊文階，梅县	汕头
	金生庄	民国十八年（1929）	梅县	熊佐臣，梅县	汕头
	金生庄	民国十八年（1929）	兴宁	熊铨麟，梅县	汕头
	金生庄	民国十九年（1930）	巴达维亚	熊子春，梅县	汕头
	熊常兴	民国前八年（1904）	暹罗	熊均灵，梅县	汕头
	大华公司	民国十七年（1928）	暹罗	熊均灵，梅县	汕头
	恒益	民国前二年（1910）	槟榔屿	熊爕庭，梅县	汕头
	嘉兴隆	民国前四年（1908）	新加坡	夏品均，梅县	汕头

1936 年后的历年侨批业相关档案均未再见“金生”的情况。

赖福记

“赖福记”开设于民国十九年（1930）九月一日，开设地点是汕头镇邦街，营业人是56岁梅县人赖湧元。汕头“赖福记”与暹罗“福记”有业务往来。

“赖福记”1936年元月通过汕头邮政管理局（邮局）向国家交通部邮政总局申请核发批局营业凭证，该申请书的登记资料显示其总店“赖福记”设于梅县庙前街，填报的开设时间与汕头“赖福记”同日。批局执照：批字第271号。

严格地说，汕头“赖福记”是在汕头注册登记的梅县“赖福记”的分号，都是赖湧元开设的。

老　兴

广东省档案馆馆藏民国档案（全宗号4）有晚清潮汕侨批业商号的设立情况，自道光九年（1829）至宣统三年（1911）先后有35家侨批业商号在汕头埠设立。其中只有少部分的经营能延续至1933年并参加汕头市侨批业同业公会，创办后于1933年前已不复存在的有23家，“老兴”便是其中之一。

档案显示，“老兴”创建于清光绪十二年（1886），经营地址为至平路14号。

利　昌

依据1936年汕头邮政管理局（邮局）向国家交通部邮政总局呈报的核发批局营业凭证申请书整理，该批局的基本情况如下：（批局执照：批字第308号）

批局名称		开设时间	开设地点	营业人姓名、籍贯	与何处往来营业
利昌庄		民国十七年（1928）	汕头杉排路4号二楼	王炳南，潮阳	安南
分号	有信	民国十一年（1922）	潮安	芮弼卿，澄海	汕头
	喜合	民国元年（1912）	潮阳	刘竹船，潮阳	汕头
	启峰	民国元年（1912）	揭阳	魏启圃，揭阳	汕头
	信成	民国十二年（1923）	莲阳	余斯耀，澄海	汕头
	桂昌	民国元年（1912）	诏安	陈子丹，饶平	汕头
	聚丰	民国十六年（1927）	潮安	朱湘兰，潮安	汕头
	利昌	民国十七年（1928）	安南堤岸大市街40号	王永，潮阳	汕头

“利昌”虽然开设于民国十七年（1928），但未参加1933年的汕头市侨批业同业公会会员登记。

“利昌”未参加1942年的汕头市侨批业同业公会会员登记。

据1946年12月2日汕头一等邮局函送市政府《汕头市批信局一览表》，“利昌”获核发1946年度营业执照，列第71号。

利　东

依据1936年汕头邮政管理局（邮局）向国家交通部邮政总局呈报的核发批局营业凭证申请书整理，该批局的基本情况如下：（批局执照：批字第296号）

批局名称		开设时间	开设地点	营业人姓名、籍贯	与何处往来营业
利东庄		民国十七年（1928）	汕头安平路60号	龚松三，梅县	南洋、仰光、暹罗、香港
分号	展昌	民国十七年（1928）	金宝帽冰路63号	利展彝，梅县	汕头
	信昌	民国十七年（1928）	怡保勿署街20号	谢文学，梅县	汕头
	合炳南	民国十七年（1928）	星洲五代天宫街	利训彝，梅县	汕头
	利裕兴	民国十七年（1928）	暹罗越三捧街	利佑良，梅县	汕头
	泗盛	民国廿四年（1935）	仰光广东街608号	龚子宏，梅县	汕头
	利瑞记	民国廿一年（1932）	怡保休罗街77号	利瑞彝，梅县	汕头
	利东庄	民国廿三年（1934）	梅县十字街	利佛保，梅县	汕头
	华丰	民国廿年（1931）	松口大街	蓝雅琴，梅县	汕头
	利东庄	民国廿年（1931）	香港文咸西街	利益三，梅县	汕头

虽然1936年填报的资料显示“利东”开设于民国十七年（1928），但“利东”未参加1933年的汕头市侨批业同业公会会员登记。

1936年后的历年侨批业相关档案均未再见“利东”的情况。

利　亨

档案资料显示，“利亨”是确切存在的侨批业商号。

按1946年10月23日汕头侨批业同业公会呈函市政府所附之《本市未领侨批业商号一览表》，“利亨”属于因各种原因未参加汕头市侨批业同业公会会员登记也未领取汕头一等邮局1946年度营业执照的侨批业商号，即函中所称“查非属会会员之批业商号，概无邮局执照”。在上述《本市未领侨批业商号一览表》中，“利亨”的店址是商平路165号。

利源宏茂

档案资料显示，“利源宏茂”是确切存在的侨批业商号。

按1946年10月23日汕头侨批业同业公会呈函市政府所附之《本市未领侨批业商号一览表》，“利源宏茂”属于因各种原因未参加汕头市侨批业同业公会会员登记也未领取汕头一等邮局1946年度营业执照的侨批业商号，即函中所称“查非属会会员之批业商号，概无邮局执照”。在上述《本市未领侨批业商号一览表》中，“利源宏茂”的店址是安平路108号。

马德发

1933 年，“马德发”在《汕头市侨批业同业公会会员名册》中的登记地址是永安街 30 号。

依据 1936 年汕头邮政管理局（邮局）向国家交通部邮政总局呈报的核发批局营业凭证申请书整理，该批局的基本情况如下：（批局执照：批字第 305 号）

批局名称		开设时间	开设地点	营业人姓名、籍贯	与何处往来营业
马德发		民国十六年（1927）	汕头永安街 30 号	马星五，潮阳	暹罗
分号	德顺盛	民国十六年（1927）	暹罗三角路	马鉴波，潮阳	汕头
	德顺盛	民国十六年（1927）	成田	马灿威，潮阳	汕头
	刘喜合	民国元年（1912）	成田	刘竹船，潮阳	汕头
	黄茂利	光绪五年（1879）	黄岗	黄子厚，潮阳	汕头
	启峰	民国元年（1912）	梅兜	魏启圃，揭阳	汕头
	政记	民国元年（1912）	棉湖	杨璧荣，潮安	汕头
	普通	民国元年（1912）	潮安	吴彩堂，潮安	汕头
	如陶	民国元年（1912）	潮安	蔡若水，潮安	汕头
	增顺荣昌	民国元年（1912）	莲阳	陈猪，澄海	汕头
	郑瑞记	民国元年（1912）	留隍	郑燊南，丰顺	汕头

1936 年的登记资料显示，虽然“马德发”开设于民国十六年（1927），却未参加 1933 年的汕头市侨批业同业公会会员登记。

1942 年 6 月的“马德发”的经营代表是 47 岁潮阳人周翠石，经营地址变更为商平路 117 号。

1946 年 6 月的《汕头市侨批业同业公会会员名册》中的登记资料显示，“马德发”的经理人为马仰星，营业代表为 25 岁潮阳人马瘦卿，资本额 900 万元，会费单位 1801 位，经营地址恢复为永安街 30 号。

1946 年 11 月，“马德发”在汕头市侨批业同业公会填报的《汕头市侨批业调查表》中，主事人为马星五，店址为永安街 30 号，核发交通部邮政总局 1946 年营业执照，汕头邮局 1 月 13 日填发换照收条第 12 号（新照未颁发至汕）。“经营何港侨汇”一栏不变。

据 1946 年 12 月汕头一等邮局函送市政府《汕头市批信局一览表》，“马德发”获核发

1946 年度营业执照，号码第 56 号，营业人仍然填报马星五。

1948 年 8 月，在《汕头市侨批业同业公会会员商号名册》中，合资形式的“马德发”登记地址已由永安街 30 号变更为永安街 28 号，并获领广州邮政管理局核发的当期侨批业营业执照（号码第 75 号），其负责人仍为马星五。

1948 年 9 月，在《汕头市侨批业同业公会会员名册》中，“马德发”的资本额保持 900 万元，会费单位 1801 位。登记地址仍为永安街 28 号。

中华人民共和国成立后，“马德发”未参加 1951 年汕头人民邮政局的侨批业注册登记。

茂　昌

广东省档案馆馆藏民国档案（全宗号 4）有晚清潮汕侨批业商号的设立情况，自道光九年（1829）至宣统三年（1911）先后有 35 家侨批业商号在汕头埠设立。其中只有少部分的经营能延续至 1933 年并参加汕头市侨批业同业公会，创办后于 1933 年前已不复存在的有 23 家，“茂昌”便是其中之一。

档案显示，“茂昌”创建于清光绪十三年（1887），经营地址为至平路。

明　兴

档案资料显示，“明兴”是确切存在的侨批业商号。

按 1946 年 10 月 23 日汕头侨批业同业公会呈函市政府所附之《本市未领侨批业商号一览表》，“明兴”属于因各种原因未参加汕头市侨批业同业公会会员登记也未领取汕头一等邮局 1946 年度营业执照的侨批业商号，即函中所称“查非属会会员之批业商号，概无邮局执照”。在上述《本市未领侨批业商号一览表》中，“明兴”的店址是安平路 246 号。

全昌仁

广东省档案馆馆藏民国档案（全宗号 4）有晚清潮汕侨批业商号的设立情况，自道光九年（1829）至宣统三年（1911）先后有 35 家侨批业商号在汕头埠设立。其中只有少部分的经营能延续至 1933 年并参加汕头市侨批业同业公会，创办后于 1933 年前已不复存在的有 23 家，“全昌仁”便是其中之一。

档案显示，“全昌仁”创建于清光绪十二年（1886），经营地址为至平路 10 号。

全泰洽

在广东省档案馆馆藏民国档案（全宗号 4）有晚清潮汕侨批业商号的设立情况，自道光九年（1829）至宣统三年（1911）先后有 35 家侨批业商号在汕头埠设立。其中只有少部分的经营能延续至 1933 年并参加汕头市侨批业同业公会，创办后于 1933 年前已不复存在的有 23 家，“全泰洽”便是其中之一。

档案显示，“全泰洽”创建于清光绪十三年（1887），经营地址为仁和街。

荣　大

1933 年，“荣大”在《汕头市侨批业同业公会会员名册》中的登记地址是永兴四横街 17 号。

依据 1936 年汕头邮政管理局（邮局）向国家交通部邮政总局呈报的核发批局营业凭证申请书整理，该批局的基本情况如下：（批局执照：批字第 324 号）

<table>
<tr><th colspan="2">批局名称</th><th>开设时间</th><th>开设地点</th><th>营业人姓名、籍贯</th><th>与何处往来营业</th></tr>
<tr><td colspan="2">荣大号</td><td>民国十三年（1924）</td><td>汕头仁和街1号</td><td>蔡礼权，潮阳</td><td>香港、山打根、新加坡、安南</td></tr>
<tr><td rowspan="4">分号</td><td>乃裕</td><td>民国五年（1916）</td><td>安南潮州街</td><td>吴少明，潮安</td><td>汕头</td></tr>
<tr><td>光裕兴</td><td>民国十年（1921）</td><td>新加坡马车路</td><td>周公度，澄海</td><td>汕头</td></tr>
<tr><td>福利</td><td>民国十一年（1922）</td><td>香港大道西</td><td>谢少岩，潮阳</td><td>汕头</td></tr>
<tr><td>宝裕隆</td><td>民国八年（1919）</td><td>山打根望平路</td><td>沈光阁，澄海</td><td>汕头</td></tr>
</table>

1936年填报的登记资料显示，“荣大”开设于民国十三年（1924）。

1942年6月的“荣大”的经营代表是42岁（年龄填报显然出入太大）潮阳人蔡礼权，经营地址仍是仁和街1号。

1946年6月的《汕头市侨批业同业公会会员名册》中的登记资料显示，“荣大”的经理人为52岁潮阳人蔡礼权，资本额100万元，会费单位201位，登记地址变更为永兴四横街17号。

1946年11月，“荣大”在汕头市侨批业同业公会填报的《汕头市侨批业调查表》中，主事人为蔡荣贵，店址为永兴四横街17号，换发1944年的执照号码第121号。“经营何港侨汇”一栏变更为“香港、暹罗、实叻、西贡”。

据1946年12月汕头一等邮局函送市政府《汕头市批信局一览表》，“荣大”获核发1946年度营业执照，号码第47号，营业人改回蔡礼权。

1948年8月，在《汕头市侨批业同业公会会员商号名册》中，独资形式的“荣大”登记地址已由永兴四横街17号变更为安平路116号，并获领广州邮政管理局核发的当期侨批业营业执照（号码第65号），其负责人仍填报蔡礼权。

1948年9月，在《汕头市侨批业同业公会会员名册》中，“荣大”的资本额保持100万元，会费单位201位。登记地址仍是安平路116号。在此表中，潮阳人蔡礼权填报的年龄是54岁，与1946年填报的年龄对应。

中华人民共和国成立后，“荣大”参加1951年汕头人民邮政局的侨批业注册登记，商号地址仍为安平路116号。

瑞生祥

档案资料显示，“瑞生祥”是确切存在的侨批业商号。

按1946年10月23日汕头侨批业同业公会呈函市政府所附之《本市未领侨批业商号

一览表》，“瑞生祥”属于因各种原因未参加汕头市侨批业同业公会会员登记也未领取汕头一等邮局1946年度营业执照的侨批业商号，即函中所称“查非属会会员之批业商号，概无邮局执照”。在上述《本市未领侨批业商号一览表》中，“瑞生祥”的店址是永安街81号。

森　昌

广东省档案馆馆藏民国档案（全宗号4）有晚清潮汕侨批业商号的设立情况，自道光九年（1829）至宣统三年（1911）先后有35家侨批业商号在汕头埠设立。其中只有少部分的经营能延续至1933年并参加汕头市侨批业同业公会，创办后于1933年前已不复存在的有23家，“森昌号”便是其中之一。

档案显示，“森昌”创建于清光绪十三年（1887），经营地址为仁和街。

松兴公

广东省档案馆馆藏民国档案（全宗号4）有晚清潮汕侨批业商号的设立情况，自道光九年（1829）至宣统三年（1911）先后有35家侨批业商号在汕头埠设立。其中只有少部分的经营能延续至1933年并参加汕头市侨批业同业公会，创办后于1933年前已不复存在的有23家，“松兴公”便是其中之一。

档案显示，“松兴公”创建于清光绪十五年（1889），经营地址为镇邦街。

太古昌

广东省档案馆馆藏民国档案（全宗号4）有晚清潮汕侨批业商号的设立情况，自道光九年（1829）至宣统三年（1911）先后有35家侨批业商号在汕头埠设立。其中只有少部分的经营能延续至1933年并参加汕头市侨批业同业公会，创办后于1933年前已不复存在的有23家，“太古昌”便是其中之一。

档案显示，“太古盛”创建于清光绪十四年（1888），经营地址为吉安街2号。

太古盛

广东省档案馆馆藏民国档案（全宗号4）有晚清潮汕侨批业商号的设立情况，自道光九年（1829）至宣统三年（1911）先后有35家侨批业商号在汕头埠设立。其中只有少部分的经营能延续至1933年并参加汕头市侨批业同业公会，创办后于1933年前已不复存在的有23家，“太古盛”便是其中之一。

档案显示，“太古盛”创建于清光绪十年（1884），经营地址为永顺街2号。

同发利

“同发利”在1933年的《汕头市侨批业同业公会会员名册》中的登记地址是永兴六横街11号。

依据1936年汕头邮政管理局（邮局）向国家交通部邮政总局呈报的核发批局营业凭证申请书整理，该批局的基本情况如下：（批局执照：批字第278号）

批局名称		开设时间	开设地点	营业人姓名、籍贯	与何处往来营业
同发利		民国元年（1912）	汕头永兴街91号	罗舜桂，丰顺	暹罗
分号	同发利	民国元年（1912）	揭阳中山路	罗舜福，丰顺	汕头
	义合泉	民国元年（1912）	汤坑大街	罗必有，丰顺	汕头
	恒亨	民国元年（1912）	留隍	詹集秉，丰顺	汕头
	喜合	民国元年（1912）	潮阳	刘竹船，潮阳	汕头
	洪万兴	民国十五年（1926）	棉湖	洪贤明，揭阳	汕头
	启峰	民国元年（1912）	揭阳	魏启圃，揭阳	汕头
	普通	民国元年（1912）	潮安	吴彩堂，潮安	汕头
	黄茂利	民国元年（1912）	黄岗	黄子厚，潮阳	汕头
	万兴昌	民国十三年（1924）	隆都后沟乡	许文谦，饶平	汕头

1942年6月的“同发利”的经营代表是52岁丰顺人罗舜桂，经营地址仍为永兴街91号。

1946年6月的《汕头市侨批业同业公会会员名册》中的登记资料显示，“同发利”的经理人为36岁丰顺人徐百河，资本额900万元，会费单位1801位，登记地址为永兴六横街11号。

1946年11月，“同发利”在汕头市侨批业同业公会填报的《汕头市侨批业调查表》中，主事人为徐百河，店址为永兴六横街11号，核发交通部邮政总局1946年营业执照，汕头邮局1月9日填发换照收条第1号（新照未颁发至汕）。“经营何港侨汇”一栏未变更。

但是，在1946年12月汕头一等邮局函送市政府《汕头市批信局一览表》中，“同发利”未在获核发1946年度营业执照的名单中。

1948年8月，在《汕头市侨批业同业公会会员商号名册》中，独资形式的“同发利”登记地址仍填报永兴六横街11号，并获领广州邮政管理局核发的当期侨批业营业执照（号码第96号），其负责人又改回罗舜桂。

1948年9月，在《汕头市侨批业同业公会会员名册》中，“同发利”的资本额仍为900万元，会费单位1801位，登记地址仍为永兴六横街11号。

中华人民共和国成立后，“同发利”未参加1951年汕头人民邮政局的侨批业注册登记。

万　德

档案资料显示，“万德”是确切存在的侨批业商号。

按1946年10月23日汕头市侨批业同业公会呈函市政府所附之《本市未领侨批业商号一览表》，“万德”属于因各种原因未参加汕头市侨批业同业公会会员登记也未领取汕头一等邮局1946年度营业执照的侨批业商号，即函中所称“查非属会会员之批业商号，概无邮局执照”。在上述《本市未领侨批业商号一览表》中，“万德”的店址是永泰路41号。

吴顺兴

依据1936年汕头邮政管理局（邮局）向国家交通部邮政总局呈报的核发批局营业凭证申请书整理，该批局的基本情况如下：（批局执照：批字第239号）

批局名称		开设时间	开设地点	营业人姓名、籍贯	与何处往来营业
吴顺兴		民国十九年（1930）	汕头新潮兴街	吴兴祥，澄海	暹罗、新加坡、日里、安南
分号	陈四合	民国十五年（1926）	潮阳	陈云腾，潮阳	汕头
	刘喜合	民国十五年（1926）	潮阳	刘竹船，潮阳	汕头
	詹恒亨	民国廿年（1931）	留隍	詹正初，丰顺	汕头
	德记	民国廿年（1931）	高陂	詹秉，丰顺	汕头
	有信	民国十八年（1929）	澄海	芮弼卿，澄海	汕头
	信成	民国十八年（1929）	莲阳	余斯耀，澄海	汕头
	启峰	民国十五年（1926）	揭阳	魏启圃，揭阳	汕头
	政记	民国十五年（1926）	棉湖	杨璧荣，揭阳	汕头
	陶安	民国十五年（1926）	潮安	黄岳生，潮安	汕头
	合利	民国十九年（1930）	饶平	张景光，饶平	汕头

（续上表）

批局名称		开设时间	开设地点	营业人姓名、籍贯	与何处往来营业
分号	源合	民国十九年（1930）	达濠	李伟臣，潮阳	汕头
	佳兴	民国十五年（1926）	安南宅郡美荻街	林光源，普宁	汕头
	永裕盛	民国廿二年（1933）	日里玛腰街	徐金，潮阳	汕头
	义利	民国十五年（1926）	暹罗三聘街	吴英欣，潮阳	汕头
	骏裕	民国十五年（1926）	新加坡二马路	张屏之，潮安	汕头

1942 年 6 月的“吴顺兴”的经营代表是 32 岁澄海人吴子敬，经营地址填报新潮兴街 64 号。

1946 年 6 月的《汕头市侨批业同业公会会员名册》中的登记资料显示，“吴顺兴”的名称未出现。

1946 年 11 月，“吴顺兴”依然未出现在汕头市侨批业同业公会填报的《汕头市侨批业调查表》中。

据 1946 年 12 月汕头一等邮局函送市政府《汕头市批信局一览表》，“吴顺兴”获核发 1946 年度营业执照，号码第 41 号，营业人填报吴兴祥。

但从 1947 年起，“吴顺兴”未再出现在历年汕头市侨批业的相关档案资料中。

祥　益

依据 1936 年汕头邮政管理局（邮局）向国家交通部邮政总局呈报的核发批局营业凭证申请书整理，该批局的基本情况如下：（批局执照：批字第 294 号）

批局名称		开设时间	开设地点	营业人姓名、籍贯	与何处往来营业
祥益		民国廿三年（1934）	汕头永和街 85 号	陈菱洲，潮安	新加坡、安南堤岸
分号	如陶	民国元年（1912）	潮安	蔡若水，潮安	汕头
	喜合	民国元年（1912）	潮阳	刘竹船，潮阳	汕头
	光德成	民国二年（1913）	揭阳	李运祥，揭阳	汕头
	黄德良	民国元年（1912）	关埠	黄经通，潮阳	汕头

（续上表）

批局名称		开设时间	开设地点	营业人姓名、籍贯	与何处往来营业
祥益		民国廿三年（1934）	汕头永和街85号	陈菱洲，潮安	新加坡、安南堤岸
分号	万兴	民国十五年（1926）	棉湖	洪炎，揭阳	汕头
	汇通盛	民国六年（1917）	浮山	张少高，饶平	汕头
	增顺荣昌	民国元年（1912）	莲阳	陈友显，澄海	汕头
	邱发利	民国六年（1917）	意溪	邱步云，潮安	汕头
	郑瑞记	民国元年（1912）	留隍	郑亿燊，丰顺	汕头
	同泰	民国三年（1914）	东里	黄传经，澄海	汕头
	源合	民国五年（1916）	达濠	李渭臣，潮阳	汕头
	端孚	民国十五年（1926）	饶平	余桂生，饶平	汕头
	广顺	民国十三年（1924）	饶平	金振中，饶平	汕头
	孔明斋	民国元年（1912）	新加坡新吧虱	虞国钧，潮安	汕头
	恒丰	民国廿二年（1933）	安南堤岸	吴君厚，潮安	汕头

“祥益”未参加1942年的汕头市侨批业同业公会会员登记。

据1946年12月2日汕头一等邮局函送市政府之附件《汕头市批信局一览表》，其后，市政府代电侨批业公会：“经邮局对比漏列11家，仰即详查具复为要。”训示列明，“祥益”曾经“奉准发给卅五年度营业执照”，列第60号。

协兴昌

广东省档案馆馆藏民国档案（全宗号4）有晚清潮汕侨批业商号的设立情况，自道光九年（1829）至宣统三年（1911）先后有35家侨批业商号在汕头埠设立。其中只有少部分的经营能延续至1933年并参加汕头市侨批业同业公会，创办后于1933年前已不复存在的有23家，“协兴昌”便是其中之一。

档案显示，“协兴昌”创建于清光绪十二年（1886），经营地址为永顺街2号。

协兴隆

据1936年的档案资料，“协兴隆”的开设时间不详，开设地点是汕头怀安街，营业人是40岁梅县人李其汉。汕头“协兴隆”与梅县“钟天华”有业务往来。

“钟天华”1936年通过汕头邮政管理局（邮局）向国家交通部邮政总局申请核发批局营业凭证，该申请书的登记资料显示，“钟天华”开设于民国二十三年（1934），开设地点为松口，营业人为40岁梅县人钟伟权，与汕头、暹罗、芙蓉往来营业。批局执照：批字第344号。

严格地说，汕头“协兴隆”是梅县“钟天华”的分号。

兴　记

“兴记”直到1948年9月4日才出现在《汕头市侨批业同业公会会员名册》中，甚至1948年8月30日填报的《汕头市侨批业同业公会会员名册》都找不到“兴记”的名字，更不要说在此之前的各项档案资料了。

因为是匆忙赶趟“挤”进《汕头市侨批业同业公会会员名册》，各项资料并不齐全，在该名册中只能见到：“兴记，经理人连半石，代表连半石，潮安人，行号地址海平路7号。”

中华人民共和国成立后，“兴记”参加1951年的汕头人民邮政局的侨批业登记，地址依然是海平路7号。

兴　康

广东省档案馆馆藏民国档案（全宗号4）有晚清潮汕侨批业商号的设立情况，自道光九年（1829）至宣统三年（1911）先后有35家侨批业商号在汕头埠设立。其中只有少部分的经营能延续至1933年并参加汕头市侨批业同业公会，创办后于1933年前已不复存在的有23家，“兴康”便是其中之一。

档案显示，“兴康”创建于清光绪十一年（1885），经营地址为至平路10号。

兴　泰

广东省档案馆馆藏民国档案（全宗号4）有晚清潮汕侨批业商号的设立情况，自道光九年（1829）至宣统三年（1911）先后有35家侨批业商号在汕头埠设立。其中只有少部分的经营能延续至1933年并参加汕头市侨批业同业公会，创办后于1933年前已不复存在的有23家，“兴泰”便是其中之一。

档案显示，“兴泰”创建于光绪十一年（1885），经营地点为汕头埠（具体地址不详）。

许和平

“许和平”是1948年9月4日才出现在《汕头市侨批业同业公会会员名册》中，甚至1948年8月30日填报的《汕头市侨批业同业公会会员名册》都找不到“许和平”的名字，更不要说在此之前的各项档案资料了。

因为是匆忙赶趟“挤”进《汕头市侨批业同业公会会员名册》，各项资料并不齐全，在该名册中只能见到："许和平，经理人许潮榜，代表许潮榜，澄海人，行号地址永安街59号。"

中华人民共和国成立后，"许和平"未参加1951年的汕头人民邮政局的侨批业注册登记。

益　昌

依据1936年汕头邮政管理局（邮局）向国家交通部邮政总局呈报的核发批局营业凭证申请书整理，该批局的基本情况如下：（批局执照：批字第269号）

批局名称	开设时间	开设地点	营业人姓名、籍贯	与何处往来营业
益昌号	民国前五年（1907）	汕头永安街44号	黄子明，潮安	暹罗
分号　照前（原文照录）				

虽然1936年填报的资料显示"益昌"开设于民国前五年（1907），但"益昌"未参加1933年的汕头市侨批业同业公会会员登记。

1936年后的历年侨批业相关档案均未再见"益昌"的情况。

益　丰

从搜集到的档案资料中，"益丰"经营侨批业务仅出现在抗日战争时期，汕头沦陷前的1933年与1936年的侨批业档案、1946年与1948年的侨批业档案均未有"益丰"的情况记述，唯有1942年6月的《汕头市侨批业同业公会会员名册》可见"益丰"的简单情况：益丰，营业代表林志成，27岁，揭阳人，店址为永兴街127号。

永　丰

依据 1936 年汕头邮政管理局（邮局）向国家交通部邮政总局呈报的核发批局营业凭证申请书整理，该批局的基本情况如下：（批局执照：批字第 315 号）

<table>
<tr><th colspan="2">批局名称</th><th>开设时间</th><th>开设地点</th><th>营业人姓名、籍贯</th><th>与何处往来营业</th></tr>
<tr><td colspan="2">永丰庄</td><td>民国廿二年（1933）</td><td>汕头市安平路 69 号</td><td>黎达夫，梅县</td><td>毛里挟思</td></tr>
<tr><td rowspan="2">分号</td><td>永丰庄</td><td>民国廿二年（1933）</td><td>毛里挟思窝燕大街 42 号</td><td>黎子达，梅县</td><td>汕头、梅县</td></tr>
<tr><td>永丰庄</td><td>民国廿二年（1933）</td><td>梅县庙前街</td><td>陈耀清，梅县</td><td>汕头、毛里挟思</td></tr>
</table>

虽然 1936 年填报的资料显示“永丰”开设于民国二十二年（1933），但“永丰”未参加 1933 年的汕头市侨批业同业公会会员登记。

1936 年后的历年侨批业相关档案均未再见“永丰”的情况。

永泰丰

档案资料显示，“永泰丰”是确切存在的侨批业商号。

按 1946 年 10 月 23 日汕头侨批业同业公会呈函市政府所附之《本市未领侨批业商号一览表》，“永泰丰”属于因各种原因未参加汕头市侨批业同业公会会员登记也未领取汕头一等邮局 1946 年度营业执照的侨批业商号，即函中所称“查非属会会员之批业商号，概无邮局执照”。在上述《本市未领侨批业商号一览表》中，“永泰丰”的店址是永安街 61 号二楼。

永　裕

档案资料显示，“永裕”是确切存在的侨批业商号。

按 1946 年 10 月 23 日侨批业公会呈函市政府所附之《本市未领侨批业商号一览表》，“永裕”属于因各种原因未参加汕头市侨批业同业公会会员登记也未领取汕头一等邮局 1946 年度营业执照的侨批业商号，即函中所称“查非属会会员之批业商号，概无邮局执照”。在上述《本市未领侨批业商号一览表》中，“永裕”的店址是永兴四横街 14 号二楼。

友　亨

档案资料显示，“友亨”是确切存在的侨批业商号。

按 1946 年 10 月 23 日侨批业公会呈函市政府所附之《本市未领侨批业商号一览表》，“友亨”属于因各种原因未参加汕头市侨批业同业公会会员登记也未领取汕头一等邮局 1946 年度营业执照的侨批业商号，即函中所称“查非属会会员之批业商号，概无邮局执照”。在上述《本市未领侨批业商号一览表》中，“友亨”的店址是金山直街 29 号。

裕　兴

广东省档案馆馆藏民国档案（全宗号 4）有晚清潮汕侨批业商号的设立情况，自道光九年（1829）至宣统三年（1911）先后有 35 家侨批业商号在汕头埠设立。其中只有少部分的经营能延续至 1933 年并参加汕头市侨批业同业公会，创办后于 1933 年前已不复存在的有 23 家，“裕兴”便是其中之一。

档案显示，“裕兴”创建于清光绪三年（1877），经营地址为打锡街三巷 9 号。

源合兴

1933 年，“源合兴”在《汕头市侨批业同业公会会员名册》中的登记地址是永兴街 127 号。

依据 1936 年汕头邮政管理局（邮局）向国家交通部邮政总局呈报的核发批局营业凭证申请书整理，该批局的基本情况如下：（批局执照：批字第 323 号）

批局名称		开设时间	开设地点	营业人姓名、籍贯	与何处往来营业
源合兴		民国廿三年（1934）	汕头市安平路 183 号	蔡耀南，潮阳	香港、暹罗、安南、新加坡、日里
分号	刘喜合	民国十五年（1926）	潮阳	刘竹船，潮阳	汕头
	陈四合	民国十五年（1926）	潮阳	陈云腾，潮阳	汕头
	詹恒亨	民国廿年（1931）	留隍	詹正初，丰顺	汕头
	魏启峰	民国十八年（1929）	揭阳	魏启圃，揭阳	汕头
	有信	民国廿年（1931）	澄海	芮弼卿，澄海	汕头
	合利	民国十八年（1929）	饶平	张景光，饶平	汕头
	德记	民国十年（1921）	高陂	詹东，丰顺	汕头
	源合	民国十五年（1926）	达濠	李伟臣，潮阳	汕头
	乾元	民国十三年（1924）	陈店	蔡集标，潮阳	汕头
	荣成	民国十二年（1923）	香港文咸西街	何澍棠，潮阳	汕头
	大元	民国十五年（1926）	暹罗	蔡大宏，潮阳	汕头
	美光	民国十八年（1929）	安南	杨业城，普宁	汕头
	英发	民国十九年（1930）	新加坡	黄英臣，潮阳	汕头
	恒兴	民国廿年（1931）	日里	蔡仁国，潮阳	汕头

“源合兴”未参加 1942 年的侨批业同业公会会员登记。

1946 年 6 月的《汕头市侨批业同业公会会员名册》中的登记资料显示，“源合兴”的经理人钟克刚，营业代表为 54 岁潮安人陈梓良，资本额 100 万元，会费单位 201 位，登记地址为永兴街 127 号。

1946 年 11 月，“源合兴”在汕头市侨批业同业公会填报的《汕头市侨批业调查表》中，主事人为陈梓良，店址为永兴街 127 号，核发交通部邮政总局 1946 年营业执照，汕头邮局 1 月 11 日填发换照收条第 3 号（新照未颁发至汕）。“经营何港侨汇”一栏变更为

"安南",减少 1936 年填报的"香港、暹罗、新加坡、日里"。

据 1946 年 12 月汕头一等邮局函送市政府《汕头市批信局一览表》,"源合兴"获核发 1946 年度营业执照,号码第 54 号。营业人仍然填报陈梓良。

1948 年 8 月,在《汕头市侨批业同业公会会员商号名册》中,合资形式的"源合兴"登记地址已由永兴街 127 号变更为升平路 212 号,并获领广州邮政管理局核发的当期侨批业营业执照(号码第 72 号),其负责人变更为章达人。

1948 年 9 月,在《汕头市侨批业同业公会会员名册》中,"源合兴"的资本额变更为 500 万元,会费单位 1001 位。登记地址变更为升平路 122 号。

中华人民共和国成立后,"源合兴"未参加 1951 年汕头人民邮政局的侨批业注册登记。

悦　丰

从搜集到的档案资料中,"悦丰"经营侨批业务仅出现在抗日战争时期,汕头沦陷前的 1933 年与 1936 年的侨批业档案、1946 年与 1948 年的侨批业档案均未有"悦丰"的情况记述,唯有 1942 年 6 月的《汕头市侨批业同业公会会员名册》可见"悦丰"的简单情况:悦丰,营业代表蔡荣,50 岁,潮安人,店址为升平路 71 号。

越　联

1948 年 9 月 4 日之前的《汕头市侨批业同业公会会员名册》一直未见"越联"的名称。

1948 年 9 月 4 日,"越联"赶上汕头市侨批业同业公会的最后登记,所以只有简单资料:"越联,负责人吴应成,潮安人,行号地址:镇邦路 12 号。"

中华人民共和国成立后,"越联"参加 1951 年的汕头人民邮政局的注册,登记地址为镇邦路 12 号。

展　亚

档案资料显示，“展亚”是确切存在的侨批业商号。

按 1946 年 10 月 23 日汕头侨批业同业公会呈函市政府所附之《本市未领侨批业商号一览表》，“展亚”属于因各种原因未参加汕头市侨批业同业公会会员登记也未领取汕头一等邮局 1946 年度营业执照的侨批业商号，即函中所称“查非属会会员之批业商号，概无邮局执照”。在上述《本市未领侨批业商号一览表》中，“展亚”的店址是升平路 136 号。

张广泉

1933 年，“张广泉”在《汕头市侨批业同业公会会员名册》中的登记地址是棉安街 23 号。

依据 1936 年汕头邮政管理局（邮局）向国家交通部邮政总局呈报的核发批局营业凭证申请书整理，该批局的基本情况如下：（批局执照：批字第 326 号）

批局名称		开设时间	开设地点	营业人姓名、籍贯	与何处往来营业
张广泉		民国元年（1912）	汕头棉安街	张牖民，梅县	暹罗、马六甲、新加坡、芙蓉
分号	裕隆昌	民国元年（1912）	畲坑	张文泰，梅县	汕头
	裕隆昌	民国十七年（1928）	梅县	张启文，梅县	汕头
	张源隆	民国五年（1916）	兴宁	张汇川，梅县	汕头
	罗进记	民国十年（1921）	暹罗耀华力路 712 号	罗进满，梅县	汕头
	公益	民国八年（1919）	马六甲鸡场街 71 号	叶应杉，梅县	汕头
	嘉兴昌	民国七年（1918）	马六甲甲板街 17 号	刘文珊，梅县	汕头
	万和堂	民国二年（1913）	芙蓉新加坡街 17 号	宋谷仁，梅县	汕头
	天生堂	民国二年（1913）	新加坡美芝律 361 号	张碧如，梅县	汕头

虽然 1936 年的登记资料显示“张广泉”开设于民国元年（1912），但未参加 1942 年的汕头市侨批业同业公会会员登记。

1946年6月的《汕头市侨批业同业公会会员名册》中的登记资料显示，“张广泉”的经理人为35岁梅县人张文泰，资本额100万元，会费单位201位，登记地址为棉安街23号。

1946年11月，“张广泉”在汕头市侨批业同业公会填报的《汕头市侨批业调查表》中，主事人为张文泰，店址为棉安街23号，在核发交通部邮政总局1946年营业执照一栏填写的是“照据不在汕，一时不能提出查验”。《汕头市侨批业调查表》中的商号唯此一家填写这般字样。

据1946年12月汕头一等邮局函送市政府《汕头市批信局一览表》，“张广泉”获核发1946年度营业执照，号码第97号，营业人仍然填报张牖民。

1948年8月，在《汕头市侨批业同业公会会员商号名册》中，独资形式的“张广泉”以“广泉”之名登记，地址为棉安街21号，并获领广州邮政管理局核发的当期侨批业营业执照（号码第11号），其负责人变更为张文泰。

1948年9月，在《汕头市侨批业同业公会会员名册》中，“张广泉”的资本额变更为300万元，会费单位增至601位。登记地址仍为棉安街21号。

中华人民共和国成立后，“张广泉”未参加1951年汕头人民邮政局的侨批业注册登记。

张利丰

档案资料显示，“张利丰”是确切存在的侨批业商号。

按1946年10月23日汕头市侨批业同业公会呈函市政府所附之《本市未领侨批业商号一览表》，“张利丰”属于因各种原因未参加汕头市侨批业同业公会会员登记也未领取汕头一等邮局1946年度营业执照的侨批业商号，即函中所称“查非属会会员之批业商号，概无邮局执照”。在上述《本市未领侨批业商号一览表》中，“张利丰”的店址是镇邦路42号。

张联发

依据 1936 年汕头邮政管理局（邮局）向国家交通部邮政总局呈报的核发批局营业凭证申请书整理，该批局的基本情况如下：（批局执照：批字第 290 号）

批局名称		开设时间	开设地点	营业人姓名、籍贯	与何处往来营业
张联发		民国廿年（1931）	汕头仁和街 44 号	张季香，揭阳	新加坡、山口洋、士乃、居銮、大霹雳
分号	黄德茂	民国廿一年（1932）	新加坡厦门街 78 号	黄炳南，揭阳	汕头
	黄德茂	民国廿一年（1932）	士乃	黄秀祯，揭阳	汕头
	张德丰	民国三年（1914）	山口洋	张德如，揭阳	汕头
	南记公司	民国九年（1920）	山口洋	冯麟芝，揭阳	汕头
	广济生	民国十九年（1930）	居銮	叶华霖，惠来	汕头
	刘义泰	民国十九年（1930）	大霹雳大街 60 号	刘士贤，揭阳	汕头
	张联盛	民国廿年（1931）	河婆	张镜棠，揭阳	汕头
	洪万丰	民国十九年（1930）	揭阳	洪贤明，揭阳	汕头

虽然 1936 年填报的资料显示“张联发”开设于民国二十年（1931），但“张联发”未参加 1933 年的汕头市侨批业同业公会会员登记。

1936 年后的历年侨批业相关档案均未再见“张联发”的情况。

张长顺

档案资料显示，“张长顺”是确切存在的侨批业商号。

按 1946 年 10 月 23 日汕头市侨批业同业公会呈函市政府所附之《本市未领侨批业商号一览表》，“张长顺”属于因各种原因未参加汕头市侨批业同业公会会员登记也未领取汕头一等邮局 1946 年度营业执照的侨批业商号，即函中所称“查非属会会员之批业商号，概无邮局执照”。在上述《本市未领侨批业商号一览表》中，“张长顺”的店址是潮安街 48 号。

兆　安

据1936年的档案资料，“兆安”的开设时间未详，开设地点是汕头至平路，营业人是44岁梅县人谢茂棠。汕头“兆安”与设于松口的“钟天华”有业务往来。

“兆安”1936年通过汕头邮政管理局（邮局）向国家交通部邮政总局申请核发批局营业凭证，该申请书的登记资料显示，“兆安”开设于民国二十三年（1934），开设地点为松口，营业人为40岁梅县人钟伟权，与汕头、暹罗、芙蓉往来营业。批局执照：批字第344号。

严格地说，汕头“兆安”是梅县“钟天华”的分号。

郑钟记

广东省档案馆馆藏民国档案（全宗号4）有晚清潮汕侨批业商号的设立情况，自道光九年（1829）至宣统三年（1911）先后有35家侨批业商号在汕头埠设立。其中只有少部分的经营能延续至1933年并参加汕头市侨批业同业公会，创办后于1933年前已不复存在的有23家，“郑钟记”便是其中之一。

档案显示，“郑钟记”创建于清光绪二年（1876），经营地址为德里街7号。

志　成

依据1936年汕头邮政管理局（邮局）向国家交通部邮政总局呈报的核发批局营业凭证申请书整理，该批局的基本情况如下：（批局执照：批字第289号）

批局名称		开设时间	开设地点	营业人姓名、籍贯	与何处往来营业
志成庄		民国十九年（1930）	汕头安平路	姚以南，潮阳	巨港、暹罗、新加坡
分号	普通	民国元年（1912）	潮安	吴彩堂，潮安	汕头
	刘喜合	民国元年（1912）	潮阳	刘竹船，潮阳	汕头
	洪万丰	民国十四年（1925）	普宁	洪良贤，普宁	汕头
	魏启峰	民国元年（1912）	揭阳	魏启圃，揭阳	汕头
	裕裕	民国十八年（1929）	巨港16号街	姚成泉，潮阳	汕头
	光德兴	民国十九年（1930）	暹罗三聘街	陈玉階，潮阳	汕头
	光丰	民国十六年（1927）	新加坡二马路	郑良民，潮阳	汕头

虽然1936年填报的资料显示“志成”开设于民国十九年（1930），但“志成”未参加1933年的汕头市侨批业同业公会会员登记。

1936年后的历年侨批业相关档案均再未见“志成”的情况。

附录　汕头市侨批业商号一览表

汕头市侨批业商号一览表

（按侨批业商号首字汉语音序排列）

序号	侨批业商号	有实寄封		无实寄封		序号	侨批业商号	有实寄封		无实寄封	
		有印有档	无档	有印有档	无印有档			有印有档	无档	有印有档	无印有档
1	安顺				√	28	福茂	√			
2	昌盛	√				29	福胜昌				√
3	长发				√	30	福兴				√
4	常丰泰				√	31	复安	√			
5	常兴			√		32	富春			√	
6	长兴利				√	33	光大	√			
7	潮利亨				√	34	光荣成		√		
8	潮顺兴				√	35	光益	√			
9	潮裕兴				√	36	光益裕	√			
10	陈炳春	√				37	广德兴				√
11	陈富通				√	38	广汇				√
12	陈四兴	√				39	广汇通				√
13	陈万合	√				40	广顺利	√			
14	陈文记	√				41	广泰祥				√
15	陈协盛	√				42	广通				√
16	陈源记				√	43	广源和记	√			
17	陈悦记	√				44	合成				√
18	成昌利				√	45	合利			√	
19	承福兴	√				46	合盛利				√
20	承兴				√	47	和昌	√			
21	承裕				√	48	和合祥	√			
22	得合兴				√	49	和和	√			
23	德隆昌		√			50	和兴盛				√
24	孚通			√		51	恒记	√			
25	福成				√	52	恒裕				√
26	福记				√	53	宏通	√			
27	福利	√				54	宏新				√

（续上表）

序号	侨批业商号	有实寄封		无实寄封	
		有印有档	无档	有印有档	无印有档
55	宏信				√
56	洪万丰	√			
57	鸿发祥		√		
58	厚祥庄		√		
59	华强			√	
60	黄潮兴	√			
61	黄泰发				√
62	黄通兴				√
63	汇康				√
64	汇源			√	
65	佳兴	√			
66	嘉德	√			
67	嘉隆	√			
68	建益	√			
69	捷成	√			
70	金生				√
71	进兴昌	√			
72	赖福记				√
73	蓝裕锦	√			
74	老兴				√
75	老亿丰	√			
76	李华利	√			
77	理元			√	
78	利昌				√
79	利东				√
80	利亨				√
81	利记			√	
82	利源宏茂				√
83	联丰	√			
84	马德发				√
85	马德泰	√			
86	马合丰	√			
87	马金峰	√			
88	马泰盛		√		
89	马源丰	√			
90	茂昌				√
91	美和			√	
92	绵发	√			
93	明兴				√
94	明兴发	√			
95	南成	√			
96	倪两兴	√			
97	潘合利	√			
98	普通	√			
99	启峰栈	√			
100	侨联			√	
101	庆丰			√	
102	邱发利	√			
103	全昌仁				√
104	全泰洽				√
105	泉利	√			
106	荣成利	√			
107	荣大				√
108	荣丰利	√			

（续上表）

序号	侨批业商号	有实寄封		无实寄封		序号	侨批业商号	有实寄封		无实寄封	
		有印有档	无档	有印有档	无印有档			有印有档	无档	有印有档	无印有档
109	荣泰元		√			136	协兴盛		√		
110	瑞生祥				√	137	新合顺	√			
111	森昌				√	138	新华利	√			
112	森春	√				139	信安			√	
113	胜发	√				140	信大	√			
114	顺成利	√				141	信和成	√			
115	思成	√				142	兴记				√
116	松兴公				√	143	兴康				√
117	太古昌				√	144	兴泰				√
118	太古盛				√	145	许福成	√			
119	泰成昌	√				146	许公兴		√		
120	泰和隆	√				147	许和平				√
121	泰怡昌	√				148	许华丰		√		
122	天外天	√				149	许如厚	√			
123	同德			√		150	义发	√			
124	同发利				√	151	义发祥		√		
125	同益			√		152	益昌				√
126	万德				√	153	益丰				√
127	万丰发	√				154	英昌			√	
128	万兴昌	√				155	永安	√			
129	魏桂兴	√				156	永昌利	√			
130	吴顺兴				√	157	永昌盛	√			
131	祥益				√	158	永丰				√
132	协成	√				159	永泰丰				√
133	协成兴	√				160	永兴盛		√		
134	协兴昌				√	161	永裕				√
135	协兴隆				√	162	友亨				√

（续上表）

序号	侨批业商号	有实寄封		无实寄封		序号	侨批业商号	有实寄封		无实寄封	
		有印有档	无档	有印有档	无印有档			有印有档	无档	有印有档	无印有档
163	有信	√				180	振成丰	√			
164	有余	√				181	振丰盛	√			
165	玉合	√				182	振丰祥		√		
166	裕昌	√				183	振华泰	√			
167	裕大	√				184	振盛兴	√			
168	裕兴				√	185	正丰			√	
169	裕兴盛		√			186	正基	√			
170	裕益	√				187	郑成顺利庆记	√			
171	源合兴				√	188	郑成顺利振记	√			
172	悦丰				√	189	郑钟记				√
173	越联				√	190	志成				√
174	展亚				√	191	致成	√			
175	张广泉				√	192	致盛	√			
176	张利丰				√	193	智发	√			
177	张联发				√	194	钟荣顺	√			
178	张长顺				√	195	诸葛庐	√			
179	兆安				√						

索 引